Jürgen Serke
Die verbannten Dichter

Berichte und Bilder von einer neuen Vertreibung
Mit Fotos von Wilfried Bauer

Albrecht Knaus

© Albrecht Knaus Verlag, Hamburg, 1982
Alle Rechte für die Buchausgabe vorbehalten.
Rechte für die im »stern-Magazin« erschienenen Beiträge
beim Verlag Gruner & Jahr, Hamburg.
Typographie, Layout und Umschlaggestaltung: Jan Buchholz und Reni Hinsch, Hamburg

Gesamtherstellung: Welsermühl, Wels
Printed in Austria
ISBN 3-8135-0826-9

INHALT

Reiner Kunze
Die Stimme aus der Stille — 8

Wolf Biermann
Ein sozialistischer Sisyphos — 32

Bernd Jentzsch
Von der DDR zum Verbrecher erklärt — 50

Jürgen Fuchs
Leben auf der Grenze — 62

Milan Kundera
Ein unaufhaltsamer Fall — 76

Pavel Kohout
Ein Sieger lernt verlieren — 96

Josef Škvorecký
Ästhet der Verzweiflung — 110

Arnŏst Lustig
Verfolgt von Nazis und Kommunisten — 126

Jiří Gruša
»Ich will nicht hassen« — 140

Ivan Blatný
Flucht ins Irrenhaus — 154

Czesław Miłosz
Ein polnisches Wunder — 166

Jerzy Kosinski
Der bemalte Vogel — 188

Slawomir Mrozek
Dichter des Weltuntergangs — 202

Jossif Brodskij
Die Kraft der ersten Lüge — 214

Alexander Solschenizyn
Der Einsiedler von Vermont — 232

Andrej Sinjawsky
Der sanfte Christ aus der Sowjetunion — 244

Alexander Sinowjew
Vom Messianismus des Sklaventums — 260

Viktor Nekrassow
Der Remarque der Sowjetunion — 276

Wladimir Woinowitsch
Die Schuld des Opfers — 290

Wassili Axjonow
Ein Leben »in brennender Haut« — 302

Paul Goma
Schreie eines Verbitterten — 314

Dieter Schlesak
Blick vom toskanischen Berg — 324

Nachwort — 343

Literaturverzeichnis — 347

Es war einmal eine Hoffnung. Sie hieß Sozialismus. Er verwandelte Rußland in die Sowjetunion, nahm die umliegenden Länder in Beschlag und verlor sein Gesicht. Wer das wahre Wesen dieses Systems dort beschreibt, wird verfolgt. Die Verfolgung hat zahlreiche Abstufungen: Bespitzelung, Vernehmung, Festnahme, Berufsverbot, Publikationsverbot, Auftrittsverbot, Diffamierung, Bedrohung, Prügel, Gefängnis, Lager, Verbannung. Am Ende steht die Ausweisung in den Westen. Dichter aus dem Osten, die ihr Land verlassen müssen, stehen im Westen meist auf verlorenem Posten. Sie werden im Grunde nicht verstanden. Daß ihnen mit Rechts-Links-Denken nicht beizukommen ist, macht sie so unhandlich für westlichen Konsum, so handlich aber für Mißverständnis und Mißbrauch. Wer die Begegnung mit ihnen sucht, findet Wahrheitszeugen, die unsere Achtung verdienen, und eine Literatur, die Sehen und Denken erweitert.

8 Reiner Kunze

REINER KUNZE: DIE STIMME AUS DER STILLE

In Ruhe gelassen werden auf seinem Weg. Bei den langen Wanderungen, die das Gefühl geben, eine Strecke bewältigt zu haben. Reiner Kunze am Ende der Welt. So war es immer schon. Damals im thüringischen Greiz, heute im bayerischen Erlau. Leben als einfachste Aufrichtigkeit des Daseins. Seit vier Jahren nun in der Bundesrepublik. Nahe der Stadt Passau, in der die Schöpfung von Bischöfen verwaltet wird. Für Reiner Kunze keine Gefahr: er weidet nicht unter dem Schein, den das Beispiel erlitt. Er geht »auf eigene Hoffnung«. Den Weg über einen Bogen Papier. Den Weg durch das Dickicht am Hang von Erlau nach Obernzell. Den Weg unten an der Donau. Oder den Weg auf der Höhe bei Haar. Sich gehen lassen – weit und tief in das Gefühl des Daseins hinein. Jeden Tag von neuem. Am 13. April 1977 kam der 43jährige Reiner Kunze mit seiner Frau Elisabeth in den Westen. Was er erlebte, formuliert er so: »Wenn es um Profilierung, Ideologie, Geld geht, ist der einzelne Mensch hier unwichtig. Es herrscht eine Eiseskälte. Der Terror in der DDR besteht in der Unterdrückung, dem Mangel an Öffentlichkeit, hier in der Allgegenwart der Öffentlichkeit. Menschen werden zu Waren, die nach ihrem Marktwert beurteilt werden.« Reiner Kunze war eine »Ware« von höchstem Marktwert:

Reiner Kunze

Reiner Kunzes neue Welt: die Gegend um Passau. Hier wohnt er. Hier hat er Ruhe gefunden. Hier wandert er mit seiner Frau Elisabeth, einer Ärztin aus der ČSSR. »Hier habe ich Wurzeln geschlagen«, sagt er und schreibt: »Die großen Spaziergänge, auf denen wir nicht ins Leere greifen. Immer geht die Hand des andern mit.« Spätestens seit der Briefträger, der zugleich Bauer ist, zufällig sah, wie Reiner Kunze hinten im Garten fachgerecht seine Sense dengelte, ist der Dichter in der Gemeinde Erlau akzeptiert.

Bestsellerautor mit dem Buch »Die wunderbaren Jahre«, in dem das menschliche Elend im Sozialismus der DDR dargestellt wird. Dieses Buch wurde in über einer halben Million Exemplaren verkauft und in zehn Sprachen übersetzt.

Natürlich hat er sich darüber gefreut. Doch stimmt es auch, wenn er sagt: »Dieser Erfolg war mir nicht gemäß.« Reiner Kunze tauchte weg, verweigerte sich, versuchte wieder Boden unter die Füße zu bekommen. Eine Welt der geschnürten Überzeugungen hatte er verlassen, nun hatte er nur ein Programm: atmen, frei atmen. Die Wahl seines Wohnortes im schwärzesten Bayern, ein von Franz Josef Strauß überreichter Filmpreis für die Leinwandversion der »Wunderbaren Jahre« und sein Schweigen im Wahlkampf 1980 wurden als Indiz für reaktionäres Verhalten gewertet. Die Diffamierung begann. Der Kunze geht bei Strauß ein und aus – dieser Satz wurde zum geflügelten Wort.

Natürlich ist Reiner Kunze bei Strauß nicht ein und aus gegangen, wie er sein ganzes Leben nirgendwo ein und aus gegangen ist, außer bei sich selbst. »auf eigene hoffnung«, wie sein – jetzt erschienenes – erstes Buch nach der Übersiedlung in die Bundesrepublik heißt. Reiner Kunze, der Sohn eines Bergarbeiters und einer Kettlerin aus dem Erzgebirge, ein Mann proletarischer Herkunft, hat warten können, hat sich vier Jahre Zeit genommen. Und wenn das Proletariat dadurch definiert wird, daß ihm die Zeit

weggenommen wird, ist dieser Kunze einer, der den Sozialismus in einem so tiefen Sinne versteht, daß ihm endlich einmal mit dem beliebten simplen Rechts-Links-Denken nicht beizukommen ist.
Den Aktionisten in allen Bereichen ist jede Zeit höchste Zeit. Höchste Zeit, etwas Neues von Kunze zu lesen, befand Marcel Reich-Ranicki, Literatur-Chef der Frankfurter Allgemeinen Zeitung, schon vor drei Jahren und drängte den Autor zur literarischen Apfel-Ernte. »Höchste zeit kommt von innen«, so antwortet Reiner Kunze jetzt. »Höchste zeit ist, wenn die kerne / schön schwarz sind / Und das weiß zuerst / der baum.« Das Bild des Baumes geht quer durch alle Lyrikbände dieses Dichters. Im jüngsten die Feststellung: »Das waldsein könnte stattfinden / mit mir.« Und: ». . . Ich bin angekommen / Auch dies ist mein Land . . .« Auch in diesem Land heißt es für Reiner Kunze, nicht auf Kosten der anderen zu hoffen.

Kunzes Lebensbeginn in der Bundesrepublik – das war nicht nur der Versuch von Ideologen oder Politikern, den Schriftsteller benutzbar zu machen für ihre Ansprüche. Tausende, meist junge Menschen kamen in den äußersten Südosten Deutschlands, um Kunze in seiner Erlauer Wohnung zu sprechen. Eine Invasion der einzelnen mit einer großen Leere im Herzen. Rat suchten sie bei einem Mann, der schon ein Jahrzehnt früher das Thema von heute angeschlagen hatte:

Sensibel / ist die erde über den quellen: kein baum darf / gefällt, keine wurzel / gerodet werden / Die Quellen könnten / versiegen / Wie viele bäume werden / gefällt, wie viele wurzeln / gerodet / in uns
Der Schriftsteller sagt: »Diesem Ansturm vor meiner Haustür war ich nicht gewachsen. Ich hab schließlich ein Schild anbringen müssen.« Ein Schild, das mit einer trocken-höflichen Aufschrift

Großvater und Vater Reiner Kunzes waren Bergleute. Der Großvater fuhr jahrzehntelang vor Sonnenaufgang in die Grube ein und nach Sonnenuntergang aus. Als Rentner nahm er den Enkel zum Kühehüten mit. Kunzes Vater wurde in der DDR »Verdienter Bergmann der Republik«. Die Eltern des Dichters durften den Sohn 1980 erstmals in Erlau besuchen.

eher an einen Arzt erinnert: »Im Interesse meiner Arbeit bitte ich Sie, von unvereinbarten, nicht wirklich dringlichen Besuchen absehen zu wollen. Ich danke Ihnen für Ihr Verständnis. R. K.«

Ärztin ist Reiner Kunzes Frau Elisabeth, eine Tschechin. Was die beiden einander bedeuten, hat der Dichter jetzt in seinem Dreizeiler »die großen spaziergänge« festgehalten:

Die großen spaziergänge, auf denen wir | nicht ins leere greifen | Immer geht die hand des andern mit

Wer Kunze schreibt, lernt oft auch sie kennen. Briefe kommen täglich dutzendweise. Briefe werden prinzipiell beantwortet. Entweder von ihm oder von ihr. Und haben beide das Gefühl, es geht für jemanden um Leben und Tod, setzt sich einer von ihnen ins Auto und bringt das Antwortschreiben »Eilpost« ins zwölf Kilometer entfernte Passau. Dem Schriftsteller Reiner Kunze werden charismatische Fähigkeiten zugetraut. »Schreibt jemand, wenn er glücklich ist? frage ich ihn, und er antwortet: »Ja, ich. Das Glücksmoment von der Tiefe her ist wie der Schmerz.« Und in diesem Schmerz, der sich in seinen Gedichten mitteilt, fühlen sich viele seiner Leser frei.

Reiner Kunze sagt: »Ich kenne hier so viele Menschen, denen die Fähigkeit abgeht, sich zu freuen. Und dann diese Leere, die durch Geschäftigkeit überdeckt wird. Durch Kontakte, durch Kontakthalten. Diese ganzen oberflächlichen Dinge.« Nein, der Mann in Erlau hat keine Rezepte. Nur jene einzigartige Fragestellung, die Poesie heißt. Poesie, die den Abgrund selber sich zur Stütze wählt, um sich über ihm zu erhalten. Sein »tagebuchblatt 80« ersetzt ganze ökologische Debatten:

Die kletterrosen blühn, als verblute die landschaft | Als habe sie sich die adern geöffnet | Als wisse sie, was kommt | Auch die landschaft, werden sie behaupten, dürfe | nicht mehr nur sein, auch sie | müsse dafür sein oder dagegen

Reiner Kunze und die Freude: Der Besuch seiner Eltern 1980 in Erlau. Mutter und Vater, beide 74 Jahre alt. Wohnhaft in Oelsnitz im Erzgebirge, wo Reiner Kunze am 16. August 1933 zur Welt kam. Reiner Kunze fuhr seine Eltern 2000 Kilometer durch die Berge. »Kannst Du Dir vorstellen, Menschen, die nie die Alpen gesehen haben, und die ein Leben lang davon träumen, die nie auf den Gedanken gekommen sind, sie jemals zu sehen?« fragt er mich. Reiner Kunze hatte vorher die ganze Strecke abgefahren, alle Arrangements in den Hotels getroffen, bis ins Detail geplant und sich überzeugt, daß es klappt.

»Ich hab' die Eltern in mein schönes Auto gepackt«, erzählt Reiner Kunze. Beide sind sehr krank. Die Mutter kann nur noch schlecht gehen. Das Wetter war herrlich. Dann kam der erste Ruhepunkt, ein First-Class-Hotel. Im Restaurant war für jede Gabel und jedes Messer ein Kellner da. Der Vater reagierte mit Wohllauten. Doch nach dem Essen befand er: Da geh'n wir aber abends nicht noch mal rein. Das ist zu teuer. Da hab' ich mir gesagt: Na wart mal. Frankfurter Würstchen wollten die Eltern essen. Ich hab' noch Wein bestellt. Und dann kam der Ober mit dem Servierwagen und präsentierte die Kleinigkeit wie eine große Delikatesse auf dem Zimmer. Als wir zurück nach Erlau fuhren, sagte der Vater: Das kriegen wir nie wieder. Das seh'n wir nicht mehr.«

Reiner Kunze und ein bleibendes Anvertrauen, das der Sohn in den Vater setzt. Die Treue zu den Eltern als Kraft für die Treue zu sich selbst. Antwort:

Mein vater, sagt ihr | mein vater im schacht | habe risse im rücken, | narben, | grindige spuren niedergegangenen gesteins, | ich aber, ich | sänge die liebe. | Ich sage: | eben deshalb.

Ein Gedicht aus dem Jahre 1959. In den zwanziger Jahren wurde der Begriff Arbeiterdichter geprägt. Ihnen zugerechnet werden in der DDR Johannes R. Becher, nach dem Zweiten Weltkrieg Kulturminister, Bertolt Brecht, Anna Seghers, Erich Mühsam, Franz Jung, Friedrich Wolf, F. C. Weiskopf, um nur die Großen zu nennen. Sie alle kommen aus bürgerlichen Familien.

Ausgerechnet einen deutschen Dichter proletarischer Herkunft von internationalem Format schloß die DDR am 29. Oktober 1976 aus ihrem Schriftstellerverband aus und drängte ihn, den sie mit subtilem Terror gesundheitlich zermürbt hatte, aus dem ,,Ersten deutschen Arbeiter- und Bauernstaat". Die Katastrophe sozialistischer Wirk-

Reiner Kunze in der Abgeschiedenheit des Vogtlandes. Hier entstand sein berühmtes Buch »Die wunderbaren Jahre«, in dem das menschliche Elend im Sozialismus der DDR geschildert wird. Ein Zimmer in der Dachkammer, für 20 Mark gemietet, war der für ihn notwendige Rückzugsort in die Einsamkeit. »Zuflucht noch hinter der Zuflucht« nannte der Dichter den Bauernhof in Leiningen.

lichkeit hatte Reiner Kunze schon vorher so beschrieben: im Mittelpunkt steht / der mensch / Nicht / der einzelne Heute in Erlau sagt Reiner Kunze: »Ich kann der kommunistischen Ideologie nicht mehr folgen. Nach diesen 60 Jahren mit all ihren Gulags. Es liegt die Menschenfeindlichkeit so tief in jenem System.« Und das Christentum mit seinen vielfachen Verbrechen? »Auch an dieser Lehre«, so urteilt Kunze, »kann etwas nicht stimmen.«

Und schon fast für sich gesprochen, fügt er die Frage hinzu: »Konnte man nicht auch so sein wie in der Bergpredigt ohne die christliche Lehre?«

Ein Weltfremder? Doch wie weltfremd sind alle jene Pragmatiker und Möchtegern-Beglücker, denen Tag für Tag mehr junge Leute davonlaufen. Wo zu viele Antworten falsch waren und die restlichen mit falschen Handlungen kompromittiert sind, ist der Fragesteller Reiner Kunze der Welt näher als jene, die sich ihr professionell nahe glauben. »Was machst du, fragt gott«, heißt es bei Kunze. »Herr, sag ich, es / regnet, was / soll man tun / Und seine antwort wächst / grün durch alle fenster.«

Reiner Kunze – der Sohn setzt seinen Vater fort. Ein proletarischer Lyriker. Gefeit gegen die Eitelkeit der Besserwisserei. Ein Gestalter ganz anderer Art. Immer auf dem Weg. Seine Worte machen Umwege und fassen nach Gegenständen, die noch nicht zerbrochen sind. Möglichkeit, einen Sinn zu finden.

Durch die Risse des glaubens schimmert / das nichts / Doch schon der kiesel / nimmt die wärme an / der hand

Reiner Kunze war der Sohn, der überlebte. Zwei Kinder waren vorher tot zur Welt gekommen. Der Sohn Reiner überstand eine Hauterkrankung, Folge der Unterernährung seiner Mutter während der Schwangerschaft. Die Mutter hatte von kargen Kartoffelrationen mit Salz und Senf leben müssen. Kunzes Vater war damals arbeitslos. Reiner Kunzes frühe Kindheitserinnerungen: Das Weiß in den Augen des von Ruß geschwärzten Gesichts seines Vaters, den er in der Mittagspause besuchte. Die Worte des Großvaters: »Heute habe ich zum ersten Mal an einem Wochentag Sonne auf dem Brot gehabt.« Gesprochen am Krankenbett nach einem Unfall im Bergwerk, in das er 40 Jahre lang vor Sonnenaufgang ein- und nach Sonnenuntergang ausgefahren war. Die Wohnung daheim war eng, aber das Kind Reiner hat sie nicht als bedrückend empfunden. Reisen hat es in dieser Kindheit nicht gegeben und auch keine Spaziergänge. Freizeit war damals dringend notwendige Ruhezeit. Nach seiner Pensionierung hat der Großvater den Enkel zu Aushilfsarbeiten mitgenommen – zum Roden im Wald und zum Kühehüten auf der Wiese. »Mit dem Großvater hab' ich die Natur erlebt«, sagt der Schriftsteller heute.

Die prägenden Eindrücke. Nie in seinem Leben war die Großstadt für Reiner Kunze eine Verlockung. Seit 1962 lebte er im thüringischen Städtchen Greiz in einer Zweieinhalb-Zimmer-Wohnung zusammen mit Frau und Tochter. Schlimmste

Zwei Freunde aus der Tschechoslowakei: Milan Kundera, mit dem er Anfang der sechziger Jahre zusammensitzt und die Übersetzung von dessen Schauspiel »Die Schlüsselbesitzer« in Prag bespricht, und der in Brünn lebende Lyriker Jan Skácel, dessen Gedichte Kunze ins Deutsche übertrug – die Bände »Fährgeld für Charon« und »wundklee«, 1982 erschienen.

Provinz, wenn man der Aufzählung Heinrich Heines glaubt: »Reuß-Schleiz-Greiz und Hinterpommern.« Doch um zu schreiben, zog sich Kunze noch weiter zurück: in eine für 20 Mark gemietete Dachkammer eines kleinen Bauernhauses im Vogtland.
Als die Kunzes 1977 in den Westen kamen, fanden sie erst einmal Ruhe in derselben Wohnung in Stockdorf bei München, in der heute der von den Sowjets ausgebürgerte Satiriker Wladimir Woinowitsch mit seiner Familie wohnt. Die Wahl Erlaus als neuem Wohnort entsprang einem Zufall.
»Mit unserem Wartburg sind wir damals durch ganz Bayern gefahren«, erinnert sich Kunze. »Elisabeth suchte eine Stelle bei einem Zahnarzt. Marcela, unsere Tochter, lebte inzwischen bei einer Tante in Darmstadt. Jetzt ist sie verheiratet, hat zwei Kinder und führt mit ihrem Mann in Köln eine Buchhandlung. Schließlich fand Elisabeth eine Anstellung in Passau. Doch als Fachärztin für Kieferorthopädie konnte sie nicht bleiben. So hat sie sich später selbständig gemacht.« Frau Dr. Kunze führt heute eine Praxis mit sieben Angestellten. Zu dem halben Haus, das die beiden in Erlau gemietet haben, kamen sie über eine Zeitungsannonce.
Im nahen Wald, in dem vor über einem Jahrhundert Adalbert Stifter, der Dichter des um Passau spielenden Romans »Witiko«, spazierenging, geht nun Reiner

In dieser Stadt kam Reiner Kunze am 16. August 1933 zur Welt: Oelsnitz, zwischen Zwickau und Chemnitz. Urgroßvater, Großvater und Vater arbeiteten hier im Steinkohlebergbau. Reiner Kunze sollte hier eigentlich Schuhmacher werden.

Reiner Kunze

Kunze seine Wege ab. Der Ort Erlau, benannt nach dem gleichnamigen Bach, der in die Donau mündet, hat 500 Einwohner, eine Kirche, einen Gasthof und einen stillgelegten Bahnhof. Spätestens als der Briefträger, der zugleich Bauer ist, zufällig sah, wie Reiner Kunze hinten in seinem Garten fachgerecht auf dem eigens dafür angefertigten Holzbock seine Sense dengelte, gehört der Dichter hier hin. Inzwischen weiß man auch im Ort, daß Reiner Kunze über nicht unerhebliche medizinische Kenntnisse verfügt, die er sich angeeignet hat, um dem Beruf seiner Frau näher zu sein. Und so passiert es öfter, daß Nachbarn bei einer plötzlichen Erkrankung von Angehörigen zuerst einmal Kunze holen, ehe der Arzt aus dem sechs Kilometer entfernten Obernzell gerufen wird.

»Empfindet er den Aufenthalt in Erlau als endgültig«, frage ich ihn. »Ja«, antwortet er. »Ich möchte nicht noch einmal wegmüssen. Hier will ich nun bleiben. Dies ist eine Gegend, in der die Leute wirklich noch die Füße auf dem Boden haben. Ein harter Menschenschlag wie im Erzgebirge. Niemand ist hier abweisend. Aber niemand tritt einem auch zu nahe. Wir konnten hier einwachsen. Es war eigentlich kein Problem. Natürlich weiß ich, daß wir ungeheuer begünstigt waren.« Er fügt hinzu: »Ich habe den Staat gewechselt, aber nicht die Nation.«

»Wie wäre es, wenn es hieße, Kunze, komm zurück in die DDR, wir haben uns geirrt?« frage ich ihn. »Wäre das eine Verlockung?« Er sagt: »Nein, weil ich dann hinfahren könnte, sooft ich wollte. Ich würde sicher mal ein halbes Jahr in meiner Dachkammer in Leiningen bleiben. Aber Elisabeth und ich sind seßhafte Leute. Wir graben nicht dauernd unsere Wurzeln aus.« Passau und seine Umgebung verdanken dem Lyriker Reiner Kunze schon heute Gedichte, die in die Weltliteratur eingehen werden. So eines, das den Titel trägt »dauerregen über Passau«:

Vom himmel stürzt der vierte fluß, / und die kuppeln des doms sind grün von tang / Der tag ist nahe, an dem in den straßen / der fisch springen wird / Und der kahn, jahraus, jahrein angekettet unterm brückenbogen, / erbebt vor hoffnung, / mit der stirn / den scheitel der brücke berühren zu dürfen.

Reiner Kunzes Gedächtnis steht im Leben wie eine Pflanze in der Landschaft. Zeichnungen, Lithographien, Drucke von der Geburtsstadt Oelnitz und der Heimatstadt Greiz hängen im Flur. Zeichnungen, Lithographien, Drucke von Freunden aus der ČSSR und der DDR, die Kunzes Leben so lange begleitet haben, hängen in den einzelnen Zimmern. Aus der kleinen Welt der Erinnerung wird große Dichtung. Der Gast, heißt ein Aquarell von Jan Balet, 4,3 × 6 cm groß, das in Kunzes Arbeits- und Schlafzimmer hängt:

Er nahm platz am rechten tisch / und ist die mitte / noch sein schatten / hat rückgrat / Doch möchte man hinausgehn / und den ober vorbereiten / auf so viel verletzbarkeit

Das Gedicht entstand in Erlau. An einem fast den ganzen nur 16 Quadratmeter großen Raum füllenden Mahagonischreibtisch, der so leergefegt ist, als stünde er noch im Möbelgeschäft oder im Chefzimmer eines großen Konzerns. Kein Kratzer, kein Staubkorn. Links davon – auch in Mahagoni – ein Schrank, ein Teil davon mit offenem Regal. Darin Nachschlagewerke, Wörterbücher, Atlanten, englische Grammatik-Bände. Reiner Kunze, der in der DDR Russisch gelernt hat, übt sich im Westen täglich eine Stunde lang im Englischen. Vom Schreibtisch aus hat Kunze einen Blick auf die österreichischen Hänge jenseits der Donau, auf eine Burg, der inzwischen ebenfalls eines seiner Gedichte gilt. Hinter dem Schreibtisch steht das Bett. Über dem Kopfende hat er eine Holzleiste angebracht, ein Plattenspieler darauf.

Schräg gegenüber seinem Zimmer im ersten Stock hat sich seine Frau Elisabeth in hellen Möbeln eingerichtet. Mit zwei Drucken an der Wand, Bilder von Paula Modersohn-Becker und Gustav Klimt. Parterre die kleine Küche und ein geräumiges Wohnzimmer, das den Blick in den schmalen, stark abschüssigen Garten öffnet. Ein heller Teppichboden. Ein Büchergestell an der Kirschbaum getäfelten Wand, darunter Sideboards. Eine in Schwarz gehaltene Eßecke und ein hellblau abgestimmtes Ensemble von Couch und Sesseln. Die Bücher im Regal, nach Autoren alphabetisch geordnet, fast alle ohne Schutzumschläge. Die entfernt der Hausherr, »weil es mehr Platz gibt«, wie er sagt. Seine eigenen Werke – in 14 Sprachen übersetzt – bewahrt er in einem Schrank.

Auch hier absolute Sauberkeit, absolute Ordnung. Wie auch draußen im Garten, den Reiner Kunze mit neuem Rasen bepflanzt und dessen Bäume er fachkundig beschnitt. Betreten die Kunzes das Haus, werden sofort die Schuhe gewechselt. Geht Reiner im Sommer vom Wohnzimmer auf die Terrasse, so hat er dort wieder andere Schuhe aufgestellt. Es gibt auch Gästeschuhe.

»Ja, wir sind beide auf Sauberkeit aus«, sagt er. Die Bergarbeiterstadt Oelsnitz begleitet diesen Reiner Kunze. Das Grün der Wälder dort und das Schwarz des Rußes. Die weißen Augen des Vaters. Wirklich lange Gedichte hat Reiner Kunze nie veröffentlicht. Auch in der Prosa ist er immer auf die Kurzform aus. Auf Präzision. Auf Reinheit. Er beschreibt das so: »Ich muß Überblick haben. Es darf nichts Ablenkendes auf meinem Schreibtisch sein, gar nichts. Ich mache ja nichts Großes.« Eine Beobachtung, ein Einfall – wenige Zeilen. Reiner Kunzes Arbeitsprozeß. Der Einfall weitet sich aus. Doch noch in der Ausweitung hält der Autor seinen Gegenstand klein, indem er alles in einer winzigen Handschrift festhält. Dann beginnt das Reduzieren der Wörter. Ein Mann, der ganze Nächte durcharbeitet, ohne daß ihm in der Frühe vielleicht mehr als nur ein einziges Wort bleibt. Dann ist er glücklich. Was bleibt, ist die Chiffre, die jeder verstehen kann. Kein Staubkorn geht da durch oder bleibt an ihr hängen. Gedichte, in denen die Geduld das Übermaß an Liebe und die Liebe das Übermaß an Geduld aufwiegt. Des Himmels bedürfen wir. Doch zuvor lernen, wie man ohne Grauen durch den Schmutz kommt:

spuren gibt's in uns die zu sichern / nur wir selbst vermögen / So es einem von uns gegeben ist, / abdrücke zu nehmen / von solcher winzigkeit / Und ein mädchen das nicht aus noch ein weiß / wird dann plötzlich weiterleben wollen / und ein wirklicher leser wird sagen: / Noch immer gibt es gedichte / / dichter dulden keine diktatoren / neben sich / (In ihrem winzigen reich dem freien vers)

Ein weiter Weg liegt hinter dem Schriftsteller. »Ich hatte Schuhmacher werden sollen«, berichtet er. »Mein Schemel war mir bei meinem zukünftigen Meister schon sicher gewesen.« Dem zweiten deutschen Staat, der DDR, und seinen Kommunisten verdankt der Arbeitersohn Kunze, daß es anders kam. Die Benachteiligung von Arbeiterkindern in der Bildung aufzuheben war Programm der SED, und dieses Programm wurde realisiert. Reiner Kunze machte 1951 sein Abitur. Schon zwei Jahre früher war er Mitglied in der Einheitspartei geworden.

Reiner Kunze hat den Weg zum Abitur als »märchenhaft, ein Wunder« empfunden. Er engagierte sich für alles, »was zu diesem Wunder geführt hatte«. Also für den Sozialismus. Seine ersten Verse hatte er bereits in der Oberschule geschrieben. Die letzten Jahre bis zum Abitur hatte er in einem Internat in Stollberg gelebt. Was er werden wollte? Er schwankte zwischen der Malerei und der Musik. Bei der Malerei litt er »am Statischen«. Und die Musik blieb für ihn bis heute die Kunst der Künste. Doch er sah schon damals seine begrenzten Fähigkeiten, als er Geigenunterricht nahm. Reiner Kunze studierte in Leipzig Philosophie und Journalistik. Sein Staatsexamen machte er 1955. »Ich habe damals am Sozialismus noch nicht gezweifelt«, erinnert er sich. »Die Beseitigung der sozialen Unterschiede, die für mich und viele andere begonnen hatte, war etwas, das die DDR von der Bundesrepublik zu unterscheiden schien. Und auch das Bekenntnis zu jenen, die gegen den Nationalsozialismus gekämpft und darunter gelitten hatten, schien mir in der DDR stärker zu sein als im Westen.« Im Anfangsjahr als wissenschaftlicher Assistent im Fach Journalistik an der Leipziger Universität erschienen Kunzes erste Gedichte im Mitteldeutschen Verlag: in einem Band mit dem Titel »Die Zukunft sitzt am Tisch«, das zur Hälfte auch Lyrik des heute als Filmregisseur in der DDR bekannten Egon Günther enthält.

Damals war Kunze bereits verheiratet. Die Ehe zerbrach 1959, als Kunze in seine erste große Krise geriet und die Universität verließ. Inge Kunze, seine erste Frau, ist heute Leiterin der Abteilung Kulturpolitik an der Univer-

Gedichte führten 1961 zu dieser Hochzeit: Reiner und Elisabeth Kunze. Sie hatte seine Verse im Rundfunk gehört, ihm geschrieben, und er hatte sie am Telefon gefragt, ob sie seine Frau werden wolle.

Reiner Kunzes Sohn Ludwig aus erster Ehe. Er blieb bei seiner Mutter, die heute Leiterin der Abteilung Kulturpolitik an der Leipziger Universität ist. Der Sohn wurde Gartenbaugestalter.

Elisabeth Kunzes Tochter Marcela aus erster Ehe: Reiner Kunze hat Marcela adoptiert, ihr gilt ein großer Teil seiner Dichtung. Marcela ist inzwischen Mutter von zwei Kindern und lebt in Köln.

sität in Leipzig. Der Sohn Ludwig aus dieser Ehe ist Gartenbaugestalter in derselben Stadt. Die heute in der Bundesrepublik lebende Brigitte Klump, damals Studentin auch beim Dozenten Kunze, beschreibt jene Zeit in ihrem 1978 erschienenen Buch »Das rote Kloster«. Sie bestätigt, was der damals in Leipzig lebende Autor Gerhard Zwerenz und seine Freunde nicht gesehen haben: den wachsenden Zweifel Kunzes an der sozialistischen Dogmatik.
»Ich war ein Arbeiterkind«, betont Kunze heute. »Im eigenen Studium hab' ich jedem Professor geglaubt. Ein Professor war für mich eine Autorität. Den Abwehrstoff Skepsis hat mir niemand in meinem Elternhaus mitgeben können. Aber ich weiß auch: Wo ich mich in jener Zeit geirrt habe, hab' ich mich immer ehrlich geirrt.« Und er hat niemanden denunziert. Auch nicht die Studentin Brigitte Klump, die in seinem Seminar einen Aufsatz über die Erziehung zur Heuchelei an den Universitäten geschrieben hatte. Kunze gab ihr den Aufsatz zurück und sagte: »Ich müßte ihn dem Stasi übergeben, weißt du das? Nimm ihn zurück, ich hab' ihn nicht zensiert. Er ist wie nicht geschrieben.«
Reiner Kunze hing an seinem Beruf. Im buchstabengenauen Sinn Professor eines Tages zu sein, also Bekenner – das erschien ihm als großes Ziel. Als Dozent verließ er in seinen Vorlesungen nie die Faktenbasis und attackierte das Ausbildungsziel der Fakultät, Journalisten zu Parteiideologen zu erziehen. Im Jahre 1956 brach der Ungarn-Aufstand aus und wurde niedergewalzt von sowjetischen Panzern. Im Jahre 1956 wurde das SED-Mitglied Wolfgang Harich, Professor für Gesellschaftswissenschaft in Ostberlin, wegen eines antistalinistischen Programms inhaftiert, vor Gericht gestellt und verurteilt. Eine großangelegte Säuberungsaktion folgte: weitere Verhaftungen von Intellektuellen. In Leipzig wurde der Schriftsteller Erich Loest zu sieben Jahren

Freiheitsentzug verurteilt. Der Autor Gerhard Zwerenz entkam in den Westen, ebenso Professor Ernst Bloch. Auch Reiner Kunze geriet in den Sog von Verdächtigungen und Denunziationen.

Sein Feind und Verfolger war schon damals Klaus Höpcke, seit 1973 stellvertretender Kulturminister der DDR, in der zweiten Hälfte der fünfziger Jahre wie Kunze Assistent an derselben Fakultät. Höpcke hatte den Kollegen Kunze bereits deswegen zu Fall bringen wollen, weil dieser Anna Seghers in Leipzig zitiert hatte. Und zwar ihre Äußerung nach dem Ungarn-Aufstand auf dem DDR-Schriftstellerkongreß in Ostberlin, sie kenne den ungarischen Literaturwissenschaftler Georg Lukács besser, als daß sie sich weismachen lasse, Lukács sei ein Konterrevolutionär. Aus einer wegen dieses Zitats einberufenen Fakultätsversammlung ging Kunze mit einer Rüge heraus. Aus der nächsten kam er als gebrochener Mann. Der Vorwurf gegen ihn: Beteiligung an konterrevolutionären Aktivitäten. Kunze wehrte sich, nannte Entlastungszeugen und wurde von Höpcke angeschrien: »Wir sind hier nicht in einer bürgerlichen Gerichtsversammlung, wo man Zeugen anrufen kann.«

Brigitte Klump schreibt in ihrem Buch: „Reiner Kunze erlitt mit 26 Jahren einen Herzinfarkt – seine Stunde Null...« Sechs Wochen lang lag er im Krankenhaus. Dann folgten zähe Versuche, zu einem Arrangement zu kommen. Kein Prozeß. Aber der Versuch der Partei, ihr Mitglied zur Selbstkritik zu zwingen. »Ich sollte öffentlich Fehler eingestehen«, erinnert sich Kunze. »Dann wäre das Vergehen gegen mich vergessen gewesen. Diese Schweinerei habe ich nicht mitgemacht.« Reiner Kunze schied aus der Nomenklatur, der Elite in der DDR-Gesellschaft, aus und wurde 1959 Hilfsschlosser im Schwermaschinenbau. Zugleich begann das nun nicht mehr aufhörende Spiel der Partei, ihn mit Zuckerbrot und Peitsche zu behandeln. Als Hilfsschlosser erlebte er, daß sein erster eigenständiger Gedichtband im Mitteldeutschen Verlag erschien: »Vögel über dem Tau.«

Gedichte von Kunze wurden 1959 im Leipziger Rundfunk gesendet. Im böhmischen Aussig an der Elbe hörte eine Frau, deren Vater deutschstämmig und deren Mutter Tschechin ist, diese Gedichte. Sie ist Fachärztin für Kieferorthopädie am dortigen Krankenhaus, geschieden und hat eine Tochter namens Marcela. Fasziniert bittet die Ärztin auf einer Postkarte um den Wortlaut der Gedichte. Reiner Kunze: »Elisabeth war mein erster und bleibt mein kostbarster Literaturpreis. Zwischen uns beiden entspann sich ein Briefwechsel, der die sagenhafte Zahl von 400 Briefen erreichte, darunter Briefe bis zu 25 Seiten. Es war damals noch nicht leicht, von der DDR in die ČSSR zu reisen. Ohne sie gesehen zu haben, rief ich sie eines Nachts an und fragte, ob sie meine Frau werden wolle. Und sie hat sofort ja gesagt.« Ein Gedicht von damals:

Die Liebe / ist eine wilde Rose in uns, / unerforschbar vom Verstand / und ihm nicht untertan / Aber der Verstand ist ein Messer in uns / Der Verstand / ist ein Messer in uns, / zu schneiden der Rose / durch hundert Zweige / einen Himmel.

Reiner Kunze arbeitete ein Jahr in der Fabrik. Nachts schrieb er an einem Buch über den Journalismus, seine Promotionsarbeit, die an der Uni nicht fertig geworden war. Die Doppelbelastung führte zu einem zweiten Zusammenbruch. Die tschechische Ärztin in Aussig alarmierte einen Arztkollegen in Leipzig, unterrichtete ihn von ihrer Verdachtsdiagnose Leberleiden und bat ihn, sich Kunzes anzunehmen. Die Verdachtsdiagnose stimmte. Kunze litt schon lange an jener Krankheit, ohne daß es festgestellt worden war.

Die Arbeit an zentnerschweren Achsen, die für Schreitbagger angefertigt wurden, mußte Kunze aufgeben. Zur Hilfe kam ihm die Witwe des Arbeiterschriftstellers Peter Nell, die ihm den Nachlaß ihres Mannes zur Herausgabe anvertraute und ihm dafür die Stelle eines wissenschaftlichen Mitarbeiters an der Akademie der Künste verschaffte. Es folgten die ersten Reisen in die ČSSR. Bei Elisabeth, der Ärztin, lernte er Tschechisch. Bereits 1961 erschienen von Kunze in der DDR Nachdichtungen aus dem Tschechischen unter dem Titel »Der Wind mit dem Namen Jaromír«. Der

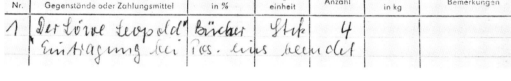

Beschlagnahme-/Einziehungs-Entscheid

Kunzes Buch »Der Löwe Leopold« erschien 1970 in der Bundesrepublik bei S. Fischer. In der DDR war der Schriftsteller aus dem thüringischen Greiz seit 1968 verfemt. Nach dem Einmarsch der Warschauer-Pakt-Staaten in die ČSSR hatte er aus Protest sein SED-Parteibuch zurückgegeben. Die Belegexemplare des S. Fischer Verlages für den Autor zog die DDR-Zollverwaltung ein. Sechs Jahre später wurde das inkriminierte Werk vom DDR-Kinderbuchverlag gedruckt, aber nicht mehr ausgeliefert, da bei Fischer gerade das Buch »Die wunderbaren Jahre« erschienen war. Ein einziger DDR-»Löwe« (links) überlebte. Ein Unbekannter hatte das Buch dem Autor in den Briefkasten gesteckt. 14 999 Exemplare wurden eingestampft.

Schriftstellerverband der ČSSR setzte sich dafür ein, daß Kunze eine Tschechin heiraten durfte. Leicht war das damals nicht. Auch Kunzes Vater, verdienter Bergmann der DDR, griff zur Feder und schrieb dem Ministerpräsidenten Otto Grotewohl.
Am 8. Juli 1961 war es dann soweit. Hochzeit in Ústí nad Labem, so der tschechische Name der Stadt Aussig. Von 1962 an wohnte Reiner Kunze mit Frau und Tochter Marcela, die er adoptierte, in Greiz. Das Gehalt, das Elisabeth Kunze als Fachärztin in der dortigen Poliklinik bekam, sicherte den Lebensunterhalt der Familie. 1962 erschien Kunzes zweites Buch in der DDR: »Aber die Nachtigall jubelt. Heitere Texte.«

Alles, was danach entstand, hat für den Schriftsteller heute Bedeutung. »Der Grundmangel meiner frühen Gedichte besteht darin«, sagt er, »daß sie mit wenigen Ausnahmen Illustrationen einer Idee sind. Und das hat mit Dichtung gar nichts zu tun. Was Poesie wirklich ist, wurde mir erst in der ČSSR bewußt.« Es ist dies ein Thema, das noch immer den ganzen Enthusiasmus der ersten Begegnung mit der tschechischen Dichtung weckt. Wir sitzen hinten auf der Veranda des Erlauer Domizils, und Reiner Kunze erzählt mir druckreif ohne Unterbrechung eine Stunde lang von seinen Erfahrungen.
Er ist heute zugleich der bedeutendste Übersetzer tschechischer Lyrik ins Deutsche. Übersetzungen, an denen er genauso intensiv und lange arbeitet wie an seinen eigenen Sachen. Gerade beendet nach zweijähriger Arbeit ist die Übertragung der Gedichte des Tschechen Jan Skácel: »Wundklee.« Kunze erzählt mir, daß Tschechisch eine sinnlichere Sprache sei als die deutsche mit ihrer Überladung von Begriffen. Für das Wort Liebe gäbe es viele Worte. Gott könne jeder Tscheche beliebig verkleinern. Wie klänge es im Deutschen: Gottchen? Und für jenen Vorgang beispielsweise, bei dem man den Löffel in einer Tasse rührt und dabei den Rand streift, gibt es das Wort: cinkatí. So präzis, so kurz und so sinnlich – ja so tschechisch schreibt der Dichter Reiner Kunze deutsch.
Die meisten seiner Gedichte sind zwischen 1962 und 1968 in der ČSSR zuerst einmal

Reiner Kunze mit seiner Frau in der Umgebung ihres neuen Wohnortes Erlau. »Angst haben wir vor dem Alleinsein«, sagt er, »wenn der eine den anderen früher verläßt, wenn einer früher stürbe und den anderen zurückließe.«

erschienen, übersetzt. Ein Teil auch in der Bundesrepublik in dem Goldesberger Hohwacht-Verlag unter dem Titel »Widmungen«, kaum beachtet. Kurz vor dem Einmarsch der Truppen des Warschauer Paktes in die ČSSR kam in der von Berd Jentzsch – heute wohnhaft in der Schweiz – herausgegebenen Reihe »Poesiealbum« in der DDR eine Auswahl von Kunze-Gedichten heraus. Und in das Taschenbuch »Saison für Lyrik« hatte der Ostberliner Aufbau-Verlag ebenfalls Gedichte des Greizers aufgenommen. Aus Protest gegen den Panzerkommunismus der Sowjets im Verein mit der DDR, die den tschechischen Sozialismus mit dem menschlichen Gesicht zunichte machten, tat Kunze einen Tag nach der Invasion etwas, was es in der DDR nicht gibt, was eigentlich gar nicht so möglich ist: Er ging zum SED-Parteibüro und gab sein Mitgliedsbuch zurück. Die Partei nahm den Schritt ihrerseits zum Anlaß, Kunze zu feuern.

Von nun an galt für Kunze kompromißlos der Satz, den er schon viel früher geschrieben hatte: »Das Bedürfnis des Dichters, nach außen hin etwas zu gelten, bricht in dem Augenblick zusammen, in dem er begreift, was Poesie ist.« Kein DDR-Verlag druckte mehr etwas von dem Dichter. In dieser staatlich verordneten Verfemung teilte Kunze sein Schicksal mit dem Dichter und Liedersänger Wolf Biermann. Biermann kam im Herbst 1976 nach einer Konzerttournee in der Bundesrepublik nicht mehr in sein Land zurück, weil es ihn ausbürgerte. Der ungebrochene Glaube Biermanns an den Sozialismus wird von Kunze schon lange nicht mehr geteilt. Doch die Achtung und die Solidarität, die sie einander in der DDR bezeugt haben, haben gehalten. Als Kunze in der Bundesrepublik für seinen schwachen Film »Die wunderbaren Jahre« hämische Kritiken hinnehmen mußte, wandte sich Biermann entschieden gegen die Diffamierung Kunzes als Reaktionär. »Es war bitter, als damals meine menschliche Integrität angegriffen wurde«, sagt Kunze. »Wolf Biermann hat da nicht mitgemacht. Ich werde das nie vergessen.«

24 *Reiner Kunze*

Reise durch Skandinavien im September 1980: Reiner Kunze auf dem Flug von Stockholm nach Göteborg. Im Jahre 1973 hatte er den Preis des 2. Internationalen Schriftstellerkongresses im schwedischen Mölle zugesprochen bekommen, aber zur Entgegennahme der Auszeichnung nicht ausreisen dürfen. Als Bürger der Bundesrepublik ist er nun für die Goethe-Institute zu Lesungen unterwegs. Begleitet wird er von seiner Frau Elisabeth, hier bei einem Ausflug in der Nähe Göteborgs.

Nach 1968 wurde Reiner Kunze, der DDR-Schriftsteller, langsam ein Autor der Bundesrepublik. Hier erschienen seine Bände: »Sensible Wege«, ausdrücklich dem tschechoslowakischen Volk gewidmet und zugleich auch mit Gedichten der Solidarität für Solschenizyn versehen (1969). Dann »Der Löwe Leopold. Fast Märchen, fast Geschichten« (1970), »Der Dichter und die Löwenzahnwiese« (1971), »Zimmerlautstärke« (1972).

Auf dem VI. Schriftstellerkongreß der DDR wurde Kunze erstmals öffentlich zum Staatsfeind gestempelt. Der Literaturfunktionär Max Walter Schulz warf Kunze in seinem Hauptreferat »aktionslüsternen Individualismus« und »Antikommunismus« vor, der »mit der böswilligen Verzerrung des DDR-Bildes kollaboriert«. Der Schriftsteller machte sich auf seine Verhaftung gefaßt. Ein Freund gab ihm Tips. Kunze lernte den Kopfstand als ein Mittel, Durchblutungsstörungen in einer engen Zelle zuvorzukommen. Er lernte alle Tricks der Schmerzablenkung.

Fünf Jahre lang dauerte der Druck, den die DDR auf Kunze ausübte. Dann gab es wieder ein Arrangement. Bei Reclam in Leipzig durfte 1973 eine Auswahl von Gedichten unter dem Titel »Brief mit blauem Siegel« erscheinen. Die 15 000 Exemplare waren innerhalb weniger Tage verkauft, die folgenden 15 000 auch. Kunze durfte – vorher angekündigt –

wieder öffentlich in der DDR aus seinen Werken lesen. Er durfte 1973 den Literaturpreis der Bayerischen Akademie der Schönen Künste in München entgegennehmen. Im Herbst 1976 sollte endlich auch das bisher verbotene Kinderbuch »Der Löwe Leopold« in der DDR erscheinen. 15 000 Exemplare waren bereits ausgedruckt. Sie wurden nicht mehr ausgeliefert, weil in der Bundesrepublik der Prosaband »Die wunderbaren Jahre« herauskam. Die Auflage des Buches »Der Löwe Leopold« wurde eingestampft. Irgend jemand rettete ein Exemplar. Reiner Kunze fand es in seinem Greizer Briefkasten. So war denn auch die Behauptung des DDR-Kinderbuchverlages, Kunze lüge, »Der Löwe Leopold« sei gar nicht gedruckt worden, als Lüge des Verlages offenbar.

Herbst 1976 – das war jene für die DDR turbulente Jahreszeit, in der Wolf Biermann ausgebürgert wurde. Dagegen protestierten fast alle Künstler von Rang und Namen in einer Unterschriftenaktion. Die Aufmerksamkeit galt diesem Vorfall. Reiner Kunze focht ziemlich allein. Der Schriftstellerverband schloß Kunze aus. Ein ungeahntes Kesseltreiben richtete sich gegen die ganze Familie Kunze. Die Tochter – später Hauptfigur in Kunzes »Die wunderbaren Jahre« – war schon früher in der Oberschule einem unerträglichen »psychischen Spießrutenlaufen« ausgesetzt gewesen, so daß sie ein Jahr vor dem Abitur abgegangen war. 1975 hatte man einen jungen Mann als Spitzel

Reiner Kunze bei einer Lesung in der Stockholmer Universität 1980.

angesetzt, der Marcela über ihren Vater aushorchen sollte. Das Mädchen, das als Aushilfskraft bei der Post in Jena arbeitete, geriet in Selbstmordgefahr. Genau wie der junge Stasi-Spitzel, der sich in Marcela verliebte und in für ihn aussichtsloser Lage sich das Leben nahm.

Am Gründonnerstag, dem 7. April 1977, schrieb der DDR-Bürger Kunze an den Staatsratsvorsitzenden Erich Honecker und bat ihn um die „Entlassung aus der Staatsbürgerschaft der DDR für sich, seine Frau und seine 20jährige Tochter«. Drei Tage später war die Antwort da. Ein Güterwaggon wurde am Greizer Bahnhof zur Verfügung gestellt. »Wenn der Apparat für dich läuft, dann merkst du, was er kann«, beschreibt Kunze heute jenen Vorgang. »Wenn der Apparat gegen dich ist, weißt du es auch.« Die Behörden gaben ihm drei Tage, dann mußte er draußen sein. Die Kunzes verschenkten ihre Möbel, Stereoanlage, Radio und das Geld vom Konto. Sie hätten – behandelt wie Aussiedler – zehn Mark pro Person mitnehmen können. Am Ende die Eltern des Schriftstellers in der leeren Wohnung. »Der Vater weinte«, erinnert sich Kunze. »Niemand wußte, was wird, ob wir uns wiedersehen. Und ich mußte den Lachenden spielen.«

Und dann am Vormittag die Grenze bei Hof. Der Wartburg vollgepackt. Der diensthabende Offizier zu Kunze am Steuer: »Sie wollen wohl auf Safari – wie lange bleiben sie denn weg?« Kunze: »Für immer.« Der Offizier schaute ihn verlegen an und sagte dann: »Hoffentlich bereuen Sie das nicht.«

Ein halbes Jahr später zeichnet die Darmstädter Akademie für Sprache und Dichtung Reiner Kunze mit dem Georg-Büchner-Preis aus. Hermann Kant, Vorsitzender des DDR-Schriftstellerverbandes und beim Exodus der DDR-Dichter gevifter Rufmörder, nannte Kunzes Dichtung im SED-Zentralorgan Neues Deutschland »Unrat«.

An der Donau, unterhalb von Passau: »Die Grenze, über die

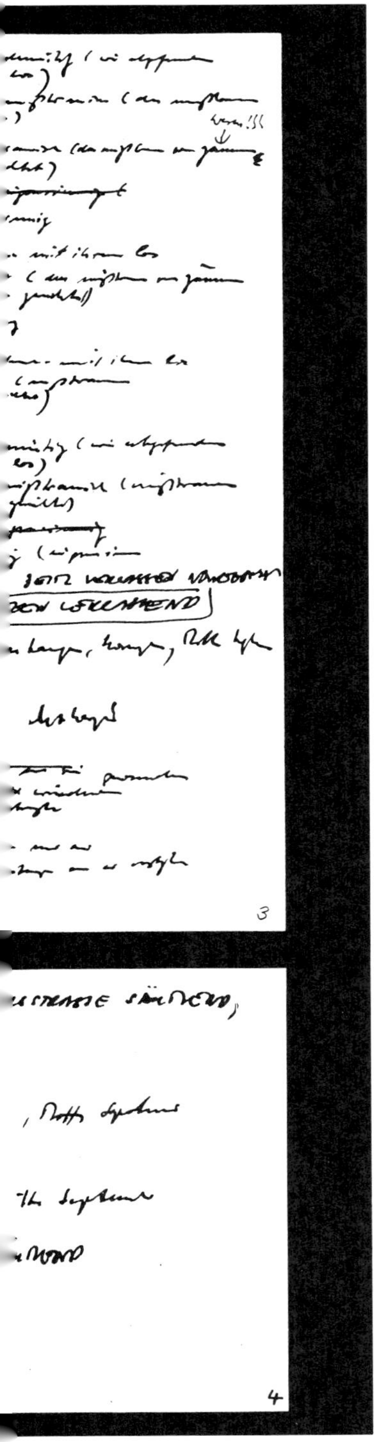

LEERE SCHNEESTANGEN, NORWEGEN, MITTE SEPTEMBER

In dieser steinöde werden sie

zu wesen

Als wollten sie den schnee auffangen

ohne arme

Und jede ganz auf sich gestellt

gegen die übermacht des himmels

Auf einer Autoreise in Norwegen macht Reiner Kunze zwischen Kinsvarik und Oslo am 13. September 1980 folgende Beobachtung: »Ich erlebe, wie bereits jetzt die Schneestangen aufgestellt werden. Ringsum sind Gesteinshalden mit tiefen Schluchten und Seen. Der Himmel ist eisig blau. Es riecht nach Schnee. Wolken jagen vom Meer über das Land. Das einzige, was mich auf dieser Fahrt begleitet, sind die überhohen Schneestangen – sichtbar aus unterschiedlichen Perspektiven. Auf einmal war in mir dieser Gedanke: als wollten sie den Schnee auffangen ohne Arme... in der Einöde so ausgeliefert. In dem Gedanken steckte ein Stück Ahnung dessen, was Norwegen ist, was es heißt, in einem solchen Gebirge im Norden zu leben. Die Eindrücke der ganzen Norwegen-Reise kristallisierten sich in diesem einen Gedanken: die Zurückhaltung der Menschen, ihre scheinbare Verschlossenheit, ihr Stolz, allein mit der Natur fertig zu werden – Charakter der Menschen, Charakter der Landschaft.« Nach der Rückkehr von der Reise begann die Arbeit an dem Einfall. Die vier Zettel zeigen einen Ausschnitt dieser Arbeit. Reiner Kunze nahm dieses Gedicht in seinen ersten in der Bundesrepublik entstandenen Gedichtband »auf eigene hoffnung« auf.

Reiner Kunze

ich blicke / auf Österreichs burg und buchen, ist / nichts als ein fluß.« Wir wandern am Berghang entlang von Erlau nach Obernzell. Feuersalamander kreuzen immer wieder den überwucherten Pfad, der einmal für Touristen hier angelegt war. Aber die Touristen kamen nicht. So ist es nun Reiner Kunzes Weg geworden. Er erzählt von seinem Wartburg, der nicht durch den TÜV kam, weil er zwei Zentner mehr wog, als in den Papieren angegeben war. Es dauerte lange, bis Kunze an die Stellen in dem Wagen dachte, an denen er alle möglichen Ersatzteile aufbewahrte, Kostbarkeiten für eine Reparatur, falls der Wartburg in der DDR stehengeblieben wäre. Er erzählt, wie Elisabeth und er innerhalb eines Tages in München alle Möbel für die Wohnung in einem Geschäft gekauft haben. Er erzählt von dem Tag, an dem die Eltern in Erlau eintrafen und er das Schweigen mit seinem Vater genießen konnte. »Wir können gut und gern zwei Stunden nebeneinander auf der Couch sitzen, ohne daß ein Wort fällt«, sagt er.

Auf einer Skandinavien-Reise – eingeladen von den Goethe-Instituten – erlebe ich, wie er bei jeder seiner Lesungen an das Publikum appelliert, die ČSSR nicht zu vergessen, sich für die Verfolgten dort einzusetzen, die Bücher der von den Machthabern Verfemten zu lesen. In Göteborg funktioniert er die Kunze-Lesung in einen Abend für die ČSSR um und präsentiert nur Gedichte aus jenem Lande, über das seiner Meinung genausoviel gesprochen werden müßte wie über die Unterdrückung in Chile. »Ich weiß, was es heißt, Solidarität zu erfahren«, sagt er. »Zu dieser Solidarität kann schon eine kleine Ansichtspostkarte gehören. Wir haben ja auch in der DDR lange genug von Ansichtskarten gelebt, die wir bekamen.« Reiner Kunze, der Bürger der Bundesrepublik Deutschland: »Ich weiß, dieses Gesellschaftssystem ist unter anderem auf Grundlagen gebaut, die allem Humanen zuwider sind. Die Wirkungen sind zum Teil verheerend. Nur: Den Folgen kann sich der bewußte Mensch hier noch eher entziehen als in der DDR. Die parlamentarische Demokratie läßt eine gewisse Beeinträchtigung ihrer Machtansprüche zu, so daß Humanität möglich werden kann.« Seine Wahlprognose hatte er zwar im Wahljahr 1980 geschrieben, aber öffentlich hat er sie erst 1981 gemacht:

Kopf an kopf / Der sieger wird / das ziel verkaufen, damit wir alle noch ein wenig / länger bleiben können / Falls nicht die sonne früher untergeht

Seine Gedichte, fast immer nur wenige Sätze. »Kunze hat sich angepaßt.« Ein Satz, der über ihn umläuft in der Bundesrepublik. Kunze antwortet mit einem Gedicht über den Tod eines Freundes:
»Ich passe mich dieser wahrheit an / wie er sich nun anpaßt der Erde.« Ein Gleichgewicht, fast wie sinnlos – doch so dem Schlimmsten, das herandroht, zu trotzen. »An der Thaya, sagst du, überkomme mich / undefinierbare Sehnsucht / Gehn wir in den Fluß, / die Sehnsucht definieren.« So Kunzes »Philosophie, für Elisabeth«, geschrieben vor mehr als einem Jahrzehnt. Die Treue zu sich selbst, die eigentlich Verschwendung für andere ist. Gedichte wie eine Auferstehung, zumindest ein Atemschöpfen, an dem man nicht erstickt.

Eine Geliebte darf man nicht suchen müssen. Sie muß immer da sein. Vor der Einsamkeit haben die beiden Kunzes keine Angst. »Angst haben wir vor dem Alleinsein«, sagt Reiner Kunze, »wenn der eine den anderen früher verläßt, wenn einer früher stürbe und den anderen zurückließe.« Mit dem Flugzeug über Skandinavien. »liebesgedicht nach dem start oder mit dir im selben flugzeug«:

Sieh den schatten auf der erde / den winzigen schatten / der mit uns fliegt / So bleibt die größte unserer ängste / unter uns zurück / Nie ist die wahrscheinlichkeit geringer daß der eine / viel früher als der andere stirbt

Ich erlebe, wie Reiner Kunze im Herbst 1980 keine Nachrichtensendung im bayerischen Rundfunk ausläßt, damit er weiß, was im Polen Walesas geschieht, erlebe, wie er um dieses Land bangt, wie um »seine« Tschechoslowakei, die ein wenig mehr Freiheit 1968 gewinnen wollte und alles verlor. Ich erlebe, wie ein Gedicht entsteht, die Küste von Danzig. Dezember 1980:

Daß in ihrer armbeuge / gewalt steckt, / wußten wir / Nun zeigt ihr ellenbogen / den arm der geschichte / und furcht erfaßt uns nicht nur um jene, / die sich auf ihn zu stützen wagen

In der Wohnung Kunzes ist das Radiogerät die einzige aktuelle Informationsquelle. Es gibt bei ihm keinen Fernsehapparat und auch keine abonnierten Zeitungen oder Zeitschriften. »Wir brauchen und wollen die Informationen aus den Medien nicht doppelt und dreifach.«
»Sprechen wir von den Positiva in der Bundesrepublik«, sagt Kunze. »Für uns bedeutet das: Wir sind den Druck los. Das ist eine solche Erleichterung, noch heute spürbar. Und so, wie er es bei den vielen Gesprächen, die wir miteinander führten, noch nicht getan hat, illustriert er an dem bisher nicht preisgegebenen Inhalt seines Gesprächs mit dem DDR-Kulturminister Hoffmann die ganze Enttäuschung und Bitterkeit über die DDR-Vergangenheit. Das Gespräch fand in Ostberlin am 14. Juli 1974 statt. Thema: Der Versuch, Kunze zu bewegen, die von der Bayerischen Akademie angetragene Mitgliedschaft zurückzuweisen.
Kunze: »Auf dem Schreibtisch des Ministerzimmers lag mein Buch ›Brief mit blauem Siegel‹, für das Hoffmann die Druckerlaubnis gegeben hatte. Der Minister sagte zu mir: ›Das, was wir brauchen, sind zehn solcher Bücher von Ihnen.‹ Dann kam er zur Sache. Ich erklärte ihm, wer alles Mitglied der Bayerischen Akademie sei: Böll, Kästner, all die Namen, die einen guten Ruf auch im Osten haben. Und ich sagte ihm auch, daß ich nach all den Erfahrungen in der DDR in der Mitgliedschaft zur Bayerischen Akademie einen gewissen Schutz für mich sehe. – Um mich auf seine Seite zu bringen, bot er mir Westgeld, ein Westauto, eine Wohnung in Berlin, ein Grundstück am See. Also der Versuch der Bestechung. Als ich ablehnte, begann er mich zu beschimpfen, ich sei ein Psychopath, ein Hysteriker. – Auf einmal war ich nicht mehr aufgeregt. Ich erklärte ihm, daß ich ein Hysteriker nicht sein könne, und legte ihm die zwei Formen von Hysterie dar, wie sie in der Medizin beschrieben werden. – Nun kamen die Drohungen, die in den Worten gipfelten: ›Wir haben hier Kammern, in denen überleben Sie bei Ihrer Konstitution nicht.‹ Und: ›Da kann Sie auch der Kulturminister nicht mehr vor einem Unfall auf der Autobahn bewahren.‹«
Auf der Rückfahrt nach Greiz wurde der Schock wirksam, den Kunze bei diesem Gespräch erlitten hatte: »Ich mußte bei Naumburg von der Autobahn runter. Ich spuckte Galle und hing lange Zeit erschöpft über dem Lenkrad, ehe ich weiterfahren konnte.« Reiner Kunze durfte zwar nicht die Mitgliedsurkunde in München entgegennehmen, aber die DDR ließ deren Empfang in der Ständigen Vertretung der Bundesrepublik in Ostberlin zu. Die Angst wurde Kunze nach dem Ministergespräch nicht mehr los.
»Schließlich habe ich alle vier Wochen am Tropf gehangen«, berichtet der Schriftsteller. »Immer wieder brach mein Immunsystem zusammen. Als ich später in einem Fernsehinterview im Westen berichtete, daß mir neben Elisabeth ein anderer Arzt in meiner gesundheitlichen Misere geholfen hat, wurden in Greiz alle Ärzte verhört, wer den Staatsfeind noch an den Tropf gehängt hat. Der Mann war – so zynisch es klingt – Gott sei Dank gerade gestorben... Das sind die Dinge, die die Sache des Sozialismus so aussichtslos machen. Den Kindern, die zu Elisabeth in die Sprechstunde wollten, hat man nach unserer Ausreise gesagt, Frau Dr. Kunze sei gestorben... Wenn ich heute meinen Weggang überblicke, dann sehe ich, daß ich richtig gehandelt habe. Das zeigt auch die Tatsache, daß so viele andere nach mir herausgingen. Wenn das nicht gewesen wäre, würde ich mich sicher heute fragen: Hättest du nicht doch Kompromisse in der DDR machen müssen?«

WOLF BIERMANN: EIN SOZIALISTISCHER SISYPHOS

Wolf Biermann: er ist ein Kind der Arbeiterklasse. Er hat Eltern, die kämpften gegen den Faschismus. Er wurde Kommunist und faßte Kommunismus als freies kritisches Denken auf, wie es sich Karl Marx gewünscht hat. Er sagte, was er dachte. Er schrieb und schreibt Lieder, die auch als Gedichte bestehen und bleiben werden in der deutschen Lyrik dieses Jahrhunderts. Es gibt darin keinen Satz, den er widerrufen müßte. Er blieb identisch mit sich und seinen Anschauungen. In seiner Welt hat er von Anfang an recht gehabt. Für dieses Recht ist sein Vater in den Tod gegangen. Der Vater war Kommunist. Und der Kommunismus bleibt eine lebendige Kraft, so es Väter gibt wie diesen.

Dieser Vater war Maschinenbauer auf der »Deutschen Werft« in Hamburg. Als Hitler an die Macht kam, organisierte er Widerstand aus dem Untergrund. Wie seine Frau gehörte er einer illegalen Zelle der KPD an. Er druckte heimlich eine Zeitung und schrieb in ihr gegen die Nazis. Er kundschaftete im Hafen Waffenladungen aus, die für Franco in den Spanischen Bürgerkrieg geschickt wurden. Er gab Hinweise auf solche Schiffe weiter. Er lebte in doppelter Gefährdung. Er war nicht nur Kommunist, er war noch dazu Jude. Er wurde zweimal verhaftet. Beim zweiten Mal kam er nicht

mehr frei. Er wurde ins KZ Auschwitz transportiert und ermordet. Als einer von zwanzig aus der Familie Biermann.

Wolf Biermann sagte: »Meine Mutter hat mich mit leidenschaftlicher Konsequenz zu meinem Vater hin erzogen. Das war ein Akt der Liebe zu meinem Vater und ein Akt des politischen Beharrens und der Wahrung der menschlichen Würde.« Wolf Biermann wuchs in einer Selbstsicherheit, einer Selbstgewißheit auf, die nicht nur unter Deutschen rar ist, die aber nirgendwo so wenig anerkannt wird als gerade in seinem Heimatland, das aus zwei Staaten besteht. Die Welt des Nachkriegsdeutschlands war eine Welt der Konvertiten: Die meisten Bürger waren vor 1945 Nazis gewesen oder waren ihnen treu gefolgt. In der Revolte gegen jene Väter mußten sich Biermanns Altersgenossen ihren Standort erkämpfen, mußten dabei elementare Beziehungen kappen.

Die Ungebrochenheit der Überzeugung eines Wolf Biermann kennen die meisten seiner Altersgenossen nicht. Seine Kritik an der kommunistischen Orthodoxie empfinden viele von ihnen als Gefährdung ihres schwer erreichten Standortes. Unerträglich für sie sind Sätze wie diese: »Mein Vater hatte das makabre Glück, von den Nazis erschlagen worden zu sein, und nicht von den Kommunisten.« Und: »Das, was im Zeichen des Stalinismus geschehen ist, der aus der marxistischen Hoffnung ein Verbrechen machte, ist schlimmer als das, was unter dem Faschismus geschah, der ein

Wohnung und Umgebung des von der SED in der DDR mundtot gemachten Wolf Biermann: In der Chausseestraße 131 schrieb, komponierte und produzierte er – für den Westen.

Verbrechen war von Anfang an. 20 Millionen Menschen wurden in der Sowjetunion von Stalin liquidiert.« Wolf Biermann sagt heute: »Ich nenne mich einen Kommunisten, selbst wenn ich immer mehr zu der Meinung komme, daß das Wort mehr verwirrt als erklärt.« Von der Mutter weiß er, wie vier Kommunisten in Hamburg von den Nazis dem Henker überantwortet wurden, wie der Vater darüber schrieb und wegen dieser Veröffentlichung das erstemal festgenommen wurde. Von der Mutter weiß er auch, daß zu den Hingerichteten ein 19jähriger gehörte, ein Schuster. Der beantwortete die Frage nach seinem letzten Wunsch mit einem Schlag seiner in Schellen liegenden Hände ins Gesicht seines Gegenüber. Der junge Genosse hieß Karl Wolf.

Wolf Biermann erhielt dessen Nachnamen als seinen Vornamen. So wie der Vater das Leben jenes 19jährigen Genossen im eigenen Sohn Wolf zu bewahren suchte, so bewahrte dieser Sohn das Leben seines Vaters in sich selbst. In den Worten Wolf Biermanns heißt das: »Mein Vater war und ist und wird sein mein heftigster Antrieb.« Der Kommunismus seines Vaters war der Rosa Luxemburgs, die die russische Oktoberrevolution als Modell für andere Länder abgelehnt hat und die auf »allgemeine Wahlen, ungehemmte Presse- und Versammlungsfreiheit, freien Meinungskampf« bestand.

Klar, daß der in Hamburg gebürtige Sohn Wolf jenen Teil Deutschlands verließ, in dem Nazi-Kollaborateure ihr Versagen als »innere Emigration« ausgeben konnten, und daß er in den Teil Deutschlands ging, in dem der antifaschistische Widerstand eine Heimstatt fand: Bertolt Brecht, Anna Seghers, Johannes R. Becher, Friedrich Wolf, Arnold Zweig. Auch Heinrich Mann, der kurz vor seiner Übersiedlung aus dem amerikanischen Exil in die DDR starb. Sein Bruder Thomas Mann zog es vor, statt der Bundesrepublik die Schweiz für seinen Nachkriegsaufenthalt zu wählen. Alfred Döblin, der es mit der sich konstituierenden Bundesrepublik versuchte, fand für sein letztes Buch nur in Ost-Berlin einen Verlag.

Wolf Biermann, am 15. November 1936 im Hamburger Arbeiterviertel Hammerbrook geboren, setzte alle sei-

Der Vater Wolf Biermanns war in Hamburg Maschinenbauer auf der »Deutschen Werft«, Kommunist und Widerstandskämpfer gegen die Nazis. Die Gestapo ließ ihn nach Auschwitz ins KZ deportieren, wo er 1943 ermordet wurde. Als 17jähriger ging Wolf Biermann 1953 in die DDR, um an der Realisierung eines Sozialismus mitzuarbeiten, den der Vater erträumt hatte. Als von der SED in der DDR isolierter Künstler besuchten ihn 1970 seine in Hamburg lebende Mutter Emma und seine damals 86jährige Großmutter, die Wolf Biermann als Oma Meume besungen hat.

36 *Wolf Biermann*

ne Hoffnungen in den »ersten Arbeiter und Bauernstaat auf deutschem Boden«, wie sich die DDR nennt. Er wählte das Land der Genossen seines Vaters als sein Vaterland. Mit 17 Jahren wurde er Bürger der DDR. Zuerst besuchte er ein Internat in Schwerin. Dann begann er, an der Ostberliner Humboldt-Universität politische Ökonomie zu studieren. Zwei Jahre später ging er als Regieassistent zum Berliner Ensemble Bertolt Brechts. Von 1959 an studierte Biermann erneut an der Humboldt-Universität, diesmal Philosophie mit Mathematik als Spezialwahlfach.

Während dieses Studiums entstanden erste Liedertexte und Kompositionen. Der Komponist Hans Eisler, aus amerikanischem Exil zurückgekehrt, nahm sich Biermanns an. Dann Stephan Hermlin, während des Krieges in der Schweiz im Exil, nach Kriegsende zuerst in Frankfurt/Main, nun in Ost-Berlin Leiter der Sektion Lyrik an der Deutschen Akademie der Künste. Er ließ sich von DDR-Autoren 1250 unveröffentlichte Gedichte schicken, wählte davon 50 aus, die er auf einer Veranstaltung der Akademie am 11. Dezember 1962 las. Darunter auch Biermann-Gedichte.

Ein von Biermann und Freunden zum »Berliner Arbeiter- und Studententheater« umgebautes Hinterhofkino wurde 1963 geschlossen. Nach der Generalprobe seines Erstlings »Berliner Brautgang«, das die Liebe zwischen einem Arbeiter und einer Arzttochter in der geteilten Stadt schildert. Aus dem Kreis der SED-Kandidaten wurde Biermann ausgeschlossen. Es folgten erste Auftrittsverbote für den Liedermacher und Sänger.

Noch war nicht klar, wie sich die Partei endgültig verhalten sollte. Zwischen 1962 und 1965 erschienen von Biermann Gedichte in fünf verschiedenen Anthologien. Er durfte im Ostberliner Kabarett »Die Distel« auftreten. Auf dem Pfingsttreffen der Jugend und Studenten 1964 in Ost-Berlin war er dabei, unter 120 000 Teilnehmern, davon 20 000 aus der Bundesrepublik. Er durfte im selben Jahr sogar zu einer Gastspieltournee in die Bundesrepublik reisen, eingeladen vom Sozialistischen Deutschen Studentenbund (SDS). Ein Idol der intellektuellen Jugend bereits in der DDR, nun auch im Westen. Selbst die

»Welt« befand: »Seine Gedichte gehören zum Besten, was die zeitgenössische Lyrik, ungeachtet ob in Ost und West, zu bieten hat.« Ein knappes Jahr später durfte er noch einmal in die Bundesrepublik reisen: zur Teilnahme an der Ostermarschkampagne in Frankfurt. Dann war Schluß.

Einladungen für Biermann aus dem Westen wurden von der dafür zuständigen »Gesellschaft für kulturelle Verbindungen mit dem Ausland« zuerst mit der Lüge, der Liedermacher sei ausgebucht, abgesagt, dann ganz offen mit nein beantwortet. Im September 1965 erschien Wolf Biermanns erster Lyrikband unter dem Titel »Die Drahtharfe« und avancierte zum meist verkauften Lyrikband der Bundesrepublik nach 1945. Wolf Biermann wurde sichtbar als ein politischer Künstler, der sein Engagement für den Sozialismus mit einer Kritik an stalinistischer Bürokratie verbindet, der in der sozialistischen Alternative auch den Verzicht auf Gewalt und Unterdrückung sieht, der sich gegen Prüderie und sexuelle Tabus in der DDR wendet.

In seinen Gedichten taucht der Gedanke an Rosa Luxemburg auf und wird abgewandelt zur Frage: »Wer kappte Deutschlands Rosen die Köpfe nach 45? / Röslein Röslein Röslein rot / Daß du ewig denkst an mich...« Wolf Biermann wendet sich »an die alten Genossen mit euren verhärteten Augen«. Noch klingt die Forderung wie eine Bitte: »Schnallt euch die Angstriemen von der Brust! / Gewöhnt die Brust an freies Atmen, freies Schrein!« Sein bekanntestes Lied aus jener Zeit beginnt mit dem Refrain: »Wartet nicht auf beßre Zeiten / wartet nicht mir eurem Mut...« In seinem Barlach-Lied fragt Biermann: »Was soll aus uns noch werden / Uns droht so große Not / Vom Himmel auf die Erden / Falln sich die Engel tot.«

Am 5. Dezember 1965 eröffnete der später zum stellvertretenden Kulturminister avancierende Klaus Höpcke im SED-Zentralorgan »Neues Deutschland« die Jagd auf Wolf Biermann: »Der Skeptizismus hindert Biermann den Humanismus unseres Staates zu begreifen.« Höpcke beschuldigte den Liedermacher einer »anarchistischen Philosophie, antikommunistischer Prinzipienlosigkeit und politischer Perversität«. Das 11. Plenum des Zentralkomitees der SED machte die Vorwürfe im selben Monat amtlich. Heinrich Böll solidarisierte sich mit Biermann. Auch Peter Weiss. Als einziger DDR-Autor wandte sich Franz Fühmann gegen die »mörderische Kampagne« der SED. Die SED versuchte westdeutsche Verlage unter Druck zu setzen: Wer Biermann druckte, der erhielt für andere DDR-Autoren keine Rechte. Biermann-Verleger Klaus Wagenbach in West-Berlin ließ sich nicht beirren. Nach der »Drahtharfe« druckte er »Mit Marx- und Engelszungen« (1968), »Der Dra Dra. Die große Drachentöterschau in acht Akten mit Musik« (1970), »Für meine Genossen. Hetzlieder, Gedichte, Balladen« (1972) und im selben Jahr »Deutschland. Ein Wintermärchen«.

Wolf Biermann wurde ein deutsch-deutscher Fall. Mit Auftritts- und Publikationsverbot in der DDR belegt, überwacht und bespitzelt, denunziert und diffamiert, wich Wolf Biermann kein Jota von seiner sozialistischen Moral. Immer wieder variierte er trotz aller Kritik an den Machthabern den Satz: »Ich bin sehr glücklich, daß es diesen Staat in Deutschland gibt – und wenn er noch so jämmerlich wäre.« Oder: »Egal ob ich verfolgt oder gefeiert werde, es ändert nichts daran, daß der Teil Deutschlands der bessere ist, in dem die Bourgeoisie enteignet und die Nazis entmachtet sind.« Über ein Jahrzehnt ist der Künstler Wolf Biermann in seinem Vaterland auf die Zwei-Zimmer-Wohnung in der Chausseestraße 131 verwiesen. Dort schrieb er seine Gedichte, seine Lieder. Dort komponierte er. Dort sang er und spielte die Gitarre. In der Chausseestraße 131 entstanden die im Westen verkauften Schallplatten. Wolf Biermann als Schöpfer, Interpret, Tontechniker, Cutter und Aufnahmeleiter. Ein hochsinnlicher Augenblicksreagierer. Durch politisches Fehlverhalten seiner Genossen in seiner eigenen Integrität verletzt. Ein Mann, der ohne Schutz auszukommen versuchte. Und doch vielfältig geschützt, mit Schutz beschenkt durch die Frauen, die ihn lieben.

Wir hakeln uns Hand in Hand ein / Und schlendern zu Brecht seinem Grab / Aus grauem Granit da, sein Grabstein / Paßt gerade für Brecht nicht

schlecht / Und neben ihm liegt Helene / Die große Weigel ruht aus / Von all dem Theaterspielen / Und Kochen und Waschen zu Haus / Dann freun wir uns und gehen weiter / und denken noch beim Küssegeben: / Wie nah sind uns manche Tote, doch / Wie tot sind uns manche, die leben.

In Hamburg läßt Wolf Biermann seine Großmutter Meume beten: »O Gott, laß du den Kommunismus siegen.« Einem »Monopolbürokraten« der DDR hält er entgegen: »In deinem Land ist die Revolution / lebendig / begraben, Genosse, du feierst zu früh...« Er nennt das Problem des Sozialismus: »Er geht nicht ohne Waffen.« Das Problem des Friedens: »Er ist bewaffnet.« Die gesamte Friedensbewegung, die sich jetzt im evangelischen Bereich der DDR regt – Wolf Biermann hatte das Thema bereits ein Jahrzehnt vorher in

Zwei Symbolgestalten für einen demokratischen Sozialismus in der DDR: Biermann ein Jahr vor seiner Ausbürgerung bei dem von der SED in Grünheide isolierten Professor Robert Havemann. Vier Tage vor dessen Tod im April 1982 ließ die DDR den Ausgebürgerten zu einem letzten Gespräch mit dem 72jährigen einreisen. Die Teilnahme an der Beerdigung Havemanns wurde Wolf Biermann verweigert.

Wolf Biermann 39

seine Lieder aufgenommen. »Die Toten sind tot, und wer lebt, hat recht. / Genossen erschlugen ihre Genossen«, hat er geschrieben. »Was vorbei ist, ist nicht vorbei / Was wir hinter uns haben, steht uns bevor / Und ein Wort gibt nicht das andre, denn / Die Sprache der Mörder ist nicht die Sprache.«

Längst ist dieser Wolf Biermann von der Überzeugung abgerückt, daß der Sozialismus seine inneren Auseinandersetzungen auf die Zeit nach der endgültigen Niederlage des Kapitalismus vertagen muß. Eine solche Argumentation erscheint ihm nach der Sicherung sozialistischer Produktionsverhältnisse in der DDR als ein obrigkeitsstaatlich ausgerichteter Sozialismus, als »Feudalsozialismus«, als »EDV-Stalinismus«.

Sein Blick geht zurück zu seinem Vater:

Ich singe für meinen Genossen Dagobert Biermann / der ein Rauch ward aus den Schornsteinen / der von Auschwitz stinkend auferstand / in die viel wechselnden Himmel dieser Erde / und dessen Asche ewig verstreut ist / über alle Meere und unter alle Völker / und der jeglichen Tag neu gemordet wird / und der jeglichen Tag neu aufersteht im Kampf / und der auferstanden ist mit seinen Genossen / in meinem rauchigen Gesang...

Im Jahre 1974 machte die SED dem unbequemen Genossen Wolf Biermann das Angebot, die DDR freiwillig zu verlassen. Wolf Biermann weigerte sich. Nach elf Jahren Berufsverbot trat er Anfang September 1976 in der evangelischen Nikolaikirche in Prenzlau (Bezirk Neubrandenburg) öffentlich auf: in einer als Gottesdienst ausgegebenen Veranstaltung, für die eine polizeiliche Anmeldepflicht nicht notwendig war. Kurz vor seiner Ausreise in die Bundesrepublik zu seinem ersten öffentlichen Konzert, sagte Biermann in Ost-Berlin: »Ich glaube, daß ein Leben im Westen für mich das Ende meiner schriftstellerischen Arbeit bedeuten würde.«

Es war nicht das Ende. Hatte er sich nicht sein Leben lang im Exil befunden? Zuerst als Kind in der Zeit des „Dritten Reiches". Dann nach 1945 als Sohn der sich getreu zur KPD bekennenden Emma Biermann in seiner Geburtsstadt. Dann in der DDR als Künstler, der den Glauben seines ermordeten Vaters nicht verriet und isoliert wurde. Und nun in der Bundesrepublik, in der er es den Rechten nicht recht machen wollte und den Linken nicht recht machen konnte. Ein Einzelkämpfer, der wechselnde Minderheiten um sich scharte. Sein Konzert am 13. November 1976 in der Kölner Sporthalle vor 7000 Menschen war der Anfang. Nur, daß über die Ausbürgerung Biermanns am 16. November in der allgemein einsetzenden Empörung über diese Maßnahme der Blick für diesen Vorgang verloren ging. Biermann war gerade 40 Jahre alt geworden. Am 19. November übertrug das deutsche Fernsehen das Kölner Konzert in voller Länge – fünf Stunden lang.

Bürgerliche Reaktionäre in der Bundesrepublik und reaktionäre Kommunisten in der DDR waren sich einig: der Auftritt Biermanns war beiden Seiten eine Provokation. Die SED begründete den Ausschluß Biermanns aus der DDR mit dessen »feindseligem Auftreten« gegenüber seinem Staat. Der CDU-Sprecher Weiskirch nannte die TV-Übertragung des Konzerts ein »maßloses Spektakel«, CSU-Generalsekretär Tandler sprach von einer »Zumutung an den Zuschauer«.

Schwer zu ertragen, dieser Biermann, der am 22. November gegenüber dem »Spiegel« sagt: »Ich würde mich weniger im Exil befinden, wenn ich zum Beispiel mit Gewalt nach Moskau verfrachtet worden wäre. Dort hätte ich zwar das Problem der Sprache, aber ich würde die Gesellschaft besser verstehen.« Schwer zu ertragen, dieser Biermann, der in Köln gesungen hat: »Die BRD braucht eine KP / Wie ich sie wachsen und reifen seh / Unter Italiens Sonnenschein – so soll es sein.« Schwer zu ertragen, dieser Biermann, der der Meinung ist: »Die DDR braucht endlich – und wie! – / Rosas *rote Demokratie!* / stimmt ihr mir zu? – dann stimmt mit ein: / – so soll es sein...« Schwer zu ertragen, dieser Biermann: Für CDU und CSU, für Axel Cäsar Springer und seine Zeitungen, für die auf SED-Kurs liegende reaktionäre DKP in der Bundesrepublik, für die Biermann ein »Handlanger der Bourgeoisie« ist, und natürlich für die Machthaber in der DDR, dem Verständnis Rosa Luxemburgs nach »sozialistische Diktatoren«.

In der in der DDR weitergeführten Zeitschrift »Die Weltbühne«, in der in den zwanziger und dreißiger Jahren Männer wie Carl von Ossietzky und Kurt Tucholsky gegen den aufkommenden Nationalsozialismus gekämpft hatten, schreibt nun

Beifallumrauscht mit der Gitarre in der einen Hand und Blumen in der anderen: Wolf Biermann am 13. November 1976 in Köln am Ende seines ersten öffentlichen Konzertes nach über einem Jahrzehnt Auftrittsverbot. Die DDR nahm das

Konzert zum Anlaß, den Künstler auszubürgern. Auf einer Pressekonferenz im Beisein von Günter Wallraff und Heinrich Böll kennzeichnete Biermann die Ausbürgerung als eine »Dummheit aus Panik«.

am 7. Dezember 1976 der Dramatiker Peter Hacks, 1955 von der Bundesrepublik in die DDR übergesiedelt: »Böll, man kennt ihn, ist drüben Herbergsvater für dissidierende Wandergesellen. Biermann hat in seinem Bett übernachtet, und ich hoffe, er hat nicht noch Solschenizyns Läuse darin gefunden. Ich habe Herrn Böll im Fernsehen gesehen. Er machte Augen wie ein Hund von Thurber und zeigte wieder einmal sein geübtes Staunen darüber, daß Konterrevolution in sozialistischen Ländern verboten ist.«

Doch es gibt in der DDR auch andere Stimmen: die der Autoren Stephan Hermlin, Christa Wolf, Gerhard Wolf, Sarah Kirsch, Volker Braun, Franz Fühmann, Heiner Müller, Rolf Schneider, Erich Arendt, Jurek Becker, Günter Kunert, Stefan Heym. Die zwölf schreiben und unterzeichnen noch am Tage der Ausbürgerung Biermanns einen offenen Brief: »Wolf Biermann war und ist ein unbequemer Dichter – das hat er mit vielen Dichtern der Vergangenheit gemein. – Unser sozialistischer Staat, eingedenk des Wortes aus Marxens ›18. Brumaire‹, demzufolge die proletarische Revolution sich unablässig selber kritisiert, müßte im Gegensatz zu anachronistischen Gesellschaftsformen eine solche Unbequemlichkeit ertragen können. – Wir identifizieren uns nicht mit jedem Wort und jeder Handlung Biermanns und distanzieren uns von Versuchen, die Vorgänge um Biermann gegen die DDR zu mißbrauchen. Biermann selbst hat nie, auch nicht in Köln, Zweifel daran gelassen, für welchen der beiden deutschen Staaten er bei aller Kritik eintritt. – Wir protestieren gegen seine Ausbürgerung und bitten darum, die beschlossene Maßnahme zu überdenken.« Über 70 weitere Künstler in der DDR schlossen sich dem Protest mit ihrer Unterschrift an, darunter Klaus Schlesinger, Jürgen Fuchs, Hans Joachim Schädlich, Thomas Brasch, Helga Schütz.

Die Parteiaktion gegen Biermann wurde der tiefste Einschnitt in die kulturpolitische Entwicklung seit 1956, als nach dem Ungarn-Aufstand 1956 Walter Ulbricht mit stalinistischen Mitteln gegen unbequeme Intellektuelle vorging. Der bedeutendste marxistische zeitgenössische Philosoph Ernst Bloch und der bedeutendste marxistische Literaturwissenschaftler Hans Mayer gingen damals in den Westen. Der junge Schriftsteller Gerhard Zwerenz floh. Sein Kollege und Freund Erich Loest wurde für sieben Jahre hinter die Zuchthausmauern von Bautzen gebracht.

Der Biermann-Maßnahme 1976 folgten weitere Abschiebungen in den Westen (Reiner Kunze, Thomas Brasch, Hans Joachim Schädlich, Sarah Kirsch, Jürgen Fuchs, Rudolf Bahro, Frank-Wolf Matthies, Thomas Erwin). Einige von ihnen wurden zuvor in Haft genommen. Andere Autoren wiederum erhielten unterschiedlich befristete Visa zwischen drei und zehn Jahren für das westliche Ausland: Günter Kunert, Jurek Becker, Klaus Schlesinger, Klaus Poche, Kurt Bartsch, Erich Loest, Karl-Heinz Jakobs. Die DDR erlebte innerhalb weniger Jahre einen Exodus im Bereich der Kultur, der einem Substanzverlust gleichkommt. Nicht nur von Schriftstellern, sondern auch von Künstlern aus anderen Bereichen.

Wolf Biermann schrieb in der Bundesrepublik sein »Deutsches Miserere«: »Die Völker drumrum um Deutschland / Die haben vielleicht ein Glück! / Großdeutschland, es ist zerbrochen / In zwei verfeindete Stück / Die beiden häßlichen Helden / Sie halten einander in Schach / Der Kleinere gibt nicht Ruhe / Aber der Größere gibt nicht nach... / Hier fallen sie auf den Rücken / Dort kriechen sie auf dem Bauche / Und ich bin gekommen / Ach! kommen bin ich / vom Regen in die Jauche.«

Wolf Biermann hat sich sehr schnell eingemischt in der Bundesrepublik. Springer-Zeitungen und Verwandte schossen sich auf ihn ein. Das Fernsehen wollte von dem Unberechenbaren nichts mehr wissen. »konkret«-Herausgeber Hermann Gremliza entzog Biermann die Sympathie und wertete ihn zum »genialischen Fuffziger« ab. Gewonnen hat der Liedermacher dafür die in Berlin erscheinende alternative »Tageszeitung« (taz) – ein Insiderblatt für den sich formierenden Widerstand gegen die Industriegesellschaft.

Wolf Biermann hat seit 1976 viele Konzerte gegeben. Immer in ausverkauften Sälen. Mit Tausenden von Zuhörern. Mit seinen Liedern hat er gegen Franz Josef Strauss, den Kanzler-Kandidaten der Union, gekämpft, gegen Atomkraftwerke, gegen die Sympathisantenhetze in der Phase der Baader-Meinhof-Verfolgung. Und er hat Linke empfindlich mit seiner Kritik an den »Leiden aus zweiter Hand« getroffen: »Wie ihr euch daran labt / Ihr schmückt euch mit den Wunden / Die ihr gar nicht habt / Helft euch, ihr Guten, man erst mal selber / Und seid zu euch selber gut / Dann kriegt ihr endlich auch einmal eine echte / Verzweiflung. Und echten Mut.«

Der Deutsche Gewerkschaftsbund lud den Liedermacher bereits 1977 von seiner Frankfurter Mai-Kundgebung wieder aus. Die SPD hielt von Anfang an Distanz zu Wolf Biermann. Die spanische KP nahm ihn als Mitglied auf. Er kämpfte für sie im Wahlkampf. In Frankreich unterstützte er als einziger deutscher Künstler den Sozialisten François Mitterrand bei den letzten Präsidentschaftswahlen. Wolf Biermann reiste und trat auf in Griechenland, Italien, Frankreich, Spanien, Dänemark, Schweden und Österreich.

Er befaßte sich mit einer Vielfalt von Themen. Und fast schien es so, als verliere er sich in dieser Zersplitterung. »Ich habe getan, was notwendig war«, sagt er heute. »Ich habe unverblümt in der DDR gesagt, was ich dachte. Ich habe in der Bundesrepublik gesagt, was ich dachte. Ich wollte hier kein Berufsdissident werden. Ich habe hier Freunde gefunden. Ich kann hier leben. In welchem Land kann man denn besser leben? Daß mir die bürgerlichen Freiheiten nicht genug sind, gehört zu meiner Borniertheit. Ich leide nicht an Größenwahn. Aber auf meinem engeren Gebiet, dem Schreiben von Liedern, weiß ich, wo Gott wohnt: Hohenzollernring 9. Und nicht nur dort, auch in Paris, wo ich nun hingehe, um zu lernen.«

Wir sitzen an einem Julitag 1981 im Wohnzimmer seines roten Backsteinhauses am Hamburger Hohenzollernring zusammen. Er erwarb es 1977 für 350 000 Mark. Eine Schlagzeile von BILD lautete damals: »Der rote Biermann kaufte sich eine rote Villa.« BILD schrieb: »Biermann hat was gegen den Kapitalismus, aber nichts gegen das Kapital. Mit seinen Liedern über die Armen ist er reich geworden. Und die Bundesrepublik belohnt den, der sie verspottet, mit Freiheit und viel Geld.« Es galt, Stimmung zu machen gegen einen Mann, der sich im Exil nicht dankbar gegenüber dem Westen zeigen wollte, der seinem Sozialismus nicht abschwor, sondern ihn vehement als Maßstab für eine humane Gesellschaft einbrachte, der sich erdreistete, nun auch noch Kritik an der Bundesrepublik zu üben.

Nach fünfjährigen Erfahrungen im Westen sagt der 44jährige: »Ich mußte damals das Wort Exil in den Mund nehmen, um alle diejenigen zu enttäuschen, die so taten, als würden Leute wie ich nun endlich nach Hause kommen, wenn sie in den Westen kommen. Ich mußte ihnen genügend grob ihre Vorstellung erschüttern, daß ich so eine Art ›Heim-ins-Reich-Fall‹ bin. Ich mußte genügend deutlich machen, daß ein Mensch nicht ausgebürgert werden darf aus seinem Staat, egal ob er diesen Staat liebt oder haßt, ob er gegen ihn kämpft oder nicht. An meinem Fall mußte man deutlich zeigen, daß kein Staat der Welt das Recht haben dürfe, seine Bürger, wenn sie mißliebig sind, auszusperren. Das haben die Nazis in Deutschland zuletzt gemacht.«

Wolf Biermann spricht auch für die anderen, die nach ihm in die Bundesrepublik kamen: »Es geht den meisten von uns hier im Westen so, daß wir begründete Angst davor haben, unsere politische Identität zu verlieren. Der Westen stürmt mit einer Gewalt, die ihm selbst gar nicht bewußt sein kann, auf das politische Gemüt des Emigranten ein. Im Osten war man das letzte nicht beachtete Schwein, immer in der Erwartung, daß man bald verhaftet wird oder einen Orden kriegt. Ich weiß nicht, was schlimmer ist.«

Ruhig analysiert Biermann seine Anfangsphase außerhalb der DDR: »Da waren auch die vielen, die mir alle auf die Schulter schlugen, Wolf zu mir sagten und so taten, als wäre ich bei ihnen zu Hause. Da dachte ich, ihr Gangster, ihr vermasselt mir nun auch noch das Exil. Wenn ich schon nicht zu Hause sein kann, also in der DDR, dann will ich wenigstens in der Fremde sein und nicht in dieser Ersatzheimat, wo sie alle deutsch reden und so tun, als wäre ich daheim.

Wolf Biermann mit Ehefrau Christine und den Zwillingen Till und Marie. Hier in einem roten Backsteinhaus am Hohenzollernring in Hamburg hat der Künstler nach der Ausbürgerung sein neues Zuhause gefunden.

Das hat mich sehr verwirrt.« Doch nach einigen Monaten, in denen er quer durch Europa reiste, stand für Biermann fest: »Ich wollte mich in einen Stoffwechsel mit der neuen Gesellschaft einlassen.« Der Liedermacher faßte den Exil-Begriff weiter, als es gemeinhin getan wird. Er faßte Exil als eine politische Kategorie auf und nicht als eine geographische oder nationale. Folgerichtig hieß es in seinem »Deutschen Miserere« auch: »Was ist das: Exil? / Ich will dir zu viel / Nicht klagen / Will lieber sagen / Die Wahrheit: Scheißselbstmitleid! / Bin ich nun ein ›Heimatloser Gesell‹? ... / Heimat. Quatsch! Heimat ist da / Mein Freund, wo ich dich find / Und wo Genossen sind. Genossen / was ist das: Genossen?«

Was ist das: Genossen? In Prag – damals im Frühjahr 1968 –, da hat es Genossen gegeben. »In Prag ist Pariser Kommune, sie lebt noch!« schrieb Wolf Biermann 1968 in der Ostberliner Chausseestraße. »Die Revolution macht sich wieder frei / Marx selber und Lenin und Rosa und Trotzki / stehen den Kommunisten bei / Der Kommunismus hält wieder im Arme / die Freiheit und / Macht ihr ein Kind, das lacht ...«

Liest man heute Biermanns Lieder zurück bis in seine Anfänge, dann fällt der beschwörende Ton auf, daß doch noch gelinge, wovon Biermanns Vater träumte. Immer wieder wird die Skepsis niedergerungen. Und nur gelegentlich gestattet sich Wolf Biermann die Wehmut:

»Ach Bruder, nimm das Messer / doch weg von meiner Brust! / Ich blute ja längst / vor Trauer aus...«

Wie es in diesem Künstler wirklich rumort, zeigt er nicht. Nicht in seinen Konzerten, nicht sonstwo. Er hat seine Lektion in der DDR gründlich gelernt. Was er sagt, sitzt fotografisch genau im Gedächtnis und kann wortwörtlich immer wieder hervorgeholt werden. Unbedachtsamkeiten hat er sich in der DDR nicht gestattet, Risiko immer. Wo Biermann eigene Widersprüche offenbar macht, ist er längst mit sich selbst in einen Dialog getreten und hat sie vorher ausformuliert. Darin ähnelt er einem seiner Lehrmeister: Bertolt Brecht. Denn die Dialektik kann auch die Kunst und Methode sein, immer wieder auf die Füße zu fallen. Wenn etwas an ihm irritiert, dann ist es dies. Ein Mann zwischen Haltung und Pose. Wann immer er ein Gegenüber findet, verwandelt er die Begegnung zu einem Auftritt, macht er sein Gegenüber zum Publikum. Wer ihn kennt, weiß, daß er unvermeidlich zur Gitarre greift; seine Lieder singt; wiederholt, wenn jemand es wagt, nicht zuzuhören. Ein monologischer Mensch, den das Isoliertsein in der Ostberliner Chausseestraße geprägt hat. Der Publikum brauchte, wenn damals Besuch kam. Ein Entertainer, der sich nur so erproben konnte. »Ich mag lieber gelobt, bewundert, geliebt werden«, sagt er ganz offen, »denn tadeln tu ich mich schon selber genug.«

Seit der Elektromonteur Lech Walesa im August 1980 in Danzig die Anerkennung der unabhängigen Gewerkschaft Solidarität in Polen erkämpfte, hat Wolf Biermann sein Kernthema wieder gefunden. Nur ein einziges Konzert gab er im Jahre 1981. In der Freien Universität West-Berlins spielte und sang er. Eintrittspreis zehn Mark zugunsten der polnischen Gewerkschaft Solidarität. »Ich bin den ganzen Abend – fünf Stunden lang – immer nur um ein Lied herumgegangen, von allen Seiten«, berichtet er. »Im Zentrum dieses Liedes steht der Satz: Besser mit Gott im Herzen, besser mit der schwarzen Madonna Revolution gemacht, als mit Marx im Arsch und zum Hohn die Konterrevolution. Ich habe das Lied auseinandergeklopft, habe es kontrapunktiert mit anderen Liedern, die dagegen oder dafür standen oder eben eine Seite der Sache deutlicher machten oder irgendeine Gewißheit wieder verunsicherten, und das war eine gute Methode. Ich habe über die nicht zufälligen Gleichzeitigkeiten, unterirdischen Strömungen zwischen Polen und Frankreich gesprochen, wie sie ja auch 1968 zwischen der Tschechoslowakei und dem Pariser Mai bestanden haben. Und da habe ich eben mein altes Lied ›O Gott, laß du den Kommunismus siegen‹ gesungen. Und ich habe dem Publikum gezeigt, daß die eigentliche Arbeit an diesem Lied darin bestand, die Witzigkeit dieses Satzes ganz und gar niederzuringen, so daß es am Ende ein Lied ist, aus tiefster Not schrei ich zu dir, und ohne alles Augenzwinkern, in dem eben dort eine alte Kommunistin gezeigt wird, meine Großmutter Meume, die am Ende ihres Lebens, nach all dem, was sie erlitten und auch bewirkt hat, sieht, daß sie es nicht schafft, und ihre Leute. Daß sie darüber natürlich erbittert, verwirrt ist und – die Kräfte lassen schon nach – überlegt, was kann ich noch tun für die Sache, für die ich mein Leben lang gekämpft habe. Wenn sie nämlich aus den banalen opportunistischen Gründen am Ende ihres Lebens zu ihrem Kinderglauben zurückgekehrt wäre, aus den üblichen Gründen, weil sie darauf spekuliert, daß sie sich einen besseren Platz sichert – schaden kann es ja nicht –, das wäre kein Lied geworden. Aber wenn sie aus denselben tiefen politischen Motiven ihres Lebens wieder zu Gott geht, um eine kleine unerlaubte Hilfe zu erbitten, weil die Menschen das offenbar allein nicht zustande bringen, dann hat das ja nicht nur etwas Rührendes, sondern was aufregend Verzweifeltes und Rebellisches und ist durchaus geeignet, Menschen tief im politischen Gemüt zu erschüttern. Und mir ist doch ein ehrlicher Christ, der wirklich fromm ist und Gutes bewirkt, lieber als so ein verlogenes Schwein, das sich Kommunist nennt. Ich meine, ich brauche die Krücke Religion nicht, um mich menschlich zu Menschen zu verhalten. Doch wenn andere sie brauchen: gut. Es ist eine politische Dummheit und eine menschliche Niedrigkeit, gegen die Religion zu kämpfen, besonders für Leute, die sich Marxisten nennen.«

Biermann euphorisch: »Es ist ja in meinem kurzen Erdenleben das erste Mal, daß das in der Wirklichkeit passiert, wovon wir uns jahrelang besoffen gequasselt haben, nämlich eine Arbeiterrevolution, die erste wirkliche Arbeiterrevolution seit Marx.«

»Ich sehe in Polen kaum noch Linke«, halte ich ihm entgegen.

»Das könnte«, antwortet er mir, »unter Umständen ein Glück für Polen sein. Weil die Leute, die wir so in unserem altmodischen Jargon links nennen, eigentlich nach Strich und Faden bewiesen haben, daß sie nichts besonders Gutes bewirken können in der Welt. Gerade angesichts der polnischen Entwicklung kann man begreifen, daß es am Ende fast egal ist, welche ideologischen Krücken die Menschen nehmen, um ihre Lage wirklich zu verändern und zu verbessern.«

»Das ist mir neu aus Ihrem Mund«, sage ich.

Biermann: »Ja, mir auch, wenn ich mir zuhöre. Aber wie meistens in solchen Fällen ist es ja beides, neu und nicht so neu. Elemente dieser Meinung waren schon in meinen früheren Überlegungen, Geschichten und Liedern. Polen liegt auf meiner alten Linie. Dieselbe Linie, die im Prager Frühling von 1968 historische Wirklichkeit geworden ist. Gewiß, in Polen gibt es keinen Sozialismus, aber es gibt ihn in den realistischen Träumen der Menschen. Ganz unabhängig, ob Lech Walesa dreimal am Tag zur Beichte geht und große Teile der Arbeiter an den lieben Gott glauben. Es ist der Traum von einer sozialistischen Demokratie.«

Dem Wolf Biermann ist Enttäuschung wieder einmal nicht erspart geblieben, wie damals, als die ČSSR okkupiert wurde. Nur, daß Moskau diesmal den Krieg gegen Polen führen ließ und sich scheinbar heraushielt. Mit der Verhängung des Kriegsrechts über Polen durch den polnischen General Jaruzelski wurde die Gewerkschaft Solidarität mit ihren neun Millionen Mitgliedern zerstört, Tausende Gewerkschafter und Intellektuelle interniert. Sagt der Militärrat des Generals Jaruzelski, er habe durch seine Intervention einen Bürgerkrieg in Polen verhindert, antwortet Biermann darauf: »Der Militärrat hat den Bürgerkrieg gemacht.« Sagt der Militärrat, die Verhängung des Kriegsrechts sei das kleinere Übel gewesen, antwortet Biermann: »Dann heißt das, daß die Sowjetunion das größere Übel ist.« Sagt der General Jaruzelski, er habe die Konterrevolution in Polen verhindert, antwortet Biermann: »Jaruzelski – das ist die Konterrevolution. Und zwar im klassisch marxistischen Sinne: Er hat die Revolution der Arbeiter in Polen gekontert.«

Mit Erbitterung verfolgte Wolf Biermann, wie der SPD-Vorsitzende Willy Brandt sich um eine eindeutige Stellungnahme zugunsten der Gewerkschaft Solidarität herumgewunden hat, wie die führenden SPD-Politiker Pragmatismus turmhoch über Moral stellten, wie viele Linke außerhalb der SPD die Argumente der polnischen Militärjunta gegen die freie polnische Gewerkschaftsbewegung mehr oder weniger übernahmen.

Zum Tag der internationalen Polensolidarität Ende Januar 1982 sang Wolf Biermann auf einer Veranstaltung des sozialistischen Osteuropakomitees im Wiener Konzerthaus: »Jetzt singe ich für meine Genossen alle / Das Lied von der verratenen Revolution, / für meine verratenen Genossen singe ich, / und ich singe für meine Genossen Verräter!«

Über das Verhalten in der Bundesrepublik zu Polen sagte er: »Bei uns gibt es offenbar nur zwei Arten von Leuten, die die Wahrheit über Polen sagen: Strauss und Wolf Biermann. Die extreme reaktionäre Rechte und die radikale Linke. Strauss sagt die Wahrheit über Polen, weil sie ihm nützlich ist. Dafür haben ja Herr Jaruzelski und seine Bande gesorgt, daß Strauss mit der Wahrheit sich jetzt öffentlich hinstellt und behauptet, Jaruzelski ist ein Verbrecher, weil dessen Sozialismus einer ist, den er braucht, ein KZ-Sozialismus, ein Polizeisozialismus, dann werde ich mir doch nicht meinen linken Plattkopf zerquälen über die Frage, ob Jaruzelski vielleicht ein feiner Mann ist.«

Biermanns Forderung: »Wir können erst einmal Solidarität üben, indem wir nicht Lügen verbreiten über Polen, nicht die offiziellen Lügen der Putschgenerale nachplappern. Die Schlauköpfe, die das tun, sind am Ende die ganz Dummen. Die glauben, sie müssen für den Fortschritt lügen, sind am Ende Reaktio-

Wolf Biermann 47

näre. In der Bibel steht: Eure Rede aber sei jaja, neinnein! Ich glaube zwar nicht an den lieben Gott, aber ich denke, man sollte dieses ruhig ernst nehmen...«

Und Wolf Biermann sang sein Lied vom 13. Dezember 1981:

Es war der Schnee, der Schnee, der Schnee / In dieser Nacht fiel Schnee, General / daß einer den anderen töte / Im Neuschnee blüht das Blut so schön / Im Neuschnee blüht das Blut so schön / in seiner lebendigen Röte / Wir hätten's wissen müssen / In dieser Nacht fiel Schnee, General / Jaruzelski, mit all deiner List / Jetzt schreit der Schnee die Wahrheit aus / Jetzt schreit der Schnee die Wahrheit aus / daß du ja der Bluthund bist! / Sechs Tage Arbeit / sechs Tage Streik / Sechs Tage Krieg der Klassen / Am siebten Tage / Ruht Gott sich aus / Jetzt kommt die dunkle Schweigezeit / Und kommt das kalte Hassen / Jetzt kommt zum Hunger / Hilflose Wut / Schuld war / der Schnee, nein / Schuld war / die Nacht, nein / Schuld war / das schuldlose Blut / Und Gott schlief tief in' Sonntag rein / In dieser Nacht fiel Schnee, General / die Reißzähne starren im Rachen / Du machst für die Russen die Dreckarbeit / Du machst für die Russen die Dreckarbeit / und mußt nun den Bluthund machen!

Wolf Biermann und die Frage, wie es weitergehen soll. Er pendelt zwischen seinem Haus in Hamburg und einer Wohnung in Paris. Er ist Vater von sechs Kindern von drei Frauen. Verheiratet ist er seit 1975 mit Christine Bark.

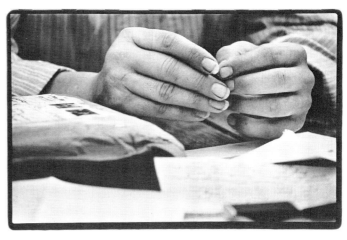

Sie hat in Hamburg ihr Medizinstudium beendet und arbeitet als Ärztin. Zu dem Sohn Benjamin, der in Ost-Berlin zur Welt kam, sind Zwillinge hinzugekommen. In seinem Hamburger Haus hat Biermann ein Tonstudio eingerichtet. Auf Band aufgenommen ist, wie er sagt, »Material für zwei weitere Schallplatten«. Insgesamt fünf Langspielplatten sind von ihm seit seiner Vertreibung aus der DDR in der Bundesrepublik erschienen. Außerdem zwei Bücher: »Preußischer Ikarus« und »Verdrehte Welt – das seh' ich gerne«.

Wolf Biermann sagt: »Ich bin nicht mehr im Exil. Ich habe das abgearbeitet. Ich habe inzwischen auch begriffen, daß die Bundesrepublik nicht das Zentrum des Universums ist. Auf jeden Fall nicht meines Universums. Ich kann jetzt ein bißchen weggehen. Ich habe meine Hausaufgaben hier gemacht.«

Also Paris. Er nennt seinen Aufenthalt dort eine Chance, »daß man seine eigene Sprache neu entdeckt und ein fremdes Verhältnis zu ihr ge-

Wolf Biermann kämpfte für Rosa Luxemburgs Sozialismus in der DDR und wurde verbannt. Wolf Biermann setzte seine Hoffnungen in den »Prager Frühling« von 1968 und in die polnische Arbeiterbewegung, die sich in der Gewerkschaft Solidarität zusammenfand. Die eine Hoffnung wurde mit sowjetischen Panzern zunichte gemacht, die zweite im Auftrag der Sowjets durch den polnischen General Jaruzelski. Biermanns Erwartungen sind heute gerichtet auf das Frankreich des Sozialisten Mitterand.

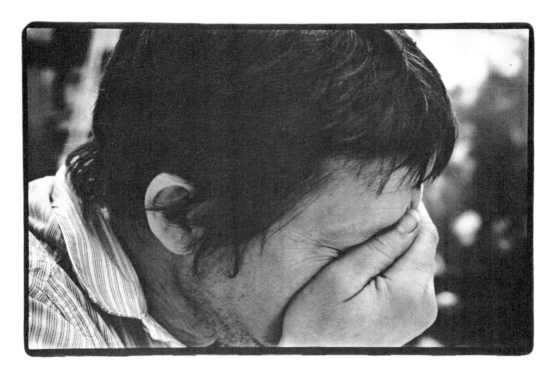

winnt, um ihr wieder näher zu kommen. Ich werde immer deutsch schreiben, deutsch fühlen, deutsch denken. Ich bin ja ein sehr deutscher Deutscher. Jedenfalls deutscher als die Leute, die sich das Deutsche immer unter ihren rechten Nagel gerissen haben.«
Da klingt dann Kurt Tucholsky durch: »Wir haben das Recht, Deutschland zu hassen – weil wir es lieben. Man hat uns zu berücksichtigen, wenn man von Deutschland spricht, uns: Kommunisten, junge Sozialisten, Pazifisten, Freiheitsliebende aller Grade ... Deutschland ist ein gespaltenes Land. Ein Teil von ihm sind wir.«
Wolf Biermann wehrt den Namen Tucholsky mit erhobenen Händen ab: »Ich kann ihn nicht ertragen. Er repräsentiert eine Dimension mit seinem Werk, die in mir selber als Möglichkeit ist, und die ich nicht haben will.«
»Totgeburt« heißt eines der jüngsten Gedichte Biermanns:
Und unter dem Herzen / das immer wieder gesundgebetete / Fleisch / Immer noch unter dem Herzen / fault mir das Kind ohne Kopf / fault mir der Kommunismus / Trüb in der Fruchtblase schwimmt mir / kerngesund der Kadaver im Geiste / Dreck schwimmt in Haß und Blut / tränkt die Lüge und Dummheit / klopft fröhlich im Eiter / Ach / so viele Gläubigkeit im Elend ersoffen / der Heuchelei / Auf den Lippen die Revolution / wie Aussatz / Das Paradies auf Erden / verwest / Unter dem Herzen herumgetragen / schlaflose Jahre lang / und immer noch groß in der Pose einhergeschritten / der schönen Schwangeren / Aber unter dem Umstandskleid fault und stinkt mir / das Menschliche / das immer wieder gesundgebetete Hackfleisch / Still wachsen die Wachtürme / still wuchert der Stacheldraht / In ihm geflochten wie Blumen / die Menschen / Von weitem, nicht wahr / von weitem ein Bild / ja, der Verzweiflung.
Wolf Biermann in einer Situation, in der nichts mehr geht. Was nun?
Kurt Tucholsky fand im schwedischen Exil keinen Weg mehr, nicht einmal einen Ausweg. Am 19. Dezember 1935 nahm er sich das Leben. Das erklärt, warum Biermann den Namen Tucholsky mit erhobenen Händen abwehrt.

BERND JENTZSCH: VON DER DDR ZUM VERBRECHER ERKLÄRT

Am Anfang war die Nachricht von der Ausbürgerung Wolf Biermanns durch die DDR-Machthaber. Dann eine totale Lähmung des Gehirns. Bernd Jentzsch, Lyriker aus Ost-Berlin und zu einem Arbeitsaufenthalt in der Schweiz, saß in der Berner Landesbibliothek und las Gedichte, die er für eine in der DDR geplante Anthologie zusammenstellen sollte. Doch haften blieb kein einziges Wort, wie oft er auch immer wieder von neuem zum Lesen ansetzte. Irgendwann legte er die Bücher beiseite, griff sich einen leeren DIN-A4-Bogen, begann zu schreiben und merkte erst nach der dritten Zeile, daß und an wen er schrieb: »Sehr geehrter Herr Honecker...« Das Gehirn funktionierte wieder.

Der Schriftsteller, der in der Schweiz geblieben ist, sagt heute: »Ich dachte damals allen Ernstes, ein völlig unverstellter Brief an den Staatsratsvorsitzenden würde helfen, die Maßnahme gegen Biermann zu korrigieren.« Fünf Jahre später wissen wir, daß nichts geholfen hat. Nicht das Protestschreiben von zwölf prominenten DDR-Schriftstellern am 17. November 1976, unter ihnen Sarah Kirsch, Günter Kunert und Jurek Becker. Sie leben inzwischen im Westen. Nicht die Unterschriften von über 70 weiteren DDR-Künstlern, die sich solidarisch erklärten, unter ihnen Hans Joachim

Schädlich, Jürgen Fuchs und Thomas Brasch. Auch sie leben inzwischen im Westen.
Bernd Jentzsch gilt in der DDR, seit er im Herbst seinen Brief an Erich Honecker geschrieben hat, als Verbrecher und ist wegen »staatsfeindlicher Hetze« im Fahndungsbuch der DDR als gesucht ausgeschrieben. Er hatte nichts anderes getan, als von dem auch in der DDR-Verfassung verbrieften Recht auf freie Meinungsäußerung Gebrauch zu machen. Die Präzision seiner unwiderlegbaren Vorwürfe freilich decouvrierte das dortige System und führte es in seiner ganzen Häßlichkeit vor. In 80 Zeilen hatte er aufgezählt, was er den »Widerspruch zwischen Wort und Tat« in der DDR nannte: Haussuchungen bei Kollegen, Verhöre durch den Staatssicherheitsdienst, Beschlagnahmungen von Manuskripten, Tagebüchern, Briefen und Büchern, Berufsverbote und Zerstörung mißliebiger Defa-Filme mit Salzsäure. Produktionskosten je Film: drei Millionen Mark.
Bernd Jentzsch erinnert sich: »Als ich den Brief an Honecker schrieb, habe ich nur an Biermann und auch an den damals gerade aus dem DDR-Schriftstellerverband ausgeschlossenen Reiner Kunze gedacht. Als der Brief abgeschickt war, atmete ich erleichtert auf. In diese Erleichterung schob sich dann der Gedanke an die Konsequenzen. Ich rief meine Frau in Berlin an, erzählte ihr alles. Sie reagierte schockartig. Ich spürte einen Schmerz, der durch die ganze Person ging. In der DDR saßen ja Frau und Sohn, die Mutter, die Freunde. Dort war mein Leben, meine Literatur, meine Landschaft.«
In einem der wenigen Gedichte, die Ende 1976 in der Schweiz entstehen, spricht Bernd Jentzsch von dem Ort, »Wo ich über Zäune kletterte. / Die Taschen voller Kirschen, / Wo ich Schätze suchte, / Kühle Kiesel mit den Adern der Erde . . . / Wo ich den jungen Vogel begrub hinterm Regenfaß, / Drei Sprünge über sein Grab, damit er mich höre . . .«
Am Anfang war diese Kindheit: Bernd Jentzsch 1940 in Plauen, Vogtland, geboren, nach dem Kriege in Chemnitz, das 1953 in Karl-Marx-Stadt umbenannt wurde, aufgewachsen in einer Familie mit sozialdemokratischer Tradition. Der Großvater vä-

Der Lyriker Bernd Jentzsch beim Spaziergang am Zürichsee und in seiner Zürcher Arbeitsklause. Wegen eines Protestbriefes an SED-Chef Erich Honecker kam er ins Fahndungsbuch der DDR. Resümee des heute in der Schweiz lebenden Autors über seine Jahre in der DDR: »Alles, was den Sozialismus großgemacht hat, ist liquidiert worden. Das ist die schreckliche Wahrheit. Die haben doch in der DDR kein einziges der uns heute bewegenden Probleme gelöst.«

terlicherseits zweimal in der Nazizeit im Konzentrationslager, der Großvater mütterlicherseits in Untersuchungshaft. Der Vater Schriftsetzer an einer Chemnitzer Zeitung. 1933 von den Nazis entlassen. Zwangsversetzung nach Plauen, wo er in einer Fabrik arbeiten mußte. Die Eltern unter Gestapo-Aufsicht. Der Vater – gesundheitlich zermürbt – starb 1954 mit 51 Jahren. Die letzten sieben Jahre seines Lebens lag er im Krankenhaus. Bernd Jentzsch – geprägt von der Moral seiner Vorfahren.
Am Ende die Nachricht von der Ausbürgerung Biermanns. »Es hat mir gereicht«, sagt Jentzsch. »Ich habe daran gedacht, daß im 19. Jahrhundert Heinrich Heine sein Land verlassen und nach Paris gehen mußte. Ich hab' daran gedacht, wie die Nazis die deutschen Dichter verfolgt haben. Es ist für mich bis heute unfaßbar, daß die DDR, ein Land, das sich in seinem Selbstverständnis als sozialistische Gesellschaft versteht, zu der berüchtigten Methode der Exilierung greift.«
Der 41jährige hat die Angst überwunden, die Bitterkeit gegenüber der Machtelite in der DDR ist geblieben. Frau und Sohn durften ein halbes Jahr nach der Briefaktion von Bernd Jentzsch das Land verlassen und leben seitdem wieder bei ihm. Bis es soweit war, hatte die DDR alle möglichen Hebel in Bewegung gesetzt, um den in der Schweiz wohnenden Jentzsch kleinzukriegen. Sein Sohn Stefan hatte in Ost-Berlin die Schule nicht mehr besuchen dürfen und

auch nicht die Schulfreunde. Von seiner Frau Birgit, damals Lehrerin an der Wilhelm-Guddorf-Schule für Deutsch und Russisch, war verlangt worden, entweder dafür zu sorgen, daß ihr Mann zurückkehre, oder daß sie sich von ihm scheiden lasse.

»Im Haus der Staatssicherheit«, so erinnert sich Birgit Jentzsch, »wurde mir gesagt, mein Mann bekäme bei einer Rückkehr nicht die Höchststrafe von zehn Jahren Gefängnis. Aber er müsse sich einem Verfahren wegen Verunglimpfung der Republik und Boykotthetze stellen. Er bekomme dann mildernde Umstände zuerkannt, weil er keine Grenzbefestigungsanlagen demoliert habe.«

Frau Jentzsch fragte den Stasi-Beamten, einen älteren Mann, mit welcher Haftstrafe ihr Mann rechnen müsse. Der Stasi-Beamte antwortete mit einer Frage: »Was glauben Sie, wie lange ich noch bis zu meiner Pensionierung habe?« Frau Jentzsch schätzte: »Drei bis vier Jahre?« – »Richtig, genau so lange muß Ihr Mann sitzen.«

Birgit Jentzsch stellte einen Ausreiseantrag. Er wurde abgelehnt. Birgit Jentzsch wurde an eine andere Schule versetzt. An der neuen Schule durfte sie lediglich Unterricht in Nadelarbeiten geben. Und ihr Sohn saß isoliert zu Hause in der leeren Wohnung. »Die Lehrerin hat gesagt«, so heißt ein Gedicht von Bernd Jentzsch: *Dein Vater der Staatsverbrecher. / Aber das glaub ich der nicht, / Die hat ihren Schatten verkauft. / Aber das glaub ich der nicht, /*

Für Geld sagt die über den alles.

Über sich schrieb der Dichter in jener Situation: »Ich lebe hier und nicht dort und mit dir / Und der Wind kommt vom See und von Luv und von Lee, / Und er bringt, was er bringt, und er bringt mir den Schnee ...«

Bernd Jentzsch nach seinem Honecker-Brief: Eine Zürcherin stellte ihm ein Zimmer unentgeltlich zur Verfügung. Die Schweiz erteilte ihm eine Arbeitsgenehmigung. Sollte er bleiben? Bernd Jentzsch überlegte hin und her: abwarten oder sich in den Zug setzen? Er dachte an den Freund Johannes Bobrowski, der 1965 mit 48 Jahren gestorben war, und an dessen Schwierigkeiten mit der SED-Kulturbürokratie. Er dachte an den Dichter Peter Huchel, der nach jahrelanger Isolierung 1971 in den Westen ausreisen durfte. Er erinnerte sich, wie

Der zwölfjährige Bernd Jentzsch 1952 in Chemnitz (ab 1953 Karl-Marx-Stadt) an der Humboldt-Schule. Seine Mutter starb dort 1979, von der SED-Bürokratie zu Tode schikaniert.

er vom Abreisetermin Huchels erfuhr, wie er zu ihm in die Wohnung lief und wie ihm der damals 68jährige über die Bundesrepublik sagte: »Lieber will ich dort verscharrt werden als hier in der DDR begraben.« Peter Huchel, Nationalpreisträger der DDR, war von 1949 bis 1962 Chefredakteur der Kulturzeitschrift »Sinn und Form« gewesen, der er zu internationalem Ansehen verholfen hatte.

Was war nun übriggeblieben von den Hoffnungen und Träumen, die den Bernd Jentzsch von Eltern und Großeltern mitgegeben worden waren? Da saß er in der Schweiz und überdachte sein Leben. Die Eltern nach dem Kriege in der SED. Nie übten sie Zwang auf den Sohn aus. Er war evangelisch getauft und konnte selbst entscheiden, ob er in der Kirche bleiben wollte. Er nahm Konfirmandenunterricht, ließ sich aber nicht konfirmieren. Mit 16 verließ er die Kirche, mit 18 machte er Abitur, im gleichen Jahr wurde er freiwillig Soldat bei der Volksarmee, mit 20 begann er in Leipzig Germanistik zu studieren. Zu jener Zeit erschienen erste Gedichte von ihm in DDR-Zeitschriften. Auf der Universität lernte er seine spätere Frau Birgit kennen. Mit 25 Jahren ging er nach Berlin. Ein glatter, unauffälliger Lebenslauf.

Doch glatt und unauffällig nur für den Außenstehenden. »Jemand mit meinem Gesicht, der geborene Narr, / Wenn er lacht und wie es ihm langsam vergeht.« So hat sich Jentzsch in diesem Zweizeiler beschrieben. Er war neun Jahre lang bis 1974 Lektor im Ostberliner Verlag Neues Leben und wurde der erfolgreichste Lyrikvermittler in der DDR: Als Initiator und Herausgeber der Lyrikreihe »Poesiealbum« gab Jentzsch 122 Hefte heraus, die eine Gesamtauflage von 1,25 Millionen Exemplaren erreichten; Hefte, die jeweils einem Dichter galten, monatlich erschienen, 32 Seiten Umfang hatten, mit Grafiken von heute bekannten DDR-Künstlern versehen wurden und 90 Pfennig kosteten.

In der Lyrikreihe »Poesiealbum« versuchte Bernd Jentzsch, zäh und beharrlich auch jene Lyriker durchzusetzen, die der SED unbequem waren. Doch die Schwierigkeiten fingen bereits mit Bertolt Brecht an, dem das erste Heft gewidmet war. Das für den Druck vorgesehene Gedicht »Die unbesiegliche Inschrift« durfte erst nach langen Kontroversen erscheinen. Sein Inhalt: In einem faschistischen Gefängnis hat ein sozialistischer Soldat die Worte »Hoch Lenin« angebracht. Die Wärter lassen einen Maurer die Inschrift herauskratzen, so daß sie nun erst recht lesbar ist. Der sozialistische Soldat reagiert mit den Worten: »Jetzt entfernt die Mauer.« Bernd Jentzsch: »Die Zensur bei uns hat natürlich an die Mauer in Berlin gedacht.«

Es war ein fortwährender Kampf, den Jentzsch führte und der ihn dazu zwang, immer wieder seine eigenen Arbeiten zurückzustellen. Als er 1974 seine feste Anstellung beim Verlag Neues Leben aufgab, war er weiter Herausgeber der Lyrikreihe. Als er 1976 in der Schweiz blieb, wurde sichtbar, welche Bastion im Verlag Neues Leben gefallen war. Die von Jentzsch bereits vorbereiteten Hefte mit Texten von T. S. Eliot, Marie Luise Kaschnitz und Sarah Kirsch wurden aus dem Programm herausgenommen. Wo immer der Name Bernd Jentzsch in Büchern auftauchte, wurde er getilgt. Gedichte von ihm in Anthologien wurden entfernt, als Nachdichter von Texten Jewtuschenkos, Jannis Ritsos', Harry Martinsons und Gyula Illyés existierte er nicht mehr.

Schaut Jentzsch heute zurück auf seine Jahre in der DDR, dann nennt er als Bruchstelle das Jahr 1968, die Okkupation der ČSSR durch Soldaten der »sozialistischen Bruderstaaten«. »Verwurzelt war ich ja mein Leben lang im Süden der DDR am Fuße des Erzgebirges«, sagt er, »in jenem Gebiet, in das viele Informationen gar nicht hinkommen. In einem Gebiet, in dem die meisten Verbrechen, die im Namen des Sozialismus begangen worden sind, gar nicht bekannt wurden. Ich habe lange Zeit in der DDR Schwierigkeiten gesehen, ohne daß sie mir als Bösartigkeiten aufgefallen sind. Ich war immer im guten Sinne fleißig, habe stets etwas auf den Tisch des Hauses gelegt und an die Kraft der guten Argumente geglaubt.«

Der Riß im Bewußtsein wird deutlich bei der Arbeit an der Anthologie »Das Wort Mensch – Ein Bild vom Menschen in deutschsprachigen Gedichten aus drei Jahrhunderten«, die er 1965 konzipierte und die nach endlosen Auseinandersetzungen 1972 im Mitteldeutschen Verlag veröffentlicht werden durfte. Das Erscheinen des Buches war nur nach außen hin ein Sieg. Im Band fehlten von Jentzsch vorgeschlagene Gedichte von Wolf Biermann, Günter Kunert, Peter Huchel und Paul Celan. Aus dem druckfertigen Manuskript hatte er Gedichte von Gottfried Benn streichen müssen. Und selbst Goethe war in die Zensurschere gekommen. »Epigramme. Venedig 1790« wurde wegen des Verses »Klein ist unter den Fürsten Germaniens freilich der meine« verboten. Jentzsch: »Der Text wurde als Angriff auf Walter Ulbricht ausgelegt.«

Bernd Jentzsch als Dichter der DDR: Bereits sein erster Gedichtband »Alphabet des Morgens« trug dem damals 21jährigen im Jahre 1961 geharnischte Kritik ein. Professor Hans Koch witterte im Ideologieblatt »Einheit« die Schule der »bürgerlichen Moderne« und warf dem Autor vor, »nicht Träger des Inhalts und Gedankens einer neuen sozialistischen Welt zu sein«. Anderswo wurde der Debütant »ideologischer Haltlosigkeit« bezichtigt. Bernd Jentzschs zweiter Gedichtband ist erst im Exil veröffentlicht worden: »Quartiermachen« (Carl-Hanser-Verlag München, 1978).

Die Leser der DDR kannten den Autor in erster Linie als Erzähler kleiner skurriler Geschichten: »Jungfer im Grünen« und »Ratsch und ade!«, Bände, die auch in der Bundesrepublik erschienen. Dar-

Nur ein Gedichtband durfte von Bernd Jentzsch in der DDR erscheinen: »Alphabet des Morgens« im Jahre 1961. Der »Berliner Dichtergarten«, 1979 in der Bundesrepublik erschienen, ist ein Rückblick auf die Zeit in der DDR.

in der Satz: »Die Menschwerdung ist ein langwieriger Prozeß, sagte ich. Bis zu den Schultern ist sie schon geglückt. Nur der Kopf ist heikel . . .«

Bernd Jentzsch als Dichter außerhalb der DDR. Auf dem neuen deutschen Exil-Tableau steht er im Hintergrund. Einer der Stillen im Lande außerhalb seines Landes. In der Schweiz ist er an drei Orten anzutreffen. In Küsnacht, wo er mit der Familie wohnt, in Zürich, wo er seit einem halben Jahr eine Arbeitsklause hat, und in Olten, wo er seit Herbst 1977 als Lektor arbeitet, aber nur zweimal wöchentlich erscheinen muß. Jentzsch ist ein nüchtern wirkender Typ. Ein Lauscher, ein intensiver Zuhörer. Im Gesicht sehr selten eine Bewegung. Sein Körper verharrt immer in derselben Haltung. Ein Mensch, der sich dem anderen zuneigt, der sich anpaßt. Anpassung nicht als Negativum, sondern als Qualität: schweigende Anteilnahme.

Dieser Mann wäre in der DDR Träger des Heinrich-Heine-Preises 1976 gewesen, wenn er nicht in jenem Jahr den Brief an Honecker geschrieben hätte. Die Entscheidung zu seinen Gunsten war bereits gefallen und Jentzsch vor der Reise in die Schweiz mitgeteilt worden. Nach seinem Protest gegen die Biermann-Ausbürgerung erhielt den Preis der Kommunist Dieter Süverkrüp aus der Bundesrepublik, Liedermacher und Liedersänger wie Biermann. Und der Genosse Süverkrüp zeigte, was verrotteter Kommunismus ist: Er nahm die Auszeichnung an.

Zwei Seiten mit Porträts von DDR-Schriftstellern in dem vom Ostberliner Verlag VEB Volk und Wissen herausgegebenen Band »Literatur der Deutschen Demokratischen Republik«, Seite 757: Als die erste Auflage 1976 erschien, war Bernd Jentzsch (zweite Reihe rechts) noch in der DDR, als die zweite Auflage herauskam, nicht mehr. Die Solidarität mit dem ausgebürgerten Wolf Biermann kostete ihn den Platz in dem DDR-Buch. Für ihn wurde der DDR-Lyriker Heinz Czechowski (mit Brille) eingerückt.

Bernd Jentzsch schreibt: *Das Unausweichliche, das sich Nacht für Nacht wiederholt, die Finsternis. Ach, die Finsternis in den Worten Freiheit und Liebe.*

Der Schriftsteller denkt an einen Mann, der aus seinem Sozialismus keine großen Worte gemacht hat: »Mein Großvater väterlicherseits hat mir von seinen Erlebnissen in der Haft erst acht Tage vor seinem Tode erzählt. Wie er im Winter mit nackten Füßen über Schottersteine in einen Steinbruch zur Arbeit geführt worden ist.« Der Schriftsteller denkt an seine Mutter und an ihren Ausspruch, mit dem sie Zweifel am praktischen Sozialismus begrub: »Aber wir wollen doch nicht wieder Faschismus.« Er denkt daran, wie die DDR diese 75jährige Frau unter »Sippenhaft« genommen hat.

Eine Frau, die sich als Antifaschistin im »Dritten Reich« bewährt hatte, die SED-Mitglied wurde, die sich von der

Bernd Jentzsch 57

Schneiderin zur Abteilungsleiterin in einem Textilbetrieb hinaufarbeitete, die mehrfach den Titel »Aktivistin der sozialistischen Arbeit« bekam, die als Rentnerin in zahlreichen Partei- und ehrenamtlichen Gremien weiterarbeitete. Diese Frau wurde ihres Sohnes wegen von der SED in der DDR zu Tode schikaniert. Noch einmal schrieb Bernd Jentzsch 1979, drei Jahre nach seiner Ausreise aus der DDR, einen Brief an Honecker, ohne natürlich eine Antwort zu bekommen. Darin heißt es: »Ein Jahr nach der erzwungenen Trennung stellte sie den Antrag für eine Besuchsreise. Er wurde abgelehnt, obwohl doch Frauen, wenn sie das sechzigste Lebensjahr erreicht haben, nach den Gesetzen der DDR eine solche Reise antreten dürfen. Sie unternahm einen zweiten und dritten Versuch, und wieder wurden die Anträge abgewiesen.

Sie schrieb an eine Dienststelle des Ministeriums für Staatssicherheit (welch merkwürdiger Instanzenweg), aber auch diesmal fiel die Antwort nicht anders aus; sie war jedoch mit der zynischen Mitteilung gespickt, daß man nicht verpflichtet sei, ihr in ›dieser Angelegenheit‹ irgendeine Erklärung geben zu müssen. Sie aber, meine Mutter und ihre Genossin, verfocht ›diese Angelegenheit‹ weiter. Sie erbat von den Paßbehörden in Karl-Marx-Stadt eine Auskunft, und die bekam sie auch: ›Sie brauchen gar keine Anträge mehr zu stellen, die lehnen wir alle ab.‹ Und auf ihre verängstigte Frage: ›Warum denn?‹ erhielt sie die klare Antwort: ›Wegen Ihres Sohnes.‹

So blieben ihr nur noch die Briefe, die wir miteinander wechselten, und ab und zu ein Telefongespräch. Weil sie nicht nur ahnte, sondern beweisen konnte, daß unsere Briefe geöffnet wurden, waren sie allerdings kaum ein taugliches Mittel der Kommunikation. Weder sie noch ein Nachbar, zu dem sie Vertrauen hatte, besaßen ein Telefon. Sie mußte, wenn sie meine Stimme hören wollte, zur Hauptpost fahren, ein Weg, die Wartezeiten eingeschlossen, der länger als eine Stunde dauerte, und das strengte sie immer mehr an. Die Anrufe wurden seltener, regelmäßig wurden sie getrennt, oder sie brach in ihrer Verzweiflung am Telefon in Weinkrämpfe aus und hatte dann, wenn sie wieder zu sich gekommen war und 20 Mark von ihrer nicht allzu üppigen Rente, ›verweint‹ hatte, längst vergessen, was sie sagen wollte.

Da nahm sie noch einmal ihre rapide schwindende Energie zusammen und meldete für sich einen Telefonanschluß an. Er wurde ihr ›aus technischen Gründen‹ verweigert. Nun verlegte sie sich auf eine Flut von Paketen; viele von ihnen enthielten Schallplatten, einmal schickte sie das Lied von den zwei Königskindern; doch was sie auch aussuchte, die Schallplatten kamen zerbrochen an.

Die meisten ihrer Genossen in der Wohnparteiorganisation hatten sich von ihr inzwischen in dieser und jener Form distanziert, aus Dummheit, aus Gemeinheit und um ihre eigenen Karrieren nicht zu gefährden. Einige hielten noch Kontakt zu ihr, indem sie anonyme Briefe unter die Tür schoben. Ich schäme mich, die Beleidigungen zu wiederholen, die ihre eigenen Genossen ihr zugedacht haben, die Genossen jener Partei, die ein wenig zu oft den Satz im Munde führt, daß die DDR ganz Westeuropa um eine historische Etappe voraus sei.

Ich habe Sie, Herr Honecker, vielleicht schon zu lange mit meinen persönlichen Kümmernissen aufgehalten. Und ich räume ein, daß manches von dem, was ich vor Ihnen ausgebreitet habe, in Ihren Augen läppisch erscheinen mag. Lassen Sie mich zum Schluß eine weitere Läppischkeit hinzufügen: Diese alte Frau, meine Mutter und Ihre Genossin, ist tot. Nachbarn haben sie gefunden, nachdem sie einen Tag, leicht zusammengekrümmt, im Flur ihrer Wohnung gelegen hatte. Seien Sie unbesorgt, sie hat sich auf ihren letzten Metern nirgendwo gestoßen, der Totenschein erwähnt keine Platzwunde, die Requisiten des Alters, Brille und Hörgerät, saßen da, wo sie hingehören. Man fand sie am Abend des 4. September 1979. Die Nachbarn, die sie gefunden haben, werden sie auch zu Grabe tragen ...

Übrigens wird sie nicht in unserem Familien-, sondern in einem Gemeinschaftsgrab beigesetzt werden. Das Grab, das sie 25 Jahre gepflegt hat, und in dem sie gern liegen wollte, wurde aus ›Platzgründen‹ eilig eingeebnet, als sie um Verlängerung der Nutzungsdauer eingekommen war. Es ist das Grab, in dem mein Vater liegt, mit dem sie in die Plauener Verbannung gegangen ist, und das Grab ihres Vaters, den sie mit einer List aus dem Untersuchungsgefängnis Leipzig befreit hat. Aber, wie gesagt, das alles sind Läppischkeiten, und sie stehen in keinem Zusammenhang zueinander.

Seien Sie also ganz unbesorgt, Herr Honecker, diese alte Frau, die noch immer meine Mutter ist, aber nicht mehr Ihre Genossin, ist den natürlichsten Tod von der Welt gestorben, der Totenschein bescheinigt es: Herzversagen aus Altersschwäche.

›Vieles um mich herum‹, sagte sie in einem ihrer letzten Anrufe, ›ist falsch und böse geworden‹. Da hat sie wohl übertrieben, denn eines ist in dem Staat, in dem sie lebte, noch immer echt: die Tränen, die aus Machtlosigkeit geweint werden.«

Als Bernd Jentzsch noch in der DDR lebte, hatten ihn die DDR-Funktionäre immer wieder aufgefordert, »sich endlich der Gegenwart zuzuwenden«. Jetzt tut er es: *Ich bin der Weggehetzte. | Nicht der erste, nicht der letzte. | Von keiner Mine zerrissen. | Vorm Zaun nicht ins Gras gebissen. | Keine blaue Bohne in der Lunge. | Nichtmal Blut auf der Zunge. | Mein Leib und meine sieben Sinne, | Alles frisch und unversehrt. | Das Leben, das ich nun beginne, | Lebt sich grade umgekehrt...*

Ein Deutscher, der fortschreibt, was 1933 auf dem Scheiterhaufen an Literatur in Flammen aufging. Das Wort, das kein Feuer tilgen wird, ist der Ausgangspunkt für Jentzsch, von dem aus gemessen wird, wie weit sich dieses Deutschland von der Moral jener Literatur entfernt hat.

Der Dichter in seinem jüngsten Gedichtband »Irrwisch«: *Laß das, leg deinen Finger auf die offene Wunde, | Thüringen grenzt an Hessen, laß das niemanden hören, | Und der Pfarrer in Flammen, laß das niemanden hören, | Wie Zunder, ein Strohmann, mein Bruder, | Und deiner auch, und die Abschriften des Lebens, | Gegeben zu Berlin, den siebzehnten Juni, und immer, | Gegeben zu Prag, den einundzwanzigsten August, | Immer haben sie es uns gegeben in dieser lieben Sommerszeit, | Immer aufs neue das Alte, was fällt euch ein? nichts, | Das ist zuwenig, euer Rinnsal, ich will schwimmen | Im Glück, das mich verrückt macht | Nach mehr, ich nehme mir, was ihr habt, | Alles, die ganze Hand, die Lust und*

> **Gedächtnis**
>
> Im Fremden ungewollt zuhaus.
> Was schrieb das?
> Ich, oder du,
> Als du gingst durch Zürichs Hügelgassen.
> Du hast es aufgeschrieben,
> wo ich jetzt gehe,
> Im Fremden ungewollt zuhaus.

Im Jahre 1933 war Zürich die erste Exilstation des deutschen Lyrikers Max Herrmann-Neiße, der 1941 in London starb. »Im Fremden ungewollt zuhaus« ist eine Zeile aus einem Gedicht, das der NS-Gegner Max Herrmann-Neiße in Zürich schrieb. Bernd Jentzsch erinnerte sich dieser Zeile, als er in Zürich saß und nicht mehr in die DDR zurückkehren konnte – und er schrieb dieses Gedicht.

Bernd Jentzsch 59

den Klee, / Oder sage es endlich mit eigenen Worten, / Bruder des Bruders, der uns jetzt fehlt. / Ein Stein des Anstoßes, der Steinbrecher. / Es werden reden die schweren Steine.

Jentzsch sagt heute: »Alles, was den Sozialismus großgemacht hat, ist liquidiert worden. Das ist die schreckliche Wahrheit.«

Schaut er aus der Distanz von fünf Jahren auf die Biermann-Ausbürgerung zurück, so spricht er von dem Fehlverhalten jener älteren Künstler in der DDR, die sich in ihrem Kampf gegen das »Dritte Reich« ausgezeichnet haben. Jentzsch: »Diese Leute hätten damals sagen müssen, daß sie auch die DDR verlassen, wenn Biermann, der Sohn eines von den Nazis umgebrachten Kommunisten, nicht mehr reingelassen wird.«

Das Thema Sozialismus und DDR ist für Jentzsch abgeschlossen, solange die Entwicklung derart aussichtslos bleibt, wie sie ist: »Die haben doch in der DDR kein einziges der uns heute bewegenden Probleme gelöst. Es wurde nach dem Kriege keine wirtschaftliche Konzeption geschaffen, die Magnetwirkung hätte haben können. Statt dessen hat die SED die Zerfallserscheinungen des Kapitalismus kritisiert und sie zugleich selbst praktiziert. Die Zerstörung der Umwelt ist in der DDR sogar noch größer als in der Bundesrepublik. Atomkraftwerke werden auf Teufel komm raus gebaut. In Rüstungsfragen muß jeder den Mund halten, wenn er anderer Meinung ist.«

Bernd Jentzsch mit seiner Frau Birgit und dem Sohn Stefan am Zürichsee: Ein paar Schritte vom Wasser hat die Familie in Küsnacht ihr neues Domizil gefunden, in jenem Ort, der dem Dichter Thomas Mann 1933 erste Zuflucht vor den Nazis bot und in dem seit langem der Schweizer Max Frisch eine Wohnung hat. Jentzsch arbeitet als Lektor für den Walter-Verlag, seine Frau betreut taubblinde Kinder.

Bernd Jentzsch in seinem neuen »Gehäuse«: *Fünf Zimmer in Küsnacht. / Fünf hat auch der Apfel, fünf Stübchen. / Der Hamster hat vier, / Und drei Wohnungen sind in der Zeit, / Zwei in den Kammern der Herzen. / Zum Schluß dann die eine.*
Nach Küsnacht kehrt der Dichter abends aus seiner Züricher Arbeitsklause zurück. Er fährt mit der Bahn, besitzt keinen Führerschein und will auch keinen machen. Seine Frau hat jetzt Autofahren gelernt. Sie ist inzwischen Leiterin eines Heimes für taubblinde Kinder und arbeitet dort bis in den späten Nachmittag. Was die beiden vermissen, hat Jentzsch unter anderem in seinem Buch »Berliner Dichtergarten« beschrieben: jene Spontaneität, mit der sich die Schriftsteller in Ost-Berlin einst getroffen haben. Heute sind sie zerstreut. Die einen leben noch dort, die anderen in der Bundesrepublik. Bernd Jentzsch als einziger in der Schweiz.

Sein literarisches Werk gewinnt von Gedicht zu Gedicht an politischer Intensität. Sein Thema: der Bruch, der durch Deutschland geht – die Brüche im Denken, die Brüche im Fühlen. Dieses zermürbende Aneinandervorbei der Deutschen. Die hilflose Unangemessenheit ihres Verhaltens, die aus dem Gefangensein in der eigenen Welt herrührt. Und manchmal findet die Sprache bei Jentzsch ihren Ort im Vers, kommt unter in der genauen Häuslichkeit des Reimes. Der Reim als einzige Ganzheit, die er sich gestattet.

In seinem Gedichtband »Quartiermachen« geht er über die Kontroversen der beiden deutschen Staaten hinweg und schreibt einen Vers, der die beiden Nationalhymnen vereint – die von Hoffmann von Fallersleben und die von Johannes R. Becher, verbunden mit Zeilen aus der »Kinderhymne« von Bertolt Brecht: *O Vaterland, O Vaterland. / Laß uns dir zum Guten dienen. / Einigkeit und Recht und Freiheit. / Brüderlich mit Herz und Hand. / Und das liebste mags uns scheinen. / So wie andern Völkern ihrs. / Und der Zukunft zugewandt.*

62 *Jürgen Fuchs*

JÜRGEN FUCHS: LEBEN AUF DER GRENZE

Schaut Jürgen Fuchs von seinem Schreibtisch hoch aus dem Fenster, dann verliert sich sein Blick nur scheinbar in der Weite des Tempelhofer Flugfeldes. Zwanzig Kilometer weiter in dieser Richtung liegt Grünheide. Dort, in der DDR, bei dem Systemkritiker Robert Havemann, hat er zuletzt gelebt, bevor ihn die Machthaber für neun Monate ins Gefängnis steckten, dann abschoben nach West-Berlin und seine Familie nachschickten. Hier am Tempelhofer Damm wohnt Jürgen Fuchs mit Frau und Tochter im dritten Stock eines Mietshauses seit fünf Jahren. Doch noch immer stellt er sich die Frage: »Wo ist denn Hier, wo ist denn Dort?«

Wie Positionslichter leuchten von den Bücherregalen seines Arbeitszimmers die Werke von Nadesdha Mandelstam, Witold Gombrowicz, Bruno Bettelheim, Manès Sperber – Verfolgte dieses Jahrhunderts, Menschen, die ihre Menschlichkeit bewahrt haben. Bücher, die mit der Titelseite in Blickrichtung stehen. Geistiges Bezugsfeld eines Mannes, der 1950 nach der DDR-Staatsgründung in der Textilarbeiterstadt Reichenbach im Vogtland geboren wurde, Sozialpsychologie in Jena studierte, in Gedichten und Kurzprosa den Alltag im Sozialismus beschrieb, der deswegen aus der Partei und vom Studium ausgeschlossen wurde.

Jürgen Fuchs 63

Jürgen Fuchs hat diese von ihm auf dem Regal herausgehobenen Bücher erst in West-Berlin lesen können. Mit den Autoren dieser Bücher sieht sich Jürgen Fuchs verbunden in einer Leiderfahrung, die Geheimdienste, Verhör, Isolierung, Gefängnis, Totalität heißt. »Diese Autoren standen vor ähnlichen Abgründen wie ich, nur unter anderen Bedingungen«, sagt Jürgen Fuchs. »Daß diese Vergleichbarkeit erlaubt ist, habe ich von Bruno Bettelheim gelernt.« Jenem Österreicher, der das KZ überlebte und die KZ-Erfahrung umsetzte für die Therapie gestörter Kinder in den USA, der auf den ersten Blick Unvergleichliches vergleichbar machte und einer der bedeutendsten Kinderpsychologen wurde.
Jürgen Fuchs in West-Berlin:

Ich lebe, aber / Ein anderes Leben / Mein Name ist geblieben / Mein Haar ist geblieben / Meine Fingerabdrücke sind geblieben / Doch im Gefängnis / Gab es Nachmittage, da wollte ich sterben / Und ich wußte schon / Wie / Ich lebe, aber du mußt wissen / Ein anderes Leben

Jürgen Fuchs in West-Berlin:
Leicht / Kommt die Lüge / Sie sagt / Es geht mir gut / Sie sagt / Es wird schon werden / Leicht kommt die Lüge / Und klopft auf meine Schultern

In einem Brief an Robert Havemann, den Freund, schrieb Jürgen Fuchs 1979: »Viele, die die DDR verlassen haben, versuchen eine Art ›Normalität‹ herzustellen, demonstrieren ein überlegenes Desinteresse an dem, was war oder jetzt ein paar Kilometer entfernt passiert. Es ist unschwer

Jürgen Fuchs, 1950 in der DDR geboren, im Sozialismus aufgewachsen, wegen seiner Prosa aus der SED ausgeschlossen, der Universität verwiesen, nach Wolf Biermanns Ausbürgerung für neun Monate inhaftiert und dann abgeschoben, lebt seit Ende 1977 in Westberlin gegenüber dem Tempelhofer Flughafen: In zwei Gedichtbänden hat er seine ersten Erfahrungen nach dem Wechsel von Deutschland nach Deutschland dargestellt. Inzwischen arbeiten er und seine Frau Lilo als Psychologen in einer Straßenberatungsstelle im Bezirk Moabit. Die Fotos zeigen Fuchs in seiner Wohnung und auf dem Weg zur U-Bahn-Station Paradestraße.

64 Jürgen Fuchs

festzustellen, daß sie versuchen, eine psychische Katastrophe, ein Trauma, mit fast kindlichen Selbstschutzmechanismen abzuwehren. ›War etwas? Nein, es war nichts.‹ Sie entwirklichen ihre eigene Biographie und beweisen etwas sehr Deutsches: die Unfähigkeit zu trauern. Viel Enttäuschung kommt da hoch, das cool-werden, das Abziehen der Gefühle von den eigenen Angelegenheiten wird probiert. Es soll nicht mehr weh tun. Es soll vorbei sein.« Jürgen Fuchs betrügt sein Gedächtnis nicht. Es gäbe drei vorgezeichnete Wege. Die seiner DDR-Vorbilder: Robert Havemann, Wolf Biermann und Reiner Kunze. Der Weg Havemanns bleibt ihm verschlossen und nährt nach wie vor die Frage, ob er, Fuchs, mit dieser »Überfahrt« nach West-Berlin in die Falle gegangen ist. Den Weg Biermanns und des »Beweisenwollens« will er nicht gehen. Auch nicht den Reiner Kunzes, der in der Bundesrepublik feststellt: »Ich bin angekommen... auch dies ist mein Land...«

Seine Situation: »Ich stehe vor einem Abgrund. Die Frage ist: Fällt man hinein? Oder wo ist die Brücke? Oder gibt es sie überhaupt? Ich sage: Die Brücke gibt es nicht. Von dort her. Wenn aber die Brücke nicht existiert, heißt das: Nimm deinen Mut, so du ihn hast, so du die Spannung aushalten kannst, und versuch den Schritt hinein. Wenn du das tust, kann es sein, daß die Brücke da ist. Aber nur unter dem Fuß, wo du gehst, nicht weiter. Und alles das, was sich da als Kulturnation so sympathisch über das Ganze spannen will, ist Unsinn.«

Das Dilemma eines deutschen Exilanten in Deutschland – Jürgen Fuchs sucht es nach wie vor unermüdlich zu durchdringen. Mit der Hartnäckigkeit eines Grüblers. »Ich sag' mal jetzt was anderes«, setzt er erneut an. »Wir aus der DDR haben hier nicht mal Exil, nicht mal die Möglichkeit einer Abtrennung, nicht mal die Identität auf diesem Gebiet. Das hat mir ein tschechischer Freund gesagt: ›Weißt du, bei allem, was ich hier nicht an Sprache und anderen Dingen verstehe, ich kann es als Tscheche noch mit tschechischem Namen richtig benennen, ich habe ein Terrain. Ihr habt es nicht, habt nicht einmal dies.‹«

Fuchs geht zum nächsten Erklärungsversuch über: »Sie

Jürgen Fuchs 65

werden in ein stehendes Heer eingezogen zur Ertüchtigung. Und das ist drei, vier Kilometer entfernt von ihrem Heimatort. Sie sagen: Ach du hast es gut, du bist gleich in der Nähe hier. Ich sage: Das ist die größte Qual. Ganz nah am Heimatort, das kann sich nur, wenn es ausgedacht wurde, ein perverses Gehirn ausgedacht haben.«

Zwei Jahre lang lebte Fuchs nach seiner Abschiebung in den Westen als freier Schriftsteller. Außer einigen Gedichten in einer DDR-Anthologie des Jahres 1974 sind sämtliche seiner literarischen Arbeiten in der Bundesrepublik erschienen. Seine Bände »Gedächtnisprotokolle« (1977) und »Vernehmungsprotokolle« (1978) beschreiben die wachsende Verfolgung eines gutwilligen jungen Mannes durch die alles reglementierende DDR-Obrigkeit. Die Gedichtbände »Tagesnotizen« (1979) und »Pappkameraden« (1981) zeigen den Versuch des Exilanten, ganz bewußt auf der Grenze zu leben.

»Ein überwältigendes Erlebnis« nennt Fuchs die Erfahrung eines Vorgangs, den er mit den Worten »das Zerbrechen der Wände meiner Zelle« umschreibt. »Ich spürte, was man mir in der DDR vorenthalten hatte, wie sie uns die Welt genommen hatten«, sagt er. Der Schriftsteller reiste nach Schweden, nach Dänemark und Frankreich, wo er zu Lesungen eingeladen war. In Paris gewann er die Freundschaft des Schriftstellers und Psychologen Manès Sperber, des einst von Hitlers Gestapo und Sta-

Jürgen Fuchs 1961 in der 4. Klasse der Grundschule Reichenbach/Vogtland (Foto links oben, rechts hinten) und 1963 in der Schalmeienkapelle des Ortes (erster von rechts in der ersten Reihe). Die ersten Erschütterungen kamen 1968: Der Deutschlehrer des Abiturienten wurde wegen mangelnder Linientreue »gefeuert«, der »Prager Frühling« niedergeschlagen. Auf dem Abitur-Foto sitzt Jürgen Fuchs links außen. Die Eltern von Jürgen Fuchs – das Foto entstand 1980 – leben weiter in Reichenbach, der Geburtsstadt des Schriftstellers.

lins GPU gleichermaßen gesuchten Autors der 1937 in Frankreich erschienenen Analyse »Zur Tyrannis der Macht«.

Im dritten Westjahr aber spürte Fuchs Ungenügen mit sich selbst, sah wie er in eine durch seine Veröffentlichungen dekretierte Pose hineingeriet. »Die Eigenschaften, die im Künstler stecken, machen nicht Solidarität gegenüber den Mitmenschen«, sagt er, und menschliches Talent war bisher die Voraussetzung seiner Texte. »Das Engagieren, das sich in Unterschriften erschöpft, wollte ich nicht. Die Wirklichkeit über die Reportage hereinholen, auch nicht. Ich merke, daß die Schärfe der Konkurrenz unter Schriftstellern mindestens zur Hälfte unfruchtbar ist, sich aus Klatsch nährt und sich in sich selbst bewegt.«

Mit Streifzügen zu Fuß hatte sich Fuchs systematisch die Bezirke West-Berlins angeschaut, war überwältigt von der Internationalität der Stadt, vom Zusammentreffen so vieler Kulturen, von deren Buntheit und beschloß, dort in seinem Beruf zu arbeiten, wo die Fremdheit ihm am größten erschien. Im Bezirk Moabit. Im Bereich alter Mietskasernen, einer proletarischen Gegend, die heute viele Türken, Griechen, Jugoslawen beherbergt. Das Diplom als Psychologe, das ihm die Universität Jena verweigert hatte, wurde ihm in West-Berlin zuerkannt.

Zusammen mit seiner Frau, die ebenfalls Psychologin ist, begann er seine Arbeit im »Treffpunkt«, einer Straßenberatungsstelle. Widmete sich vorwiegend den Problemen von Kindern, mietete in dem Gebäude auf eigene Kosten zusätzlich eine Wohnung, um mehr Platz für diese Kinder zu schaffen. Auch seine Tochter Lilli kommt nach der Schule in den »Treffpunkt«. Bettina Wegner, die Sängerin aus Ost-Berlin, inzwischen mit einem Dauervisum versehen, schaute vorbei und gab im »Treffpunkt« kostenlos ein Konzert. Jürgen Fuchs gesteht, daß das Wissen der Leute, einen Schriftsteller vor sich zu haben, ein ganzes Jahr seine Arbeit beeinträchtigt hat. Inzwischen ist er akzeptiert als jemand, der hier Leben teilt mit anderen, der uneigennützig hilft, beschützt, Nachbar ist.

Daß die Farbigkeit, die Internationalität über alle Vorurteile erhalten bleibt, ja daß sie über die Vorurteile triumphiert – dafür kämpft er nun. Er spürt die Angst, besonders von Einheimischen, »von anderen wegkonkurriert zu werden«. Diese Angst, die nicht allein mit gutem Willen aufzulösen ist. Die sich Minderheiten herausgreift, die noch schwächer sind, zum Beispiel die Türken. Eine Angst, die im Westen laut wird und sie so abwehren will, die Inschriften in Häuser macht. Und Jürgen Fuchs denkt an die Angst der Menschen in der DDR, die sichtbar ist im Nachbeten von Parolen, im Apathischsein. In einem Gedicht von ihm heißt es:

Wenn die enttäuschten Kinder / Der zweiten und dritten Sekretäre / In meinem Zimmer / in West-Berlin sitzen / Erzählen sie fast immer / Von ihren Vätern und wie sie / In der

Jürgen Fuchs (links außen) 1969 in Plauen beim Grundwehrdienst der Volksarmee. Er verpflichtete sich nicht über den eineinhalbjährigen Wehrdienst hinaus – wie es unter den Abiturienten üblich war, um Offizier zu werden.

Zeitung / Im Badezimmer / Nach einem Besäufnis ausgesehen haben / Sie sind gut informiert / Und ihr Lachen / Ist ohne Erbarmen / Wie mein Vater aussah / Wenn er halbfünf aus der Fabrik kam / Und sich in der Küche / Die Hände gewaschen hat / Weiß ich

Über diesen Vater, einen Elektriker, schreibt Jürgen Fuchs an anderer Stelle: »Er hat keine Reden mehr halten können über seine führende Rolle im Betrieb, von der er nichts wußte, weil er den ganzen Tag gearbeitet hatte und ihm abends alles auf die Nerven ging: Der Zank meiner Mutter, der Garten, in dem das Unkraut wuchs, und meine langen Haare. Er hat dann gegessen und ist oft vorm Fernseher eingeschlafen, egal, ob der Osten oder der Westen seine Schau abzog...«

Der Schriftsteller meint heute: »Die Konfrontation zwischen Sozialismus und Kapitalismus ist eine gigantische Lüge. Ich bin zwar dagegen, zwischen Bundesrepublik und DDR ein Gleichheitszeichen zu setzen, aber die uns aufgedrängte Konfrontation soll nur verdecken, daß beide Systeme mit unterschiedlichen Mitteln den Menschen daran hindern, zum selbstbewußten Leben vorzustoßen. Hier im Westen bleibt die Welt Hierarchie und dort im Osten auch.«

Jürgen Fuchs definiert sich heute nicht mehr durch ein Programm, sondern allein durch solidarische Haltung. Seine verletzte Sensibilität und sein Wille, die Not zu lindern, machen sein Engage-

Westberliner Solidaritätsveranstaltung für die Freilassung des von der DDR inhaftierten Systemkritikers Rudolf Bahro 1979, der inzwischen in der Bundesrepublik lebt. Von links nach rechts: Wolf Biermann, Rudi Dutschke und Jürgen Fuchs.

ment aus. Ein Engagement, das sich zu lösen weiß vom Schreibtisch. Im Berliner Schickeria-Lokal »Zwiebelfisch«, wo diskutiert wird, wie man in der Hausbesetzerfrage die Polizei »rannimmt«, wo das intellektuelle Spektakel herrscht, ist er nicht dabei.

Bei der linken Intelligenz in West-Berlin und der Bundesrepublik sieht er eine »unerträgliche Überheblichkeit« stark verbreitet. Seine Erfahrung: »Meinungen ersetzen das Wissen. Die Wahrheit wird nicht mehr gesucht. Beschlüsse und Urteile werden bestätigt. Von Lebenden wird zugunsten der Ideologie abgesehen. Die vielen Menschen in West-Berlin, die nicht ihrer Meinung sind, werden für verblödet gehalten. Aber sie sind nicht durch Springer-Zeitungen verblödet. Sie haben Angst, weil linke Intelligenz, so wie sie sich allzu oft hier präsentiert, Angst macht – bis in die schicke Vernachlässigung der Kleider, bis dort hinein. Sie begegnen meist ganz schroffen Herren. Von der linken Intelligenz können die meisten ja nicht einmal eines: zuhören.«

Der Tonfall des Jürgen Fuchs bleibt ruhig, während er Enttäuschung formuliert. Die Sätze sind präzis abgezirkelt. Er sieht bei der linken Intelligenz einen »tiefen Mangel an Aufsässigkeit gegenüber mächtigen Mächten«. Er beobachtet, wie diese Intelligenz im Stile eines »leistungsorientierten Management« argumentiert. »Wie gut diese Leute an sich selbst denken, wie sie die Menschen im Osten mit Unverständnis anschauen, wie sie eine Faszination für den starken Staat haben, wie sie Kritik nicht aushalten, wie sie aus diesem Grunde einen starken Halt brauchen, selbst dann noch auf den Kreml schwören, wenn er wieder einmal ein Land, wie jetzt Polen, in die Unterdrückung zwingt.«

Jürgen Fuchs sagt: »Ich komme über die Kritik des Bestehenden. Meine Generation hat in der DDR Stalin und den Stalinismus nicht mehr bewußt miterlebt. Wir haben uns gewundert, wie die das machen konnten.« Nur: Die Treue zu sich selbst, in der diese Generation aufwachsen wollte, wurde ihr nicht gestattet. Unmöglich, sich auf einen Standpunkt zu stellen, den Fuchs so formuliert:

Ich bin jung / Ich habe keine Stalin-Oden geschrieben / Ich muß nicht vornehm schweigen / Oder in Andeutungen sprechen / Ich kann lachen / Und weggehen / Wenn die Versammlung beginnt

Jürgen Fuchs zu Hause in Reichenbach. Was war eigentlich geschehen, daß er mit 27 Jahren aus seinem Land »flog«? Ein Elternhaus wie viele andere auch: Der Vater kam mit durchschossenen Armen und Beinen aus dem Krieg, Mitläufer ist er gewesen wie die Mutter auch. Der Vater Elektriker, die Mutter Angestellte in der Verwaltung der staatlichen »HO« (Handelsorganisation). Der 1950 geborene Sohn Jürgen oft zu Besuch bei der Großmutter. Christlicher Glaube hatte die Großmutter vor der falschen Einschätzung Hitlers bewahrt: Ein Führer, der Gott sein wollte, war ihr eine Ver-

Jürgen Fuchs 69

suchung Gottes. Und fremden Göttern darf man sich nicht unterwerfen. Das beeindruckte den Enkel, das blieb im Gedächtnis.

Doch vorerst war alles möglich. Die Christenlehre, die Jürgen Fuchs besuchte. Und die Jugendorganisation FDJ. Das blaue Hemd, der Fahnenappell, das Kreuz und die Kirche. Bis zur siebenten Klasse spielte Jürgen Fuchs in einer Schalmeienkapelle und war auch sonst bei allen Ritualen des Staates dabei. Dann wurde ein Deutschlehrer in der Oberschule für ihn wichtig, der noch bei den Professoren Ernst Bloch und Hans Mayer studiert hatte. Bei marxistischen Hochschullehrern also, die dem Dogmatismus eines Walter Ulbricht hatten weichen müssen.

Jener Deutschlehrer machte den 15jährigen mit den Schriften des österreichischen Kommunisten Ernst Fischer vertraut, der einen demokratischen Sozialismus vertrat. Der 15jährige wurde wach für eine Literatur, die nichts beschönigte. Wach für seinen späteren Freund Wolf Biermann, der 1965 Publikations- und Auftrittsverbot von der Partei bekam. »Über Walter Ulbricht haben wir in der Klasse gelacht«, erinnert sich der Schriftsteller.

Im Juni 1968 wurde der Deutschlehrer »gefeuert«. Daraufhin streikten 30 Schüler der Oberstufe. »Der Streik wurde von der Schulleitung vertuscht«, erzählt Fuchs. »Die Schulleitung fürchtete zu recht, daß sie als erste zur Verantwortung gezogen worden wäre.« Doch erreicht wurde mit dem Streik nichts.

Jürgen Fuchs traf seinen Lehrer als Arbeiter bei der Reichsbahn wieder, wo der Schüler – das gehörte zur polytechnischen Erziehung – mit dem Abitur auch den Abschluß als Facharbeiter der Deutschen Reichsbahn machte. In den Arbeitspausen bei der Reichsbahn setzten Fuchs und der Lehrer, auf Kisten sitzend, ihre politische Diskussion fort.

Ergebnis seiner Skepsis gegenüber dem praktizierten Sozialismus in der DDR: Jürgen Fuchs erfüllte bis 1971 zwar seine eineinhalbjährige Wehrpflicht, verpflichtete sich aber nicht über diesen Zeitraum hinaus – wie es unter Abiturienten üblich war –, um Offizier zu werden. Ein Dreh- und Angelpunkt für alle Zweifel war ein Jahr vor dem Abitur der Einmarsch der Truppen des Warschauer Paktes in die ČSSR gewesen. »Als in der Nacht zum 21. August 1968 die Transportflugzeuge der befreundeten Armeen über das Vogtland flogen, als ihr Dröhnen hoch oben mir zum erstenmal die Kehle zudrückte, als habe es bis dahin keine Flugzeuge und keine Nachrichten von fernen Kriegen und Einmärsche gegeben, habe ich gehofft, daß es ›nicht so schlimm werden wird‹, und gefragt: Was kommt an gegen diese Macht, die einfach tut, was sie will?«

Da kam Reiner Kunze nach Reichenbach. Der Dichter, der nach der Okkupation der ČSSR sein Parteibuch zurückgab. Auch er heute im Westen. »Es muß noch im August gewesen sein«, erinnert sich Fuchs. »Denn das gegen ihn verhängte Auftrittsverbot für viele Jahre war in Reichenbach noch nicht wirksam. Kunze las eine Stunde, dann diskutierten wir offen. Am Ende wußte ich: Es gibt noch etwas anderes als Lügen und Phrasen, und dieses andere kann man leben. Kunze riskierte in der DDR mehr als alle anderen Schriftsteller mit Ausnahme von Biermann, und er sagte deutlicher nein. Er lebte so, wie er schrieb.«

Fuchs erinnert sich, wie nach der Okkupation der ČSSR in der DDR das Disziplinieren nicht nur der jungen Leute begann: »Es war das Beugen eines ganzen Volkes.« Listen zugunsten der Invasion mußten überall, auch in den Schulen, unterschrieben werden, und Fuchs unterschrieb mit. In der Klasse standen die Eintreiber der Unterschriften und sagten nur: »Unten stehen die Wagen.« Sie sagten nicht, daß jemand abgeholt wird. »Aber wir wußten, was gemeint war«, erinnert sich Fuchs. Auf dem Bahnhof von Werdau bei Reichenbach schrieb der Schüler am 22. August an ein Plakat der Reichsbahn den Namen Dubček. »So klein, daß ich nicht weiß, ob das überhaupt entdeckt worden ist.«

Als dieser Jürgen Fuchs nach der Ableistung seiner Wehrpflicht zurück nach Hause kam, erfuhr er, daß er für das Studium in Jena nicht zugelassen war. Kritische Äußerungen von ihm waren bekannt geworden. Der 21jährige schickte Beschwerdebriefe an die zuständigen Stellen. Und seine Beschwerden hatten Erfolg. Fuchs profitierte vom Führungswechsel in der DDR: 1971 war das Jahr, in dem Walter Ulbricht zurücktrat und Erich Honecker zum Ersten Sekretär des Zentralkomitees der SED gewählt wurde. Fuchs profitierte von Honeckers Parole: Alle gewinnen, keinen zurücklassen. Damals sagte sich Fuchs: »Gerechtigkeit ist in Teilen möglich.« In Teilen: Denn ein Wolf Biermann blieb ein verbotener Autor in der DDR. Den lernte er nun durch Gerulf Pannach, seinen Freund, bei einem Besuch in Ost-Berlin kennen. 1973 wurde Fuchs Mitglied der SED. Als er nun zu schreiben begann, hoffte er auf die Wahrhaftigkeit des Honecker-Satzes: »Wenn man von der festen Position des Sozialismus ausgeht, kann es meines Erachtens auf dem Gebiet von Kunst und Literatur keine Tabus geben.«

Doch die »kleine Liberalisierung« war schnell vorbei. 1974 konnten in Bernd Jentzschs »Auswahl 74« einige Gedichte von Fuchs erscheinen. Es blieben die einzigen. Darunter das Gedicht mit dem Titel »Das Fach Schönschreiben«:

Aber gewiß doch: / nach Schablone und / in Schönschrift / tanzt kein Buchstabe / aus der Reihe / liegt kein Wort / schief / halten alle / den Rand / ein / und erhalten ein / Lob / nur die Wahrheit / fällt immer auf / als sehr schwer / erziehbar

In der Literaturzeitschrift »Sinn und Form« beklagte der Leipziger Lyriker Andreas Reimann in einem Aufsatz mit dem Titel »Die neuen Leiden der jungen Lyrik« den Niedergang des Formbewußtseins. Jürgen Fuchs stellte daraufhin in derselben Zeitschrift die provokatorische Frage: »Wie aber, wenn dieser verkommenen Form ein verkommener Inhalt entspricht?« Bereits dieser Artikel führte dazu, daß Fuchs zu einer Veranstaltung des Schriftstellerverbandes nicht mehr eingeladen wurde.

Jürgen Fuchs gewann Freunde außerhalb der offiziellen Szenerie: Biermann kam immer häufiger zu ihm nach Jena. Er brachte Robert Havemann mit. Den Sozialisten, den der Volksgerichtshof 1943 wegen antifaschistischer Tätigkeit zum Tod verurteilt und der im Zuchthaus Brandenburg überlebt hatte, der in der DDR Direktor des Instituts für physikalische Chemie an der Humboldt-Universität war und diese Stellung seiner Kritik an der SED wegen verloren hatte, der im April 1982 starb. Fuchs traf in Berlin den Reichenbacher Hans Joachim Schädlich, Autor des später bei Rowohlt erscheinenden Prosa-Bandes »Versuchte Nähe«, der ebenfalls die DDR verlassen mußte. Er lernte die inzwischen im Westen lebende Lyrikerin Sarah Kirsch kennen.

Prosa-Texte, die Fuchs auf einer Veranstaltung in Bad Köstritz las, führten 1975 zum entscheidenden Konflikt mit der Obrigkeit. Am 23. April wurde er aus der Partei ausgeschlossen, am 17. Juni exmatrikuliert. Seine Diplomarbeit, die bereits mit »sehr gut« benotet war und den Abschluß des Studiums bedeutete, wurde als nicht angenommen erklärt. Die Prosa-Texte von Fuchs wurden als »feindselige Angriffe gegen die Grundlagen der sozialistischen Gesellschaft in der DDR« gewertet. Dabei hatte er nichts anderes beschrieben als die Anpassungsmechanismen in seinem Land. Die Reaktion auf seine Prosa-Texte bewies geradezu die institutionalisierte Gewalttätigkeit eines allgegenwärtigen Funktionärsapparats.

So entstanden die »Gedächtnisprotokolle«. Ein Buch, das authentisches Material über eine Bürokratie liefert, die sich nicht nur gegen jegliche Kreativität engagierter Menschen und gegen jegliche Phantasie wehrt, sondern all diese Eigenschaften kriminalisiert. Das Buch, das Fuchs vergeblich einem DDR-Verlag zur Veröffentlichung anbot, offenbart ein erniedrigendes, armseliges Menschenbild, das mit Sozialismus nichts mehr zu tun hat. Es zeigt, wie Bürokratisierung in einem totalitären System noch brutaler ausfällt als in den westlichen Demokratien.

Seit dem Berufsverbot für Fuchs lebte der Schriftsteller in Jena in einer Vorverhaftungssituation. Der Vorwurf der staatsfeindlichen Hetze konnte jederzeit konstruiert werden. Und er sollte konstruiert werden – nur ein Jahr später. Wolf Biermann holte den Freund, dessen Frau Lilo und die gerade geborene Lilli nach Berlin, brachte die Familie zu Robert Havemann, wo sie auf dessen Grundstück in Grünheide im Gartenhaus unterkam. Jürgen Fuchs und seine Frau fanden Arbeit in kirchlichen Institutionen: Sie arbeitete in den Samariter-

anstalten Fürstenwalde, einer kinderpsychiatrischen Klinik, er in der Stephansstiftung, einem Kinderheim für geistig behinderte Kinder.
Im SED-Zentralorgan »Neues Deutschland« gab es 1976 Aufsehenerregendes zu lesen: Die Reden der kommunistischen Parteiführer aus Italien und Spanien, Berlinguer und Carillo, gehalten auf der Konferenz der europäischen kommunistischen Parteien in Ost-Berlin. Abweichendes, das nicht zu unterdrücken war. »Der Eurokommunismus wurde unsere Hoffnung«, sagt Jürgen Fuchs, und er war in dieser Hoffnung nicht allein. Auch Biermann setzte auf den Eurokommunismus, Havemann und viele andere in der DDR. Nun schlug die SED zu. Am 16. November wurde Biermann ausgebürgert. Am 19. November wurde Jürgen Fuchs verhaftet.

Ein Exempel sollte statuiert werden an einem noch weithin unbekannten Autor, damit die junge Generation gewarnt sei. Der Vernehmer im Untersuchungsgefängnis Hohenschönhausen zu Fuchs: »Um Sie kümmert sich doch keiner: Havemann und Biermann haben jetzt andere Sorgen. Niemand wird überhaupt zur Kenntnis nehmen, daß Sie hier sind. Sie sind doch ein kleines Licht. Solche Fehler wie mit Biermann passieren uns nicht zweimal, den haben wir zehn Jahre wirtschaften lassen, Bücher, Platten und so weiter. Das war falsch. Biermann war nicht in Bautzen. Wer dort rauskommt, ist still.«
Die Staatssicherheit hatte

Jürgen Fuchs mit seiner Frau Lilo und der siebenjährigen Tochter, über die der Schriftsteller sagt: »Für sie ist ganz viel mit dem Wechsel nach West geschehen. Dieser Wechsel ist für sie bis heute keine erklärbare Angelegenheit. Sie sieht keinen Sinn dahinter. Die ersten zwei Jahre wäre es unmöglich gewesen, sie auch nur für wenige Augenblicke allein zu lassen. Durch unser Immerdasein konnte sie wieder lernen, daß etwas Bestand hat.«

sich getäuscht. In der Bundesrepublik erschienen in den Zeitungen Prosa-Texte von Fuchs. Der Rowohlt-Verlag brachte die »Gedächtnisprotokolle« auf den Markt. Heinrich Böll, Ernst Bloch, Günter Grass, Hermann Kesten, Walter Jens und Martin Gregor-Dellin protestierten. Ein Schutzkomitee Freiheit und Sozialismus konstituierte sich in West-Berlin, das sich auch für die ebenfalls verhafteten Fuchs-Freunde Gerulf Pannach und Christian Kunert einsetzte. Mitglieder des Komitees: Biermann, Friedrich Dürrenmatt, Max Frisch, Robert Jungk, auch Böll. Aus Frankreich Filmprominenz: Yves Montand, Simone Signoret. Die »Gedächtnisprotokolle« erhielten auf der Buchmesse in Nizza den Preis der Internationalen Presse.

Währenddessen saß Fuchs in seiner Zelle 117 und memorierte die Fragen und Erklärungen der Vernehmer, die Worte eines in seiner Zelle verlegten Spitzels, der ihn zum Reden bringen sollte. 75 Tage lang brach Fuchs jede Kommunikation mit seinem Vernehmer ab, redete nicht mehr. Seine Vernehmer machten ihm klar, daß er mit zehn Jahren Freiheitsstrafe rechnen müsse. »Sie wollten doch immer sprechen«, sagt man zu Fuchs, und der antwortete: »Jetzt bin ich doch im Gefängnis.« Erwiderung: »Aber jetzt findet der Dialog statt.«

Jürgen Fuchs erlebte, wie die Vernehmer, geschult mit allen Tricks der Psychologie, ihn weich zu machen, klein zu kriegen versuchten: mit Erpressungen, Angeboten, mit Falschinformationen, mit Hinweisen, man könne auch etwas gegen Familie und Verwandte unternehmen. Nach einem halben Jahr Haft schleudert ihnen der Psychologe Fuchs die Worte entgegen: »Die Analyse Ihrer Machenschaften ist meine Therapie.«

Züge durchqueren mich / Mit verschraubten Fenstern / Und schlagenden Türen / Die Bäume nur Äste / Die Brücken nur Tiefe / Die Briefe nur Abschied / Gelassen treten Beamte / In die Kammern meines Herzens / Und lächeln

Schließlich stand der Ostberliner Rechtsanwalt Wolfgang Vogel vor dem Untersuchungsgefangenen: »Herr Fuchs, ich spreche als Beauftragter der DDR-Regierung, auch als Verhandlungspartner mit der Bundesregierung. Die Meinungen über Ihren Fall sind geteilt, die einen fordern eine hohe Haftstrafe, die anderen möchten einen Kompromiß. Das Abschieben nach dem Westen stellt diesen Kompromiß dar. Wollen Sie wirklich für sich selbst, für Ihre Familie und Ihre Freunde die Verantwortung übernehmen, daß sie eine Entscheidung zu Ihren Gunsten erzwingen können? Sie sind hier keinen Schritt von Ihren Positionen abgerückt, es gibt keinen anderen Weg. Entweder – oder ...«

»Wie groß muß eine Demütigung sein / Von der man sich nicht mehr erholt? / Wann ist man klug / Wann schlau / Wann vernünftig? / Und wann ein Verräter?« So das letzte Gedicht, das im Kopf des Häftlings entstand. Im Gedächtnis gespeichert die »Vernehmungsprotokolle«, deren Erscheinen im Westen Fuchs als Exilant erlebte.

Am 26. August 1977 wurde er in einen Personenwagen gesetzt, in dem sich bereits seine bis dahin ebenfalls inhaftierten Freunde Pannach und Kunert befanden. Dann wurden die drei über den Kontrollpunkt Invalidenstraße nach West-Berlin gefahren. »Die Grenzpolizisten stehen stramm, die rechte Hand am Mützenrand«, beobachtete Fuchs. In einem evangelischen Heim wurden die drei von Pfarrer Heinrich Albertz begrüßt. Ein Text von Jürgen Fuchs:

WAS DU ERLEBT HAST, SIND FEHLER. ABER IM GROSSEN UND GANZEN. WAS HIER PASSIERT, DAS IST SCHLIMM. UND DAS IST SYSTEM. REISEN, NA JA, WAS IST DAS SCHON. TOURISMUS, HOTELS, ÜBERALL DAS GLEICHE, DA KANN MAN KOMMEN, WOHIN MAN WILL. HABT IHR NICHT EIN BISSCHEN ZU VIEL GEWOLLT? ICH HABE ZWAR NICHT DA GELEBT, ABER ES GEHT DOCH NUR ALLMÄHLICH, GROSSE VERÄNDERUNGEN KÖNNEN NICHT GLEICH ALLEN GERECHT WERDEN. UND MEINE ÜBERZEUGUNG, DIE LASSE ICH MIR VON KEINEM NEHMEN. ES IST DOCH NICHT ZUFÄLLIG, DASS DIE SPRINGER-PRESSE DEN SOLSCHENIZYN LOBT. DA KANN DOCH WAS NICHT STIMMEN

Jürgen Fuchs 73

MIT DEN LAGERN. GIBT ES HIER ETWA KEINE GEFÄNGNISSE? UND DASS HIER ALLES ANDERS WERDEN MUSS, SIEHST DU SCHON DARAN, DASS ICH WAHRSCHEINLICH NICHT BEAMTER WERDEN KANN, *sagte mir ein Student der Politologie aus Lüneburg, bevor er in einem kleinen grünen Auto davonfuhr.*

Wolf Biermann schrieb in der Bundesrepublik: »Die DDR ist eine riesige Fabrik zur Erzeugung von Kommunistenfressern. Über 80 Prozent verlassen die DDR-Gefängnisse als Antikommunisten.« Ein Kommunistenfresser ist Jürgen Fuchs nicht geworden. Aber ein Mann, der die großen Worte satt hat. Er plädiert für den »Verzicht auf Gewißheiten, Verzicht auf Endlösungen«. Er sagt: »Die große Vision ist mörderisch geworden. Sie muß auf allen Gebieten denunziert werden. Die Vorstellung vom Sonnenstaat – all das geht in den Zwang. Zu leisten ist das Signalisieren des Bösen, Unwürdigen, Gefährlichen.«

Jürgen Fuchs plädiert für das »dekadente Europa«. Dieses Europa im Westen sollte »keine Angst vor dem Lob des Erkämpften« haben, auch wenn es bestimmte Intellektuelle geringschätzen. »Streik, freie Gewerkschaften, Demokratie sind Errungenschaften des Westens«, sagt er und wünscht sich, daß in der Bundesrepublik wieder angeknüpft wird an eine sozialdemokratische Tradition des 19. Jahrhunderts, an jenen »mutigen Geist in der Zeit des Sozialistengesetzes unter Bismarck«.

Fuchs hält es für sinnvoller, den Kapitalismus an den Forderungen der Französischen Revolution – der Forderung nach Freiheit, Gleichheit, Brüderlichkeit –, also an den Forderungen der bürgerlichen Revolution zu messen und nicht am Marxismus-Leninismus. »Die Bürger sind an ihre bürgerlichen Prinzipien zu erinnern. Wie frech doch vielfach hier im Westen über unerträgliche soziale Zustände gesagt wird: So ist die Welt. Dieses Belassen – gegen diese Haltung muß angegangen werden«, sagt er. »Bürgersein ist eine Aufgabe für diese Seite, unbedingt.«

Auflehnung richtet sich bei Jürgen Fuchs gegen die von den Amerikanern finanzierte Unterdrückung in Mittel- und Südamerika ebenso wie gegen die von Moskau erzwungene neuerliche Unterdrückung Polens. »Es gibt für mich keine Koexistenz mit Verbrechern, Unrecht, Lüge«, sagt er. »Gefängnis bleibt Gefängnis. Es gibt Graduierungen. Es gibt nasse Zellen und trockene. Aber Einsperren ist kriminell – so oder so.«

Was ihn an der Lage in Polen seit dem 13. Dezember 1981 so deprimiert: »Die Beteuerungen der Machthaber, Reformprozesse fortzusetzen, sind unglaubwürdig, solange der Militärstiefel auf den Kehlen der polnischen Menschen steht. Ein Dialog kann nicht bei verschlossener Gefängnistür durch den Spion geführt werden. Das ist höhnisch.«

Jürgen Fuchs in West-Berlin – Blick in zwei Richtungen: »Anna Achmatowa, was soll ich tun / Wieder / Fangen sie an / Den Mörder zu verherrlichen / Ihre Zeitungen drucken lange Artikel / Sie nennen ihn einen ›Staatsmann‹ / Einen ›führenden Funktionär‹ / Gestern sah ich / Seine herrischen Augen auf einem Plakat / Laut / Und belehrend / Sprechen sie von ›Frieden‹ und ›Sozialismus‹ / Als ob nichts geschehen wäre / Ossip Mandelstam / Jewgenina Ginsburg / Isaak Babel / Was soll ich tun.« Am 24. April 1979 notierte Fuchs: »Sind das nicht Klischees, sagt er, Männer mit Aktentaschen, die ›Deutschland erwache‹ rufen. Oder das andere, das mit dem Bettler auf dem Kurfürstendamm, der aus dem Gefängnis kommt. Das sind doch Klischees, sagt er, das wissen wir doch alles. Solche treffe ich doch jeden zweiten Tag in Berlin oder Frankfurt.«

Jürgen Fuchs spricht von den Schwierigkeiten seiner inzwischen siebenjährigen Tochter: »Für sie ist ganz viel mit dem Wechsel nach West geschehen. Dieser Wechsel ist für sie bis heute keine erklärbare Angelegenheit. Sie sieht keinen Sinn dahinter. Die ersten zwei Jahre wäre es unmöglich gewesen, sie auch nur für wenige Augenblicke allein zu lassen. Durch unser Immerdasein konnte sie wieder lernen, daß etwas Bestand hat.«

Jürgen Fuchs über ein Telefongespräch mit seiner Mutter: »Sie weint, sie fragt: Warum sagst du, ich freue mich, warum sagst du solche Worte. Ich umarme dich, sagt sie am Telefon, und alle, die weg sind. Warum seid ihr weg. Ich weiß es, ich weiß es doch, sagt sie am Telefon, und weint, weit weg, am Telefon, weint sie. Und es war ihr ganz egal, ob das belächelt wird oder aufgeschrieben.«

Jürgen Fuchs über seine Aufgabe als Schriftsteller: »Entfremdung zu Eltern, Freunden, Landschaften in der DDR wächst, wird tiefer, unberechenbarer, auch geheimnisvoll in Verwirrungen und Irrtümern. Darauf bestehen ... auf das Querläufige, auf die Ungewißheit der Zukunft. Wie ist die Identität zu halten nach 27 Jahren DDR und zunehmenden Lebensjahren nun hier? Dranbleiben, aufklären, nahehalten, suchen.«

Denkt er an die Abschiebung, schüttelt er noch immer den Kopf: »Da ist man aufgewachsen in dieser DDR ohne die Reisemöglichkeiten in die Welt, hat das hingenommen. Und dann kommt das erste Hervortreten eines Ichs, hier das eines Schriftstellers. Ein Hervortreten in kleinsten Lauten. Und das hat zur Folge, daß sich obere Staatsorgane damit beschäftigen. Man bekommt einen Hieb auf den Kopf und wird dann hinausgeknallt. Und sitzt erneut, was man ja schon kannte, vor einer Grenzziehung, kann nicht hindurch. Man ist also im Kontext geblieben, nur mit einem kleinen Unterschied, daß das bisher Vertraute, dort, wo man Spuren hinterlassen hat, wo man im Dialog war mit Menschen, Bäumen, Wegen, Landschaften abgetrennt ist. Das Ganze unter einer deutschen Käseglocke noch dazu, so nah, so dicht, so zum Winken, so zum Begegnen, mit Pässen durchsetzt, die einen dürfen reisen, die anderen nicht. Das ist für mich unter diesem Aspekt die wirklich absurde Welt und mit sehr wenigem sonst vergleichbar.«

Jürgen Fuchs in der Fremde, die seine Sprache spricht. Die Ränder, an welchen er sich in seinen Gedichten bewegt, sind Ränder des Sterbens zum Leben hin. Seinem letzten Gedichtband »Pappkameraden« stellte er die Worte des 1947 im Alter von 26 Jahren gestorbenen Schriftstellers Wolfgang Borchert (»Draußen vor der Tür«) voran: »Wir werden nie mehr antreten auf einen Pfiff.«

In einem Brief an seinen Vater erinnert Fuchs sich an seine Militärzeit in der DDR: »Vierzehn Tage trugen wir die graue Uniform. Antreten, abtreten, grüßen, marschieren. Wir ›routierten‹ und dachten nur an den Abend, an die Nachtruhe, an das Ausruhen ohne Geschrei und Pfiffe. An diesem Nachmittag mußten wir antreten. Die Vorgesetzten waren aufgeregt, etwas war geschehen. Eine Stunde ließ man uns auf dem Appellplatz warten. Dann wurde ein Soldat herbeigeführt, er wurde angeschrien, man riß ihm die Schulterstücke ab und brachte ihn weg. Er hatte das Schlimmste getan: Er hatte einen Befehl verweigert. Vielleicht hatte er gesagt: ›Nein, ich bücke mich nicht.‹ Oder: ›Jetzt reicht's mir, ich mache nicht mehr mit.‹ Was wir an diesem Novembernachmittag wortlos und niedergeschlagen zur Kenntnis nahmen in Reih und Glied, hätte uns ermutigen müssen: Ein einzelner stellte alles in Frage. Macht und Gewalt leben von der Zustimmung und Unterwerfung aller. Jede Stimme zählt und wird gefürchtet.«

MILAN KUNDERA: EIN UNAUFHALTSAMER FALL

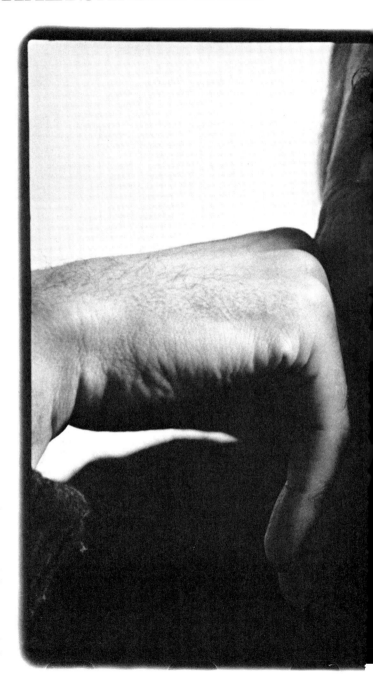

Wer ihn aus Prag kennt, wird ihn in Paris nicht wiedererkennen. Einen Mann, der kaum noch sein Zimmer verläßt, der sein Leben in Schrift verwandelt, der in der Angst steht, die Zeit könne für ihn, den 52jährigen, nicht mehr ausreichen. Ist das derselbe, der einst in Böhmen rastlos eine Liebschaft an die andere reihte und seine Erlebnisse mit Frauen genüßlich vor Freunden ausbreitete? Seit 1975 lebt der tschechoslowakische Schriftsteller Milan Kundera in französischem Exil, seit 1981 ist er Franzose dem Paß nach. Ein vom Schicksal Gezeichneter? In seinem ersten und bisher einzigen in der Fremde entstandenen Buch heißt es: »Ich weiß, irgendwo hier ist auch Sarah, das jüdische Mädchen Sarah, meine Schwester Sarah, aber wo finde ich sie?« Heimatlosigkeit, das Motiv.

»In der Tschechoslowakei kann der Westen seiner eigenen Hinrichtung zuschauen«, sagt der Exilschriftsteller, einst einer der intellektuellen Wegbereiter des Prager Frühlings von 1968. »Zwar sind die Tschechen Slawen, aber ihre Kultur trägt seit einem Jahrtausend ein westliches Gesicht. Diese Kultur wird seit mehr als einem Jahrzehnt systematisch zerstört wie auch die der Litauer und anderer von Rußland okkupierten Länder zerstört worden ist. Das Wort Sowjetunion ist eine Mystifikation. Es gibt den russischen Totalitaris-

mus von altersher. Es gibt nur Rußland mit den okkupierten Ländern. Eines davon sind wir seit 1968.«

Der Kampf des Exilschriftstellers Milan Kundera gegen die Macht ist »der Kampf des Gedächtnisses gegen das Vergessen«. Kein tschechischer Romancier hat bisher so entschieden und zugleich so präzis an die Figur des deutschsprachigen Prager Juden Franz Kafka angeknüpft wie Kundera im Exil. Und kein geringerer als der mexikanische Romancier Carlos Fuentes (»Terra nostra«) nennt Kundera heute den zweiten K. Hatte Kafka das Unsichtbare im Sichtbaren unserer Welt dargestellt und ihr den Charakter eines Labyrinths gegeben, so beschreibt Kundera heute das Unvergeßliche im Vergessenen dieser Geschichte. Der Sexus, dem Kundera einst nachlief, ist für ihn als Autor das Material, in dem die Schrecken der Apokalypse am sinnfälligsten gezeigt werden können.

Sexualismus und totaler Staat als Resultat einer pathologischen Wirklichkeitsentfremdung. Die ČSSR als Symbol für das, was auf uns zukommen könnte. Von der Spaltung des Atoms bis zur Psychoanalyse gab Mitteleuropa der Welt die großen geistigen Impulse dieses Jahrhunderts und stellte zugleich die Frage nach dem Tod des europäischen Kontinents: In den letzten Tagen der Menschheit, wie Karl Kraus sie sah, in der Stadt ohne Gedächtnis des »Prozesses« von Kafka, in dem Schmunzeln des braven Soldaten Schwejk, in den Robotern von Karel Čapek

Milan Kundera in seiner Pariser Dachwohnung und im nahegelegenen Bistro »Au Sauvignon«: Der Tscheche war einst Wegbereiter des Prager Frühlings 1968. Nach der Moskauer Intervention wurden seine Bücher vernichtet. Das Husák-Regime erlaubte Kundera, einer Einladung nach Frankreich zu folgen, und entzog ihm später die Staatsbürgerschaft. François Mitterand verlieh ihm 1981 die französische.

und in der Analyse des »Zerfalls der Werte« von Hermann Broch. Mitteleuropa ist für Milan Kundera »ein auf das Ende Westeuropas gerichteter Spiegel«: »Sollte das Ende des Westens wirklich in meinem Heimatland seinen Anfang nehmen, dann hoffe ich nur eines: daß die Kultur wachsam bleibt, auch während des Todeskampfs, um daraus eine neue Erkenntnis des Menschen und der Welt zu schöpfen.«

Milan Kunderas neue Erkenntnis, die er schreibend zu vermitteln sucht, heißt: Es geht nicht mehr um die Freiheit, die wir wünschen. Deren Größe wir bemessen an der Erfüllung unserer Wünsche. Es geht um mehr, es geht um alles: Es geht um die Würde des Menschen, also um die Kraft, sich nicht erniedrigen zu lassen. Die Freiheit, die das möglich macht, definiert Kundera aus der Beziehung zwischen Denken und Handeln. Wer sich das Denken abnehmen läßt, dieses einzig absolut Eigene, was der Mensch besitzt, mit dem ist es aus. »Man muß die Wahrheit gegen sich selbst begreifen wollen«, sagt Kundera in Paris. Natürlich ist auch er der alten Freiheit mit ihrer Glückverheißung nachgerannt.

Ganz Böhmen weiß das. Milan Kundera war ein Schürzenjäger von nationalem Ruf. Frauen privat und das Weibliche in der Literatur. Erlösung im Weiblichen durch das Weibliche: Der deutsche Expressionismus träumte davon, der französische Surrealismus und auch der tschechische Poetismus. Es waren meist Träume in Gedichtform. Milan Kundera begann 1953 als Lyriker mit dem Band »Der Mensch ist ein weiter Garten«. Sein dritter Gedichtband »Monologe« aus dem Jahre 1957 erzielte sogar vier Auflagen, die letzte noch nach dem Einmarsch der Russen in die ČSSR. Ein Erfolg deshalb, weil der Lyriker Kundera sich erstmals skeptisch gegenübertritt. »Dichter sein heißt / bis ans Ende gehen«, so steht es dort. »Ans Ende der Zweifel / ans Ende des Hoffens / ans Ende der Leidenschaft / ans Ende der Verzweiflung...«

Das sagt sich so schön dahin. Aber wie ans Ende gehen? Die große Krise war da. Der Lyriker Kundera, der gerade Dozent an der Prager Filmhochschule geworden war, vergrub sich in literaturtheoretische Studien. »Weil mir in der Praxis nichts glücken wollte«, erinnert er sich. Als Ergebnis dieser Arbeit legte er 1960 eine Essaysammlung unter dem Titel »Die Kunst des Romans« vor und debütierte zwei Jahre später als Dramatiker mit dem Stück »Die Schlüsselbesitzer«, das ihn im Westen bekannt machte. In diesem Stück, das Verhaltensweisen von Tschechen während der Nazi-Okkupation darlegt, klingt erstmals etwas vom heutigen Kundera an. In dem er die Anpassungsfähigkeit gewisser Schichten an die »höhere« Gewalt der Besatzer kritisierte, nimmt er den »Kampf des Gedächtnisses gegen das Vergessen« auf.

Ein Jahr nach der Prager Uraufführung des Theaterstücks erschien seine erste Prosa: Erzählungen mit dem Titel »Lächerliche Lieben«, die er in zwei weiteren Bänden fortschrieb. Geschichten von Unzulänglichkeiten des Tragischen in der Figur des heutigen Don Juan, dem vom Eroberer nichts mehr geblieben ist, weil die sexuelle Libertinage unserer Zeit jede Herausforderung im Abenteuer zunichte macht. Don Juan wird zum bloßen Sammler. Milan Kundera aber wird zum großen Schriftsteller. Literatur als einzig verbliebene Herausforderung für Don Juan. Treue nur zu sich selbst – hier ist sie gefordert. In dieser Radikalität entstehen vier Romane: »Der Scherz«, noch in der ČSSR erschienen und ab 1969 verboten, »Das Leben ist anderswo« und »Abschiedswalzer«, in der ČSSR geschrieben und im Westen erschienen, und »Das Buch vom Lachen und vom Vergessen«, im französischen Exil geschrieben, 1979 in Frankreich, ein Jahr später in den USA und auch in der Bundesrepublik veröffentlicht.

Rue Littré in Paris. Im sechsten Stock eines der Häuser wohnt Milan Kundera. Der Fahrstuhl faßt mit Mühe zwei Personen und endet eine Etage tiefer. Der Schriftsteller ist verheiratet, zum zweitenmal und dieses zweite Mal seit bereits 15 Jahren. Milan und Vera Kundera leben in einer Drei-Zimmer-Wohnung unter der Schräge des Daches. 60 Quadratmeter. Die Bilder, die an der Wand hängen, hat Milan Kundera selbst gemalt: meist Aquarelle, deformierte Köpfe oder Figuren, denen meist ein Körperteil fehlt.

Der Frauenliebling Milan Kundera in einer Karikatur, die 1958 an der Prager Filmhochschule entstand: Dort lehrte er Literatur, stand im Ruf eines Schürzenjägers und war immer von Studentinnen umlagert. Seine Professur hat Kundera, einst Wegbereiter des Prager Frühlings, 1969 verloren. Heute lebt er zurückgezogen in einer kleinen Pariser Dachwohnung und sagt ironisch: »Endlich keine böhmischen Mädchen mehr. Das ist das Schöne an der Emigration.«

»Wir hatten ja nichts für die Wände, als wir nach Frankreich kamen«, erzählt Kundera. »Da hab' ich zu malen begonnen.« Selbst Lampenschirme hat er geschaffen mit ähnlichen Figuren. Es gibt in der Pariser Wohnung keinen Schrank, der überquillt. Keine Ansammlung von Erinnerungsgegenständen. Das Notwendigste an Möbeln. Wenig Bücher. Die Wohnung wirkt größer als sie ist. »Besitz ist uns gleichgültig geworden«, sagt er. »Er besitzt nicht mal mich«, wirft Vera Kundera lachend ein. »Ich bin gar nicht mit ihm verheiratet, sondern mit seinem Freund.« Die Eheschließung, über die nun Milan weitererzählt, entspricht den satirischen Elementen in seinen Büchern: »Ich wollte ja eigentlich nicht noch einmal heiraten. Aber nun lebten wir schon seit zwei Jahren zusammen. Und es war so praktisch dieses Zusammenleben. Vera wollte. Da hab' ich ihr gesagt, ich heirate dich, aber ich nehme nicht an der Zeremonie teil. Ich gab meinem Freund meinen Ausweis, und der Bürgermeister in dem kleinen mährischen Badeort Luhacowice hat sie getraut. Doch die Neugier trieb mich dann doch zur Zeremonie. Als ich auftauchte, gab es ein solches Gelächter, daß der Bürgermeister böse wurde, davonrannte und erst nach langem Bitten bereit war, die Zeremonie abzuschließen. Mein Freund hat dann mit meinem Namen unterschrieben.«

Vera Kundera war beim Rundfunk und dann Nachrichtensprecherin beim Fernsehen. Sie erschien in jenen Stunden und Tagen nach dem Einmarsch der Russen in die ČSSR im August 1968 auf dem Bildschirm, um die Bevölkerung über die wahren Vorkommnisse zu informieren. Sie gehörte zu der kleinen Gruppe, die von mobilen Stationen aus sendeten und die damit den Sowjets ein Schnippchen schlugen.

Vera Kundera ist heute die Frau, die dem Schriftsteller alles im täglichen Leben abnimmt. Wer zu Milan Kundera will, muß sich mit seiner Frau Vera einigen. Sie schirmt ihn ab, sie sorgt für Ruhe, sie bringt ihn auch in Trab, wenn ein Ereignis ihr bedeutend genug erscheint. Sie hat immer eine zweite Lesebrille für ihn dabei, da er seine oft vergißt. Sie schiebt ihm bei Kopfschmerzen die Pillen nicht in die Hand, sondern über die Lippen. Als er 1980 in Philadelphia erstmals einen Vortrag in Englisch hielt, saß sie in der ersten Reihe und bewegte ihre Lippen so, daß Milan Kundera Wort für Wort von ihren Lippen ablesen konnte. Vera Kundera ist die Hüterin des Dichters im Exil.

Der tschechische Bühnenautor Pavel Kohout, der ebenfalls ausreisen und dann nicht mehr in die ČSSR zurück durfte, erzählt erstaunt von der heutigen Zurückgezogenheit des einst so lebenslustigen Milan Kundera. Aber er erzählt auch vom alten Witz, mit dem sich Milan Kundera in französischer Emigration ihm gegenüber erklärte: »Pavel, weißt du eigentlich, wie erlöst ich bin? Endlich keine böhmischen Mädchen mehr. Das ist das Schöne an der Emigration.«

Kundera und die böhmischen Mädchen – das war vor mehr als einem Jahrzehnt sogar für den extrem diskreten Dichter Reiner Kunze, damals noch DDR, heute BRD, Thema eines Gedichts, das den Titel »Mahnung an ein Versprechen« trägt: »Milan, leere /

Milan Kunderas Frau Vera, Nachrichtensprecherin im tschechoslowakischen Fernsehen, mit einem Kollegen auf dem Bildschirm unmittelbar nach der Okkupation ihres Landes 1968. Gesendet wurde aus Verstecken. So wurde die Moskauer Lüge offenbar, die Sowjets seien zur Rettung des Sozialismus gerufen worden. Vera Kundera verlor

ihre Stelle beim Fernsehen und verdiente einen Teil des Unterhalts mit Englisch-Unterricht. In Prag besaß Milan Kundera zu jener Zeit den Boxer Bonzo. An ihn erinnert heute in der Pariser Wohnung Milans Teddybär aus Kindheitstagen, mit dem Bonzo gespielt und den er beim Spiel zerbissen hatte.

Seite unseres Gästebuchs, in deiner ganzen Blöße liegst du / aufgeschlagen auf dem Tisch / Ja ja, die Mädchen hier sprechen / nicht tschechisch.«

Milan Kundera holt in seiner Pariser Wohnung Kunzes Buch »Die wunderbaren Jahre« herbei, blättert und gibt mir ein Kapitel zu lesen. »Das mit dem Gedicht ist nicht alles«, sagt er. »Das in diesem Buch bin ich auch.« Seine Frau Vera protestiert ein wenig: »Ganz so, wie es da steht, war es nun auch nicht.« Das Kapitel trägt die Überschrift »Mein Freund, ein Dichter der Liebe.« Ohne Kunderas Namen zu nennen, läßt Kunze ihn von einer Nacht erzählen, in der seine Frau bei ihm liegt und es an der Tür klopft: Welche Freundin mag da klopfen? denkt Kundera, und er denkt an eine Katastrophe, falls seine Frau jetzt wach werden sollte. Doch sie hat einen kindlichen Schlaf. Am frühen Morgen klopft es erneut. Seine Frau geht öffnen. Er verschwindet vor der Katastrophe ins Bad. Seine Frau »kommt zurück, blaß. Prag ist besetzt, sagt sie, auf dem Wenzelsplatz stehen sowjetische Panzer. – Junge, wenn du wüßtest, was da in mir vorging: war ich froh, als es nur die Panzer waren.«

Wie es an diesem Tag weiterging, erzählt Vera: »Ich fuhr zur Arbeit. Irgendwann ist Milan der Gedanke gekommen, daß ich in Gefahr bin. Wissen Sie, was er gemacht hat? Er ist doch allen Ernstes zum Rundfunkhaus gelaufen, das umstellt war von russischen Panzern. Wir saßen währenddessen in irgendeiner Wohnung, die wir in ein provisorisches Fernsehstudio umgewandelt hatten. Wir sendeten, gesucht von den Russen, bis sie Alexander Dubček und die übrigen Entführten wieder aus Moskau zurückließen. Einmal hatten die Russen uns beinahe erwischt. Sie standen schon in dem Flur des Prager Hauses, in dem ich gerade über TV die Bevölkerung unterrichtete. Die Bewohner konnten die Soldaten auf eine falsche Fährte setzen. Aber bevor sie

Milan Kunderas Vater im Jahre 1946 in der Heimatstadt Brünn: Er hatte als ein begabter Pianist begonnen und zog dann die Tätigkeit als Professor an der Brünner Musikhochschule einem Dasein auf Konzertreisen vor.

das Haus verließen, schossen sie wild im Flur herum. Die Fernsehzuschauer konnten die Schüsse hören.«
Milan fügt hinzu: »Ich habe den ersten Tag der Okkupation vergessen. Eine Amnesie. Ich weiß nicht, was mit mir geschehen ist.« Solange Alexander Dubček als erster Sekretär der tschechoslowakischen KP nicht abgelöst war, konnten Milan und seine Frau Vera ihrer Arbeit – er in der Filmhochschule, sie im Fernsehen – nachgehen. Sogar Neuauflagen zweier Bücher von ihm rutschten noch durch die sich neu formierende Zensur. Zwar konnte die dritte Auflage von Kunderas Roman »Der Scherz«, in dem ein Mann den Folgen des Stalinismus in der ČSSR nachgeht, in Prag nicht mehr erscheinen, aber der Schriftsteller durfte ungehindert nach Paris zum Verlag Gallimard reisen, der dieses Buch in französischer Übersetzung vorlegte.
Übersetzungen in elf weitere Sprachen machten den damals 39jährigen tschechischen Autor weltberühmt. In einem Nachwort zum Buch ergriff der französische Romancier Louis Aragon, Mitglied der KP seines Landes seit 1927, Widerstandskämpfer gegen die Deutschen im Zweiten Weltkrieg, nach der Befreiung Frankreichs dem Zentralkomitee der KPF zugehörig, einer der Großen der Weltliteratur, Partei für den Tschechen Kundera als einen Wahrheitszeugen dieses Jahrhunderts, dessen »Werk Panzer und Kanonen nicht vernichten können.« Aragon schrieb: »Ich weigere mich zu glauben, daß man aus der Tschechoslowakei ein Biafra des Geistes machen wird. Ich sehe jedoch kein Licht am Ende dieses Weges der Gewalt.«
Milan Kundera verlor seine Professur, seine Frau Vera ihre TV-Stelle. Seine Bücher verschwanden aus Läden und Bibliotheken. Es erging ihm wie allen Autoren, die der Vision vom Sozialismus mit dem menschlichen Antlitz, den es acht Monate in der ČSSR gegeben hatte, nicht abschwören wollten. Er wurde aus der Partei ausgestoßen. Der Schriftstellerverband wurde von der KP aufgelöst, weil die große Mehrheit sich nicht zur sowjetischen Handlangerpolitik um Gustav Husak und seine Stehaufstrolche bekennen wollte. Hunderte von Theaterleuten, Filmkünstlern und

Drei Romane, die nach der Zerschlagung des Prager Frühlings entstanden: »Das Leben ist anderswo«, erstmals erschienen 1973 in Frankreich, »Abschiedswalzer«, Ersterscheinung 1976 in Frankreich, und »Das Buch vom Lachen und Vergessen«, 1979 veröffentlicht – ebenfalls zuerst in Frankreich. Über die Grenzen der Tschechoslowakei berühmt geworden war er mit dem dort 1967 herausgekommenen Buch »žert«, das im Deutschen unter dem Titel »Der Scherz« erschien. Kunderas Erstlingswerk war ein Gedichtband: »Člověk zahrada širá« (Der Mensch ist ein weiter Garten), 1953 in Prag gedruckt.

Malern erhielten Berufsverbot. Tausende von Wissenschaftlern, Zehntausende, die sich in Schulen, Zeitungen und Verwaltungen zu Dubček bekannt hatten, wurden entlassen. Kundera spricht von »einem Massaker an der tschechischen Kultur, wie es seit dem Dreißigjährigen Krieg in der Geschichte dieses Landes nicht mehr vorgekommen ist«.

Die Kunderas durften ab 1969 in keinem Beruf mehr arbeiten. »Nicht einmal Taxifahrer hätte ich werden können«, berichtet Milan im Exil. »Die Geheimpolizei wußte, was ich auf dem Konto hatte. Sie wartete auf den Moment, an dem nichts mehr da war. Es sollte der Moment unserer Kapitulation werden, der Zeitpunkt der Selbstkritik.« Vera gab heimlich Englisch-Unterricht und verdiente ein Teil des Notwendigen. Milan schrieb für Presse, Rundfunk, Fernsehen und Theater unter dem Namen von Freunden,

Milan Kundera 85

Erste Station im Exil: Vera und Milan Kundera 1976 in ihrer Wohnung im französischen Rennes, wo der Schriftsteller als Professor lehrte. Die Bilder an der Wand hat Milan Kundera in Frankreich gemalt.

die zu jung gewesen waren, um auf den Listen der Russen zu stehen. Die Solidarität funktionierte.

Es waren Ende des vergangenen Jahrhunderts Schriftsteller, die die tschechische Sprache aus den Gesindestuben herausholten und ihr den gleichen Rang zurückeroberten, den die deutsche Sprache in der k. u. k. Monarchie besaß. Ohne diese Schriftsteller, die den Tschechen ihr kulturelles Gesicht, ihr Selbstbewußtsein zurückgaben, ist die Staatsgründung von 1918 nicht denkbar. In der tschechischen Dichtung blieb das Selbstwertgefühl des Volkes in den Jahren der Okkupation durch Hitler-Deutschland bewahrt. Es waren Schriftsteller, die die Mehrheit des Volkes nach 1945 mitrissen in den Sozialismus und diese Mehrheit nach den Schrecken des Stalinismus hinführten zu dem, was ein Karl Marx wollte: den Sozialismus mit dem menschlichen Gesicht.

Nur so ist zu erklären, warum die Russen seit 1968 ihre Vasallen in Prag zur rigorosen Unterdrückung der Schriftsteller anhalten. Milan Kundera erinnert sich, wie 1970 die gesamte Auflage einer Zeitschrift in der ČSSR konfisziert und eingestampft werden mußte, weil ein abgedrucktes altes Liebesgedicht von ihm stammte. Er erinnert sich aber auch, wie er Hunderttausenden sozialistischer Jugendlicher und auch einigen Funktionären Horoskope gestellt hat. Unter einem Pseudonym füllte er die frisch eingerichtete astrologische Spalte einer Jugendzeitschrift. Eine ganze Zeitlang glaubte man, hinter dem Verfasser dieser Spalte verberge sich ein bedeutender Atomphysiker, der aus Furcht, von seinen Kollegen ausgelacht zu werden, nur deswegen nicht seinen wahren Namen preisgab. In Wirklichkeit hatte Kundera sich mit einer Redakteurin dieses Blattes abgesprochen. Die freilich flog, als alles herauskam. Milan Kundera blieb unbehelligt, denn ihm trauten die Funktionäre zu, daß er sie mit Details aus seiner Tätigkeit der Lächerlichkeit preisgeben würde. Das wiederum hat er nach-geholt. In seinem jüngsten Werk, in dem »Buch vom Lachen und Vergessen«, ist diese Episode enthalten. Unentdeckt geblieben sind Kunderas Artikel in anderen Zeitungen, Drehbüchern und Hörspielen, die er unter dem Namen seiner jungen Freunde schrieb, und die so ans Licht der Öffentlichkeit kamen.

Die Bearbeitung eines Dostojewski-Romans für ein Theater schmiß er hin. Er hatte diesen Roman sieben Jahre zuvor zum letzten Mal gelesen. »Doch nun, als ich mich in den Text erneut vertiefte, hielt ich ihn nicht mehr aus«, erinnert er sich heute und fügt hinzu, daß er die Größe Dostojewskis nicht bezweifele, daß er sogar erschrocken über seine plötzliche Abneigung gewesen sei: »Mir war einfach dieser Kult des Irrationalen, des Leidens, die Dunkelheit der Gefühle, dieses ganze russische hysterische Universum zuwider.« Diese Erfahrung war für Kundera so einschneidend, daß er sich ganz entschieden 1979 – nun im Exil, aber immer noch mit gültigem ČSSR-Paß – von den russischen Dissidenten absetzte. Gegenüber der Tageszeitung »Le Monde« erklärte er: »Die russischen Dissidenten schlagen sich mit ihrer eigenen Geschichte herum; sie durchleben ein tragisches Schicksal, gewiß, aber es ist ein authentisches, es ist ihres. Wir dagegen sind unseres Schicksals beraubt, eine fremde Geschichte hat uns absorbiert. Die russischen Regimegegner stellen sich heroisch gegen den Konformismus der Masse der russischen Gesellschaft, uns dagegen unterstützt die Mehrheit eines Volkes, das von einem fremden Land überwältigt worden ist. Solschenizyn beurteilt vom Ufer einer anderen Kultur aus mitleidlos den Westen, dessen Krise ihm zufolge vom zersetzenden Geist der Renaissance ausgelöst wurde. Ich gehöre diesem Westen an, ich hänge an seinem Geist des Zweifels und an seinem Sinn fürs Fragen... Die russischen Dissidenten zweifeln genauso wenig an der weltweiten Mission ihres Landes wie die russischen Marschälle.«

Wenige Monate später entzog ihm die ČSSR die Staatsbürgerschaft: genau am 22. November 1979. Vera und Milan Kundera wissen nicht genau das Datum ihrer Trauung und auch nicht den Tag ihrer Ausreise im Jahre 1975. Aber das Datum des Tages, an dem ihnen abgesprochen wurde, Tschechen zu sein, den bringen sie beide spontan über die Lippen.

In Frankreich war das Ehepaar 1975, kurz vor Beginn der Konferenz für Sicherheit und Zusammenarbeit in Europa (KSZE), eingetroffen. Bei der KSZE-Konferenz ging es auch um die Einhaltung gewisser freiheitlicher Rechte in den kommunistischen Ländern. Milan Kundera hatte von der vorübergehenden Nachgiebigkeit der Ostblockstaaten profitiert, die an einem erfolgreichen Abschluß der Konferenz in Helsinki interessiert waren. Der damalige französische Staatspräsident Giscard d'Estaing ernannte den tschechischen Schriftsteller zum Professor an der Universität Rennes und bat ihn, seine Lehrtätigkeit sofort aufzunehmen.

Am 20. Juli 1975, an einem Sonntag, verließen Milan und Vera Kundera mit ihrem R 5 ihr Heimatland. Im Auto zwei Koffer mit Kleidung, 200 Bücher, 100 Schallplatten und ein Porträt des Lyrikers Vítězslav Nezval in Öl, der in den zwanziger Jahren als Freund der Surrealisten Breton und Eluard mit Frankreich eng verbunden war. »Als wir damals rausfuhren, hatten wir das Gefühl, wir kommen wieder zurück«, erklärt Milan. »Heute weiß ich, es wird keine Rückkehr mehr geben.« Seine Erfahrung sagt ihm, und so hat er sie in einem seiner Bücher formuliert, daß wir in einer Welt leben, »wo nie verziehen wird«. Für ihn ist das politische Denken »eine Mystifikation, die darin liegt, daß man das Böse immer in seine Gegner projiziert« – in Ost wie in West. »Deswegen bleibt das Böse unzerstörbar«, sagt er.

Bevor Milan Kundera nach Rennes kam, war er knapp ein halbes Dutzend Mal im Westen gewesen. Er hat sich in Rennes ruhig verhalten. Keine Statements, keine literarischen Schnellschüsse. »Wir haben uns sehr wohl gefühlt«, berichtet er. »Das Leben dort war einfach und übersichtlich. An der Uni waren die Anforderungen nicht sehr groß. Eine Provinzstadt, die uns gefiel. Vera wäre am liebsten dort geblieben.« So wie er am liebsten damals 1975 die Tschechoslowakei nicht verlassen hätte. »Ich wäre allein nie gegangen«, erinnert er sich. »Ich bin eigentlich ein mehr zögernder Mensch. Doch Vera wollte, sie empfand meine Situation als unerträglich, sie hatte recht.«

Seit zwei Jahren leben die Kunderas in Paris. Er unterrichtet an der École des Hautes Études am Boulevard Raspail. Die Franzosen nehmen ihn, der fließend ihre Sprache spricht, inzwischen als ihren größten zeitgenössischen Romancier in Anspruch. Seine Bücher erzielen in Frankreich hohe Auflagen. In den Vereinigten Staaten wird sein literarisches Werk schlichtweg für »genial« (»New York Times«) gehalten. Sein jüngstes Buch besprach die »New York Times« gleich zweimal in diesem Sinne und schickte auch noch ein drei Seiten langes Interview mit Kundera hinterher: Interviewer der renommierte amerikanische Romancier Philip Roth.

Nur im deutschsprachigen Raum liegen seine Romane wie Blei in den Buchhandlungen. Seine Erzählungen sind nicht einmal übersetzt wor-

den. Solange Milan Kundera in der ČSSR gelebt hatte, war die Faszination französischer Dichtung groß. Französisch hatte er schon in seiner Jugend bei einer Privatlehrerin gelernt. Doch seit er in Frankreich lebt, schaut er nach Österreich. Zwar scheiterte die österreichische Monarchie daran, einen wahrhaftig multinationalen Staat zu schaffen, aber in der Literatur wurde Kakanien Wirklichkeit. Robert Musil und Hermann Broch, die beiden Österreicher, die den Nazis entkamen und im Exil starben, sind für den Exil-Schriftsteller Kundera zwei wesentliche literarische Bezugspunkte, um die sich heute sein Denken dreht.
Mit Hermann Broch weiß er sich einig: »Jede menschliche Qualität, jeder menschliche Wert gehört zugleich dem Himmel und der Hölle an, den Engeln und den Teufeln.« In Kunderas im Exil entstandenen Roman »Das Buch vom Lachen und vom Vergessen« steht der Schlüsselsatz: »Die Grenze war von Anfang an sein Los.« Warum hat Milan Kundera dieses Bild der Grenze vor Augen?
Da war Prag, und da war Brünn. Und da war Leo Janáček. Seine Oper »Jenufa« wurde 1905 in Brünn uraufgeführt, doch zur Kenntnis genommen wurde der Brünner Komponist Janáček erst, als die »Jenufa« 1916 in Prag gespielt wurde. Milan Kundera kam 1929 in Brünn zur Welt. Ein Jahr nach dem Tode Janáčeks. Milans Vater war Professor an der Musikhochschule. Den Ruf ans Prager Konservatorium hatte er ausgeschlagen und die Nähe Janáčeks in Brünn einer wahrscheinlichen Konzertkarriere als Pianist in Prag vorgezogen. Diesen Vater hat Milan Kundera sehr geliebt, er spricht von einer »außergewöhnlichen Beziehung«. Zwar studierte Milan als Junge in Brünn Komposition und spielte Klavier, aber er ist dem Vater nicht gefolgt. Er blieb nicht in Brünn.
Milan Kundera ging nach Prag. Das Abitur hatte er hinter sich. Erste Gedichte waren entstanden. Eines davon hatte der um neun Jahre ältere Lyriker Ludvík Kundera, ein Cousin Milans, in einer Zeitschrift untergebracht. Der 18jährige trat in die Kommunistische Partei ein. Er erlebte, wie die KP im Februar 1948 die Krisensituation der bürgerlichen Par-

Milan und Vera Kundera – zwei Unzertrennliche in Paris: ein Abend im Pariser Restaurant »Chez Pierre« in der Rue de Vaugirard, nicht weit von ihrer Wohnung. Vera ist heute die Frau, die dem Dichter alles im täglichen Leben abnimmt. Sie schirmt ihn ab, sie sorgt für Ruhe, sie bringt ihn auch auf Trab. Wer zu ihm will, muß sich mit ihr einigen.

teien und den Rücktritt der bürgerlichen Minister zu einer Verteilung aller wichtigen Kabinettsposten an ihre Funktionäre nutzte und damit den Umsturz herbeiführte, der ihr die absolute Macht und der Sowjetunion einen gefügigen Satelliten brachte. Milan war auf der Seite der Sieger, die für ihn auch die Mehrheit des Volkes war. Eine Mehrheit, die den Plan einer völlig neuen Welt hatte, in der jeder seinen Platz finden würde.

In dem 1965 abgeschlossenen ersten Roman »Der Scherz« heißt es: »Wie gerne hätte ich meine Lebensgeschichte widerrufen! Doch kraft welcher Macht könnte ich sie widerrufen, da die Irrtümer, aus denen sie entstanden war, nicht nur meine Irrtümer waren?« Milan Kundera hat diese Worte seinem Protagoni-

sten Ludvík Jahn in den Mund gelegt, der acht Jahre seines Lebens wegen eines Scherzes verloren hatte, wegen einer Postkarte, die der damalige Student und überzeugte Kommunist an seine allzu politisch vernarrte Freundin geschrieben hatte: »Optimismus ist das Opium der Menschheit! Ein gesunder Geist mieft nach Dummheit. Es lebe Trotzki!«

Ludvík Jahn war 1948 von der Hochschule relegiert, aus der Partei ausgestoßen und in eine militärische Einheit politisch Unzuverlässiger zur Zwangsarbeit im Kohlerevier von Ostrava gesteckt worden. Milan Kundera, der Schöpfer dieser Romanfigur, war in Prag 1948 von der Hochschule relegiert, 1950 aus der Partei ausgestoßen worden und hatte sich an Straßenbauar-

beiten zu beteiligen. Nicht wegen eines Scherzes, sondern wegen einer ganzen Reihe individualistischer Äußerungen, die seinen strenggläubig kommunistischen Kommilitonen den Verdacht aufdrängten, er nehme die Partei nicht ernst. »Ich sah mich damals einer ganzen Liste mit Äußerungen von mir gegenübergestellt«, erinnert sich Kundera. »Äußerungen die als Feindschaft zum Kommunismus gewertet wurden. Ich galt als krimineller Fall.«

Der Student Kundera kam – so sieht es der Schriftsteller – glimpflich davon. Nach der Arbeit im Straßenbau schlug er sich in Nachtklubs durchs Leben – am Piano und an der Trompete. Doch wie Ludvík Jahns Leben »um die Werte betrogen« wurde, »auf die er sich zu stützen beabsichtigt hatte und die in ihrem Ursprung lauter und unschuldig waren«, so fühlte auch Milan Kundera sich betrogen: Beide haben ihr Leben als eine »Geschichte der Verwüstung« erfahren. Der Roman »Der Scherz« schuf mit seiner befreienden Ehrlichkeit zusammen mit Ludvík Vaculíks Buch »Das Beil« mit das geistige Klima, das zum Prager Frühling von 1968 führte.

Gegenüber seinem Freund Antonín Liehm, der heute als Professor in Philadelphia lehrt, sagte Milan Kundera 1968: »Meine Generation wurde in der Zeit des Stalinismus erwachsen. Ich liebe es nicht, wenn der Stalinismus mit dem Faschismus gleichgesetzt wird. Das ist politisch falsch, aber es erfaßt auch die menschliche Situation nicht, die in den beiden Systemen völlig verschieden war. Der Faschismus, begründet auf unverhülltem Antihumanismus, schuf eine moralisch sehr einfache schwarz-weiße Situation. Der Stalinismus hingegen basierte auf einer großartigen humanistischen Bewegung, die sich auch inmitten ihrer stalinistischen Erkrankung viel von ihrer ursprünglichen Haltung, von ihren Gedanken, Parolen, Vokabeln und Träumen bewahrte. Es war eine höchst verwirrende Situation. Die moralische Situation war ungemein schwierig, manchmal unmöglich. Der Faschismus ließ die humanitären Prinzipien und Tugenden unangetastet, weil er als ihre Antithese auftrat. Der Stalinismus war für alle Tugenden und Ideale gefährlicher, weil er ursprünglich auf ihnen beruhte

Vier Exil-Tschechen sehen sich auf dem New Yorker John-F.-Kennedy-Airport wieder: Kundera begrüßt Jelena Kohout, deren Mann Pavel umarmt Kunderas Frau Vera. Alle vier reisen weiter zu einem Slawisten-Kongreß in Philadelphia, wo die Kunderas eine Pause zu einem Spaziergang nutzen.

und sich schrittweise in ihr Gegenteil verwandelte, die Liebe zur Menschheit wurde zur Grausamkeit den Menschen gegenüber und die Liebe zur Wahrheit zur Denunziation. Zu sehen, wie sich einem vor den Augen eine große humanistische Bewegung in ihr Gegenteil verkehrt und alle menschlichen Tugenden mit sich reißt, drängt einem allerdings Gedanken über die große Hinfälligkeit und Unsicherheit menschlicher Tugenden und Werte überhaupt auf. Dadurch wird eine Situation totaler Skepsis geschaffen, weil sich alle Behauptungen in Fragen verwandeln, und es nötig wird, alles neuerlich zu prüfen, zu durchforschen bis zum fundamentalsten Problem: Was ist das eigentlich, der Mensch?«

Was bin ich, Milan Kundera? Ein Mann aus Brünn und nicht aus Prag. Sohn eines Vaters, der sich selbst traute, der sich nicht verriet, der seinen Eigensinn nie aufgab. Sohn eines Vaters, der der Freiheit des Menschen in der Gesellschaft – sie führt in die Einsamkeit – einen Sinn gab. Einen Sinn, der wohl von Gemeinsamkeit und Zusammengehörigkeit wußte. Aber von einer Zusammengehörigkeit der Einzelnen. Der an der Unauslöschlichkeit des Einzelnen festhielt. Milan Kunderas Vater sah im Kommunismus zwar ein Verfahren, zu einer menschlicheren Gesellschaft zu kommen, als säkularisierte Heilslehre aber, die das Auslöschen des Einzelnen zugunsten einer Verschmelzung mit dem übergeordneten Sozialgebilde forderte, war ihm der Kommunismus suspekt.

In Milan Kunderas Roman »Der Scherz« heißt es: »Entweder der Mensch ist Revolutionär, dann verschmilzt er mit der Bewegung zu einem einzigen kollektiven Körper, er denkt mit ihrem Kopf und empfindet mit ihrem Herzen, oder er ist keiner, und dann bleibt ihm nichts übrig, als es lediglich sein zu wollen; aber dann macht er sich auch fortwährend dadurch schuldig, daß er es nicht ist: er ist schuldig durch Isolierung, durch sein Anderssein, durch sein Nichtverschmelzen.« Was war aus dem Traum von der kollektiven Harmonie geworden? Aus der »Idylle der verwirklichten Liebe«, in der sich die kommunistischen Revolutionäre nach 1948 in der ČSSR glaubten?

Milan Kunderas Vater hatte recht gehabt. Was dem Kommunismus fehlte, war die Ahnung vom Metaphysischen. Es war die Leugnung des Tragischen, der platte Anspruch, daß mit der Sozialisierung der Produktionsmittel das Problem des Menschen gelöst sein soll. Der Marxismus war ein geistiges System, in dem es keinen Platz für die Kategorie des Transzendenten gab, in dem aber zugleich die alte Sehnsucht der Menschen danach von der Machtgier der Stalinisten mißbraucht wurde. In einem Kapitel seines jüngsten Buches erzählt Milan Kundera, wie die Jugend in seinem Heimatland vor drei Jahrzehnten in einem riesigen Reigen durch die Prager Straßen tanzte, während zu gleicher Zeit im Prager Gefängnis Pankraz der tschechische Surrealist Záviš Kalandra gehängt wurde.

Milan Kundera läßt den französischen kommunistischen Dichter Paul Eluard in diesem Reigen mittanzen und dessen Verse zitieren (»Liebe ist am Werke, sie ist unermüdlich«). Es ist jener Paul Eluard – geschichtliches Faktum – der sich geweigert hat, der Bitte seines Kollegen und Landsmannes André Breton zu folgen und sich für den Verurteilten einzusetzen. Die drei waren in den zwanziger Jahren Freunde. »Siebzehn Jahre nach seiner Hinrichtung«, so heißt es über den Surrealisten Kalandra in Kunderas Buch, wurde er »endlich vollständig rehabilitiert, einige Monate danach aber wälzten sich die russischen Panzer nach Böhmen, und sogleich wurden wieder Zehntausende von Menschen angeklagt, das Volk und seine Hoffnungen verraten zu haben.«

Milan Kunderas Vater wurde 80 Jahre alt und starb 1971. Sein Tod schuf dem Sohn endgültig die Klarheit, der er sich seit seinem 1965 abgeschlossenen Roman »Der Scherz« genähert hatte. 1965 – das war auch das Jahr, in dem Milan Kundera als Kommunist rehabilitiert und wieder in die Partei aufgenommen worden war. Nun war er längst wieder draußen. Doch dieses Draußensein – so bekundet er inzwischen – hat er angenommen erst nach dem Tode des Vaters: Nein, er war nicht schuldig. Nein, der Schmerz, den das Bewußtsein von der Ambivalenz menschlicher Existenz hervorruft, war nicht zu überwinden in einer Ideologie und auch nicht in der Profilierung des Rufes, der kundigste Liebhaber Böhmens zu sein. Milan Kundera nahm den Schmerz an.

Als erstes Buch nach dem Tode seines Vaters entstand der Roman »Das Leben ist anderswo«, der 1973 in Frankreich den renommierten »Prix Médicis« erhielt. In der Figur des Lyrikers Jaromil, der sich 1948 der Revolution anschließt und zum sozialistischen Barden avanciert, der ein einfaches Mädchen kennenlernt und zum erstenmal die Liebe, der das Mädchen bei der Polizei denunziert und die Liebe verrät, der an seiner Kälte zugrunde geht, hat Milan Kundera mit dem lyrischen Lebensgefühl abgerechnet.

Im zweiten Buch nach dem Tode seines Vaters, in dem Roman »Abschiedswalzer« hat er in der Äußerung des Intellektuellen Jakub das Thema noch einmal zusammengefaßt: »Wenn etwas mich am Menschen angeekelt hat, dann war es der Umstand, wie Grausamkeit, Niedertracht und Beschränktheit es verstanden, sich ein lyrisches Gesicht zu geben.« Bevor dieser Jakub in den Westen ausreist, verwickelt Kundera ihn in einen grotesken Handlungsablauf, der zu einer Situation hinführt, in der zwischen Schuldigen und Opfern kein Unterschied mehr besteht. Die Hölle ČSSR.

In dem Buch heißt es: »Jakub hatte in einer Welt gelebt, wo Menschenleben abstrakten Ideen geopfert werden. Jakub kannte die Gesichter der Opferfreudigen und wußte, daß sie nicht böse waren, sondern mal bieder, vom Feuer der Gerechtigkeit erfaßt oder strahlend vor angestrengter Menschlichkeit, mal unverschämt unschuldig oder traurig feige. Jakub kannte die Menschen genau, und darum hatte er sie nicht gern.« Und Kundera? Wie sieht er den Menschen? Heute? Hat er eine Hoffnung und welche? »Ich mag den Ausdruck Hoffnung nicht«, sagt er und fragt mich: »Was glaubst Du, war Kafka ein Schriftsteller der Hoffnung oder der Verzweiflung?« »Absurde Frage«, antworte ich. »Eben«, sagt er. »In jedem Menschen gibt es die Nostalgie nach der Harmonie. Das ist ein metaphysisches Motiv. Das Heimweh nach der Harmonie ist etwas Schönes, aber es ist zugleich auch etwas Lächerliches.« Und doch – Milan Kundera sagt auch: »Dieses Unerklärliche, das in diesem Heimweh steckt, diese jähe Enthüllung der verlorenen Dimension des Menschen ist das Bild, das mich verfolgt.« Er ist traumatisiert von dem Zwang, mit dem der Stalinismus jede Äußerung eines Zweifels an der Größe des Menschen ausschloß. »Diese dumme Naivität war ein Bestandteil einer ganzen Epoche der Grausamkeit in meinem Heimatland«, erklärt er. »Das euphorische Lebensgefühl der Lyriker, dieser Enthusiasmus, diese Radikalität des Fühlens schlug sich nieder in zahllosen Gedichten und gab der stalinistischen Zeit die Scheinfassade der Humanität. Es gab keine häßlichere Zeit bei uns als die, in der die schönsten Gedichte erschienen.« Milan Kundera zweifelt nicht an der moralischen Integrität zahlreicher hervorragender Lyriker jener Zeit, ihm macht aber die »wesenhafte Unschuld der Lyrik« zu schaffen, die so einfach mißbraucht werden kann. »Es ist ja kein Wunder«, sagt er, »daß es einfach keinen Roman von Rang eines kommunistischen Schriftstellers über die Realität des Kommunismus in den kommunistischen Staaten gibt.«

»Der Scherz« von Milan Kundera war der erste. »Das Buch vom Lachen und vom Vergessen« ist das zweite. Aber es entstand im Exil. Ist Milan Kundera heute noch ein Kommunist? »Die Antwort wäre kompliziert und ist für mich nicht mehr von existentieller Bedeutung«, antwortet er. »Der Romancier ist ein Mann, der sich mißtraut. Die Welt des Romans ist die der Relativität. Die unabänderliche Botschaft des Romans lautet: Die Wahrheit kannst du nicht besitzen. Diese Botschaft steht konträr zur Ideologie, die eine Schule der Intoleranz ist. In dieser ideologisierten Welt ist deshalb der Roman heute der Beschützer der wahren Identität des Menschen.«

Die Welt der Ideologie, die aus Moskau kommt, kennt er. In der Welt, die ihren Lebensstil aus den USA schöpft, lebt er. Er weiß vom Fabrikdenken dort und hier. »Die Menschheit geht voran, die Humanität schreitet fort«, sagt er. Der Totalitarismus der Fabrik, der Fortschrittsglaube gilt im Westen wie im Osten. »Der Druck des Geschäfts hier kann genauso schlimm sein wie der Druck der Ideologie dort«, sagt er. Das Paradies per Eintritt durch die Hintertür, wie es sich Heinrich Kleist im vergangenen Jahrhundert vorgestellt hat, wird es vielleicht geben. Aber ganz anders als es sich alle diejenigen vorstellen, die dieser zweiten Naivität nachrennen, sei es auf dem grünen Lande oder in der Atemzone fernöstlicher Philosophie. Milan Kundera sieht dieses Paradies als ein Verbrechen auf uns zukommen, »weil sich die Menschheit immer mehr dem Kind annähern wird, weil die Kindertümlichkeit das Bild der Zukunft ist.« Der Mensch soll vergessen, das »Gewicht des Gedächtnisses« soll keine Zukunft haben.

»Wir denken immer nur an unsere Kinder und starren dabei ständig aus dem Fenster zur Zukunft hinaus«, sagt der Schriftsteller. »Wenn aber unsere Toten sich bei uns nicht mehr wohlfühlen, was wird dann mit unseren Kindern und mit unserer Zukunft geschehen?« Milan Kundera erinnert sich an das Vermächtnis seines Vaters, dieses Einzelgängers in der Gemeinschaft der Einzelgänger. Die Toten entfernen sich nur, wenn wir sie vergessen. Milan Kunderas Vater blieb ihnen nahe. Mit Ludwig van Beethovens musikalischem Geheimnis, das ihn ein Leben lang beschäftigt hatte, starb er. Es offenbarte sich dem Vater als Sinnerfüllung. »Weil die Liebe unaufhörliche Befragung ist«, heißt es in Milan Kunderas »Buch vom Lachen und vom Vergessen«, in dem das Sterben seines Vaters zum zentralen Kapitel wird.

»Daß nichts unerträglicher ist als das Verfehlen eines Menschen, den wir geliebt haben«, heißt es dort auch. Und: »Ich habe den Vater verfehlt.« Verfehlt, weil Milan zu spät zu fragen begonnen hatte. Kundera erzählt, wie der Vater gegen Ende seines 80jährigen Lebens die Sprache verlor. Nur noch wenige Worte konnte er artikulieren, so auch den Satz: »Das ist sonderbar.« In dem Buch heißt es

Milan Kundera 93

über den Vater: »Wenn er das ist sonderbar sagte, stand in seinen Augen unendliche Verwunderung darüber, daß er alles wußte, jedoch nichts sagen konnte.« Milan sah ihn vor der Partitur zur Beethoven-Sonate op. 111 und hörte seine Worte: »Jetzt weiß ich's!« Was wußte der Vater? Warum hat Beethoven gegen Ende seines Lebens die Variationen als seine Lieblingsform angesehen?

Die Antwort, die der Sohn schreibend sucht, der er sich in seinem Buch nähert, wird zum bewegenden Beleg einer Liebesbezeugung, wie er sie zuvor nie zu geben bereit gewesen war. Kundera nimmt Pascals Gedanken von dem Abgrund des unendlich Großen und dem des unendlich Kleinen auf, zwischen dem der Mensch steht. Daß Beethoven schließlich dem unendlich Kleinen der Variationen den Vorzug vor dem unendlich Großen der Sinfonie gab, wird von dem Romancier Kundera als Aufforderung beschrieben, die Reise in die »unendliche innere Vielfalt« anzutreten. Zum unendlich Kleinen, zur zweiten Unendlichkeit also, der der Mensch angehört.

Kundera schreibt: »Daß uns die äußere Unendlichkeit entgangen ist, nehmen wir als selbstverständliches Geschick an. Doch daß uns auch die zweite Unendlichkeit entgeht, rechnen wir uns als Schuld an, bis zu unserem Tod. Denn wir dachten ans Unendliche der Sterne, kümmerten uns aber nicht um das Unendliche des Vaters.« Milan Kundera will den Abstieg des Ungetrösteten. Er lebt die Paradoxie des menschlichen Lebens, er verdrängt nichts, und er harmonisiert nichts. Im Sinne dessen, was Novalis als innerstes Wesen des Menschen und als Quelle des Genies bezeichnet, im Sinne des »inneren Plurals, der inneren Gesellschaft« ist Milan Kundera zu einer Vervielfachung seiner selbst vorgeschritten, aus der heraus er eine Welt zur Welt bringt. Eine Vervielfachung seiner selbst, die ihn in die Einsamkeit des Schreibens zwingt, um nicht im Leben zerrissen zu werden.

»Nächstes Jahr möchte ich mein Leben ändern«, sagt er mir. Wir gehen durch den Jardin du Luxembourg. Sein Blick verliert sich im Kies vor seinen Füßen. »Paris ist trist«, sagt er. Er meint die Natur, die so geometrisch ausgerichtet ist. Aber er meint auch den Umgang mit Franzosen. »Es ist in Paris alles viel förmlicher als in Prag. Hier ist es fast verboten, tiefe Gespräche zu führen. Am schlimmsten sind die Diners, bei denen enorm viel über nichts gesprochen wird.« Er klagt, daß er in Paris fast immer Kopfschmerzen habe, daß er sich so müde fühle.

Ich denke an seine Worte: »Denn seitdem ich damals aus dem Kreis ausgeschlossen wurde, falle ich unaufhörlich, falle und falle – und weiß plötzlich, daß man mir noch einen Stoß versetzt hat, damit ich noch tiefer falle, immer noch tiefer, endgültig heraus aus meinem Land und hinunter in den bodenlosen Weltraum, wo das schreckliche Lachen der Engel hallt, das mit seinem Lärm alle meine Worte übertönt.« Es sind Sät-

Ein Grübler im Pariser Jardin du Luxembourg: der Tscheche Milan Kundera, seit 1975 im französischen Exil. In Paris schrieb er die Leidensgeschichte seines Volkes und nannte sie »Das Buch vom Lachen und vom Vergessen«. Der Schriftsteller sagt: »Zwar sind die Tschechen Slawen, aber ihre Kultur trägt seit einem Jahrtausend ein westliches Gesicht. Diese Kultur wird seit mehr als einem Jahrzehnt systematisch zerstört wie auch die der Litauer und anderer von Rußland okkupierter Länder zerstört worden ist. Das Wort Sowjetunion ist eine Mystifikation. Es gibt den russischen Totalitarismus von alters her. Es gibt nur Rußland mit den okkupierten Ländern. Eines davon sind wir seit Ende 1968.«

ze aus seinem letzten Buch, das das Exil reflektiert, die Schwäche der Einsamen und die Stärke der Einzelnen. Ein Roman von der Politik als Verführung, der Liebe als Verführung und der Literatur als Verführung. Erinnerte Vergangenheit und gegenwärtiges Erinnern.

Was ist geblieben von Brünn und von Prag? Milans Mutter, die ihn bisher in Frankreich hat besuchen können. Veras Vater, der auch kam, ist inzwischen gestorben. Im Zimmer Milans Fotos von seinem Vater an der Wand: als junger Mann, mit dem Komponisten Janáček zusammen, als alter Mann. Sorgfältig verwahrt: Payne's kleine Partitur-Ausgabe mit Beethovens Quartett A moll op. 132, Ernst-Eulenberg-Verlag Leipzig. 21. 1. 1916 – Bohorodick, Eintragung seines Vaters, darunter eine russische Unterschrift. Die Erlaubnis, daß der Vater die Partitur in russischer Kriegsgefangenschaft lesen durfte. In Veras Zimmer auf dem Bett der Teddybär Milans aus der Kindheit, vielfach geflickt von ihr. Die Bisse stammen von dem Hund, einem Boxer, den sie früher in Prag gehabt hatten. Zahlreiche Erstausgaben der tschechischen Lyriker Ivan Blatný, Vítěszlav Nezval, Jan Skácel, Konstantin Biebl, Jaroslav Seifert. Der Lyrik-Verächter Kundera ist ein Lyrik-Liebhaber geblieben.

Geblieben sind auch die Alpträume Veras: Sie findet sich in Prag wieder, will nach Paris zurück und kann nicht. Oder: Sie fliegt zurück nach Prag. Vom Flugzeug aus sieht sie, wie das elterliche Haus mit Dynamit gesprengt wird.

»Überschreitet man die Grenze«, heißt es in Milan Kunderas letztem Buch, »erklingt schicksalhaftes Lachen. Doch was geschieht, wenn man noch weitergeht, über das Lachen hinaus?« Milan Kundera ist auf dem Weg.

PAVEL KOHOUT:
EIN SIEGER LERNT VERLIEREN

Zwei Jahrzehnte nach seinem Tod in der Schweiz kehrte der tschechische Komponist Bohuslav Martinů in sein Heimatland zurück. Am 22. August 1979 wurden die sterblichen Überreste an jenem Ort beigesetzt, an dem Martinů 1890 geboren ist: in der böhmischen Kleinstadt Polička. Die Diktatur bereitete dem als Regimegegner gestorbenen Komponisten Martinů einen Staatsakt und ließ die Prager Philharmonie aufspielen. Mehr als 10 000 Menschen gaben dem Komponisten die letzte Ehre und demonstrierten zugleich ihre Hoffnung auf nationale Selbstbestimmung. Denn immer waren es dortzulande die Künste gewesen, die in politischer Misere die wahren Gefühle des Volkes retteten und bewahrten. Was niemand der Demonstranten wußte: Der tote Martinů war nur deshalb heimgekehrt, um einem lebenden, nicht minder Berühmten die Heimkehr zu sichern – dem Dichter Pavel Kohout.

Doch Pavel Kohout, zu einem einjährigen Arbeitsaufenthalt im Westen, kam nicht wieder hinein in sein Heimatland. Das Regime des Gustav Husak, der einst zu den Mitkämpfern im »Prager Frühling« von 1968 gehörte, entzog dem damals 51jährigen Schriftsteller die tschechoslowakische Staatsangehörigkeit. Das Regime brach damit eine Vereinbarung, die der ČSSR-Botschafter in der

Schweiz gegenüber dem schweizerischen Nationalrat Hans Rudi Meyer, einem Freund Kohouts, eingegangen war. Nämlich die Zusage, daß im Austausch für die sterblichen Überreste Martinůs, um die sich die ČSSR lange vergebens bemüht hatte, Pavel Kohout mit seiner Frau Jelena wieder ungehindert nach Prag zurückkehren könne. Seit Herbst 1979 lebt das Ehepaar Kohout nun in Wien. 1980 erhielt es die österreichische Staatsbürgerschaft.

Pavel Kohout, der seit 1968 zu einem Symbol des Widerstandes gegen sowjetischen Panzerkommunismus geworden ist, sagt heute: »Ich halte mich hier im Westen nicht für freier als in der Tschechoslowakei, weil ich dort frei war. Ich war nur unfrei in äußerlicher Hinsicht. Alles Wesentliche aber, was ich im Leben durchdacht und zu Papier gebracht habe, ist im zurückliegenden Jahrzehnt gemacht worden. Ich war dort ein Objekt, das man manipulieren wollte. Doch innerhalb dieser versuchten Manipulation habe ich mir meine absurde innere Freiheit bewahrt. Hier muß ich um sie kämpfen, weil sie der äußeren Freiheit zum Verwechseln ähnlich, aber nicht dasselbe ist.«

Pavel Kohout ist Träger des Großen Österreichischen Staatspreises für Europäische Literatur und damit in der Gesellschaft W. H. Audens, Eugène Ionescos, Harold Pinters, Italo Calvinos und seines Landsmannes und Freundes, des inhaftierten Václav Havel. Auf Kohouts politische Meinung hören Politiker wie Bruno Kreisky und Willy Brandt. Das Europaparlament räumte dem Tschechen im Exil Rederecht ein. Kohout ist Mitglied des Wiener Burgtheaters – als Stückeschreiber, Dramaturg und Berater. Außerhalb des Ostblocks erreichten seine Bühnenwerke 7250 Vorstellungen in 15 Sprachen mit 308 Inszenierungen.

Schreibt Pavel Kohout, dann schreibt er am liebsten auf Capri. Ich rufe ihn dort an. Er erklärt mir detailliert, wie ich mich nach meiner Ankunft auf dem Flughafen Neapel verhalten soll. Er kennt sich aus: Die gelben Stadttaxis nehmen und keine anderen, den Preis zum Hafen – Bacino Beverello – vorher ausmachen und nicht über 11 000 Lire hinausgehen, mit den Aliscafi, den Tragflügelboo-

98 *Pavel Kohout*

Pavel Kohout aus Prag, heute in Wien mit Fluchtpunkt Capri. Ein glänzender Inszenator von Literatur und Leben. Gefeierter Lyriker seiner Generation nach 1945, dann Diplomat in Moskau, dann Dramatiker, dann Wortführer im Prager Frühling 1968, dann »Außenminister« der tschechischen Bürgerrechtsbewegung »Charta 77«. Ausgebürgert seit 1979. Die Insel Capri hat Kohout als Arbeitsstätte für sich entdeckt: Auf dieser Terrasse schrieb er bereits vier Bücher. Am späten Nachmittag sitzt er mit seiner Frau Jelena über der Blauen Grotte in der Schenke seines Freundes Farace, trinkt Wein, liest Zeitungen und schaut auf die Boote mit den Touristen vor dem Eingang zur Grotte.

ten, um 18.20 Uhr oder um 19.10 Uhr auf die Insel übersetzen, auf Capri alle Vorsicht vergessen, blind das Taxi wählen und auf den Hügel nach Anacapri fahren, 6000 Lire. Dort wohnt er. Dort treffen wir uns.

Ein Exildichter auf Capri heute. Mein Gott, darf das wahr sein? Ich denke unwillkürlich an jenen Pavel Kohout des Jahres 1968 mit dem langstieligen Kognakschwenker in der Hand, wie er dem Fernsehreporter vor dem Kamin seiner Zweizimmerwohnung im Schwarzenberg-Palais am Hradschin-Platz den »Prager Frühling« erklärt. Das Irritierende um ihn scheint geblieben zu sein.

Ich sag' ihm das, erzähl' ihm auch, daß ich mich an unsere einzige Begegnung im Prag des Jahres 1968 zwar noch erinnern kann, aber nicht mehr weiß, was er gesagt hat. Ich weiß nur noch, daß ihn viele für einen literarischen Konjunkturritter gehalten haben. Ganz im Gegensatz zu Gustav Husak, den Slowaken, der Anfang der fünfziger Jahre ein Opfer stalinistischer Verfolgung geworden war. Ich erinnere mich, wie mir Gustav Husak während des »Prager Frühlings« sagte, er werde dafür sorgen, daß der Sowjetstern über dem Löwen im Wappen der ČSSR verschwinde.

So hat sich alles verkehrt. Husak ist nach der Sowjetokkupation ein rigoroser Verfechter des Sowjetsterns in der ČSSR geworden. Löwenmut bewiesen fortan Männer wie Pavel Kohout, die hartnäckig um die Wiederherstel-

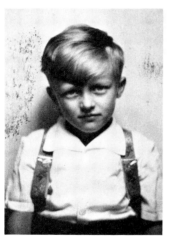

lung der Menschenrechte in ihrem Land kämpften. Daß der seit der stalinistischen Nachkriegsära ewig erfolgreiche Pavel Kohout im »Prager Frühling« als ein Wortführer dabei war, hatten viele mit seiner untrüglichen Witterung für augenblickliche Machtverhältnisse erklärt. Daß er aber dann nach der Invasion zum charismatischen Exponenten des Widerstandes gegen den wieder auferstehenden Stalinismus in der ČSSR wurde, hat die Zweifel an ihm beseitigt.

Pavel Kohout sagt heute: »Es stimmt, mein ganzes Leben war ich bis 1968 an der Seite der Sieger. Die Konflikte, die ich hatte, waren eigentlich keine Konflikte, bei denen es um den Kopf ging. Was ich

Pavel Kohouts Mutter 1926 während der Hochzeitsreise auf der Piazza San Marco in Venedig. – Der Autor von »So eine Liebe« mit seinem Vater in dessen Todesjahr 1959. – Pavel Kohout 1934; in der Uniform der Arbeitsbrigaden in Nordböhmen 1946; als Unteroffizier 1953 in Prag.

riskierte, waren Unannehmlichkeiten – mehr nicht. Die Frage meines Lebens war, ob ich mir selbst gegenüber konsequent sein kann. Das aber weiß man erst in der Niederlage. Die Antwort gaben mir die siebziger Jahre.«

Als Autor von Erfolgsstücken, wie »So eine Liebe«, »Reise um die Erde in 80 Tagen« nach Jules Verne, »Krieg mit den Molchen« nach Karel Čapek und »August August, August«, war er berühmt im Westen und begehrt an allen Bühnen. Er sprach schon 1968 fließend deutsch und englisch, brachte alle Voraussetzungen mit, um auch als Emigrant erfolgreich zu sein.

Doch Pavel Kohout kehrte 1969 – zur Zeit der sowjetischen Intervention hatte er sich mit seiner Frau in Italien befunden – nach Prag zurück. Im Westen war gerade sein Werk »Aus dem Tagebuch eines Konterrevolutionärs« erschienen, eine Autobiographie und zugleich eine Biographie seines Landes, in dem Recht auf politischen Irrtum in Anspruch genommen wird, aber auch nein gesagt wird, wenn dieses Recht Freibrief für Wiederholungen wird.

Wie alle guten Schriftsteller in der ČSSR erhielt Kohout Publikationsverbot im Lande. Seine Bücher verschwanden aus Buchhandlungen und Bibliotheken. Er wurde aus der Partei ausgeschlossen. Mit seinen Kollegen verlangte er in einer Petition die Freilassung der politischen Gefangenen. Mit seinen Kollegen baute er die Bibliothek »Edice Petlice« auf (Hinter Schloß und Riegel), die aus Büchern aller mit Publikationsverbot belegten Autoren besteht. Diese Bücher werden mit der Schreibmaschine bis zu 16mal abgeschrieben und gebunden. Dann werden sie vom Autor mit Unterschrift autorisiert und entsprechen damit dem Veröffentlichungsrecht der ČSSR.

Pavel Kohout wurde Mitinitiator der Charta 77, in der unter Berufung auf das Helsinki-Abkommen die Einhaltung der Menschenrechte auch von der ČSSR zugesagt worden war. Er kämpfte mit seinen Kollegen Ludvík Vaculík, Jiří Gruša, Jan Trefulka und Vaćlav Havel. Ein Kampf auch gegen das Vergessen im Westen. Er sorgte dafür, daß Aufrufe, Initiativen, Proteste und Hilferufe in aller Welt publik wurden.

Er wurde mehr als zwei Dutzend Male festgenommen, verhört und wieder freigelassen. Er wurde von Beamten der Staatssicherheit niedergeschlagen. Die Verfolgungen wurden auch auf seine Frau ausgedehnt. Sie wehrte sich, als sie in ein Auto gezerrt wurde, mit einem Biß in die Hand eines der Zivilbeamten, die sich nicht ausweisen wollten. Die Kohouts verloren ihre Zweizimmerwohnung am Hradschin-Platz durch Zwangsräumung. Ihr Hund wurde vergiftet.

Pavel Kohout erinnert sich: »Das Warten auf die Verhaftung war immer schlimmer als alles danach. Ich bekam Magenkrämpfe. Doch wenn die Vernehmung begann, waren sie weg. Ich wußte, daß ich unschuldig war. Und sie, die Beamten, wußten es auch. Das war eine absurde Situation. Eben Theater. Und im Theater war ich zu Hause, sie nicht. Ich habe es fertiggebracht, eine nächtliche Vernehmung abzubrechen, mich aufs dortige Sofa zu legen und einzuschlafen.« Zwei Dinge hielt der Schriftsteller alle Jahre durch: Er verweigerte jede Aussage zur Sache, und er unterschrieb kein Protokoll.

Immer wieder aber schrieb Pavel Kohout an Gustav Husak, den Parteichef und Staatspräsidenten. In diesen Schreiben schilderte er minuziös die Geschichte der staatlichen Schikanen, der Verfolgung, der Unterdrückung, die sich gegen ihn und seine Freunde richteten, und protestierte. Die Kopien dieser Briefe an Husak wagte kein Beamter der Staatssicherheit bei Durchsuchungen von Kohouts Räumen mitzunehmen. Doch steht in ihnen genau das, was sie eigentlich immer zur Beschlagnahme gesucht hatten. Die Briefe an den Präsidenten, demnächst auch in einem Kohout-Buch nachzulesen, zeigen, was Gesinnung und Charakter, verbunden mit böhmischer List, auch in mißlicher Zeit möglich machen.

»Den Menschen macht zum Emigranten sein Entschluß, Emigrant zu werden«, sagt Pavel Kohout. »Ich kehrte mit Jelena 1979 einen Monat vor dem letzten Einreisetag zurück. Erst war es freundlich am tschechischen Grenzgebäude, dann wurde es hektisch und am Ende handgreiflich. Nach acht Stunden Wartezeit hieß es zurück. Der eigentlich gegen Fluchtversuche in den Westen gedachte

Panzerschlagbaum ging herunter, um uns den Weg nach Hause zu versperren. Man drängte uns ins Auto, schob es rückwärts den Hang hinunter, bis es von allein zurück nach Österreich rollte. Dann löschte man die Grenzbeleuchtung. Die Tschechoslowakei verschwand im Dunkel.«
Jelena Kohoutová unterbricht den Bericht ihres Mannes: »Aber, bitte, weine jetzt nicht.« – »Wieso?« – Sie: »Das tust du immer.« – Er: »Du mit deinen blöden Witzen.« – Sie: »Aus deinen Monologen mache ich Dialoge.« – Er: »Du solltest besser unsere Ansichtskarten für unsere Freunde in Prag schreiben. 17 sind erst weg, 25 bist du noch schuldig. Du bist so faul.« Sie: »Ich werde langsam vor dir keine Sprache mehr sprechen.« Sie geht und kocht Gulasch.
Am Abend sitzen wir zusammen mit Kohouts capresischen Freunden, dem Gastwirt Pasquale Farace und dem Maler Salvatore Federico, auf der Terrasse. Unter der Terrasse ein Weingarten. Unter dem Weingarten ein Abhang. Unter dem Abhang ein Felsen. Unter dem Felsen glitzert das Mittelmeer. Auf der Terrasse arbeitet Pavel Kohout von sieben Uhr morgens bis in den Spätnachmittag. In Badehose. An der aus Prag stammenden Schreibmaschine.
Die Abende mit den Kohouts dauern lang. Und der Wein fließt keineswegs spärlich. Salvatore spielt Gitarre, und Pavel faßt unseren Zustand in die Worte: »Jelena, du betrinkst uns alle.« Und Jelena

Kleines Schwarzenberg-Palais am 11. Mai 1977: Die von der Staatssicherheit für neun Uhr angesetzte Zwangsräumung der Zweizimmerwohnung Kohouts hat begonnen. Der Möbelwagen steht vor dem Haus. Das Palais beherbergt auch die Schweizer Botschaft in Prag. – Die Fotos rechts: Der Schriftsteller am Tag vor der Räumung in seinem Arbeitszimmer. Dann mit seiner Frau Jelena und dem später von der Staatssicherheit vergifteten Dackel in jenem Depot, in dem die Möbel der Prager Wohnung Kohouts noch heute stehen. Das im Depot entstandene Foto schickten die Kohouts als Neujahrsgruß (P. F. – Pour Félicité) an ihre Freunde.

kam, bekam er Angst, daß ich verhaftet worden bin. Wenn ich heute eine halbe Stunde zu spät komme, bekommt er Angst, daß mir etwas auf der Straße zugestoßen ist. Also bin ich pünktlich. Er ist die stärkere Persönlichkeit«, sagt sie und lächelt.

Sie ist mehr als ein Jahrzehnt jünger als er. Sie stammt aus einer großbürgerlichen Familie und wuchs auf in der Vorstellung, daß Kommunisten wie Kohout »Blut an den Händen« haben. Pavel Kohout läßt Jelena in einem seiner Bücher so über ihn sprechen: »Du gehörst zu denen, die wir haßten. In der Schule lernten wir deine Gedichte über Gottwald, über die Partei, über unsere großen Befreier. Wir stritten darüber, ob du sie aus Schwachsinn oder des Geldes wegen schriebst... Was für ein Schreck, als ich sah, daß du tatsächlich an all das glaubst.« Die Studentin an der Prager Filmfakultät der Akademie der musischen Künste hatte den Schriftsteller 1963 kennengelernt.

Pavel Kohouts Lebensweg: Weltwirtschaftskrise, Münchener Abkommen, Okkupation der Tschechoslowakei durch die Deutschen, Kriegsende, Befreiung, zwei Jahre Demokratie, 1948 Machtübernahme durch die KPČ, Stalinismus, Prager Frühling, Okkupation der Tschechoslowakei durch die Sowjets, sowjetische Erfüllungspolitik durch Tschechen, Ausbürgerung. Pavel Kohout, 1928 geboren in Prag, verbrachte seine ersten Lebensjahre im polnischen Oświęcim, das ein Jahrzehnt später als Au-

lacht nicht, sagt nur: »Weißt du, ich lebe hier nicht. Ich existiere, und das ganz gut. Aber gelebt habe ich in Prag. Es ist schrecklich.« Übernimmt er eine Theaterregie, unterschreibt er erst, wenn sie seine Assistentin wird. Macht er eine Lesetournee, dann erst, wenn die Veranstalter die Reise auch für sie bezahlen.

Er sagt: »Sie ist die wichtigste Frau meines Lebens geworden. Sie hat den Kampf mit mir richtig ausgetragen. Natürlich wollte ich, wie das jeder Mann versucht, sie nach meinem Bild modellieren.« Nun ist er geprägt auch durch sie. Da ist das zurückliegende Jahrzehnt in der ČSSR, ein Jahrzehnt der Gefahr, in der einer den anderen stützte.

»Wenn ich in jenen Jahren eine halbe Stunde zu spät

Pavel Kohout 103

schwitz die furchtbarste Mordstätte der Nazis wurde. Der Vater war dort Manager des Automobilwerks Praga, dann arbeitslos. Rückkehr nach Prag. Ein Freund des Vaters erklärt dem Jungen die Notwendigkeit des Sozialismus.

Der Freund ist der orthodoxe Priester Vladimír Petřek, einer derjenigen, die 1942 die Heydrich-Attentäter in der Kyrill- und Method-Kirche in Prag verbargen und versorgten. Der SD-Chef und stellvertretende Reichsprotektor in Böhmen war nach einem Anschlag auf offener Straße ums Leben gekommen. Auch Pavel Kohouts Vater gehört zu dem Kreis der Mitwisser und Helfer der Widerstandskämpfer. Der Pfarrer wird gefaßt, nachdem die Attentäter entdeckt sind, und gibt auch in der Folter keine Namen preis. So überlebt der Vater Kohouts. Der Pfarrer wird hingerichtet. Doch seine Worte und sein Beispiel bleiben dem damals 14jährigen Pavel unvergessen.

Pavel Kohout wird 1945 Mitglied der Kommunistischen Partei. Seine Hoffnung ist die Sowjetunion und nicht der Westen, der 1938 im Münchner Abkommen die Tschechoslowakei den Nazis preisgegeben hat. Pavel Kohout macht eine steile Karriere. Er studiert, er schreibt Gedichte, er wird Funktionär im Tschechoslowakischen Jugendverband. Mit 21 Jahren ist er Kulturattaché an der Botschaft seines Landes in Moskau. Er lernt fließend russisch sprechen. Er kehrt zurück und wird Chefredakteur einer satirischen Wochenzeitung in Prag. Zwei Gedichtbände erscheinen. Als 24jähriger geht er für zwei Jahre zur Armee. 1953 stirbt Stalin.

Der Befreiungsprozeß der tschechischen Literatur von der stalinistischen Ideologie beginnt 1954 mit einer heftigen Diskussion über Kohouts Lyrik, die ihn zum Idol seiner Generation gemacht hat. Kohout schreibt das Theaterstück »Die Septembernächte«. Er zeichnet darin einen altgedienten politischen Kommandeur als negative Figur und rechtfertigt die Desertion eines jungen Offiziers. Das Stück wird gedruckt und sogar ein Jahr vor dem XX. Parteitag der KPdSU, auf dem Chruschtschow die Verbrechen Stalins offenbart, gespielt. Kohout hat den Sprung in die neue Zeit geschafft – irritierend furios.

Das 1957 folgende Theaterstück »So eine Lüge« trifft erneut das Lebensgefühl einer jungen Generation. Prag liegt dem Autor zu Füßen. Geliebt und gelitten wird fortan nach dem Kohout-Rezept »So eine Liebe«. Das Stück geht nicht nur über die Bühnen der sozialistischen Staaten, sondern findet auch Beifall im Westen. Der Erfolg bleibt ihm treu mit weiteren Stücken. Die Katastrophe kommt schleichend. »Ich wurde nicht fertig mit dem immer wieder gehörten Vorwurf, daß ich im Grunde genommen ein unverschämter literarischer und politischer Konjunkturritter sei.« Es ist exakt die Zeit, in der er Jelena Mašínová, die Studentin, kennenlernt. Erstmals in seinem Leben nimmt jemand die Auseinandersetzung mit dem Menschen Kohout auf.

Ein autobiographisches Buch von 1969, zwei Prager Freunde und ein Foto vom letzten Geburtstag Kohouts in seinem Heimatland: »Aus dem Tagebuch eines Konterrevolutionärs« ist die Geschichte der Abrechnung mit dem tschechoslowakischen Kommunismus und mit sich selbst zwischen Kriegsende und Sowjetokkupation. Der Widerstand in den Reihen der Schriftsteller gegen die neostalinistische Politik des von Moskau gestützten Husák-Regimes trägt drei Namen: Václav Havel, 1979 wegen seines Einsatzes für politisch Verfolgte der ČSSR zu viereinhalb Jahren Haft verurteilt. Ludvík Vaculík, 1968 Autor des den Prager Frühling definierenden »Manifests der 2000 Worte« und des jetzt im Westen erschienenen Tagebuchs »Tagträume«. Auf dem Foto oben rechts im Jahre 1976 (von links nach rechts) mit Kohout zusammen in Prag. Das Foto darunter: Pavel Kohout am 50. Geburtstag mit seiner Frau 1978 im Sommerhaus in Sázava.

Er hat zwei Ehen hinter sich, die erste hatte ein Jahr, die zweite zehn Jahre gedauert. Er ist Vater von drei Kindern – zwei Töchtern und einem Sohn. Er gilt als Charmeur, als homme à femme. Doch mit Jelena stellt erstmals eine Frau die Bedingungen. Sie ist unerbittlich in der Ausforschung seiner ungelösten Konflikte, seines schlechten Gewissens. Pavel Kohout erinnert sich: »Vier Jahre lang war ich unfähig, ein Stück zu schreiben.« Dann hat er keine Zeit, eines zu schreiben. Die Tschechoslowakei geht in den »Prager Frühling« von 1968. Und Jelena sieht die Russen einmarschieren, bevor sie wirklich kommen. Sie sieht aber auch jenen Wert, den Pavel besitzt und sie nicht: ein Urvertrauen in die Menschlichkeit des Menschen.

Pavel Kohout – das ist jemand, der sein Leben lang verstrickt ist in mannigfache Beziehungen, überbeansprucht von Sorge um menschliche Wesen und um das Menschenwesen im Ganzen. Er ist ein politischer Dichter par excellence. Hin- und hergerissen zwischen Leben und Literatur, Handeln und Beobachten. Von früh an versehen mit seelischer Wehrlosigkeit, mit einer absoluten Folgsamkeit jeder von ihm für gut erachteten Forderung gegenüber. Mit einer Kraft und einer Schwäche, einer Fähigkeit und Bedürftigkeit, sich mit jedem Schwachen zu identifizieren, ihm helfen zu wollen. Aber auch geliebt zu werden.

Kohout ist heute der einzige Bühnenautor von Format, in dessen Stücken befreiend ge-

Pavel Kohout

lacht werden kann. Zum Beispiel in seinem Stück »August August, August«. Der Titel steht für Vorname, Nachname und Beruf des Hauptdarstellers. Der träumt seinen großen Traum und möchte ihn erfüllt sehen, acht weiße Lipizzaner zu dressieren. Der Direktor stellt ihm drei Bedingungen, die unmöglich zu erfüllen sind – normalerweise. Doch August ist imstande, mit seiner Phantasie alles zu bewältigen, so daß man ihn am Ende den Tigern ausliefert; denn »ein Traum soll ein Traum bleiben, August. Sonst bringst du ihn um«. Pavel Kohout schrieb dieses Stück ein Jahr vor dem »Prager Frühling«. Ein scheinbar unpolitisches Stück.

»Ich schreibe Volksstücke«, bekennt Pavel Kohout. »Aber ich bin nicht in der

Václav Havel und Pavel Kohout, dahinter Jelena: aufgenommen am 11. August 1977 in Havels Bauernhaus am Ende eines Festes. Havel hat gerade mehrere Monate Haft hinter sich. Kohout sind sämtliche Personalpapiere entzogen worden. Jelena erwartet ein Verfahren, weil sie einem Polizisten in die Hand biß.

Links Szenenfoto von einer heimlichen Macbeth-Aufführung in der Bearbeitung von Kohout 1978 in einer Prager Wohnung: von rechts nach links Kohout-Tochter Tereza, Vlasta Chramostová, Pavel Landovský, inzwischen in Wien, Vlastimil Třešňák und Kohout – alle Akteure haben Berufsverbot. Mit Hilfe des englischen Dramatikers Tom Stoppard gelang es, eine der Vorführungen zu filmen, ehe die Polizei sie unterband. Das österreichische Fernsehen strahlte den inkriminierten »Macbeth« aus. – In Hamburg inszenierte Kohout 1980 am Thalia-Theater Havels Polit-Satire »Protest«. Auf der Probebühne: Kohout, seine Frau als Assistentin sowie die Schauspieler Günter Flesch und Ralf Schermuly.

Lage, Volksromane zu schreiben. Doch da unterschätzt er sich. Drei Romane liegen inzwischen vor. Auch sie sind so konstruiert, daß das Politische nie zum Spruchband wird, daß es im Guten wie im Schlechten eingebunden bleibt in immer skurrile, scheinbar private Geschichten.

Sein erstes, schon 1970 entstandenes, aber immer noch kaum beachtetes Prosawerk hat einen Titel, der läuft über die ganze Buchseite. Verkürzt heißt es: »Weißbuch in Sachen Adam Juráček gegen Sir Isaac Newton«. Die Geschichte eines Mannes, der mit dem Kopf nach unten an der Decke leben kann und so das Gravitationsgesetz verkehrt. Juráček, der umstürzlerische Oberseiter, wird nach unten in die Normalität gezwungen. Er hat zu früh gewagt, was später alle tun werden: an der Decke sitzen.

In seinem ersten Exilbuch, dem Roman »Die Einfälle der heiligen Klara«, bringt Kohout in einer tschechischen Kleinstadt den historischen Materialismus durcheinander, indem er ein Mädchen erst die Ergebnisse der bevorstehenden Klassenarbeiten in Mathematik weissagen läßt und dann die Lottozahlen. Ein Einfall seiner Frau Jelena, verarbeitet in einem Drehbuch, als Film 1980 im ZDF gesendet.

Zwar hatte der tschechische Staatsfilm Jelenas Drehbuch 1971 angenommen, aber dann die Verfilmung abgelehnt, weil sie die Frau Pavel Kohouts geworden war. Auch die Kinder des Schriftstellers aus seiner zweiten Ehe

blieben nicht ausgenommen von den Schikanen des Regimes. Erst nach mehreren Interventionen der Mutter erreichte Kohouts Sohn Ondrej das Diplom als Bühnenbildner. Die Tochter Tereza, die in einer von ihrem Vater für Zimmeraufführungen komprimierten »Macbeth«-Fassung so lange mitspielte, bis die Polizei auch gegen diese Privataufführungen des mit Berufsverbot belegten Pavel Kohout einschritt, muß sich in Prag als Putzfrau im Krankenhaus den Lebensunterhalt verdienen.

Es ist stiller geworden um den Exilanten Pavel Kohout. Er bekommt zu spüren, daß in einem großen Teil der Medien das Interesse an den Konflikten nur anhält, solange es spektakuläre Ereignisse gibt. Pavel Kohout und seine Arbeit unterliegen nun allein den Marktgesetzen des Westens.

Unermüdlich engagiert er sich weiter für seine Freunde, für die im Heimatland bedrängten, verfolgten Autoren, kämpft gegen das Vergessen ihrer Literatur. Er inszeniert Stücke seines eingekerkerten Freundes Havel, er schreibt Stücke wie das in Wien uraufgeführte mit dem Titel »Maria kämpft mit den Engeln«, das an die Isolierung seiner Freunde in Prag gemahnt und das westliche Publikum aufzurütteln weiß. Kohout wirkt in seiner Art immer hastig. Vor jeder Verabredung, vor jedem Termin wird er nervös, weil er Angst hat, nicht pünktlich zu sein. In allen Dingen, die mit seiner Arbeit zusammenhängen, ist er verzweifelt ordentlich. Als Jelena einmal versehentlich sein Telefonverzeichnis unsanft angefaßt und dabei zwei Seiten eingeknickt hatte, »war er erst beruhigt, als ich die Seiten gebügelt hatte«, erzählt sie. »Sein Auto könnte ich mit dem Hammer zerschlagen. Da würde er nichts sagen.«

Das Auto, ein Renault, stammt noch aus Prag. Niemand in Österreich und auch in der Bundesrepublik hindert ihn, mit dem längst nicht mehr gültigen tschechischen Nummernschild zu fahren. An der Grenze akzeptiert jeder seinen nicht mehr gültigen tschechischen Paß. Es gibt drei Kostbarkeiten, die für ihn wichtig sind: die alte Schreibmaschine aus Prag, die Reihe der Untergrundbibliothek Edice Petlice und seine Mappe mit Entwürfen,

Das Capri-Repertoire für den Tschechen Pavel Kohout am 20. Juli 1980: Der Freund und Maler Salvatore Federico spielt und singt am 52. Geburtstag des Exilanten. Kohout hat gerade seinen Roman »Die Einfälle der heiligen Klara« abgeschlossen. – Anfang November sitzt er mit seiner Frau im Zug von New York nach Philadelphia, um auf dem amerikanischen Slawistenkongreß dabei zu sein.

Kalendern und Manuskripten.
Seine Möbel und seine 5000 Bücher wollen die ČSSR-Behörden nicht freigeben. Sie sind in einem Prager Depot untergebracht. Dafür zahlt er Miete. Wenn es sein muß, bis zu seiner Rückkehr.
Er hat da für sich ein Horoskop aufgestellt. Immer nämlich spielte in seinem Leben und in der Geschichte seines Landes die Zahl acht in diesem Jahrhundert eine schicksalhafte Rolle. 1918 wurde die Tschechoslowakei wieder ein unabhängiger Staat, 1928 ist er geboren, 1938 besiegelte das Münchner Abkommen die Okkupation des Landes. 1948 wurde das Land sozialistisch, 1968 hatte der Sozialismus zum erstenmal eine Chance gehabt, doch 1968 besetzten die Sowjets das Land, 1978 reiste Pavel Kohout in den Westen. Und 1988? »Ich spüre es in allen Knochen«, sagt er, »eigentlich müßte mein Leben noch ein Nachspiel in Böhmen haben.«
Einem seiner Bücher hat Pavel Kohout die Sätze vorangestellt: »Wer die Wahrheit spricht, rennt sich den Kopf ein. Wer den Tod fürchtet, geht der Lebensfreude verlustig. Über alles siegt die Wahrheit...« Es sind Worte des tschechischen Reformators Jan Hus. Er starb vor 567 Jahren als Ketzer auf dem Scheiterhaufen.

110 *Josef Škvorecký*

JOSEF ŠKVORECKÝ: ÄSTHET DER VERZWEIFLUNG

Wahrscheinlich ist Josef Škvorecký der tschechische Schriftsteller, den seine Landsleute am meisten mögen, obwohl seine Bücher immer nur kurze Zeit erhältlich waren, ehe sie verboten wurden, und obwohl er seit dem Ende des »Prager Frühlings« im kanadischen Exil lebt, sein weiteres literarisches Werk mithin abgeschnitten ist von der ČSSR. Nie hat dieser Romancier im Leben wie in seiner Literatur von den Menschen verlangt, was sie nicht leisten können: ein Volk von Heiligen oder Märtyrern im Widerstand gegen eine Diktatur zu sein. Nirgendwo ist bei ihm der Versuch, Wirklichkeit in Richtung auf Ideale oder Ideologie zu korrigieren.

Josef Škvorecký sagt: »Nun gut, die Menschen haben 1968 den Prager Frühling als eine Zeit der Freiheit erlebt. Und sie haben erfahren, wie diese Freiheit mit Panzern niedergewalzt worden ist. Die Tragödie heute besteht nicht im Vergessen der Freiheit. Die Menschen wissen, was war. Aber es ist nicht mehr so wichtig für sie. Wichtig für sie ist das Leben, wie es weitergeht. Und wenn es relativ gut ist, ist es okay. Als die Panzer kamen, hieß es, daß wir beim Volk bleiben sollen, weil das Volk die Schriftsteller braucht. Ich fand das sehr idealistisch.«

Škvorecký macht kein Hehl daraus, daß er unfähig gewe-

Josef Škvorecký 111

sen ist, diese idealistische Rolle zu spielen. Er gesteht ein: »In einem Sinne braucht uns das Volk, aber es wird sich nicht um uns kümmern. Was hat das Volk für Václav Havel getan? Nichts. Und das ist normal.« Der Theaterautor Havel sitzt seit 1979 in einem Straflager. Verurteilt wegen seiner Tätigkeit als Sprecher der Charta 77 und des Komitees zur Verteidigung der zu Unrecht Verfolgten in der ČSSR. Škvorecký urteilt: »Havel ist in erster Linie ein politischer Mensch, in zweiter Linie ein Schriftsteller. Bei mir ist es genau umgekehrt.« Škvorecký fügt hinzu: »Havel glaubt, daß er etwas bewirken kann. Und er kann es, weil er ein sehr tapferer Mensch ist. Er bewirkt etwas durch Selbstaufopferung. Ich bin nicht so tapfer. Ich würde mich nicht einschließen lassen. Ich könnte nicht tun, was Havel tut. Ich habe keine Courage dazu. Und deshalb habe ich Anfang 1969 das Land verlassen.« Zuvörderst mit seinem Roman »Feiglinge«, den er 1948 als 24jähriger geschrieben hatte, der aber erst zehn Jahre später erscheinen durfte und sofort wieder verboten wurde, der dann 1964 bei der beginnenden Liberalisierung in der ČSSR wieder herauskam und ein Bestseller wurde, stand Škvorecký im Zenit öffentlichen Ansehens.

Der Roman »Feiglinge« spielt in den letzten Tagen des Zweiten Weltkrieges, Anfang 1945. Schauplatz ist die nordböhmische Stadt Kostelec, die in Wirklichkeit Náchod heißt und mit dem Geburtsort des Autors identisch ist. Identisch mit dem Autor ist auch die Hauptfigur Danny Smiřický, der der Rigorosität des Geschichtlichen immer seine Rigorosität des Privaten entgegensetzt. Die von den Kommunisten zum heroischen Befreiungsakt von deutscher Besetzung hochstilisierte »Mai-Revolution« wird von Škvorecký schonungslos als das enthüllt, was sie war: Legende vom tschechischen Widerstand.

Der Autor schildert seine Landsleute in all ihren Schwächen, als Kollaborateure mit einer patriotischen Geste, eben als Feiglinge. Aber er macht sie nicht klein. Schon damals zeigt sich Škvorecký davon überzeugt, daß man zwar Lebensbedingungen ändern kann, aber nicht den Charakter der Menschen. Schon damals sieht er in dem Versuch, das Ethische im Ökonomischen begründen zu wollen, einen der verhängnisvollsten Fehler des Marxismus.

Seinen Danny läßt der Autor sagen: »Es war schon zwölf durch, und die Menschen waren anscheinend zu Tisch gegangen. Daran hinderte sie nicht einmal die Revolution ... Mir kam es fast vor, als duftete es aus allen Häusern nach Gänsebraten, so sieht das aus. Angst, Hurrageschrei, Blasmusik, Reden und Gänse mit Kraut und Knödeln. Daran wird sich nie etwas ändern. Ein paar Tage voll Aufregung, und dann wieder derselbe Brei, der ewig gleiche, klebrige, zähe Brei.«

Josef Škvorecký, Jahrgang 1924, hat die Tschechoslowakei zusammen mit seiner Frau Zdena Salivarová 1968 einen Tag vor der Invasion durch die Truppen des Warschauer Paktes verlassen – zu einer Ferienreise in Frankreich. Die erste Nacht verbrachten sie bei Freunden in München. »Am nächsten Morgen – ich lag noch im Bett – machte ich mein Transistorgerät an und hörte, was los war«, erinnert sich Škvorecký. »Ich wußte sofort, daß mein Leben in der Tschechoslowakei zu Ende war. Ich wußte, daß es für mich kein Zurück mehr gab.« Aber er kehrte noch einmal zurück.

Škvorecký weckte seine Frau: »Sie war schockiert. Wir saßen dann den ganzen Tag vor dem Fernsehapparat und sahen, wie viele unserer Landsleute über die Grenze in die Bundesrepublik flüchteten. Wir saßen zwei Wochen in München – wie gelähmt. Meine Frau konnte sich nicht entscheiden, ins Exil zu gehen. Sie hatte seit zwei Jahren einen Studienplatz an der Prager Filmakademie. Ihre ersten Novellen waren bei uns erschienen. Endlich war ihr gelungen, was ihr das kommunistische System so lange verwehrt hatte. Einen Anfang in ihrem Sinne. Und das nach mehr als zwei Jahrzehnten.«

Der tschechoslowakische Emigrant Josef Škvorecký in seinem Haus in Toronto. Er kam 1969 nach Kanada.

Zdena Salivarová, Jahrgang 1933, kommt aus einer sozialdemokratischen Familie. Der von ihrem Vater 1929 gegründete sozialdemokratische Verlag geht unter in der wirtschaftlichen Krise der Folgejahre. Tochter Zdena wird in einem Prager Stundenhotel geboren. Die Eltern haben gerade ihre Wohnung verloren, weil sie die Miete nicht mehr zahlen konnten. Während der deutschen Besetzung versucht der Vater mit geborgtem Geld noch einmal sein Glück als Verleger, wird wegen seiner Bücher von den Nazis verhaftet und kommt erst bei Kriegsende wieder frei, versucht es wieder als Verleger, wird nun von den Kommunisten verhaftet. Nach zwei Jahren Gefängnis wird er freigelassen und flieht aus dem Land in die USA, wo ihn die Tochter 1969 in der Emigration kurz vor seinem Tod wiedersieht.

In der ČSSR der stalinistischen Zeit stand Zdena Salivarová ihres Vaters wegen unter Sippenhaft. Niemand in ihrer Familie konnte den Beruf erlernen, für den er begabt war. Die Mutter bekam keine Arbeit, Tochter Zdena ernährte die Familie mit dem Erlös von Aushilfsarbeiten. Ein Studienplatz am Konservatorium wurde der begabten Geigerin verwehrt. Erst sieben Jahre nach Stalins Tod erhielt sie einen Platz im Tschechoslowakischen Ensemble der Lieder und Tänze. Später spielt sie Theater in Prag an verschiedenen Bühnen. Als sie endlich an der Prager Filmakademie studieren durfte, war sie 32 Jahre alt.

Auf Drängen Zdenas kehrte Škvorecký mit seiner Frau im September 1968 nach Prag zurück. Noch war Alexander Dubček nicht gestürzt und Gustav Husak, sein Gefährte während des Prager Frühlings, noch nicht an der Macht. Noch waren die in den vorangegangenen fünf Jahren veröffentlichten Werke Škvoreckýs zu kaufen: neun Romane und Erzählungsbände. Noch war sogar sein Roman »Die Panzerbrigade« in Druck. Ein Buch in der Tradition Jaroslav Hašeks, in dem Škvorecký das einheimische Militär zu Zeiten des schlimmsten Stalinismus schildert.

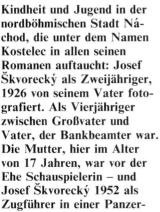

Kindheit und Jugend in der nordböhmischen Stadt Náchod, die unter dem Namen Kostelec in allen seinen Romanen auftaucht: Josef Škvorecký als Zweijähriger, 1926 von seinem Vater fotografiert. Als Vierjähriger zwischen Großvater und Vater, der Bankbeamter war. Die Mutter, hier im Alter von 17 Jahren, war vor der Ehe Schauspielerin – und Josef Škvorecký 1952 als Zugführer in einer Panzerbrigade. Seine Erfahrungen dort hielt er später in seinem Roman »Die Panzerbrigade« fest, ein Buch in der Tradition Jaroslav Hašeks. Die noch nach der Okkupation ausgedruckte erste Auflage wurde 1969 eingestampft.

Überdenkt Škvorecký die politische Entwicklung der sechziger Jahre in seinem Land, dann erinnert er sich an Befürchtungen, die mit dem Prager Frühling eintraten: »In den Jahren vor diesem Stadium habe ich ganz entgegen meiner Natur optimistische Gefühle entwickelt. Meinen Optimismus verlor ich, als Dubček die Führung des Landes übernahm. Die ganze Dubček-Bewegung war nämlich wieder einmal das Werk revolutionärer Leute, die nicht warten konnten, die immer alles auf einmal erreichen wollten. Man sprang gewissermaßen aus einer nach wie vor arg begrenzten und in vielem unerträglichen Situation in eine Superliberalität.« Škvorecký ahnte das Schei-

Josef Škvorecký 115

tern Alexander Dubčeks, weil dieser »einfach ein guter Mensch« gewesen ist. »Dubček wird eine große Figur unserer Geschichte bleiben, auch wenn man das heute in der Tschechoslowakei nicht sagen darf«, meint der Dichter. »Dubček blieb auch über seinen Sturz hinaus loyal dem gegenüber, was er vorher gesagt und getan hat. Ein reiner Mensch. Kein Zyniker, kein Fanatiker. Fanatiker waren die Kommunisten in der Tschechoslowakei bis weit in die fünfziger Jahre hinein, Zyniker sind sie heute.«

Als sich am 16. Januar 1969 der Philosophiestudent Jan Palach auf dem Prager Wenzelsplatz aus Protest gegen die Okkupation verbrannte, wußte Škvorecký, daß das äußerste Zeichen der Verzweiflung gesetzt war. Eine Verzweiflung, die noch einmal und zum letztenmal das deprimierte tschechische Volk aufstehen ließ zu einem Bekenntnis. Eine halbe Million Menschen nahm an der Trauerdemonstration für den 21jährigen Studenten teil. »Nun war es auch meiner Frau klar, daß es für uns beide keine Zukunft mehr gab in diesem Land«, sagt der Schriftsteller. Die beiden verschenkten ihre Möbel, ihr Auto, ihre Habe an Verwandte. Josef Škvorecký nahm eine Einladung zu Vorlesungen an der kanadischen Universität Toronto an. In der Millionenstadt Toronto sind die beiden geblieben. Das auf Dubček folgende Husak-Regime entzog ihnen die Staatsbürgerschaft. »Viele Leute sind sehr unglücklich, wenn sie in die Emigration kommen«, sagt Škvorecký. »Sie denken immer an das alte Land, haben nostalgische Gefühle. Ich habe sie nicht. Ich vermisse hier

Der 20jährige Josef Škvorecký im letzten Kriegsjahr im »Orchester Metallbauwerke« seiner Heimatstadt. – 1958 katholische Trauung mit Zdena Salivarová in Prag und Flitterwochen in Nordböhmen.

nichts. Ich bin nicht sentimental. Es gibt keine Rückkehr. Warum sollte ich weinen?« Er ist seit seiner Jugend ein anglophiler Mensch gewesen, hat in Prag Henry James, Faulkner und Hemingway ins Tschechische übersetzt.
Škvorecký erinnert sich an den Anfang seiner Lehrtätigkeit vor Studenten in Toronto: »Ich wurde gebeten, ein Seminar über kreatives Schreiben abzuhalten. Das bedeutete, etwas zu lehren, was nicht zu lehren ist. Aber was tun, wenn einem keine Wahl bleibt? Ich willigte ein. Als ich nun meine Studenten zum erstenmal sah und ihre Namen hörte, glaubte ich die Universitätsbehörden hätten mir einen Streich gespielt. Vor mir hatte ich eine weltumspannende Mixtur: John Turnbull, Deirdre McIntosh, Jeanne Michaud, Fritz Kaltenbrunner, Igor Wytiahlowski, Illeos Makos, Kim Li, Miriam Szabo, Itzik Ohrenstein, Xenia Potiemkin, Kästrin Svensson und Antonin Novotny. Aber das war keine ausgewählte Gruppe, wie ich annahm. Seit jener Zeit habe ich alljährlich ähnlich zusammengesetzte Gruppen. Genau auf diese Weise wirkt sich nämlich das Gesetz des Durchschnitts in Kanada aus. Wo ist bei einer solchen Ansammlung der Ausländer herauszufinden? So wurde ich selbst sehr rasch ein Bestandteil des kanadischen Cocktails.«
Der Schriftsteller bleibt immer locker, wenn er über das Exil spricht. Zu locker, als daß man nicht merkt, was ihm an intellektueller tschechischer Atmosphäre verlo-

Josef Škvorecký

rengegangen ist. »Sie respektieren hier so selbstverständlich jeden hergelaufenen Faulpelz«, erzählt Škvorecký, »sie respektieren seine unveräußerlichen Rechte – nur weil er zufällig hier im Exil lebt –, aber sie sind auch, wie Mark Twain gesagt haben würde, so unentschuldbar unschuldig. Das kann man auf Schritt und Tritt beobachten. Da erzähle ich ihnen, wie meine Freunde in Prag unter ständiger Polizeibewachung leben, wie sie immer wieder verhört werden, bloß weil sie ein Stück oder einen Roman geschrieben haben. Ich erzähle, wie meine Frau und ich auf der schwarzen Liste stehen wegen unserer Veröffentlichungen, ohne das Prager Zensurbüro um Erlaubnis gefragt zu haben. Ich erzähle sogar in allen Einzelheiten, daß ich auf der Stelle verhaftet würde, wenn ich meinen Fuß auf den Prager Flugplatz setzen würde. Und dann fragt mich eine Studentin nach vielen ›Ahs‹ und ›Ohs‹ mit vollendeter Unschuldsmine: ›Waren Sie schon mal wieder zu Besuch in Prag?‹ So ergeht es einem tschechischen Geschichtenerzähler in Amerika.«

Gegenüber dem Verlust des Heimatlandes gibt sich Škvorecký von einer so extremen Gelassenheit, daß sie geradezu aufreizend wirkt. Nicht nur für mich, sondern noch immer auch für seine Frau. Die nämlich ist an der Fremde zuerst einmal fast zugrunde gegangen. In den ersten Monaten reiste sie mit ihrem Mann zu Vorlesungen an die amerikanische West- und Ostküste. Als ihr Mann dann endgültig an der Universität Toronto als Professor für amerikanische Literatur angestellt wurde und beide in einer Zweizimmerwohnung zur Ruhe kamen, wurde es »katastrophal« für sie, wie sie sagt.

Ihr Mann sprach fließend englisch, hatte unmittelbar nach dem Kriege an der Prager Karls-Universität außer Philosophie auch Englisch studiert. Zdena Salivarová versuchte sich als Babysitter. Sie lernte die neue Sprache, und sie fand sich dennoch nicht zurecht. Und das, obwohl in Toronto 15 000 Tschechen leben. 12 000 davon kamen nach der Sowjetokkupation von 1968. Es gibt tschechische Restaurants, es gibt tschechische Geschäftsleute und tschechische Intellektuelle, es gibt sogar tschechisches Theater. Einmal im Monat wird das Schauspielhaus in Toronto freigehalten für Aufführungen in tschechischer Sprache. Ich erlebte die Uraufführung einer Komödie von Škvorecký dort: »Gott im Haus«, die Geschichte eines Besuchs aus der ČSSR bei Emigranten in Kanada, gespielt von Laienschauspielern. Tausend Besucher sprachen in der Theaterpause nur tschechisch.

Josef Škvorecký behauptet: »Diese 15 000 Tschechen hier – das ist ungefähr so viel wie in meiner Geburtsstadt Náchod. So fühl ich mich zu Hause.« Das Wort »zu Hause« ist eine Provokation für Zdena Salivarová. Sie ist seit ihrem Flug von Prag nach Toronto nicht ein einziges Mal nach Europa gereist. Alle Bitten ihres Mannes, sie zu begleiten, hat sie abgelehnt. Nach den Gründen befragt, wird sie aggressiv: »Ich hasse Europa. Ich will nicht.« Dann schweigt sie, schneidet sich ihren Sauerbraten zurecht, über den eine pappige Sauce gekippt ist, stochert darin herum.

»Dieses Restaurant hier mit europäischen Speisen ist genug für mich«, sagt sie. Wir sitzen im »Graf Bobby«. Und »Graf Bobby« ist von Einrichtung und Essen her ein Verschnitt aus österreichischem und bayrischem Folklore-Lokal. Die Kellnerinnen tragen Dirndlkleider. Und die Musikberieselung ist deutsch: »Schenkst du mir Rosen«, »Das kann doch einen Seemann nicht erschüttern«, »Du kannst nicht treu sein«. Plötzlich setzt Zdena Salivarová zum hohen Lob auf Kanada an: »Dieses Land gibt dir eine Chance. Es ist nicht gegen dich. Sozialismus ist hier gut für blöde Leute und für faule, die nicht arbeiten wollen.« Es folgt ein heftiges verbales Gemetzel, bei dem ich die Theorie auf meiner Seite habe, und sie ihre Erfahrung mit dem, was sich in der ČSSR ja auch Sozialismus nennt. Das Wort Sozialismus ist ein Sprengsatz. Irgendwann, nachdem sie mit Genuß gegessen hat, was ich herunterwürge, sagt sie milde gestimmt: »Ihr mit Euren sozialistischen Illusionen!« Im Fahrwasser des gezuckerten deutschen Mosel-Weins bekennt Zdena Salivarová dann: »Ich kann nicht nach Europa reisen. Ich bin so bitter. Ich habe Angst, in das Alte zurückzukehren. Europa ist das Alte. Europa

118 *Josef Škvorecký*

würde mich an die Tschechoslowakei erinnern. Jeder Schritt dort wäre für mich eine Qual. Ich würde das nicht aushalten. Also bleibe ich hier.« Zdena Salivarová hat sich inzwischen die Tschechoslowakei in Toronto neu geschaffen. 1971 gründete sie zusammen mit ihrem Mann den Exil-Verlag Sixty-Eight Publishers und macht ihn innerhalb eines Jahrzehnts zu dem bedeutendsten Unternehmen tschechischer Literatur.

Inzwischen hat Zdena Salivarová 120 Buchtitel verlegt, über 250 000 Exemplare in aller Welt an Tschechen im Exil verkauft. Und nicht wenige Exemplare haben ihren Weg auch in die Tschechoslowakei gefunden, gehen dort von Hand zu Hand; denn das, was sie im fernen Kanada herausbringt, ist die tschechische Dichtung, die vor der Geschichte bestehen wird. Es ist die Dichtung der Verbotenen und Verbannten, verlegt in der Originalsprache: Bücher von Milan Kundera, Jiří Gruša, Pavel Kohout, Ota Filip, Arnošt Lustig, Ivan Klíma, Ludvík Vaculík, Alexandr Kliment, Jan Skácel, Jan Beneš, Václav Černý, Vratislav Blažek, Jaroslav Vejvoda, Eda Kriseová, Pavel Landovský, Jan Zahradníček und natürlich Josef Škvorecký sowie die eigenen Werke der Zdena Salivarová: »Sommer in Prag«, »Ladybug! Ladybug!«, hochgelobt vom berühmten Kulturkritiker George Steiner in der amerikanischen Zeitschrift »The New Yorker« und dem Romancier Graham Greene, dem ihr »schwarzer Humor« gefällt.

Zdena Salivarová startete ihren Verlag mit 350 tschechischen Adressen. »Mein Mann hielt mich zuerst für verrückt«, erinnert sie sich. »Aber er wußte um meine desolate psychische Lage, und er half mir beim Schreiben an Freunde, die wir um die Adressen ihrer tschechischen Bekannten baten.« Heute hat der Verlag 12 000 Adressen. Darunter sind 6000 Personen, die kontinuierlich ihre Literatur bei 68 Publishers, Box 695, Postal Station A, Toronto Out. M5W 162, Canada, beziehen. Eine Käuferschicht, verstreut von Australien über Europa bis nach Amerika.

Zdena Salivarová bewältigt die Arbeit mit drei Angestellten. Sie ist bei allem dabei, tippt Romantexte in den Computer, bewältigt die kaufmännische Seite, verpackt die Bücher in Kisten und Kartons, fährt sie zur Post. An der Eingangstür zu den drei Verlagsräumen ist ein Aufkleber angebracht: Caution! Women working. Das Bürozimmer der Salivarová ist fast zugestellt mit gepackten Kisten. Es ist kurz vor Weihnachten. An der Wand hinter ihrem Schreibtisch hat sie ein Panoramafoto der Schweiz angeheftet. In einer Ecke steht ein Notenständer. Am Boden liegt die Violine. An der Wand auch ein Foto ihres Vaters, der als Verleger scheiterte.

Das erste Buch, das Zdena Salivarová in ihrem Verlag herausbrachte, war der Roman »Die Panzerbrigade«. Die gesamte gedruckte Auflage dieses Buches von Škvorecký wurde nach der Machtübernahme durch Husak in der ČSSR eingestampft. Zerstörter Wert: über eine Millionen Kronen. Selbst die von Škvorecký aus dem Englischen übersetzten Bücher mußten auf Geheiß der Partei aus Bibliotheken und Buchhandlungen verschwinden, so Hemingways »In einem andern Land« und Faulkners »Eine Legende«.

In Toronto hat das Ehepaar in der »Old Cabbage Town« ein kleines Holzhaus gekauft. Es steht in einem Stadtviertel, in dem sich vor über einem halben Jahrhundert irische Einwanderer angesiedelt hatten. Die Zimmer in dem Haus sind schmal und klein. Unten das Wohnzimmer: braunes Ledersofa, ein Ledersessel, ein Teakholzschrank mit Bücherregal, ein goldfarbener Gong an der Wand, eine Kuckucksuhr, ein Ölgemälde. Darauf zwei tanzende Paare, am Rande eine Jazzkapelle, ein Saxophonist: Josef Škvorecký in seinen jungen Jahren. Er war Saxophonist in einer Kapelle seiner Heimatstadt Náchod. Das Saxophon und die Jazzmusik kommen immer wieder in den Büchern dieses Autors vor. Seine beste Novelle, die er geschrieben hat, heißt »Das Bass-Saxophon« und erzählt die Geschichte eines 18jährigen tschechischen Jazz-Fans, der 1940, in der Zeit der deutschen Besetzung, in eine deutsche Kapelle gerät, mitspielt und dem Bass-Saxophon Töne unterdrückter Sehnsucht entlockt. Die Novelle erschien in englischer Übersetzung 1977 zuerst in Kanada, 1978 bei Knopf in den Vereinigten Staaten und 1979 bei

Picador in England. »Publishers Weekly« schwärmte von den »brillanten satirischen Momenten« dieser Geschichte, die »Sunday Times« von der »wunderbaren Frische« des Škvorecký-Stils.

In der Bundesrepublik erschien 1971 zum letzten Mal ein Buch dieses Tschechen, danach machte die ČSSR keine Schlagzeilen mehr, danach erlosch das Interesse an tschechischer Literatur: Es war der Roman »Junge Löwin« bei Luchterhand. Ein Buch über das opportunistische Verlagswesen in der kommunistischen ČSSR vor der Dubček-Ära, demonstriert in der Art eines Kriminalromans. Eine Frau rächt sich an einem mächtigen und zutiefst korrumpierten Verlagsdirektor, der in der Zeit der deutschen Besetzung seine jüdische Freundin verließ.

Auch hier ist das »Feiglings«-Thema des Erstlings wieder aufgenommen, das dann von ihm in der Emigration weitergeschrieben worden ist. Škvorecký zeigt Veränderungen und Umkehrungen im Menschen nicht als Prozeß einer längeren Entwicklung; nein, sie geschehen infolge der Brüchigkeit und ständigen Vertauschbarkeit von Ansichten und Identitäten, zu denen dann die gesellschaftlichen, ökonomischen und intellektuellen Verhältnisse der Zeit die nötigen Antriebe liefern. Škvoreckýs Thema ist die Ausleuchtung des »Jahrhunderts der Vorsichtigen«, wie er unsere Epoche nennt.

Seine Werke entstehen in einem zwölf Quadratmeter großen Zimmer im ersten und einzigen Stock seines Hauses

Zwei Jahre nach Czesław Miłosz wurde Josef Škvorecký 1980 mit dem Internationalen Neustadt-Preis der US-Universität Oklahoma ausgezeichnet: In der linken Hand hält er die silberne Preisfeder, neben ihm Doris Neustadt, die Frau des Preisstifters, und der Autor Arnošt Lustig, einer der zwölf Juroren. – Škvoreckýs Roman »Feiglinge« erschien 1969 in der Bundesrepublik. Luchterhand übernahm die DDR-Auflage des nach der ČSSR-Okkupation unerwünschten Autors. In Paris kam 1969 »Die Panzerbrigade« in französisch heraus.

in Toronto. Drei Wände sind zugestellt mit tiefen Regalen voller Bücher und Manuskripte. Die vierte Wand ist frei bis auf ein großes gerahmtes Foto seiner Frau als Kind. Mit dem Rücken zu diesem Bild sitzt er an einem quadratischen Tisch vor seiner elektrischen Schreibmaschine, immer wieder aufgesucht von einer der vier Katzen, die das Ehepaar sich hält. Hier schrieb er als erstes großes Werk in der Emigration den Roman »Mirakel in Böhmen«, der in Tschechisch bei 68 Publishers 1972 erschien und 1978 in Französisch bei Gallimard. Geschildert werden der Prager Frühling des Jahres 1968 und die sowjetische Okkupation. Die schlechten Katholiken kommen in dem Buch nicht besser weg als die schlechten Kommunisten. Škvorecký demaskiert und erweckt doch zugleich wieder Verständnis. Er schildert den sozialistischen Polizeistaat nach der »brüderlichen Hilfe« ohne Haß, aber mit einem lockeren Hohn, der schließlich einer bitteren Resignation weicht. Zeitsprünge bringen die Hauptfigur Danny Smirický, in der der Autor selbst erkennbar bleibt, immer wieder zurück in die stalinistische Ära der ČSSR, machen Vergleiche zwischen Verhaltensformen von Vergangenheit und Gegenwart möglich. Gezeichnet wird ein Panorama tschechischer Geschichte von 1949 bis 1970. Gezeigt wird auch das Verhalten des Westens gegenüber der tschechischen Tragödie, denn Danny kehrt – für seine Prager Freunde unbegreiflicherweise – nach der Sowjetokkupation von einer Amerika-Reise in sein Heimatland zurück. Die Rückkehr seines Helden Danny gibt Škvorecký die Möglichkeit, erste Exilerfahrungen einzubringen: die Unkenntnis vieler Amerikaner über die Vorgänge in der ČSSR. Andererseits die Benutzung des Fakts Sowjetokkupation für Dinge, die nicht vergleichbar sind. An der kalifornischen Universität Berkeley erlebte der Autor, wie demonstrierende Demonstranten das Einschreiten der Polizei mit Sprechchören beantworteten: »Welcome to Prague.«

In seinem Roman »Ein Ingenieur der menschlichen Seelen« nimmt Škvorecký mit dem Titel ironisch die Kennzeichnung Stalins für Schriftsteller auf und setzt sich über mehr als 1000 Seiten hinweg erstmals umfassend mit seiner Situation im Exil auseinander. Auch hier verknüpft er sein Leben in Kanada zwischen 1975 und 1977 in der Figur des Danny mit seiner Vergangenheit in seinem tschechischen Heimatort. Kindheits-, Schulzeits- und Studentenerinnerungen stehen neben Schilderungen von Emigrantengesprächen, Partys, College-Seminaren und Frauenbegegnungen in Toronto.

Danny, nun College-Lehrer, genießt die Freiheit des Redens und Handelns im Exil, beschreibt amüsiert die Naivität der Studenten. Nie würde er die mäßigen Literaturleistungen an den Dean verraten. Das ist das Erbe aus einem Lande, in dem jede Information von offiziellen Stellen zur Lüge verdreht oder in anderer Weise benutzt wurde. »Der Westen wird erst begreifen«, schreibt Škvorecký, »wenn es ihn nicht mehr gibt.« Briefe von tschechischen Emigranten aus anderen Ländern erreichen den College-Lehrer Danny und werden hineingemischt in den ständigen Szenen- und Zeitwechsel des Buches. Probleme der Emigration aus der Sicht anderer.

Danny weiß, daß er nie mehr wird zurückkehren können in sein Heimatland. Um so stärker umkreist er den Ausgangspunkt seines Lebens, sein Náchod, das auch in diesem Buch den Namen Kostelec trägt. Trauer greift um sich. Die Feststellung Dannys, mit der er zu leben versucht, ist eine schwache Beschwörungsformel: »Wie schön ist das Leben, wenn alles seine Bedeutung verliert und man beginnt, einfach für das Leben selbst zu leben.« Es gelingt ihm nicht. Die Bindung an die Vergangenheit erweist sich als stärker.

Škvorecký macht keinen Helden aus sich, verschweigt seine egoistischen Seiten nicht, er zeigt, wie unzulänglich er ist, wie er Situationen zu seinen Gunsten ausgenutzt hat und ausnutzt, welche Ängste er hat und welche Freuden, wenn er es wieder einmal geschafft hat, eine Frau ins Bett zu manövrieren. So direkt, so offen und zugleich so ernst, so ohne Flucht in die Träume und ohne das Bestreben – wie es früher bei ihm üblich war –, aus geschilderten Konflikten mit einer Pointe herauszukommen, hat Škvorecký noch nie geschrieben.

Josef Škvorecký

Natürlich hat dieser Roman seine Schwächen. Dort nämlich, wo seine Fabulierlust und Detailschilderung ausufert, wo man merkt, daß ihm ein unerbittlicher Lektor nicht zur Seite steht. Dennoch: Wenn das Exil in der zweiten Hälfte dieses Jahrhunderts als ein wesentlicher Bestandteil unserer Literatur einmal entdeckt sein wird, dann dürfte auch dieser Škvorecký-Roman zu den großen Werken zählen. Er erschien 1977 tschechisch bei 68 Publishers und wurde in seiner Bedeutung vorerst nur im angloamerikanischen Raum erkannt: Knopf in New York brachte ihn 1981 in den USA heraus. Im selben Jahr erschien er auch in Kanada und und Großbritannien.
Freimütig sagt Škvorecký: »Weil ich soviel Böses bei den Kommunisten sah, bin ich emotionell gegen den Kommunismus. Kommunismus nämlich fängt immer mit guten Leuten, guten Gedanken an – und dann auf einmal sind die guten Leute beseitigt.«
Josef Škvorecký spricht deutsch zu mir. Er hat es als Junge in Náchod bei einem Kantor, Freund seiner Eltern, gelernt und in der Zeit der deutschen Besetzung verfeinert, um einer deutschen Lehrerin zu imponieren, in die er sich verliebt hatte.
Die Größe des Romans »Feiglinge«, in dem auch die Geschichte mit der Lehrerin erzählt wird, besteht nicht nur darin, daß jemand seine Landsleute so lebensgetreu jenseits allen Pathos beschrieben hat, sondern ja auch darin, daß dort ein Tscheche unmittelbar nach dem Krieg den

Josef Škvorecký im Arbeitszimmer seines Hauses in der »Old Cabbage Town« von Toronto: Hinter sich ein Foto von seiner Frau als Kind, vor sich die elektrische Schreibmaschine und eine der vier Katzen, die sich das Ehepaar hält. Das Restaurant »Graf Bobby« in Toronto vermittelt den Škvorecýs Anklänge an böhmische Küche. In Zdena Salivarovás Arbeitszimmer im Exil-Verlag »Sixty-Eight Publishers« stapeln sich die Bücherkisten, die nach Übersee gehen. Es ist Vorweihnachtszeit.

von ihm geschilderten Deutschen Gerechtigkeit widerfahren läßt.

Škvorecký über seine Geburtsstadt: »Náchod war die einzige Stadt im ehemaligen Sudetenland, die derart tschechisch war, daß nicht einmal Lord Runciman ihre Annexion nach München 1938 zuzulassen wagte. Daß die Deutschen sich dann nicht einmal an das Münchener Abkommen gehalten haben, steht auf einem anderen Blatt.« Škvoreckýs Vater war ein Bankbeamter. Seine Heirat galt als Skandal zu jener Zeit: Škvoreckýs Mutter hatte nämlich ein uneheliches Kind.

Um dem Gerede in Prag zu entgehen, zog das Ehepaar nach Náchod. Schulfreund Josef Škvoreckýs in jenem Städtchen war Ludek Pachmann, später international bekannt als glänzender Schachspieler. »Der wurde dann nach dem Kriege«, so erinnert sich der Schriftsteller, »ein fanatischer Kommunist. Heute lebt er in der Bundesrepublik als fanatischer Katholik. Mir war Fanatismus immer fremd. Gott sei Dank hatte ich einen Vater, der in Gesellschaft ein herrlicher Entertainer war. Ich bewunderte ihn deswegen. Und da er aber auch ein skeptischer Mensch war, strebte ich ihm auch auf dem Gebiete der Skepsis nach. Meine Skepsis hat mir wohl später viele Irrtümer erspart.«

Es gibt drei Ereignisse, die in der Erinnerung fest sitzen geblieben sind: Eine Tante Škvoreckýs war eine leidenschaftliche Kommunistin, die bei der Besetzung der Tschechoslowakei durch die Deutschen 1939 in die Sowjetunion ging und prompt in ein Lager kam. Er hat sie nie wieder gesehen. Eine weitere Tante war mit einem Juden verheiratet, der sich 1939 antisemitischer Verfolgung durch Selbstmord entzog. Bewundert hat Josef Škvorecký einen Priester am Ort, der Pfarrdokumente fälschte und aus bedrohten Juden Arier machte.

Heute bezeichnet sich der Schriftsteller als Katholik in dem Sinne, wie Graham Greene Katholik ist: »Er wie ich wurden durch die gute Tat eines anderen von diesem Glauben überzeugt. Im Grunde ist es etwas Einfaches: Man sollte so viel Gutes wie möglich und so wenig Böses wie möglich tun.« Josef Škvorecký wurde nie Mitglied der Kommunistischen Partei. Er promovierte 1951. Er wurde Lehrer. Er wurde Redakteur einer Literaturzeitschrift. Als Schriftsteller bewegte er sich in der Subkultur, dort wo die Geheimtips der tschechischen Literatur gediehen: Bohumil Hrabal, der später gegenüber dem Husak-Regime eine Loyalitätserklärung abgab, um publizieren zu können, Jiří Kolář, der sich von der Lyrik zur Collage bewegte und heute in Paris lebt wie Věra Linhartová (»Mehrstimmige Zerstreuung«) und Milan Nápravník (»Kassiber«), der nach 1968 in die Bundesrepublik emigrierte.

Eine wesentliche Rolle im Leben des jungen Škvorecký spielte einer der Großen der tschechischen Literatur: der Lyriker František Halas, 1901 geboren, ein Kommunist. Škvorecký, der sich damals auf allen Gebieten der Literatur versuchte, schrieb ein Gedicht und schickte es an die Veranstalter eines literarischen Wettbewerbs. Škvorecký erinnert sich: »Ich wurde zwar nicht prämiert, aber man schrieb mir, es habe Halas gefallen, und er möchte mich sehen.« Halas sagte dem jungen Mann 1948: »Ich habe Ihr Gedicht für die Prämierung nicht empfohlen, weil es eine Qualität hat, die Ihnen gleichermaßen die Feindschaft der Kommunisten und die der Katholiken eingebracht hätte.«

Die Feindschaft der Kommunisten war lebensgefährlich. Die Entwicklung steuerte in der ČSSR auf die stalinistischen Säuberungsaktionen, auf Verhaftungen und Hinrichtungen zu, deren prominentestes Opfer der kommunistische Generalsekretär Rudolf Slánský wurde. Ein Opfer wäre zweifellos auch Halas geworden, wenn er nicht 1949 »rechtzeitig« gestorben wäre. Die gegen Halas gerichteten Denunziationen, er sei ein morbider Nihilist und deshalb ein Verräter der Arbeiterklasse, waren im vollen Gange. Die Rehabilitierung des Dichters Halas nach dem Tode Stalins gab nun seiner Stimme nachträglich Gewicht. In den Halas-Tagebüchern fanden sich lobende Worte für Josef Škvorecký, dessen Weg in die Öffentlichkeit nun möglich wurde.

Gegenüber dem tschechischen Literaturwissenschaftler Antonín Liehm erklärte sich Škvorecký 1968 so: »Nach 1945 hat man in der

Tschechoslowakei viel über die Eigenschaften des ›neuen Menschen‹ gesprochen und geschrieben. Weiß Gott, was man damit meinte. Aber ich glaube, daß es stets jene ewig menschlichen Eigenschaften sind, Liebe, Ehrlichkeit und so, die immer existiert haben, denen aber widrige Umstände nur ausnahmsweise eine Entfaltung gestatteten.«

In diesen Sätzen klang die verhaltene Hoffnung durch, daß der Prager Frühling Bestand haben könnte – trotz aller Skepsis, mit der Škvorecký der neuen Entwicklung gegenüberstand. Doch dann wurde er wieder in dem bestätigt, was er bereits in seinem ersten Roman beschrieben hatte: daß es für Ideale nicht einmal annähernd eine Verwirklichung gibt. So bleiben alle seine Romane im Bereich des ersten, gehen nie über ihn hinaus. Hat er heute eine gesellschaftspolitische Vorstellung? »Nein, überhaupt nicht«, antwortet er.

»Ich glaube nur, daß Literatur einen Wert in sich hat. Ich bin ein Autor. Ich muß schreiben. Ich könnte ohne Schreiben nicht leben. Ich schreibe heute in erster Linie für tschechische Leser im Exil. Ich werde nie den Mut haben, die Sprache zu wechseln, einen amerikanischen Roman über Amerikaner zu schreiben. Die Tschechen sehe ich von innen, die Amerikaner von außen.« Er schweigt lange, ehe er fortfährt: »Ich bin ein introvertierter Mensch. Ich bin ganz glücklich, wenn ich allein bin. Meine Frau brauche ich um mich und zwei drei Leute, mit denen ich gern spreche. Das reicht, das ist genug.«

»Schauen Sie«, fügt er hinzu, »Hemingway schreibt in seinem Roman ›In einem andern Land‹: ›Die Welt bricht jeden, und jene, die man nicht brechen kann, bringt sie um.‹ Das ist ein Satz, der stimmt. Der wird bleiben. Das ist Dichtung. Wenn ich ein paar Sätze dieser Qualität zustande bringe, dann hat es sich gelohnt, dieses Leben. Und die soziale Lösung. Da antworte ich Ihnen mit den Worten von Sinclair Lewis: ›Ich kenne die Lösung des sozialen Problems: Es gibt keine.‹« Was unsere Welt ist? »Eine Mischung, wie es immer war und wie es immer sein wird. Eine Mischung aus Fortschritt und Rückschritt, aus gut und böse, aus schön und häßlich.«

Das Gute bleibt in den Romanen Škvoreckýs deshalb Stückwerk, und diejenigen, die glauben, das Gute vollenden zu können, sind dem Autor lächerlich. Er ist ein Dichter, der alle erhabenen positiven Haltungen entweder als Sinnlosigkeit oder als Betrug aufdeckt. Škvorecký ist ein Ästhet der Verzweiflung. Er versucht, den notgedrungenen nutzlosen Sieg der Hellsichtigkeit von Einzelnen auf den Zusammenbruch aller Überzeugungen zu gründen. Sein einziger Trost ist ein Blick auf die Trümmer des Trostes.

Škvoreckýs Hauptanliegen ist die Formvollendung seines Verzichts geworden. Seine skeptische Psychologie läßt die Spannung zwischen Bindung und Freiheit des Menschen, zwischen Solidarität und Selbstbezogenheit unversöhnt. Immer ist in seinen Büchern auch der Akt der Freiheit jener Moment, der die Katastrophe geradezu provoziert. In seiner ernüchternden Sicht steuert Škvorecký sein literarisches Werk gleichermaßen durch Extreme der Idealisierung und der Dämonisierung hindurch.

Da heißt es bei ihm: »Gleichgültigkeit: unsere Mutter, unsere Rettung, unser Ruin.« Kann ein solcher Schlüsselsatz als Verweigerung moralischer Solidarität aufgefaßt werden? Ich glaube nein. Sind da doch auch die Sätze nach der Okkupation der ČSSR: »Die sowjetischen Aggressoren schreiben ihr Kapitel der Schande. Sie zeigen der Welt, in welcher Weise in der Sowjetunion der wissenschaftliche Kommunismus entwickelt worden ist. Aus dem Leninismus ist der Panzer-Marxismus geworden. Das Licht aus dem Osten – ex oriente lux – hat sich verwandelt in das Infrarotlicht der Panzerrichtgeräte. Ich kann mir keine schlimmere Verhöhnung der Lehren von Karl Marx vorstellen. Ich glaube fest daran, daß wir uns bald wiedersehen in einer freien, demokratischen und sozialistischen Tschechoslowakei.«

126 *Arnŏst Lustig*

ARNÖST LUSTIG: VERFOLGT VON NAZIS UND KOMMUNISTEN

Arnöst Lustig ist in Deutschland ein unbekannter Mann geblieben, obwohl fast alles, worüber er geschrieben hat, mit Deutschland zu tun hat. Nach der Besetzung der Tschechoslowakei 1939 begann für den damals 14jährigen Juden die Verfolgung durch die Nazis. Er kam nach Theresienstadt ins KZ. Von dort ging es ins Vernichtungslager Auschwitz. Wie durch ein Wunder von Auschwitz wieder weg nach Buchenwald. Von Buchenwald nach Dachau. Auf dem Transport dorthin gelang ihm zusammen mit einem Freund die Flucht. Beide wurden dreimal gefaßt und konnten dreimal entkommen. Als Arnöst Lustig in seiner Heimatstadt Prag anlangte, war er 20 Jahre alt. Der Krieg ging dem Ende entgegen.

In der Tschechoslowakei wurde Arnöst Lustig der Dichter des Holocaust. Neben dem Polen Tadeusz Borowski (»Die steinerne Welt«), dem Spanier Jorge Semprún (»Die große Reise«) und dem Deutschen Bruno Apitz (»Nackt unter Wölfen«) ist er einer der wenigen, die das Grauenhafte am eigenen Leibe erfahren, die überlebt haben und jener Realität Dichtung abzuringen verstanden. In mehr als 20 Ländern kamen die Romane und Erzählungen des Tschechen heraus, nur nicht in der Bundesrepublik. »Ich kann mir das nicht erklären«, sagt Ar-

Arnöst Lustig

nöst Lustig zu mir. »Deutschland ist mein Schicksal. Deutschland ist der Schlüssel zu meinem Schicksal. Ich verstehe nicht, warum ich gerade hier ausgeschlossen geblieben bin.«

Seit einem Jahrzehnt wohnt der Schriftsteller in Washington, ist Professor an der American University, hat inzwischen die US-Staatsbürgerschaft erhalten. Daß ihn ein Deutschland nach dem Zweiten Weltkrieg ausgeschlossen ließ, hat Arnŏst Lustig mit Bedauern hingenommen. Daß er ein Verfemter seines Heimatlandes ČSSR wurde, daß es ihn nach 1968 in der Sprache Hitlers und Stalins als »Zionist«, »imperialistischer Agent« und »Staatsfeind« anprangerte, daß das kommunistische System des Gustav Husak ihn mit antisemitischen Tönen bedrohte und aus dem Lande drängte, hat ihm endgültig die Augen geöffnet: »Das ist Faschismus, der sich Kommunismus nennt.«

Sein Blick geht zurück ins KZ Auschwitz. Er sieht sich in der Kälte frierend, zitternd draußen stehen. Er sieht, wie ein paar Kommunisten ihn zu sich rufen, wie sie ihn in ihre Mitte nehmen, wie sie ihn mit ihren Körpern wärmen. Arnŏst Lustig erinnert sich auch an das KZ Buchenwald: »Die besten Leute, die ich dort traf, waren Kommunisten. Es waren wunderbare Menschen: uneigennützig, mutig und tapfer. Es waren Menschen, die mir Vorbild wurden.« Der 20jährige Arnŏst Lustig wurde ein überzeugter Kommunist, wie es in Polen auch Tadeusz Borowski wurde.

Noch heute sagt Lustig: »Sozialismus muß kommen, Sozialismus wird kommen.« Doch zwischen seinem Glauben von damals und der Beschwörungsformel von heute liegen Abgründe. Heute weiß er jenen Glauben zu analysieren: als Reaktion auf die existentielle Unwirklichkeit seines Weiterlebens nach der Zeit der Vernichtungslager und als Reaktion auf die unartikulierten Selbstzweifel des Opfers an der eigenen personalen Identität. »Staunend vernahm ich damals die Worte von der sozialen Gerechtigkeit, die nun kommen wird, von der Gleichheit der Rassen, von einer Arbeit, bei der die Fähigkeiten jedes einzelnen entwickelt und ausgebildet werden«, erzählt der Dichter im Exil.

Die Kommunisten schickten

Arnŏst Lustig bei einer Vorlesung in der American University in Washington. Er ist dort seit 1971 Literatur-Professor. »Nach Amerika zu gehen«, sagt der Exil-Autor, »hieß für mich, ans Ende der Welt zu gehen. Amerika war für mich ein anderer Planet. Wenn schon von neuem anfangen, dachte ich mir, dann in einer ganz fremden Welt.«

ihn sofort auf die Prager Karls-Universität. »Mit dem Wissensstand eines 14jährigen; denn ich hatte ja 1939 die Schule verlassen müssen«, sagt Lustig. »Ich las Karl Marx, ich las Tomaso Campanella. Es war eine neue Welt. Meine Mutter kam zurück. Auch sie hatte das KZ überlebt. Ebenso wie meine Schwester. Ich war glücklich. Ich war stolz. Jeder half mir, wenn ich mich beim Studium nicht zurechtfand. ›Du hast eine Eins, du bist aus Auschwitz‹, sagten die Leute zu mir. Ich habe geweint, als Stalin 1953 starb.«

Was einzig und allein zwischen Kriegsende und Tod Stalins für ihn zählte: »Der Mehrheit meines Heimatlandes zuzugehören. Es war für mich wie ein Rausch. Endlich, glaubte ich, lag die Macht in den richtigen Händen. Und ich bewunderte die Macht, so wie ich sie bewundert hab' im KZ. Oft bin ich in der Dunkelheit zum deutschen Offizierskasino geschlichen, um die Fröhlichkeit zu vernehmen. Das Klavierspiel. Die Lieder. Die Gesänge. ›Schwarzbraun ist die Haselnuß...‹«

Arnŏst Lustig schreibt über Auschwitz: »Alles stank. Aus dem Rauch wurde eine Wolke, aus der – wie ein langsamer schwarzer Regen – Asche fiel. Ich wünschte mir damals, wie alle, daß ein Wind kommt oder daß sich die Erde in umgedrehter Richtung zu drehen anfängt. Die Asche schmeckte bitter. Auch das Gas in den Duschräumen roch so: nach bittern Mandeln. Es war eine andere Asche als die von Kohle,

Arnŏst Lustig 129

Vera und Arnŏst Lustig 1960 mit der vierjährigen Tochter und dem neunjährigen Sohn in ihrer Heimatstadt Prag. Vera und Arnŏst Lustig hatten während der Besetzung der Tschechoslowakei die Verfolgung durch die Nazis überlebt, waren unter den Überlebenden der Konzentrationslager. Als Kinder hatten sich Vera und Arnŏst im KZ Theresienstadt kennengelernt. In Palästina trafen sie sich wieder: Vera, nach Kriegsende ausgewandert und in der jüdischen Haganah, kämpfte für den Staat Israel. Arnŏst kam als Korrespondent Prager Zeitungen nach Israel. Das Foto zeigt die beiden Verliebten 1949 am Strand von Tel Aviv.

Holz, Lumpen oder Papier. Sie fiel auf uns – die stumme, taube und unerbittliche Asche, in der man menschlichen Atem, Schreie und Tränen ahnen konnte.

»Ich stand an einem Betonpfahl mit weißen Porzellan-Isolatoren und nahm dies alles wie eine Halluzination auf, wie etwas, was wirklich zu sein scheint, aber nur eine Schimäre ist. Es war jedoch Wirklichkeit. Durch den Kopf ging mir eine Melodie aus der ›Fledermaus‹ von Johann Strauß. Einige Tage vorher hatte ich sie zusammen mit meinem Vater gehört, im Kabarett auf dem Dachboden des Feuerwehrhauses in Theresienstadt. Jetzt war mein Vater Seife. Asche. Rauch mit einem Nachgeschmack von Knochen.«

»Der Nebel über dem Lager, weiß wie Schwanenflügel, wurde schwarz. Das Lied, der Himmel und die Asche verschmolzen ineinander. ›Glücklich ist, wer vergißt, was nicht mehr zu ändern ist.‹ Ich habe gesungen. Vor dem Zählappell schleppten mich Kameraden zurück in die Baracke, damit ich wenigstens den nächsten Tag erlebte.«

»Das war genau das, was die SS-Männer von jenen wollten, die in Auschwitz noch lebten: Daß sie sich wahnsinnig und vereinsamt, verloren und ohnmächtig fühlen wie in einem Alptraum. Daß sie das Absurde als normal und das Normale als absurd verstehen. Die Einsamkeit mit den Toten ist aber immer noch besser als die Einsamkeit unter den Lebenden.«

»Manchmal ging ich zum Betonpfahl und zum Stacheldraht, wie ein Mensch zum Friedhof geht, nur daß unsere Toten keine Gräber haben. Ich konnte nur Asche mit der Hand fangen oder auf einen Schornstein blicken, der pausenlos rauchte.«

Erinnerung an den Vater, der in der Tschechoslowakei ein ambulanter Händler gewesen ist. Der Vater, der Brillenträger war. Und Brillenträger wurden direkt von der Rampe in Auschwitz-Birkenau ins Gas geschickt. Der Vater, der nicht gewußt hat, daß man die Brille vor der Selektion abnimmt. Wann immer Arnöst Lustig eine Situation an die Schrecken der Vergangenheit erinnert, wann immer ihm etwas bedrohlich vorkommt, beginnt er auch heute noch deutsche Lieder zu singen oder zu summen, die im »Dritten Reich« populär waren.

Als wir uns bei einem Kongreß in Philadelphia kennenlernen und auf dem Universitätsgelände herumlaufen, summt er plötzlich, als wolle er mir gegenüber etwas abwehren, den Schatten, den jeder Deutsche seit Auschwitz mit sich trägt: »Die Fahne hoch, SA marschiert, die Reihen fest geschlossen . . .« Erst viel später habe ich zu verstehen begonnen, daß er mich nicht provozieren wollte. Doch damals hat er mir nur eine Erklärung gegeben: »Sie müssen keine Schuld empfinden.« Damals hat er auch nur englisch mit mir gesprochen, obwohl er sehr gut deutsch sprechen kann.

Später hat er mir deutsch sprechend gesagt: »Die deutsche Sprache ist die Sprache meiner Mutter. Meine Mutter ist mit der deutschen Sprache in Mähren aufgewachsen. Meine Mutter lernte erst nach der Heirat tschechisch. Aber mit mir redete sie immer deutsch. Mit sechs Jahren sprach ich fließend deutsch. In meiner Erinnerung hat die deutsche Sprache eine wunderschöne Melodie.«

»Sie müssen keine Schuld empfinden.« Er hat damals in Philadelphia noch hinzugefügt: »Wissen Sie, wenn meine Frau heute etwas auf den Tisch stellt, was mir sehr gut schmeckt, dann sage ich: ›Es schmeckt so gut wie im KZ.‹ Ich denke dann an das deutsche Militärbrot. Wenn ich davon etwas ergatterte, war es das Größte, war es der höchste Genuß. Meine Frau regt sich bei solchen Äußerungen von mir immer wieder furchtbar auf.« Seine Frau hat bis auf ihre Schwester alle Angehörigen im KZ verloren. Sie, die nach dem Kriege in der Haganah für einen Staat Israel kämpfte, sagt zu mir: »Ich werde das KZ nicht los. Ich werde damit nicht fertig. Das hängt an mir wie ein Stein. Ich bin kein depressiver Mensch. Ich lache gern. Aber nachts schreie ich im Traum, noch immer.«

Es sollte ein – so Arnöst Lustig – »gemütlicher Abend« werden: in der Dreizimmerwohnung zu Washington. Der 30jährige Sohn, Regieassistent beim Film, und die 25jährige Tochter, eine Studentin der Wirtschaftswissenschaften, sind dabei. Ihr Vater beginnt wieder zu singen: »Ich hab' meine Tante geschlachtet und sie war so alt und schwach.« Ehefrau Vera

schreit ihn an, verschwindet in der Küche. Ich höre das Mahlgeräusch einer Kaffeemühle. Ein altes Ding, das weiter benutzt wird. Ich höre zugleich die Worte Arnŏst Lustigs: »I am always schuld. Nun ist alles aus.«

Ich erfahre, daß sich seine Frau gegen einen solchen Abend, gegen ein solches Zusammentreffen gesträubt hat. Natürlich, weil wir auch die fremden Deutschen sind. Aber auch, weil die Familie vollzählig nur selten noch zusammen ist. Weil jeder mehr oder weniger seinen Weg geht. Nur daß ein solcher Weg nicht mehr im Koordinatensystem des Vertrauten verläuft. Vera Lustig würde lieber in Israel leben. Arnŏst Lustig am liebsten in der Tschechoslowakei. »Wenn es dort die Verfolgung nicht gäbe, ich wäre morgen in Prag«, sagt er. Sie sagt: »Wenn man hier lebt, wird man verrückt.« Sie arbeitet inzwischen als Dekorateurin. Außerdem hat sie ein Kunststudium aufgenommen.

Die Probleme des Exils sind urplötzlich aufgebrochen. Die Harmonie, die sich Arnŏst Lustig für diesen Abend gewünscht hat, zerbrochen. Ein halbes Jahr später ruft mich der Schriftsteller von München aus an, hat auf einer Reise in der Bundesrepublik eine Zwischenlandung gemacht, will dann weiter nach New York, fragt, ob wir uns nicht am Abend in München treffen wollen. Sein Sohn sei auch dabei. Am Abend sitzen wir zusammen. Durch das Lokal zieht in einer Art Polonaise ein angetrunkener Verein älterer Leu-

Arnŏst Lustig 1967 kurz vor dem Ausbruch des Sechstagekriegs in Israel bei Moshe Dayan. Lustigs Bericht sollte in der »Literární noviny« erscheinen, fiel dann der Zensur in Prag zum Opfer und durfte erst im Mai 1968 in der nun »Literární listy« heißenden Wochenzeitung des Schriftstellerverbandes gedruckt werden. Lustigs Bücher, die ihn in der ČSSR berühmt gemacht haben, wurden ins Englische übersetzt und kamen in den USA heraus. In der Bundesrepublik fand sich für seine Bücher bisher kein einziger Verleger. 1981 machte der Autor auf einer Europa-Reise für einen Abend mit seinem Sohn Zwischenstation in München.

Mein Traum beim Schreiben ist es, alle Menschen glücklich zu machen. Aber wie ist das möglich?«
Es ist nicht möglich. Was möglich ist, zeigen die Bücher dieses Tschechen. Er wurde nach dem Kriege Journalist. Damals, als die Tschechoslowakei die Juden in Palästina noch in ihrem Unabhängigkeitskampf unterstützte, ging Lustig als Reporter mehrerer Prager Zeitungen nach Tel Aviv, traf dort jene junge Frau wieder, die er als Mädchen im KZ Theresienstadt gesehen hatte: Vera, die er heiratete. Für sie war jenes Israel Heimat, für ihn war und blieb Heimat Prag. In dieser Konfliktsituation gab Vera nach, ging mit Arnŏst Lustig zurück in die ČSSR.

Arnŏst Lustig arbeitete am Prager Rundfunk. Er hatte seine Vision von einer gerechten Welt. Diejenigen, die von den Kommunisten verfolgt wurden, schienen ihm Unverbesserliche zu sein. Die stalinistischen Prozesse waren für ihn Fehler fehlerhafter Menschen in der Partei. »Die Partei als Ganzes ist gesund«, sagte er sich. »Fehler können geschehen.« Noch den Ungarn-Aufstand 1956 hielt er ganz im Sinne östlicher Propaganda für das Werk »kapitalistischer Reaktion«. Das Opfer des Hitler-Totalitarismus fiel auf den Totalitarismus der Stalinisten herein.

te mit dem Lied »Heili, heilo, heila«. Arnŏst Lustig erinnert sich: »Damit ist die deutsche Wehrmacht in Prag eingezogen.«
Der Schriftsteller spricht den ganzen Abend in deutscher Sprache: »Nicht der Nazismus ist schuld. Die Natur des Menschen ist schuldig. Ich liebe mich nicht, wenn ich über die Verfolgung der Juden schreibe. Ich schreibe, weil ich verantwortlich bin für die Opfer. Wenn ich nicht in Auschwitz gewesen wäre, ich würde heute wahrscheinlich Komödien schreiben.

»Das war eine Katastrophe für mich«, erinnert er sich. »Meine Frau, die die antisemitischen Töne während der stalinistischen Prozesse nicht überhört hatte, fühlte sich bestätigt in ihren Zweifeln. Für

Arnŏst Lustig 133

sie war die Führung der Partei eine Killerbande. Wenn die einen nicht gekillt worden wären, hätten sie die anderen gekillt, meinte sie. Und zwischen den Killern bewegten sich Idealisten. Viele von ihnen verschwanden gleich mit.«

Die Katastrophe des um seinen Glauben betrogenen »Täters«, der ein Opfer nationalsozialistischer Verfolgung war, verwandelte den Journalisten in einen Dichter. Nun – so sagt er – war ihm klar: Keine Vision von einer menschlicheren Welt, keine noch so gute Ideologie kommt an der Natur des Menschen vorbei, der nicht nur Gutes, sondern immer auch Böses in sich birgt, dessen Welt immer eine Spiegelung beider Komponenten sein wird. Der Journalist Arnŏst Lustig fand sein Thema:

Der Mensch, der sich unter Druck menschlich erweist. Lustigs Erzählungen sind Darstellungen menschlicher Bewährung. Daß er diese Bewährung in der KZ-Welt demonstriert, ist lebensnotwendig für Arnŏst Lustig: Hier in der extremsten Situation kann er den Triumph des Menschlichen über die Unmenschlichkeit in aller Tragik, ohne Beschönigungen am klarsten zeigen:

Der Schriftsteller sagt: »In Auschwitz haben die Nazis mit den Menschen auch den Begriff des Menschen getötet, wie ihn die Menschheit seit Jahrtausenden bis zu jenem Zeitpunkt kannte. In ›Mein Kampf‹ verwarf Hitler das Gewissen als eine jüdische Erfindung, die den Geist genauso verstümmelt wie die Beschneidung den Körper.«

Und Arnŏst Lustig sagt auch:

Wiedersehen nach mehr als einem Jahrzehnt: Lustigs Mutter, eine Überlebende des KZ Auschwitz, durfte 1980 von Prag nach Amerika fliegen und ihren Sohn in Washington besuchen. Verstimmung gab es, als Arnŏst Lustig für uns die Familie zusammentrieb. Später dann lachende Miene zum Spiel des Fotografen.

»Nur ein Mensch, der gesehen hat, wie leicht es ist, den Menschen in ein Tier zurückzuverwandeln, wie wenig man dafür von ihm abkratzen muß, kann die Welt begreifen, in die wir hineingeboren sind.«

Im Jahre 1958 erschien das erste Buch von Arnöst Lustig: »Diamanten der Nacht«. Erzählungen, über die »Time Literary Supplement« urteilte: »Das ist nicht die Arbeit eines Reporters, sind nicht Erinnerungen, die willkürlich in die Form von Erzählungen gezwängt wurden. Jede einzelne Geschichte besitzt eine echte innere Einheit und ist ein selbständiges kleines Kunstwerk.« Für den englischen Kritiker A. Alvarez und den »Observer« war es »das beste Buch des Jahres«. In dem Buch heißt es programmatisch: »Er suchte die Gerechtigkeit nicht irgendwo, er suchte sie in sich selbst.« Lustig schreibt: »Es muß Gerechtigkeit gegeben haben, irgendwann einmal. Aber sie ist verlorengegangen, Menschen sind über sie hinweggegangen, haben sie in die Erde getreten wie Sternenstaub. Aber eines Tages wird dieser Sternenstaub wieder entdeckt werden.«

Nur eine illusionslose Anthropologie, wie sie das alte Testament gibt, die mit der geschichtlichen Erfahrung – an ihren Früchten sollt ihr sie erkennen – übereinstimmt, ist Arnöst Lustig die Voraussetzung für die Rettung des gefallenen Menschen. Die Faszination des Bösen wird im Werk des Tschechen bewußt akzeptiert, weil er im Bösen ein nicht wegzudenkendes Konstituens der Schöpfung sieht. Dieses Böse zu verharmlosen oder für gesellschaftlich vermeidbar zu halten würde ihm als Lüge erscheinen.

Genau in diesem Spannungsfeld bewegt sich der Tscheche als Dichter: In »Straße der verlorenen Brüder«, in »Nacht und Hoffnung«, »Bitterer Mandelgeruch« und in seiner Novelle »Ein Gebet für Katharina Horowitz«, die 1964 erschien und sein bestes Buch ist. Die Geschichte einer jungen Frau, die sich vor der Gaskammer gegen ihre Mörder auflehnt, einem SS-Mann die Pistole entreißt, ihn niederschießt und erschossen wird. Eine Frau, die dem Gas entkommt, die ihren Schergen Freiheit abtrotzt. Die Freiheit, anders zu sterben, als es ihr bestimmt war. Eine fiktive Geschichte, ein Stück Dichtung, wie es in der Bundesrepublik von großen Teilen der Öffentlichkeit und der Kritik nicht akzeptiert wird, weil im Bereich des KZ-Themas strikte Authentizität verlangt wird. Der nach dieser Novelle entstandene gleichnamige Fernsehfilm unter der Regie des Tschechen Antonín Moskalyk erhielt 1966 den ersten Preis des internationalen Filmfestivals von Monte Carlo. Die Kopien des Films hält die ČSSR seit der Ausbürgerung Lustigs unter Verschluß. Der Film darf nicht mehr in der ČSSR und auch nicht mehr außerhalb der ČSSR gezeigt werden.

Verboten sind auch die ebenfalls nach Erzählungen Lustigs entstandenen Spielfilme »Transport aus dem Paradies«, 1963 mit dem ersten Preis des Filmfestivals von Locarno ausgezeichnet, »Diamanten in der Nacht« (Regie: Jan Němec), 1964 mit dem ersten Preis des Mannheimer Filmfestivals prämiert, und der Kurzfilm »Ein bißchen zu essen«, 1962 mit dem ersten Preis des Amsterdamer Filmschulfestivals versehen. Sie wurden in der ČSSR ebenso vernichtet wie Lustigs Bücher, soweit sie noch in Buchläden und Bibliotheken nach dem Sturz Dubčeks erhältlich waren. Zu den Kuriosa der sich neostalinistisch formierenden ČSSR gehörte die Tatsache, daß ein neuer Erzählungsband von Lustig noch 1970 ausgedruckt wurde, um dann eingestampft zu werden. Arnöst Lustig kommentiert: »Die Husak-Leute dachten, daß meine Beschreibungen der Verfolgung durch die Nazis als eine Allegorie auf sie selbst verstanden werden kann.«

Beim Einmarsch der Truppen des Warschauer Paktes in die ČSSR befand sich Lustig mit seiner Frau auf einer Ferienreise in Italien. Die Reaktion Vera Lustigs war eindeutig: »Vor 20 Jahren habe ich getan, was du wolltest. Diesmal tu ich es nicht noch einmal. Ich werde mit meinen Kindern nicht zurückkehren. Du kannst tun, was du für richtig hältst.« Arnöst Lustig spielte auf Zeitgewinn. Er wollte weiter in Prag leben, er bat seine Frau: »Gib mir 14 Tage, damit ich mir alles überlegen kann.«

Die kommunistische Partei Italiens bot ihm einen Job an. Parteichef Berlinguer traf sich mit dem tschechischen Schriftsteller, fragte nach seiner Einschätzung der Prager Situation. Heute nach der kalten Liquidierung der polnischen Reformbewegung hat der Chef der italienischen Kommunisten genau die Meinung, die Lustig ihm gegenüber damals vertrat: »Es ist ein Verbrechen, was Moskau mit den Völkern in seinem Machtbereich macht. Mit dem sowjetischen System ist Sozialismus nicht zu verwirklichen. Moskau hat die gesamte sozialistische Sache heillos diskreditiert. Aus dem Traum sozialer Gerechtigkeit, dem Traum von einem Leben in Würde, hat Moskau einen Alptraum gemacht.« Lustig erinnert sich, daß Berlinguer zwar den Einmarsch in die ČSSR verurteilte, daß er aber das Vorgehen der Sowjets noch als Fehler einzelner in der Führungsspitze der KPdSU wertete.

In Rom erreichte den Schriftsteller ein Telegramm: Der damalige Ministerpräsident Eschkol lud ihn und seine Familie ein, nach Israel zu kommen und sich als Gäste der Regierung zu fühlen. »Was Besseres hätte meiner Frau nicht passieren können«, berichtet Lustig. »Wir flogen also nach Tel Aviv. Wir wurden freundlich empfangen. Und wir blieben, weil meine Frau bleiben wollte. Wir fanden Unterkunft in Hachotrim. Das war ein sozialistischer Kibbuz südlich von Haifa.« Lustigs Frau arbeitete dort als Köchin. Er versuchte zu schreiben.

»Aber in Hachotrim war es erschreckend«, erinnert sich der Schriftsteller. »Ich sah dort alle Krankheiten des Sozialismus, nun im kleinen. Der Sekretär hat die beste Arbeit. Er hat die beste Frau. Die beste Protektion. Einen Schriftsteller zu verstehen ging über deren Verstand. Sie glaubten allen Ernstes, mir sagen zu können, was ich schreiben soll und auch wie. Wenn das in Prag jemand mit mir gemacht hätte, hätte ich ihm gesagt, er sei ein Faschist. Hier schwieg ich. Dann wurden sie wütend darüber, daß ich nicht Hebräisch lernte.« Lustig sträubte sich, weil er Angst hatte, er würde mit wachsenden Hebräisch-Kenntnissen seine Heimatsprache verlieren. »Später sagte man mir im Kibbuz, ich solle aufhören zu schreiben. Niemand könne davon leben«, berichtet der Schriftsteller. Er wurde gefragt, was er tun will. Und er antwortete, er möchte Lastzüge nach Eilat fahren. Aber das lehnte man ab. Dafür habe er nicht das richtige Training. Das Risiko sei zu groß. Die Lastzüge hätten zu viel Geld gekostet. Lustig zog die Konsequenzen, und seine Frau zog mit: ins jugoslawische Zagreb. Ein Jahr war vergangen. Und in dem einen Jahr war Lustig zweimal von Israel aus, wobei er in Athen umstieg, nach Prag geflogen. Beim zweiten Mal im Mai 1969 hatte er am letzten Kongreß des Dubček-treuen Schriftstellerverbandes teilgenommen, der danach aufgelöst wurde. Lustig erinnert sich, wie ihn die Behörden in Israel hatten bewegen wollen, nicht zu reisen. Lustig empört: »Man wird in Prag sagen, die Juden sind Feiglinge.« Israelische Antwort: »Das ist Nonsens, sie schulden den Tschechen nichts.« Lustig: »Ich schulde ihnen mein ganzes Leben. Ich wäre kein Autor ohne dieses Volk, ohne dieses Zuhause und ohne diese Sprache.« Israelische Antwort: »Sie sind Jude. Sie müssen sich gegenüber der ČSSR nicht verantwortlich fühlen.« Lustig: »Ein Schriftsteller, der sich nicht verantwortlich fühlt, kann sich aufhängen.« Israelische Antwort: »Sie sind verrückt.« Arnŏst Lustig war dann zehn Tage in Prag geblieben. »In diesen Tagen spürte ich, ich kann in Prag nicht mehr atmen«, erinnert er sich. »Alle Freunde sagten mir: Geh. Als Jude bist du der erste, den sie zum Sündenbock stempeln werden. Ich nahm Abschied von meinem Freund, mit dem ich 1945 dem Nazi-Transport entkommen war. Ich ließ alles zurück in meiner Wohnung, gab es meiner Mutter. Ich glaubte, wenn ich was mitnehme, komme ich nicht mehr zurück.«

In Zagreb schrieb Lustig für den jugoslawischen Film ein Drehbuch über das Leben Titos. Nach einem Jahr – im Sommer 1970 – nahm Arnŏst eine Einladung der amerikanischen Universität Iowa an: Als »writer in residence« für ein Jahr. »Ich ging nicht in die USA, weil ich irgendeine Bewunderung für das Land hatte«, sagt er. »Nach Amerika zu gehen hieß für mich, ans Ende der Welt gehen. Es war für mich ein anderer Planet. Wenn schon von neuem anfangen, dachte ich mir, dann in einer ganz fremden Welt.« Ein Jahr später zog Lustig mit seiner Familie nach Washington. Aus 700 Bewerbungen entschied sich die American

Arnŏst Lustig

Arnŏst Lustig spricht über den Tod eines Freundes, lacht, singt und schenkt ein.

University für ihn als Professor für Literatur. Unter den Studenten gilt er als ein glänzender Pädagoge. Sein Vortrag hat die Prägnanz kurzer Sätze, so wie auch seine Bücher geschrieben sind. Er schafft Vertrauen, weil seine Studenten spüren, daß er sich in ihre Seelenlage, in ihre Gefühle und ihre Denkart zu versetzen versteht und aus dieser Perspektive von unten Menschen und ihre Leistungen beurteilt.

Seitdem er in den Vereinigten Staaten lebt, sind fünf seiner Bücher in 13 Ausgaben veröffentlicht worden. Er hat eine Reihe neuer Erzählungen geschrieben. Aber das, was in Prag entstanden ist, hat bei weitem das Übergewicht. Noch immer hängt Arnŏst Lustig an Prag wie an einer Nabelschnur: An dem letzten Buch, das er dort schrieb und das in Prag dann nach der Okkupation verboten wurde, schreibt er beharrlich weiter. Er variiert, beginnt von neuem, schließt ab und beginnt wieder. Es ist sein erster Roman. Er heißt tschechisch »Miláček«. In ihm greift er den israelisch-arabischen Krieg von 1948 auf. Die Zeit also, in der er Pressekorrespondent dort gewesen ist. Lustig erzählt die Liebesgeschichte zwischen einem Kriegsberichterstatter und einer Angehörigen der israelischen Armee. Eine Geschichte im Angesicht des Todes – ganz nah Hemingways »Wem die Stunde schlägt«. In der Art der Dialogführung, der knappen Sprache, des Verstummens, wenn sich Entwicklung für den Leser von allein ergibt. Ohne Überhöhungen: Der Gottesbeweis wird von Lustig als Menschenbeweis geführt, als Erweis für Menschlichkeit.

»Ich komm' einfach von dem Thema nicht los«, sagt Lustig. »Merkwürdig. Plötzlich stirbt jemand, der als Figur im Roman vorkommt. Und alles bekommt eine neue Wendung. Alles sieht ganz anders aus. Da ist der Freund aus Prag, der als Kampfpilot nach Israel geht, der dann auftaucht als israelischer Militärattaché in Washington und einem Attentat zum Opfer fällt.«

Arnŏst beginnt zu singen: »Das kann doch einen Seemann nicht erschüttern.« Dann greift er sich eine Schallplatte mit Volksliedern, legt sie auf. Ich höre Lieder von Karel Hašler, den die Nazis 1941 in Mauthausen erschossen. Dann sagt er zu mir: »Weißt du, wie ich die Menschen um mich herum insgeheim messe? Ich beantworte mir die Frage: Wäre der oder jener in Buchenwald ein guter Mensch gewesen?«

In seinem Arbeitszimmer hängt ein Porträt des Vaters, in Öl gemalt. In der Uniform der k. u. k. Armee des Ersten Weltkrieges, an dem der Vater teilnahm. Das einzige Bild, das vom Vater geblieben ist. Im Bücherregal ein Foto von Anne Frank und ein Foto, das seine 80jährige Mutter zu Besuch bei ihm in Washington zeigt. Daneben ein Hamilton-Foto: eine Frau mit entblößten Brüsten. Und zwei Fußball-Wimpel.

Arnŏst Lustig geht durch die Wohnung, zieht Schubladen

auf, alle gefüllt bis zum Rand: »Da kommst du nackt hier in das Land. Nach zehn Jahren hast du einen Antikladen. Hier Stiche mit Prager Motiven. Dort 60 tschechische Weingläser. Aber alles hier gekauft. Angefangen hat es mit einem Tisch und vier Stühlen. Fünf Jahre lang hatten alle keine Betten. Und jetzt ist es eng geworden. Laß uns spazierengehen.«

Wir lassen den Wohnblock hinter uns, gehen ein Stück durch den Wald, durch einen Park, stoßen wieder auf die Straße. Er redet nun wenig. Mal hier und da einen Satz: »Der Mensch muß vergessen.« Oder: »Menschen brauchen einen Traum.« Oder: »Verrückte Welt. Hier sind die Leute stolz, wenn sie gleich zwei Berufe ausfüllen.« Oder: »Was meinst du, wie gern ich faul bin.« Oder: »Das mit Amerika, das wird noch. Wart ab in zehn Jahren.« Oder: »Sozialismus? Vielleicht muß man das Wort vergessen, um den Inhalt zu retten.«

Irgendwann stehen wir vor dem Kongreßgebäude. Eine Stunde Fußmarsch liegt hinter uns. Es ist früher Nachmittag. Arnošt Lustig hat einen kleinen Traum: »Am Abend spazierengehen. Das kannst du hier in Washington nicht machen. Da würdest du mit deinem Leben spielen.«

In Lustigs Buch »Dità Saxová« heißt es: »Es gibt Augenblicke, in denen man spürt, daß die ganze Welt ein einziges Konzentrationslager ist, ein Netz von Lagern. Du gerätst in deinem Leben von einem besseren in ein schlechteres oder umgekehrt, aber raus kommst du nicht.« An anderer Stelle schreibt er: »Holocaust liegt in der Luft. Überall in der Welt. Die verschiedensten Formen. Du siehst, daß es wieder geschieht. Es beweist mir, daß das Kapitel Auschwitz nicht abgeschlossen ist. Immer wieder sind Menschen fähig, Auschwitz zu wiederholen. Faschisten gibt es überall. Faschist zu sein ist eine menschliche Kategorie, keine deutsche.«

Er erzählt von dem Meister in der deutschen Munitionsfabrik Hassag, wo Lustig als KZ-Häftling arbeiten mußte, erzählt, wie ihm der deutsche Meister über den Kopf strich und sagte: »›Einen Sohn hab' ich über London verloren, den zweiten in Rußland, den dritten in Frankreich. Jetzt bist du mein Sohn.‹ Der Meister brachte Brot und Wurst«, erinnert sich Lustig. »Als er sah, daß ich das Geschenkte mit den Mithäftlingen teilte, brachte er mehr.«

Lustig berichtet von dem SS-Mann, der nicht älter war als er, der die Häftlinge auf dem Transport von Auschwitz nach Buchenwald bewachte. »Dieser SS-Mann hatte niemanden, mit dem er reden konnte, also redete er mit mir. Er sagte, daß wir die Hölle verlassen – beide, ich und er. Würde er seinem Vater erzählen, was er als SS-Mann in Auschwitz getan hat, würde sein deutscher Vater bis ans Ende seines Lebens kein Wort mehr mit ihm sprechen. Würde er es seiner Mutter erzählen, würde sie sich das Leben nehmen, wie er es selbst nun tun wolle. Würde er das Erlebte seinen Großeltern erzählen, würden sie vor Schande sterben. Er bat mich um Ratschläge, wie er Selbstmord verüben könne. Und ich hab' sie ihm gegeben.«

Arnošt Lustig erinnert sich, wie er ahnungslos in Auschwitz-Birkenau bei einer Selektion des KZ-Arztes Dr. Mengele dem Gas entkam. Und er fragt sich noch heute, was ihn rettete. Seine Arglosigkeit? Mengele: »Was ist dein Beruf?« Lustig: »Sind Sie wirklich daran interessiert, das zu wissen?« Mengele: »Ja.« Lustig begann aufzuzählen: »Schlosser, Maurer, Klempner...« Er zählte neun Berufe auf, und als zehnten Beruf nannte er seinen Zustand: elend. »Mengele schmunzelte und schickte mich nach links, wie ich dann merkte, nicht ins Gas. Links stand ein junger SS-Mann. Er sprach mich an: ›Hast du eine Armbanduhr?‹ Ich sagte: ›Ja, eine nötig.‹ Und ich lachte ihn an. Er lachte zurück. Neben mir lachte ein alter Mann mit, und den hat der SS-Mann vor meinen Augen erschlagen.«

Arnošt Lustig: »Was in Auschwitz geschah, wird nie einer begreifen, auch nicht, wer dort war.« Wir sitzen nun in München beieinander. Er sagt: »Ich kann nicht hassen. Das ist meine Natur. Das ist ein Glück.« Sein Sohn wirft ein: »Die Mutter kann hassen.« Arnošt Lustig korrigiert: »Es ist nicht Haß, es ist Bitterkeit, es ist so viel Bitterkeit. Sie hat in ihrem Leben mehr zu tragen gehabt, als sie hat tragen können. In Amerika haben wir gedacht, das Vergangene würde sehr weit entfernt sein. Aber die Toten gehen mit dir.«

Arnošt Lustig 139

JIŘÍ GRUŠA:
»ICH WILL NICHT HASSEN«

Die erste Nacht des Tschechen Jiří Gruša im Westen. Sieben Stunden Fahrt von Böhmen nach Bayern. Dann vier Stunden Diskussionen in der Wohnung seines Freundes in München. Schließlich das Bett im Gästezimmer. Jiří Gruša schläft sofort ein und ist plötzlich wieder wach. Aufgeschreckt aus einem Traum, in dem er von den Häschern seines Landes verfolgt wird, die ihm sein neues Buch wegnehmen wollen. Der wache Gruša spürt kalten Schweiß auf seiner Stirn und dann stechende Schmerzen im Magen. Wo hat er das Manuskript hingelegt? Er ist in Panik, und die Panik schwindet nicht, als ihm klar wird, daß er in München ist. Mensch, hier kommt ja niemand, sagt er zu sich. Doch so oft er den Satz wiederholt, es hilft nicht. Erst als er das Manuskript aus dem Wohnzimmer holt und bei sich im Bett hat, findet er Ruhe und Schlaf.

Der Schriftsteller Jiří Gruša – in Prag vor die Wahl gestellt, entweder auszureisen oder wieder ins Gefängnis zu gehen – kam am 22. Dezember 1980 in den Westen. Autor dreier Gedichtbände, eines Kinderbuches und dreier Romane. Aber nur ein Buch ist im Westen übersetzt und gedruckt: der Roman »Der 16. Fragebogen«.

In drei verschiedenen Ländern hat Jiří Gruša inzwischen versucht, Fuß zu fas-

sen. Aus den USA kehrte er nach drei Monaten zurück. Aus der Schweiz nach vier Monaten. Seitdem lebt der 43jährige in der Bundesrepublik.

Einen Weg zurück in die Heimat gibt es für ihn nicht. Einige seiner Freunde sind inzwischen verhaftet worden, weil sie Briefe mit der Bitte um Hilfe an die Politiker Olof Palme, Bruno Kreisky und Willy Brandt geschrieben hatten. Briefe, die ihnen das stalinistische Prager Regime als »subversive Tätigkeit« auslegte. Gruša hatte bereits 1978 unter dem gleichen Vorwurf in einem Prager Gefängnis gesessen und war nach zwei Monaten auf Grund westlicher Proteste wieder freigelassen worden. Die Freiheit in der ČSSR hat er seit damals nicht mehr als Freiheit empfunden. »Ich bin nicht mehr das Gefühl losgeworden«, erinnert er sich, »im Gefängnis zu sitzen.«

Jiří Gruša kam unter bei dem Bonner Journalisten Hans-Peter Riese, der einst in Prag als Korrespondent des Deutschlandfunks gearbeitet hatte. Die Friedrich-Ebert-Stiftung hat den Schriftsteller für ein Jahr als Stipendiaten unter ihre Fittiche genommen. Seine Frau und sein fünfjähriger Sohn haben ihn in Bonn besucht und sind inzwischen wieder nach Prag zurückgefahren. Die Angst, für immer von der Heimat getrennt zu sein, hat Grušas Frau Ivana zurückgetrieben. Sie will in Prag offiziell und legal die Umsiedlung in die Bundesrepublik beantragen, um als Emigrantin Eltern, Verwandte und Freunde weiter besuchen zu können.

Diese Rückreise hat Gruša so stumm gemacht, wie er es gewesen ist, als er vor einem Jahr in den Westen kam. Damals war seine Familie ein Faustpfand der Machthaber in Prag. Nun ist sie es wieder. Jeder von Grušas Freunden weiß, daß Sippenhaft ein Mittel sein kann, mit dem kommunistische Regime Vergeltung üben. Jeder von seinen Freunden aber weiß auch, daß der Verlust der Heimat noch tiefer jene Menschen treffen muß, die nicht in der Lage sind wie Schriftsteller, sich ihr Land qua Phantasie neu zu schaffen, neu zu erobern. Und selbst unter den Schriftstellern im Exil hat es in der Vergangenheit nicht wenige gegeben, die in der Fremde an der Fremde zugrunde gegangen sind.

Jiří Gruša hat sich in Bonn in seine Dachkammer zurückgezogen. Er kämpft um Hoffnung. Er kämpft um sein Leben. Und deshalb schreibt er. Immer hat er geschrieben, wenn er um sein Leben gekämpft hat. Zuletzt nach seiner Entlassung aus dem Gefängnis 1978. Damals hatte er mit jenem Buch begonnen, das er vor einem Jahr als Manuskript mit nach München brachte. Gruša erinnert sich: »Es war damals so, als hätte sich meine Phantasie in der Gefängniszelle gestaut, und nun entlud sich nach der Freilassung alles in einem einzigen Schwall. Die ersten 80 Seiten kamen in ein paar Tagen zustande.«

Jiří Gruša, seit 1970 mit dem Verbot öffentlicher literarischer Tätigkeit belegt, wohnte mit seiner Familie in einer 40 Quadratmeter großen Dreizimmerwohnung im 13. Stock eines Prager Neubaus. Er lebte in zweiter Ehe. In erster Ehe war er mit einer Tochter Professor Eduard Goldstückers verheiratet. Goldstücker, Prorektor an der Prager Karls-Universität und ein Wegbereiter des »Prager Frühlings«, ist seit der sowjetischen Okkupation der ČSSR 1968 in England im Exil. Aus der ersten Ehe hat Gruša eine heute 19jährige Tochter und einen 15jährigen Sohn, die mit ihrer Mutter in Prag wohnen. Seine zweite Frau hatte Gruša 1969 kennen- und liebengelernt. Geheiratet haben sie erst nach der Entlassung des Schriftstellers aus dem Gefängnis. Da war ihr Sohn Václav zwei Jahre alt.

Als Frau des verbotenen Autors Gruša verlor Ivana daraufhin ihre Stellung als Historikerin am Enzyklopädischen Institut der Prager Akademie der Wissenschaften. Sie gewann dafür das Anrecht, den Schriftsteller bei einer erneuten Verhaftung im Gefängnis besuchen zu können. Eine erneute Verhaftung unterblieb zwar, aber immer wieder wurde Gruša zu Verhören der Staatssicherheitsbehörden gerufen. Drohungen waren an der Tagesordnung, Wohnungsdurchsuchungen galten seinen Manuskripten, die er Seite für Seite immer rechtzeitig in Sicherheit zu bringen verstand.

Die Schwierigkeit eines Jiří Gruša und seiner Freunde Ludvík Vaculík, Václav Havel, Pavel Kohout und Petr Kabeš bestand immer darin,

Prags Neo-Stalinisten ließen dem unbeugsamen Katholiken Jiří Gruša 1980 eine Wahl: entweder, wie zwei Jahre vorher, wieder ins Gefängnis, nur diesmal länger – oder eine Reise in den Westen. Von seinem im Westen erschienenen Roman »Der 16. Fragebogen« fühlte sich das Regime beleidigt. Gruša verließ sein Land, ging in die USA, dann in die Schweiz und blieb in der Bundesrepublik – in St. Augustin bei Bonn. Die ČSSR entzog ihm ein Jahr nach der Ausreise die Staatsbürgerschaft.

»uns nicht mit den Augen der Machthaber zu sehen, denn dann hätten wir uns vorkommen müssen wie leicht zerdrückbares Ungeziefer«. Gruša gehörte zu einem kleinen Kreis von Autoren, die in ihrer Edice Petlice (Edition »Hinter Schloß und Riegel«) über 200 Bücher verbotener Autoren lektorierten, abtippten und herausbrachten. Und er gehörte zu den ersten Unterzeichnern der Charta 77 und somit zu der vom Prager Regime verfolgten Bürgerrechtsbewegung für die Einhaltung der Menschenrechte in der ČSSR.

Als Romancier dem heute im französischen Exil lebenden Landsmann Milan Kundera ebenbürtig, ist dieser Jiří Gruša dennoch im Westen nahezu unbekannt geblieben. Gruša, 1938 in Pardubice geboren, gehört jener Generation von Intellektuellen seines Landes an, die als Kinder die letzte Phase deutscher Okkupation und dann den Kommunismus als Stalinismus, als neues Verbrechen am Volk, miterlebten.

Jiří Gruša lächelt heute, wenn er an den ein Jahrzehnt älteren, einst ideologiegläubigen Pavel Kohout denkt. Mit Kohout und seiner von sozialistischem Enthusiasmus beflügelten Propaganda-Lyrik der frühen fünfziger Jahre hatte sich Gruša Mitte der sechziger Jahre besonders intensiv auseinandergesetzt. Damals hatte ihm Kohout noch im gleichen Enthusiasmus entgegengehalten: »Unsere Hände sind zwar nicht sauber. Aber wir haben gekämpft, unsere Fahne getragen. Unsere Fahne ist dabei manchmal schmutzig

Jiří Gruša

geworden, aber wir haben für eine gute Sache gekämpft. Ich bin neugierig, wo du in 15 Jahren stehen wirst.«
15 Jahre später stehen beide Schriftsteller im Exil.
Gruša hat die Kohout-Sätze auswendig im Kopf. Er zitiert sie, wie er sagt, nicht, um Kohout nachträglich ins Unrecht zu setzen, er zitiert sie, um seine geistige Position deutlich zu machen.
Jiří Gruša ist katholisch aufgewachsen. Und da der christliche Glaube, in dessen Namen in der Vergangenheit so zahllose Verbrechen begangen worden sind, vom kommunistischen System in der ČSSR, das sich verbrecherisch einführte, verfolgt wurde, war der junge Gruša auf seiten der Verfolgten. Die Vergangenheit christlicher Deformation war Vergangenheit, die kommunistische Deformation Gegenwart. »Sozialistische Vorstellungen blieben für mich eingebunden ins Christliche«, erinnert sich Gruša. Der Schriftsteller hat es immer wieder abgelehnt, in die kommunistische Partei einzutreten. Ein Gedicht, das im Exil entstand, stellt den Bezug zwischen damals, als der Abiturient zum Studium nach Prag kam, und heute her:
Irgendwo zwischen Basel | und einem der Seen | Irgendwo mit diesen Koffern | voller Wörterbücher | in einer sprachlosen Sprache | bergauf. | Nicht mehr in jener Straße | Zum Paradiesgarten, | auf der ich zum ersten Mal hinaufstieg, | ebenso belastet, | allein mit Worten | glücklich, | daß Prag mir zu Füßen lag. | DIE STADT. | Bis man mir sagte: | Es war der Galgenweg ...

Wiedersehen am bayerischen Kontrollpunkt Waidhaus an der tschechischen Grenze Ende August 1981: Jiří Gruša mit seiner Frau Ivana und Sohn Václav, die ihn acht Monate nach seiner Ausreise in den Westen besuchen dürfen. Frau und Sohn blieben zwei Monate in der Bundesrepublik.

Während seines Studiums in Prag hatte Gruša geheiratet, eine Kommilitonin. Bis 1967 wohnte er mit seiner Familie beim Schwiegervater Goldstücker. Im Jahr der Heirat, 1962, war auch Grušas erster Gedichtband erschienen. Ein Jahr später hatte er die Prager Karls-Universität als Doktor der Philosophie verlassen und dann seinen Militärdienst gemacht. Ohne Parteimitgliedschaft hatte er bis 1967 – dem Jahr des Umbruchs, das den Prager Frühling von 1968 brachte – keine Chance, eine feste Anstellung zu bekommen: weder als Historiker noch als Redakteur. Er durfte froh sein, als Mitbegründer zweier Literaturzeitschriften (»Tvář« und »Sešity«) an ihnen frei mitarbeiten zu können.

In »Tvář« legte er noch während seiner Militärzeit seinen literarischen Standpunkt dar, von dem er trotz aller Pressionen nie mehr abgewichen ist: »Ein Dichter ist nur dann ein wahrer Dichter, wenn er sich niemals auf eine ideologische Form des Schaffens einläßt. In der Poesie geht es um die Poesie. Entweder du bist ein Propagandist, dann bist du ein Politiker – oder du verläßt dich auf deine ureigene Fähigkeit, die Realität selbst zu eröffnen, sie neu zu schaffen.« Dieser Artikel führte zum ersten Zusammenstoß mit der Partei: Parteichef Novotný sprach von einer Frechheit. »Leute, die bislang noch nicht den Kinderschuhen entwachsen sind, wollen sich in die kulturelle Realität einmischen«, hieß es in der Parteizeitung »Rúde Právo«.

Einmischen durfte sich Gruša vorerst nicht mehr. Er mußte schweigend die Schmähungen durch Funktionäre hinnehmen. Auch in der zweiten Hälfte der sechziger Jahre, als das kulturelle Klima liberaler wurde und Grušas Schwiegervater, der in der stalinistischen Ära des Landes im Gefängnis gesessen hatte, die politische Wende zugunsten eines demokratischen Sozialismus in der ČSSR kommen sah, blieb Gruša skeptisch.

Baby Jiří Gruša 1938 mit seiner 18 Jahre alten Mutter Blažena in Pardubice. Mutter und Vater leben nach wie vor in der Geburtsstadt des Dichters. Als Dreijähriger steht Jiří Gruša neben seiner Freundin Erna. In seinem Roman »Der 16. Fragebogen« spielt das Mädchen Erna eine Hauptrolle. Jan Chrysostomos, die andere zentrale Figur, findet in Ernas Mutter seine erste Geliebte – Ersatz für die abweisende Erna. Um diese intime Konstellation herum arrangiert der Autor Gruša die Geschichte seines Landes von der Nazi-Okkupation bis zur Sowjet-Okkupation 1968.

Die erneute Frage nach dem Parteibeitritt, gestellt vom Schwiegervater, beantwortete er mit Nein: »Das brave Mädchen, das ins Bordell kommt, wird eher zur Hure, als daß das Bordell sich in ein Kloster verwandelt.«

Die Tschechoslowakei Ende 1967 bis zum 21. August 1968: der Sozialismus mit dem menschlichen Antlitz. Es war der Zeitraum, in dem Gruša eine Wohnung fand, in der er dann später mit zweiter Frau und Sohn Václav blieb. Es war der Zeitraum, in dem er eine Redakteursstelle bekam. Und noch über den 21. August 1968 hinaus konnte er publizieren. Alexander Dubček, nach Staatsgründer Tomáš G. Masaryk das zweite Freiheitssymbol seines Landes, wurde erst im April 1969 abgesetzt. So erschien von Gruša noch 1969 in der ČSSR sein letzter und bester Gedichtband »Cvičení mučení« (»Folterübungen«), das Kinderbuch »Kudláškoy prihody« (»Die Abenteuer des Kudlášek«) und in einer Zeitschrift ein Auszug aus seinem ersten Roman »Mimner«. Keines dieser Bücher ist bisher in Sprachen des Westens veröffentlicht worden.

Über den »Mimner« urteilte der Münchner Linguist und Übersetzer Gerhard Baumrucker: »Da müssen wohl sogar die Kollegen aus Argentinien – ich meine die Herren Borges, Bioy Casares und Cortázar – zugeben, daß da einer genauso viel Dampf hat wie sie. Und auch Herr Tolkien scheint mir zwar umfangreicher, aber keineswegs geistreicher, gehaltvoller oder phantasievoller zu sein. Allenfalls netter. Aber na ja. Wer sich mit phantastischer Literatur befaßt, dürfte an diesem Buch kaum vorbeikommen.«

Als Redakteur wurde dem 31jährigen Gruša im März 1969 gekündigt. Er arbeitete dann in einer Prager Werbeagentur, bis sie geschlossen wurde, war danach Angestellter in einem Marketing-Institut, bis es geschlossen wurde, dann Polier und schließlich Angestellter einer Baufirma bis zu seiner Verhaftung 1978. Gruša stellte seine praktischen Fähigkeiten auf die Probe. Er organisierte Bauvorhaben und setzte dabei seine ganze Phantasie ein, um die üblichen Engpässe in Ostblockstaaten zu überwin-

Jiří Gruša 147

den. »Arbeit als Schutzfunktion und doch mehr«, sagt er heute. »Ich übte meinen neuen Beruf mit Lust aus. Als etwas, was gleichwertig neben meiner Lust an Literatur stand. Hätte ich meine neue Arbeit niedriger eingeschätzt, so hätte sie mich verletzt und dann wohl auch verbittert. Und als Verbitterter hätte ich gehaßt. Ich wollte nicht hassen. Denn Haß ist die Triebkraft der Schwachen.«

Jiří Gruša, der Katholik. In Pardubice, seiner Geburtsstadt, hatte der Salesianer-Orden einen Sitz. Gruša erinnert sich, wie 1950 eines Nachts alle Priester mit einem Lastwagen abgeholt wurden. Das Gebäude wurde verriegelt. Betreten verboten. Der Zwölfjährige drang mit Freunden ein und nahm die verbotenen Bücher über Don Bosco und Franziskus von Assisi mit; er griff sich auch die Texte der Schauspiele über Leiden und Martyrium der Heiligen. Eine Literatur des Widerstandes gegen das, was er lernen mußte: die Spruchweisheiten der Kommunisten, die sich als Betrug erwiesen. Jeder konnte in der Kleinstadt Pardubice sehen, wie eine neue Verfolgung von unschuldigen Menschen die alte abgelöst hatte.

Jiří Grušas Jugendjahre spiegeln sich in dem Gedicht »Predigt den Fischen«:

Ich werde nicht sein und so bin ich / allein mit Worten / schon durch das erste verraten / allein mit meinem Verrat / auf meinen Wunsch / predigt den Fischen / ich werde achtzehn / und sterbe am Freitag / niemandem auch nur einen Laut / sonst wird wieder nichts daraus / niemandem auch nur einen Laut / am Tisch liegt ein Apfel / im Apfel mein Stern / ich verwerfe die Hände / und eine Welle schlägt / über meiner Mutter Leib.

Gruša sagt: »Jeder Mensch muß etwas fast Mystisches haben, sonst ist er verloren.« Für ihn ist es die Person Jesu und dessen Botschaft, die Gruša so formuliert: »Der unwahrscheinlichste Weg bietet eine Lösung.«

Gruša erinnert sich, wie er 1978 gegen den Schock der Inhaftierung mit dem »Vaterunser« angekämpft hat: »Ob-

Pardubice – die Stadt, in der Gruša geboren und aufgewachsen ist: Als 17jähriger erprobt er im Gymnasium seine Gedichte an Schülerinnen seiner Klasse.

wohl ich kein bigotter Mensch bin, habe ich immer wieder laut in lateinischer Sprache diese Worte wiederholt, und es hat mir geholfen.« Gott ist ihm, so sagt er, »eine lebendige Kraft«. Als lebendige Kraft aber nur mit der Hilfe des Weiblichen zu ertragen: »Deshalb sind wir in die Welt via Mutter gekommen. Sonst hätten wir anders geschaffen werden müssen. Das heißt auch: Die patriarchalische Welt ist eine falsche Welt.«

Karl Marx versprach kein Jenseits wie die Christen, dafür aber ein Später. »Doch später«, so sagt Gruša, »ist im Sozialismus alles schlimmer geworden.« Nein, Gruša spielt nicht die kommunistische Ideologie zugunsten des kapitalistischen Systems aus. Er weiß: ohne Leidenschaft keine Wahrheit, aber mit Leidenschaft auch immer der Irrtum. »Doch«, so meint er, »die Leidenschaft hat längst den Sozialismus verlassen.«

Die Katastrophe des menschlichen Lebens sieht er nicht begrenzt auf die Länder des Ostblocks. Für Ost und West gelte in der heutigen Situation dasselbe: »Die Zukunft ist erobert. Und was haben wir in der Hand? Dreck – und im Herzen den Mangel.« Im Westen sieht Gruša besonders unter jungen Menschen eine religiöse Suche, aber in einem Zustand der Verwirrung: »Sie suchen Ruhe mit Hilfe der Unruhe. Sie wollen eine Sicherheit, die Sicherheit des Glücks.«

Jiří Gruša hält dies für ein Mißverständnis: »Der Mensch hat keinen Glücksanspruch.« Wer auf Moral abstellt, sei auf das tragische Denken verwiesen. »Die einzige Perspektive, welche die Autonomie und den authentischen Primat der Moral bejaht, ist die der Tragödie. Die einzige gerechtfertigte Moral ist also die tragische. Es gilt die Wette auf die Existenz Gottes. Wenn wir nicht den einen Gott finden, dann sind wir wirklich am Ende. Dann ist diese Zivilisation eine Scheiße.«

Jiří Gruša ist ein Autor, der quer zu allen heute gängigen Literatur-Auffassungen steht. Die Grundform seiner Vorstellung vom Schicksal ist mittelalterlich. Das bedeutet, daß diese Grundform einen transzendenten Bezug birgt und daß Verfallserscheinungen im Geistigen überall dort eingetreten sind, wo diese Grundform verlassen worden ist. Gruša sagt: »Für mich ist die Kunst kein Entertainment. Der Dichter hat die Pflicht, keine falschen Märchen zu schreiben. Die Pflicht der Literatur besteht darin, nicht etwas Neues zu schreiben, sondern das gleiche zu sagen, was andere vor dir gesagt haben. So hat es die Philosophie getan, deshalb ist Plato nicht rückschrittlich und Kant, weil er später gelebt hat, fortschrittlich. Der Unterschied zu früheren Dichtern besteht für mich nur in der anderen Distanz oder Nähe, die sie zu ihrem Ende, für mich zu Gott haben.«

Nachlesbar ist diese Haltung in dem bisher einzigen in deutscher Sprache erschienenen Buch »Der 16. Fragebogen«. Darin lotet ein Jan Chrysostomos Kepka von der Nazi-Okkupation 1939 bis hin zu der Sowjet-Okkupation 1968 böhmische Geschichte aus, indem er einem Parteifunktionär den verlangten 16. Fragebogen ausgefüllt vorlegt. Mit einem Gebilde von Antworten, das so unbrauchbar für die Bürokratie ist wie das lebendige Leben, wie das unwahrscheinliche Wirkliche. Unter- und Hintergründiges, Affektives und Assoziatives sprengen die vorgegebenen Antwortrubriken, und alles zusammen macht eine andere »condition humaine« sichtbar als die des totalitären Systems.

Dieses Buch, das zuerst in der Edice Petlice erschien, nahm das Regime zum Anlaß, Gruša 1978 zu verhaften. Es war die erste Verhaftung eines Schriftstellers seit 1968 allein auf Grund eines Romaninhalts. Nach seiner Freilassung – das Verfahren wurde ein Jahr später eingestellt – gelang es dem Autor mit Hilfe von Freunden, die Geschichte der Verfolgung tschechoslowakischer Literatur in der Zeit vom kommunistischen Putsch im Jahre 1948 bis 1980 zu recherchieren und zu schreiben, die Geschichte von mehr als 500 verfolgten Autoren. Es erscheint in Kanada: auf Tschechisch im Exilverlag »68 Publishers Toronto«.

Das Romanmanuskript, das Gruša in seiner ersten Nacht im Westen nicht im Wohnzimmer seines Münchner Freundes liegenlassen mochte, kommt jetzt unter dem Titel »Dr. Kokeš, der Meister der Jungfrau« heraus. Auch hier macht der Autor einen Rückgriff in die mittelalterliche Welt: Die Auseinander-

setzung zwischen Mensch und Tod über den Sinn des Lebens von Johannes von Saaz (Der Ackermann von Böhmen) wird fortgeführt. Jener Prosadialog – um 1400 geschrieben –, der in der Umbruchzeit zwischen Mittelalter und Renaissance entstand und in dem der Konflikt des Aufbegehrens des Einzelnen gegen das mittelalterliche Glaubensprinzip der Aussöhnung und der Ergebung offenbar wird.

Dr. Kokeš – das ist der Mann von heute, am Ende einer abendländischen Entwicklung, die in die Sackgasse führte. Meister der Jungfrau, weil es ihm gelungen ist, im Bilde die reine Liebe darzustellen und sie somit festzuhalten. Das Bild, das er gewinnt, steht in Beziehung zum Verlust der Geliebten. Die Geliebte aber geht ihm verloren, weil ihm das Bild, der Erfolg, das Ziel wichtiger sind als sie, die ihm Modell gestanden hat. Denn um Vollendung zu erreichen, hat sich Dr. Kokeš mit dem Teufel verbünden müssen. Jiří Gruša nimmt das mittelalterliche Faust-Thema wieder auf, und er läßt die Geschichte im Herzen Europas im Heute spielen: in Böhmen. Eine moderne Hieronymus-Bosch-Welt. Eine Hölle, in der sich viele zynisch oder resignativ, aber bequem eingerichtet haben. Eine Hölle, in der andere nach Himmel, nach Sinn suchen. Eine gottlose und deshalb nichtige Welt, in der nur Erniedrigung, Korruption oder, religiös gesprochen, Sünde sein kann. Doch Gruša theologisiert nicht, sondern erzählt Geschichten von einer Gesellschaft, die um die Transzendenz, um das Religiöse betrogen worden ist – und damit um ihre Würde. Der Autor Gruša findet den Weg heraus aus dieser Hölle. So wie er seinen Stoff angelegt hat, triumphiert seine menschliche Einbildungskraft über die Mechanik einer Wachstumsgesellschaft.

Im Sommer 1980, als Gruša die letzten Seiten an seinem neuen Roman schrieb, erhielt er eine Einladung zu einem Studienaufenthalt in den USA. Der Staatssicherheitsdienst in Prag drängte ihn zur Annahme. Und da er nicht fahren wollte, setzte die Behörde Signale: Frühere Arbeitskollegen aus der Baufirma wurden verhaftet.

Gruša mit Sohn ein paar Kilometer von der tschechischen Grenze entfernt in einem Gasthof in Waidhaus. Auf der Weiterfahrt nach Bonn, wo der Schriftsteller Unterkunft gefunden hat, bewältigt sein Sohn das Erlebnis bundesdeutscher Fahrweise auf der Autobahn – zeichnend: Autos, die Stoßstange an Stoßstange rollen. In der Küche von Freunden in Bonn das Ehepaar erschöpft und glücklich.

Gruša wurde zum Zeugenverhör geholt. Über Unregelmäßigkeiten der anderen sollte er aussagen. Ein Verhör, bei dem deutlich wurde, daß sein Status als Zeuge auch in jenen des Beschuldigten umgewandelt werden könne. Hatte er nicht Anhängern der Bürgerrechtsbewegung Charta 77 Wohnungen zukommen lassen? Ist es nicht besser für ihn, das Land zu verlassen? Gruša verstand und verließ das Land.

Heute urteilt er: »Die Kultur meines Landes wird hier als Ostkultur betrachtet, was sie nicht ist. Der Abgrund zwischen Ost und West ist tiefer, als ich in der ČSSR gedacht habe. Man hat im Westen das russische Imperium innerlich akzeptiert. Die Tschechoslowakei ist mein Leben lang ein besetztes Land gewesen. Es wäre nicht verwunderlich, wenn sie es noch in den nächsten vier Jahrzehnten ist. Aber wenn wir jemals auf Gerechtigkeit gebaut hätten, dann würden wir nicht einmal mehr als Volk existieren. Eine Wende zum Guten in meinem Land erscheint unwahrscheinlich. Aber Unwahrscheinliches hat dieses Volk am Ende noch immer gerettet.«

Gruša fügt hinzu: »Jeder von uns in Böhmen oder in Polen – weil das gleiche für alle Völker Europas gilt, die die eigentlichen Verlierer des Zweiten Weltkrieges sind – muß seine eigene Existenz nicht nur als Mensch, sondern auch ethnisch in Frage stellen, denn ein Tscheche in Böhmen zu sein oder ein Pole

Jiří Gruša

»Eine Wende zum Guten in der Tschechoslowakei scheint unwahrscheinlich. Aber Unwahrscheinliches hat dieses Volk noch immer gerettet.«

in Polen und dabei ein Mensch zu bleiben war niemals ganz selbstverständlich. Ein gewisses Maß Unselbstverständlichkeit wird dazu stets verlangt. Man wird bei uns fast gezwungen, eine andere Denkweise anzunehmen. Worin besteht sie? Vielleicht in einem mehr ausgeprägten Sinne für den Wert des Verlorenen. Es ist auch nur selten möglich, alles so praktisch und in den Erfolgskategorien zu messen, wie man es hier tut. Doch tendiert die Welt nicht wieder einmal hin zu diesem Unpraktischen? Braucht sie nicht endlich als mögliche Rettung ein anderes Denken, ja eine andere Gesinnung? Ist es nicht Zeit, den zerstörerischen Mythos von einem ›ursprünglich guten Menschen‹ aufzugeben, der inzwischen die ganze Menschheit lebensgefährlich bedroht? Ich glaube nicht mehr an den guten Menschen. Er, ein Produkt der Aufklärung, hat mehr an Dunklem in sich als der alte böse Mensch. Es ist richtiger vorauszusetzen, daß es in jedem Menschen einen Schatten gibt, der die Seele natürlicher durchdringt als das Licht. Alles Gute aber entsteht erst durch die Überwindung des Schattens. Nur auf diese Art ist das Gute auch nach außen, also in der ›objektiven‹ Welt, zu verwirklichen, weil nur ein ständiges Bewußtsein dieses Schattens eine gewisse Begrenzung möglich macht und damit auch ein verläßliches Leben in einer glaubwürdigen Welt ermöglicht.«

Wie anfangen, seinen Platz in der Bundesrepublik zu finden? Gruša kennt sich inzwischen in der Bonner Region aus, weiß, wo man was am günstigsten kauft, weiß, welche Straßen zu benutzen sind, um ein Ziel mühelos zu erreichen. Er spricht ein gutes Englisch und ein noch besseres Deutsch. Aber der Kreis der Freunde ist so klein geblieben wie zu Beginn seines Aufenthaltes hier. Was er als Schriftsteller kann, wissen nur diejenigen, die tschechisch sprechen. Was im Osten passiert, glauben die Leute im Westen besser zu wissen als er, der aus dem Osten kommt. Gruša hat festgestellt, daß viele der Leute, die er hier kennengelernt hat, nur so lange seine Erfahrungen akzeptieren, wie sie in deren Politvorstellungen passen. So verstummt er.

Die Friedensdemonstration 1981 in Bonn hat er sich angeschaut, und er hat, wie er sagt, »aufgeatmet«, daß in diesem Land endlich einmal Menschen ihre verdrängten Ängste herauslassen. Die Angst vor materieller Unsicherheit habe die älteren Menschen hier verdorben: »Sie rackern sich ab, um alles zu haben. Und wenn sie alles haben, haben sie ihr Leben verloren, wissen nichts mehr damit anzufangen.«

Gruša hat festgestellt: »Dauernd reden die Leute hier über Schwierigkeiten. Warum? Wir haben in der Tschechoslowakei doch auch Schwierigkeiten, aber wir reden doch dort nicht dauernd darüber. Wir suchen sie zu überwinden. In den schwersten Tagen hatte ich in Prag unter meinen Schriftsteller-Freunden Glücksgefühle, weil wir uns nicht beugen ließen, weil wir die Zerbrechlichkeit und Zerbrochenheit des Glücks akzeptiert haben.«

Wie also anfangen, seinen Platz in der Bundesrepublik zu finden? Es gab die zwei Monate des Besuchs von Frau und Sohn. Den Jiří Gruša, der an die bayrische Grenze nach Waidhaus fuhr, um dort seine Frau zu überraschen; der stundenlang den Hügel auf tschechischer Seite beobachtete, über den die Straße hinunter in die Bundesrepublik führt; der den Wagen mit seiner Frau Ivana schließlich kommen sah und ausrief: »Ich hab' vergessen, Blumen zu kaufen«; der aufs Feld lief und Kornblumen fand; dessen Frau ihn nicht an der Grenze vermutete und an ihm vorbeifuhr, ehe sie beim bayrischen Zöllner stoppte. Und da war der Sohn, der sich auf tschechischer Seite geweigert hatte, auszusteigen, wie es am dortigen Grenzkontrollpunkt verlangt wird – weil sich Václav vor Aufregung in die Hosen gemacht hatte. Nun sprang der Fünfjährige aus dem Auto, um vom Vater endlich in die Arme genommen zu werden.

Ein Happy-End wie im Film. Also keines in Wirklichkeit. Ein Mann im Exil, der in seinem Heimatland immer seine Entscheidungen allein getroffen hat, der allein gradestehen wollte für das, was er als seine Moral empfand, der nicht nur sich, sondern auch seine Frau entschieden hat. Und da ist eine Frau, die ihn liebt, die erstmals im Leben darauf beharrt hat, selber zu entscheiden. Ihre letzten Worte, bevor sie mit dem Sohn am 27. Oktober 1981 in Bonn in den Zug zurück nach Prag stieg: »Ich weiß, daß hier niemand meinen Schritt versteht. Ich weiß, wie verrückt ich handle. Aber ich würde verrückt, wenn ich es nicht so täte. Ich kenne meine Grenze, und ich muß meinen Weg finden, um diese Grenze zu überschreiten.«

Inzwischen hat Jiří Gruša nahe Bonns in St. Augustin eine Wohnung gefunden, wartet auf Frau und Kind.

IVAN BLATNÝ: FLUCHT INS IRRENHAUS

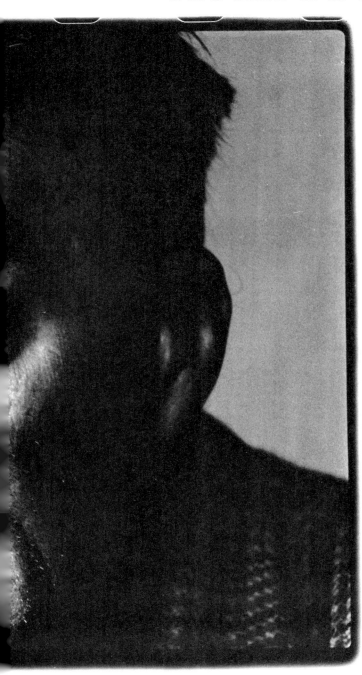

Ivan Blatný mochte an diesem Tag Mrs. Frances Meacham nicht enttäuschen. Er hat sich Gewalt angetan, hat sich zu etwas zwingen lassen, wozu er sich sonst nicht mehr zwingen läßt: in Ordnung zu sein. Mrs. Meacham hatte ihn gebeten, einen zivilisierten Eindruck zu machen. Und so hatte der scheue 61jährige Mann diesmal seinen Schopf unter den Wasserhahn gehalten und versucht, die der Drangsalierung längst entwöhnten Haarwirbel einzuebnen. Eine Schnittwunde an der Backe signalisiert seinen Kampf mit der Rasierklinge, die die Bartstoppeln gewannen. Er hat vorzeitig aufgegeben.

»Are you satisfied?« fragt Ivan Blatný, staatenloser Tscheche, die pensionierte Krankenschwester Mrs. Meacham. Und sicher ist Mrs. Meacham nicht zufrieden. Er auch nicht. Und ich ebensowenig. Ich hätte ihn lieber so angetroffen, wie er im St. Clement's Hospital im englischen Ipswich wirklich lebt. Der Dichter im Irrenhaus, vergessen von seinem Volk und längst totgeglaubt, gibt sein erstes Interview. Vor 33 Jahren hatte er sich in London von einer tschechoslowakischen Delegation abgesetzt und war so der stalinistischen Verfolgung, die kurze Zeit später über sein Land hereinbrach, entkommen. Záviš Kalandra, ein tschechischer Historiker und Surrealist, der Moderne zugehörig

Ivan Blatný 155

156 *Ivan Blatný*

Der 61jährige Lyriker Ivan Blatný aus der ČSSR, längst für tot gehalten, lebt seit über drei Jahrzehnten hinter Anstaltsmauern in England. In den ausgebeulten Taschen seiner Jacke trägt er seine Schätze bei sich: Zigaretten und Schokolade.

wie Blatný, sein Weggefährte, wurde gehängt.

Wir sitzen im Flur der offenen Anstalt. Rechts aus dem Pförtnerzimmer schauen durch die Glasscheibe verwundert drei Männer und verstehen die Welt nicht mehr. Was zum Teufel passiert da mit einem alten Mann, der sonst keinen Besuch bekommt außer von Mrs. Meacham? Wilfried Bauer hantiert mit seinen zahlreichen Kameras, schraubt Objektive ab, setzt neue drauf, klickt unzählige Male, steht, kniet, hockt. Eine normale Arbeit – nur nicht hier. »Ich freue mich so sehr, daß Sie sind gekommen«, sagt Ivan Blatný zu mir. Er spricht deutsch, etwas ungelenk erst, dann immer flüssiger. Mrs. Meacham staunt, ich staune. Und auch Jiří Gruša, der aus dem Tschechischen übersetzen sollte.

Gruša, 43 Jahre alt, Lyriker und Prosaist, Opfer der neuen Stalinisierung der ČSSR, seit einem Jahr im Westen, versucht ihm das Tschechische nahezulegen. Doch Ivan Blatný bleibt in der deutschen Sprache. »Es ist die Sprache meiner Großmutter«, sagt er. »Es ist die Sprache meiner Wünsche. Der Großmutter habe ich sie gesagt.« Ein Verwaltungsbeamter der Anstalt steuert auf uns zu, spricht mit Mrs. Meacham, Ivan Blatný verstummt, senkt den Kopf. Wir bekommen für das Gespräch einen Konferenzraum. Ivan Blatný erhebt sich. Ich sehe die ausgebeulten Taschen in seinem Jackett. Ich weiß Bescheid.

Ivan Blatný

Ein Foto des 28jährigen Ivan Blatný im wichtigsten tschechischen Literaturlexikon der ersten Nachkriegsjahre, im »Slovník sondobých Českých Spisovatelu«. Als Autor von vier Gedichtbänden gilt er 1947 als einer der Großen der tschechischen Poesie. »Tento večer«, zu deutsch: »Dieser Abend«, erschien 1945 und war seine vorletzte Veröffentlichung. Nach dem kommunistischen Putsch in der ČSSR von 1948 setzte sich Blatný auf einer Studienreise in England von einer Delegation ab und drehte aus Angst vor einer Entführung durch. Frances Meacham verdankt er, daß 1979 der Band »Stará Bydliste« in einem tschechischen Exilverlag in Toronto erschien.

Ich weiß, daß Ivan Blatný alle seine Vorräte an Zigaretten und Süßigkeiten in diesen Taschen versteckt. Der einzige Platz, an dem solche Schätze sicher sind vor den anderen Patienten. Zu Beginn des Monats, wenn er sein Taschengeld bekommt, sind die beiden Jackentaschen voll. Am Ende leer.

Wir sitzen ihm 1981 an einem der letzten Oktobertage gegenüber. Den Abend zuvor haben wir im 30 Kilometer entfernten Clacton-on-Sea verbracht, wo Mrs. Meacham wohnt. Sie hat uns von seinem Geheimnis der zerbeulten Taschen erzählt. Ohne Frances Meacham wäre Ivan Blatný noch heute einer der vielen in der Anstalt, die schreiben und von sich behaupten, Dichter zu sein.

Frances Meacham ist 65 Jahre alt. Sie war bis vor zwei Jahren im englischen Gesundheitsdienst tätig. Eine Hüftgelenkserkrankung erschwerte ihr die letzten Arbeitsjahre. Jetzt sind ihr künstliche Gelenke eingesetzt worden. Sie hat einen Dackel zu sich genommen. Sie hat nie geheiratet. Gegen Ende des Zweiten Weltkrieges verliebte sie sich in einen tschechischen Piloten, der auf seiten der Engländer gegen Hitlers Deutschland kämpfte. Sie lernte ein wenig Tschechisch. Die Liebesbeziehung zerbrach nach dem Kriege, die Liebe zu dem Land des Piloten blieb bestehen. Sie hat die ČSSR immer wieder besucht. Ihr, der Angestellten im Gesundheitsdienst, kam vor fünf Jahren eine Liste der Patienten des »Warren House« im St. Clement's Hospital in die Hände. »Ich dachte: Ivan Blatný, das könnte ein Tscheche sein«, erzählt sie. »Daß dieser Ivan Blatný einmal ein berühmter Lyriker in seinem Land gewesen ist, wußte ich nicht. Mit Gedichten kann ich auch wenig anfangen.« Sie besuchte den Patienten Blatný und erfuhr erst einmal nichts von seinem Schicksal: »Er hatte es längst aufgegeben, von sich zu erzählen.« Ein paar Zettel hielt Ivan Blatný in der Hand. Er schenkte sie ihr und sagte: »Die werden ja sonst doch vom Wärter weggeworfen.«

Mrs. Meacham nahm die Blätter mit zu sich nach Hause, las und lief dann zu den Ärzten der Anstalt, rüttelte sie aus der Routine: »Dies ist nicht das Geschreibsel eines Verrückten. Dies ist Dichtung. Tun Sie etwas, damit seine Gedichte nicht weiter weggeworfen werden. Geben Sie ihm einen festen Platz, wo er schreiben kann.«

Eine einfache Frau hatte eine richtige Diagnose gestellt. Ein Vierteljahrhundert lang, das Ivan Blatný bereits in verschiedenen englischen Anstalten verbracht hatte, war alles, was der Tscheche geschrieben hatte, von Wärtern weggeworfen worden. Mrs. Meacham erreichte, daß Blatný einen Tisch in der Ekke einer Anstaltswerkstätte bekam – und eine Schreibmaschine. Allerdings keine tschechische mit den Zeichen über den Buchstaben. Die wünscht er sich insgeheim. Mrs. Meacham arbeitete nicht im St. Clement's Hospital. Aber wann immer sie ihn besuchte, nahm sie seine neu beschriebenen Bogen mit zu sich nach Hause. Es wurde ein Papierberg. Mrs. Meacham kaufte sich auf dem Trödelmarkt zwei Blechbehälter, tat die Blatný-Papiere in Plastiktüten und deponierte sie in den Blechbehältern in ihrer Garage hinter dem VW Polo. Mrs. Meachem überlegte, wie sie dem staatenlosen Ivan Blatný zu einer Veröffentlichung der Gedichte verhelfen könnte. Sie fragte im Freundeskreis herum, und sie erfuhr, daß es in Kanada einen tschechischen Exil-Verlag gibt: die Sixty-Eight Publishers Corporation in Toronto.

Ein Verlag, der in seinem Signet das Schicksalsjahr 1968 trägt. Das Jahr, in dem die Staaten des Warschauer Paktes den »Prager Frühling« mit Panzern zerstörten, in dem Moskau die ČSSR zu einer Kolonie der UdSSR machte. Das Schriftsteller-Ehepaar Josef Škvorecký und Zdena Salivorová hatte damals die ČSSR verlassen und in Toronto den Exil-Verlag gegründet, in dem heute alle Autoren tschechischer Sprache veröffentlicht werden, die Rang haben und in der ČSSR verboten sind.

Josef Škvorecký, selbst ein verbotener Autor, hielt im Jahre 1979 einen Brief mit einem Packen Gedichten in der Hand. Er traute seinen Augen nicht. Was ihm da Frances Meacham geschickt hatte, waren lyrische Dokumente eines Mannes, den er längst für tot gehalten hatte. Ein paar Monate später legte die Sixty-Eight Publishers Corporation einen schmalen Band mit diesen neuen Gedichten Blatnýs unter dem Ti-

Ivan Blatný 159

tel »Stará Bydliště« (»Alte Wohnsitze«) vor, ausgewählt von dem Exil-Tschechen Antonín Brousek.

Wieder ein paar Monate später drückte mir Josef Škvorecký die Entdeckung bei einem Slawisten-Kongreß in Philadelphia in die Hand. Da ich nicht Tschechisch spreche, suchte ich Rat bei einem anderen Exil-Tschechen: dem einstigen Lyriker und heute gerühmten Romancier Milan Kundera, ebenfalls in Philadelphia zu Besuch. Milan Kundera las, übersetzte ein paar Zeilen tapfer in holpriges Deutsch und befand: »Den mußt du besuchen. Wenn du wissen willst, wie phantastisch tschechische Lyrik in den vierziger Jahren war, dann wirst du es bei ihm erfahren. Er war einer der Großen. Und Momente dieser Größe findest du in diesem Band.

Nacht. Die Besatzung schläft / Die befreiten Gefangenen haben ihre Manöver. / Wenn die Ofenrohre repariert sind / in den von Bomben zerstörten Häusern, / setzen die Schornsteinfeger wieder ihre Zylinder auf. / Die toten Bewohner lächeln nur; / denn die toten Bewohner haben nun wieder einen schönen Traum.

Milan Kundera beim Abschied in Philadelphia: »Wenn es doch mehr von diesen Gedichten gäbe!« Es war die gleiche Reaktion, die Reiner Kunze, Lyriker und unvergleichlicher Übersetzer tschechischer Lyrik ins Deutsche, beim Lesen dieses Gedichtbandes hatte: »Momente der Dichtung. Ist das alles?« Und Kunze übersetzte gleich solche Momente:

Zünden wir in der von Blüten überfluteten Kapelle die weißen Kerzen an! / Wenn leis das Werg ihrer Körper brennt, / laßt uns für die Erlösung der Bienen beten.

Momente der Dichtung. Ist das alles? Es ist viel mehr. Über tausend Blätter mit Gedichten hat Frances Meacham in den letzten fünf Jahren gerettet, Gedichte, in denen Ivan Blatný nicht nur tschechisch schreibt, sondern oft auch von einer Sprache in die andere springt: vom Tschechischen ins Deutsche,

Frances Meacham, 65jährige Krankenschwester, holte Ivan Blatný heraus aus der Anonymität der Anstalt. Hätte sie nicht 1976 die Qualität der Gedichte erkannt, wäre Blatný heute noch einer jener Verrückten, die schreiben und behaupten, Dichter zu sein.

160 *Ivan Blatný*

vom Deutschen ins Englische, vom Englischen ins Französische. Ein literarisches Werk wartet darauf, daß es gehoben wird. In einem dieser Gedichte, das als Titel »Ivan Blatný« trägt, heißt es:
Es war einmal ein Zwerg / Der hatte einen langen goldenen Faden / Und an dem Faden einen goldenen Schlüssel / Mit dem er alles öffnen konnte / Die kleinsten Verschlüsse im Obst / Öffnete er während der Nacht in den Gärten / Indes der Gärtner tief und fest schlief / Er sog, er spürte den Saft und ging weiter . . .
Ivan Blatný greift zur Zigarette, die ich ihm anbiete, zündet sie an und beginnt zu rauchen. Im Konferenzraum, in dem wir an einem langen Tisch sitzen, steht ein Schild: Rauchen verboten. Ivan Blatný lächelt und meint: »Wir machen ja keine Konferenz, sondern ein Interview.« Er erzählt, wie er bei Kriegsende Mitglied der Kommunistischen Partei wurde und wie er nur deshalb 1948 nach England reisen konnte, weil er der KPČ angehörte. »Ich muß sagen, daß ich feige war«, meinte er heute, »feige aus Angst. Die Russen waren ja nicht nur unsere Befreier. Hitler, den einen Verbrecher, waren wir los. Und schon hatten wir einen neuen: Stalin.«
Blatný streift die Glut an seiner Zigarette ab, greift in eine seiner ausgebeulten Taschen, holt eine Blechschachtel heraus, öffnet sie. Die Schachtel ist leer. Er legt die zur Hälfte gerauchte Zigarette hinein, greift zur nächsten in der Schachtel, die auf dem Tisch liegt, zündet sie an, raucht sie bis zur Hälfte, streift die Glut wieder ab und legt den Rest in seine Schachtel . . . Ich gebe ihm alle Packungen, die ich dabei habe. Er steckt sie in die Taschen und raucht fortan gierig eine nach der anderen, so lange, bis die Glut am Finger brennt. Er hat ganz braun gefärbte Finger und Fingernägel.
»Ich war feige«, nimmt er später den Gedanken wieder auf, »weil ich damals nicht offen meine Zweifel an den Kommunisten in der Tschechoslowakei auszusprechen wagte. Ich hab' geahnt, was kommen würde. Ich wollte einfach raus aus dem Land. Ich habe mich ja nicht getäuscht. Sozialismus wurde zu einer schrecklichen Phrase.«

Ivan Blatný 161

```
Bettina Armim
-schreiben sie mir einen Brief in deutscher Sprache
in der Sprache meiner Grossmutter
in der Sprache meines Grossvaters
in der Sprache des Alten Ostereichs

Brekekekeks
Hispano

Poesie miso hojnosti
hrozny jsou v lednickach
dostanete je pres celou zimu v ovocnarstvich

Uprostred zrnka hroznu je zlate svetelko
sypky jsou jeste plne
the deer-park has been recicled

Wir haben Weintrauben aber wo sind die Schwalben?
I have run out of Caxton Hall, Jenny,

Vstupte marcialnim krokem dvci valky
kupoval jsem si vsobotu za korunu Star

We haven't got enough majesty for the letter-box
der Briefkasten war leer
nikdo mi nenechal vzkaz

I don't eat excrements, though I used to consider it
because from the goddesses it must be ambro...
```

Eines der Gedichte, das die Krankenschwester Meacham gerettet hat. Ein Vierteljahrhundert wurden Blatnýs Gedichte von den Wärtern in der Anstalt weggeworfen.

Dies sind klare Worte eines Mannes, der einen klaren Kopf hat. In seinem Krankenblatt sind alle möglichen psychischen Defekte aufgezählt: doch mehr als Vermutung denn als exakte Diagnose. Für die Anstalt ist Blatný eher ein Sozialfall. Ein Mann, der sich jahrzehntelang sein Taschengeld mit dem Schrubben von Fußböden, mit Botendiensten in der Anstalt und mit Teppichknüpfen verdiente.

»Ich danke England, daß es mich aufgenommen hat«, sagt der 61ährige dennoch ohne Bitterkeit. »Ich danke England, daß ich hier mein Bett und mein Essen bekommen habe.« Er spricht nicht von der Angst, die ihn vor einigen Jahren erfaßte, als die Sozialbudgets gekürzt wurden und allen Ernstes in der Anstaltsbürokratie erwogen wurde, den staatenlosen Blatný in sein Geburtsland abzuschieben. Die Angst jener Tage hat Eingang gefunden in die Gedichte, die Mrs. Meacham rettete. Ivan Blatný ist heute ein gebrechlicher Mann, der die Anstalt als eine Form der Geborgenheit empfindet. »Ipswich ist meine Mutterstadt geworden«, sagt er. »Die Tschechoslowakei ist mein Vaterland.«

Mein Name ist Ivan Blatný. / Ich komme aus der Tschechoslowakei. / Ich komme aus einem vergessenen Land. / Die Jagd auf Geld und Flur war einst verboten. / Jetzt ist sie nicht mehr strafbar. / Jeder kann in der Nacht zweimal in den Spiegel schauen.

Der tschechische Lyriker und Collagist Jiří Kolář, heute wohnhaft in Paris, erinnert sich an den fünf Jahre jüngeren Ivan Blatný: »Ich gehörte 1948 zu der Delegation, mit der auch Ivan nach London reiste. Gleich nach der Ankunft setzte er sich ab, versteckte sich und rief uns aus seinem Versteck an, informierte uns von seinen Absichten.« Kolář überlebte die stalinistische Phase bis 1953 glimpflich. Er konnte nicht publizieren, kam mit neun Monaten Gefängnis davon. Wie Blatný hatte er der im Kriege gegründeten Gruppe 42 angehört, die eine anti-ideologische Haltung einnahm, den gängigen Zivilisations-Optimismus ablehnte, Elemente der Existentialphilosophie in ihr Schaffen aufnahm und in der angloamerikanischen Dichtung der T. S. Eliot, Carl Sandburg, Walt Whitman, John Keats und Dylan Thomas eine Quelle der Inspiration fand. Im Sprachgebrauch der Stalinisten waren nach 1948 solche Leute – wie alle Künstler der Moderne – »Kosmopoliten« und damit Verbrecher. Sie verschwanden hinter Gittern, wurden kaltgestellt und angepöbelt.

Angepöbelt auch von einem der Großen der tschechischen Poesie, Vítězslav Nezval (1900–1958), der seine einstigen literarischen Weggefährten und Freunde bedenkenlos verriet. Auf den Emigranten Blatný reagierte Nezval mit diesen Gedichtzeilen: »Du entarteter Dichter... Du hast das Volk verraten, indes wir hier arbeiten... Du wirst einmal den Brückenzoll zahlen... Du kannst dein Gewissen niemals in eine Dose schließen...« Ivan Blatný verriet sein Gewissen nicht, und er zahlte den Preis desjenigen, der in der Angst vor denen stand, die ihr Gewissen verrieten. Blatný sagt: »Der Gedanke, daß ich von den Kommunisten gekidnappt werde, wurde zur fixen Idee, zur Wahnsinnsangst. Sie ließ erst nach, als ich in einer Anstalt Zuflucht fand.«

Es war eine Angst vergleichbar der von Nelly Sachs, die 1940 in letzter Stunde als Jüdin den Nazis, dem KZ und der Vernichtung entkam, die in Schweden Unterschlupf fand. In Stockholm schrieb sie ihren Gedichtband »In den Wohnungen des Todes«, wurde sie zur Dichterin der verfolgten Menschen. 1965 erhielt sie den Friedenspreis des Deutschen Buchhandels und ein Jahr später den Literatur-Nobelpreis. Zwar hatte Nelly Sachs bis zu ihrem Tode im Jahre 1970 eine ganz normale Adresse in Stockholm, doch gewohnt hat sie dort nur selten. Verfolgt von Stimmen, die sie in deutscher Sprache – in der Verfolgungssprache von einst – bedrohten, fand Nelly Sachs immer nur Sicherheit und Ruhe hinter den Mauern einer Heil- und Pflegeanstalt.

Nelly Sachs hatte Freunde, sie fand Anerkennung. Ivan Blatný fand ein Vierteljahrhundert niemanden, der ihm aus der Anonymität der Anstalt heraushalf. In seinen Gedichten die Zeilen: »Mein Freund, verzweifle nicht! / Die kleine Kunst ist auch eine Kunst. / Sogar die, die von einem Ivan Blatný / insgeheim geliebt wird, / am Getreidemarkt 3 in Brünn, / im Haus des Generalstaatsanwalts Prokop, / das mein Haus war.«

Ivan Blatný wurde am 21. Dezember 1919 in Brünn geboren. Er ist der Sohn eines bekannten tschechischen Schriftstellers: des Expressionisten Lev Blatný. Dessen Frau hinterließ ihrem Sohn Ivan einen Optikerladen. Der wurde nach der Emigration Blatnýs »nationalisiert«. Verboten wurden alle vier Gedichtbände Ivan Blatnýs, erschienen zwischen 1941 und 1947. Programmatisch heißt es dort: »Etwas wird geboren, etwas wird verloren. / Und in diesem Augenblick entsteht mein Gesang...« Eine während des »Prager Frühlings« vorbereitete Auswahl jener

Ivan Blatný schläft in einem Raum mit neun Personen. Um zehn Uhr abends wird das Licht abgedreht. Dann nimmt er häufig einige Blätter Papier und ein dickes Buch als Unterlage und geht auf die Toilette, um zu schreiben. In der Toilette brennt das Licht die ganze Nacht.

alten Blatný-Gedichte wurde zwar gedruckt, mußte aber nach der Okkupation durch die Warschauer-Pakt-Staaten eingestampft werden.

Gedichte, die von einer verlorenen Welt sprechen und sie wieder heraufbeschwören, so daß Blatný heute schreibt: »Gott, der dieses Glück sieht / muß an der Ewigkeit nichts ändern.« In einem Gedicht aus dem Jahre 1941 klingt das so:

Siehe, wir sind in der Landschaft der neuen Wiederholungen, / und die Stadt auf den Hügeln unter uns tritt aus dem Morgen wie aus einem Bade heraus... / Du gehst nackt durch die Weinberge, und durch dein Haar fliegen Vögel, / durch den dunklen Fluß des Flötenholzes. / Siehe, wir sind in der Landschaft der neuen Wiederholungen, / und die Stadt auf den Hügeln tritt aus dem Morgen wie aus einem Bade heraus... / Es ist ein Herbstfest, der Wald wird rot, und langsam verglüht er. / Tische aus Eichenholz von Wein durchtränkt warten auf Gäste aus der Ferne. / Gaukler kommen und gehen. / Die Locken ihrer Frauen sind noch verstreut in den Städten der Vergangenheit / Dort, wo die Locken die silbernen Türme berühren / und ihnen zu neuem Glanz verhelfen, / bis sie sich in die Melodien der Balkone verfangen / und duften in den Parkanlagen. / Ach, welche Entfernung, Schwalben. / Ach, welche Regenfäden, welche Seen, / ihr, die blauen, die sich vereinen. / Dann kommt der Abend. Nacht. / Und es ist süß zu denken, daß ihre Schlafstel-

len in dieser Stadt sind, / und ihre Stimmen, die klingen wie von Vögeln aus der Fremde ... / Die verschneite Stadt beginnt zu fliegen / bis der Atem sie in ein Geheimnis hüllt. / Die Frühlingsstadt mit einer Träne der Liebe. / Die Sommerstadt, in deren Bassins die Fische Rosen erblühen lassen. / Die Stadt der Mondflossen. / Die Herbststadt, die hinabsteigt über das Treppenhaus in einen leeren Garten. / Zerrissene Vorhänge decken die Dinge / kaum sichtbar. / Die Herbststadt – eine Frau, die winkt, / bis das Auge sie verliert am Ende der Treppe. / O Glockenform der Schultern. / O Stadt der Verwandlungen.«

Ivan Blatný spricht vom heutigen Tag: »Es war ein Gefühl des Glücks. Das habe ich sehr oft am Morgen. Glück, daß ich lebe. Ich stehe um sechs Uhr auf. Ich bekomme eine Tasse Tee. Dann sitze ich. Ich muß nicht das Bett machen. Ein anderer Patient aus einer anderen Abteilung macht es. Danach sitze ich wieder und habe verschiedene Gedanken. Wenn ich ganz aufrichtig bin, muß ich sagen, auch sexuelle. Heute sah ich eine Frau. Ich wollte ein Gedicht über sie schreiben. Ich ging das Papier holen. Dann war ich zu müde, um zu schreiben. Und dann sind Sie gekommen.«

Die Schachtel mit Pralinen, die ich ihm mitgebracht habe, klemmt er zwischen Hemd und Jacke. Dann führt er uns in »sein« Zimmer im dritten Stock des alten Backsteinhauses: durch einen grünen Flur, durch einen gelben Flur, durch einen blauen Saal, wo ein TV-Gerät steht und die anderen Patienten schauen, durch ein braungetünchtes Zimmer in einen weißen Saal, der die Form eines Halbkreises hat. Zehn Betten stehen hier. Er versteckt die Konfektschachtel in einer der vier Schubladen, die nicht abzuschließen sind und die zu einem Schrank gehören. Jeder Patient hat einen solchen Schrank neben dem Bett. In einem Pappkarton liegen ein paar Bücher, obendrauf ein großes schweres.

Ivan Blatný sieht meine Neugier und sagt: »Der Titel ist belanglos. Abends um zehn wird das Licht im Saal abgedreht, und oft habe ich dann so meine Gedanken. Ich stehe auf, nehme ein paar Blätter Papier und das dicke Buch als Unterlage und gehe auf die Toilette. Dort brennt die ganze Nacht Licht. Dort schreibe ich.« Der 61jährige führt uns wieder die Treppen hinab. Wir gehen über einen englischen Bilderbuch-Rasen und kommen zu einem modernen ebenerdigen Gebäude. »Hier habe ich meinen Tisch in einer Werkstatt«, erklärt er uns.

Ivan Blatný will uns seine letzten Gedichte zeigen, die er in den Wochen zuvor geschrieben hat. Er geht zu dem Therapeuten Mr. Darling, der sie holen will. Mr. Darling bleibt fünf Minuten weg, zehn, eine Viertelstunde. Wir warten. Dann kommt er mit der Nachricht: »Sorry, Mr. Blatný, der Wärter hat wieder einmal alles weggeworfen.« Ivan Blatný verbeugt sich und hebt beschwichtigend die Hand: »Never mind. Mein Gott, nehmen Sie es nicht tragisch. Es waren surrealistische Gedichte. Wer versteht schon so etwas. Ich werde es wieder schreiben. Never mind.«

So gehen wir zurück zum Hauptgebäude. Schweigend. »Das Gewicht der Bienen, die im Kelch verschwunden, wird des Stengels Schwingung deutlich dir bekunden«, rezitiert Blatný auf einmal vor sich hin, »so wie Dichterworte ein Gewicht verraten, ob sie leicht geraten, wenn sie warm und herzhaft deinem Mund entschweben und die andere Seele dir es dankt mit Tränen.« – »Wissen Sie, daß dies das einzige Gedicht ist, das bisher in deutscher Sprache veröffentlicht wurde? Rudolf Fuchs hat es übersetzt.« Ivan Blatný sieht jetzt sehr müde aus. Der Kopf auf dem schmächtigen Körper wirkt noch größer als sonst. Ich frage ihn, ob wir uns morgen gegen fünf Uhr nachmittags noch einmal sehen wollen. Er sagt: »Gern. Aber machen wir nichts Festes aus. Überraschen Sie mich. Ich möchte frei sein. Vielleicht will ich morgen ein Fußballspiel sehen. Ich habe noch ein Pfund in der Tasche. Überraschen Sie mich.«

Am nächsten Tag kommen wir wieder. »Mr. Blatný ist in der Stadt«, sagt uns der Pförtner.

CZESŁAW MIŁOSZ:
EIN POLNISCHES WUNDER

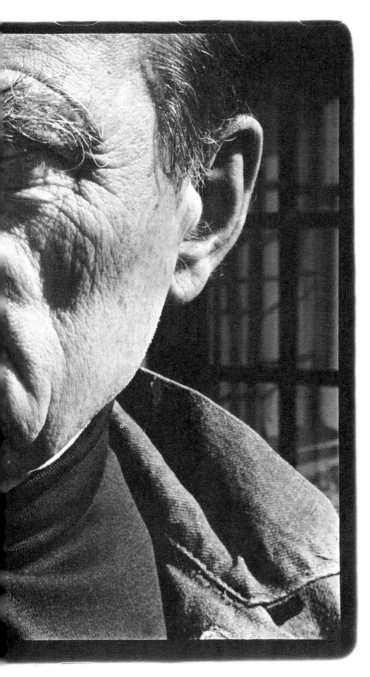

Ein Gesicht, das untertaucht in der Menge. Selbst die buschigen Brauen über den blauen Augen scheinen sich anzulegen, anzupassen. Czesław Miłosz, Nobelpreisträger für Literatur des Jahres 1980, geht mit schnellen Schritten über den Campus der kalifornischen Universität Berkeley. Niemand nimmt ihn wahr. Niemand erkennt ihn. Dichter im Exil seit drei Jahrzehnten, 1911 in Litauen geboren, ein geistiger Grenzgänger zwischen Ost und West: Seit 1960 vermittelt er als Professor in Berkeley slawische Literatur. Nun, wo ihn die Stockholmer Auszeichnung aus der Unauffälligkeit herausgerissen hat, soll er sich selbst vermitteln, soll er sich zu erkennen geben. Die Universitätsstadt Berkeley entdeckt ihren Dichter. Es ist seine erste Lesung hier.

Ein Gesicht, das untertaucht in der Menge. Wo bleibt er eigentlich? Das Lesepult ist leer, der Saal voll. Eine Schiebewand muß geöffnet werden, um weiteren Platz zu schaffen für die Nachdrängenden. Hineingehuscht ist er, steht im Geschiebe der Menge, sucht sich beiseite zu stellen, gerät aber immer wieder ins Hin und Her. Die Arme verschränkt, die rechte Hand klammert die Ledertasche. In unauffälliges Braun gekleidet: Sakko und Cordhose, aber Schlips. Mit der rechten Hand greift er sich an die Stirn, schiebt eine Haar-

strähne hoch, die wieder runterrutscht. Ein verlegenes Lächeln.
»Meine treue Sprache... Du warst mir das Vaterland, weil es mir fehlte«, heißt es in einem seiner Gedichte. Czesław Miłosz hat zeit seines 70jährigen Lebens nie aufgehört, polnisch zu schreiben. Litauen fühlte sich jahrhundertelang mit Polen verbunden, war es aber nur zeitweilig. Nach dem Ersten Weltkrieg wurde es eine unabhängige Republik. Ein Teil dieses Gebietes mit dem Kulturzentrum Wilna gelangte 1921 zu Polen, bis sich dann die Sowjetunion beide Teile einverleibte. Czesław Miłosz blieb Pole und ist Pole geblieben, auch wenn er 1951 Polen den Rücken kehrte. Für ihn war es die lebensnotwendige Befreiung von stalinistischer Willkür. Er ist heute amerikanischer Staatsangehöriger. Die polnische Staatsbürgerschaft ist ihm aber nie entzogen worden.

Czesław Miłosz in Berkeley: Schaut er nach Osten oder schaut er über den Pazifik nach Westen, es bleibt sich gleich. 11 000 Kilometer trennen ihn von den Städten seiner Kindheit und Jugend. Sie wird er nicht wiedersehen, solange sie sowjetisch sind. Doch nichts wird seine Dichtung trennen können von den getrennten Provinzen. »Ein Dichter trägt sein Heimatland in sich«, sagt Miłosz. »Ich habe Polen nie verlassen.«

Was Polen bis zum 13. Dezember 1981 gewesen ist? Die Fäden laufen vom Gdansk Lech Walesas zum Rom Karol Woityłas und nach Berke-

Czesław Miłosz, polnischer Dichter im kalifornischen Berkeley, geriet 1980 aus westlicher Vergessenheit ins Rampenlicht, als ihm der Nobelpreis zuerkannt wurde. Hier vor und bei seiner ersten Lesung am 6. April 1981 in der Universität Berkeley.

Czesław Miłosz

Czesław Miłosz am Grizzly Peak Boulevard in Berkeley. Hier wohnt er und übersetzt nachts in seinem Arbeitszimmer die Bibel neu ins Polnische, macht morgens einen Spaziergang, kombiniert ihn mit der Zeitungslektüre und unterrichtet dann als Literaturprofessor an der Universität.

ley zu Czesław Miłosz, als gehe es um eine neue Verbindung von Arbeit, Glaube, Hoffnung. Das an die Erschießung aufbegehrender polnischer Arbeiter gemahnende Denkmal auf der Danziger Leninwerft, enthüllt im Dezember 1980, gilt den Polen heute als Symbol nationaler Neubesinnung. Das Denkmal trägt drei Inschriften: Worte der Bibel, Worte des Papstes, Worte des Dichters Miłosz.

»Ihr, die ihr Leid über den einfachen Mann brachtet, ihr, die ihr über sein Leid lachtet, fühlt euch nicht sicher. Der Dichter erinnert sich. Ihr könnt ihn töten. Ein Neuer wird auferstehen. Taten und Worte – nichts wird vergessen sein.« Diese Zeilen wählten die Polen für das Denkmal aus. Es sind Zeilen aus einem Gedicht, das Czesław Miłosz 1950 geschrieben hatte und das nun, genau drei Jahrzehnte später, erstmals in Polen veröffentlicht wurde. Zu einem Zeitpunkt also, als sich, erstmals in einem kommunistischen Land, Arbeiter den Status einer freien Gewerkschaft erkämpft hatten. Der Nobelpreis für Czesław Miłosz also eine vordergründig politische Entscheidung der Jury?

Als ihn im Oktober 1980 ein amerikanischer Reporter aus dem Bett klingelte, ihm telefonisch die Nachricht von der Stockholmer Entscheidung mitteilte und ihn fragte, wie er sich als Nobelpreisträger fühle, antwortete Miłosz mit einem Wort: »Nachdenklich.« Weniger nachdenklich reagierten westliche Literaturkritiker, denen Miłosz mehrheitlich kein Begriff war. Entweder schrieben sie verlegen oder mit »ungutem Gefühl« über diese Wahl (»Corriere della Sera«). Die »Stuttgarter Zeitung« meinte, »daß die Literatur wieder einmal zu kurz gekommen« sei.

Amerikanisch verhielten sich die Amerikaner: Sie feierten Miłosz als einen der Ihren, druckten einen Gedichtband nach, den selbst in Berkeley kaum eine Buchhandlung führt. Die Universität füllte in der Dwinelle Hall auf dem Campus einen Schaukasten mit Dokumenten, Büchern und Fotos des neuen Nobelpreisträgers. Und sie stellte ihm nach 20 Jahren einen festen Parkplatz zur Verfügung.

Die erste Lesung aus eigenen Werken in Berkeley erfolgt am 6. April 1981, ein halbes Jahr nach der Stockholmer Preisverleihung. Doch vermittelt sich da Czesław Miłosz dem Publikum, gibt er sich ihm zu erkennen? Er macht es wie die meisten seiner Kollegen, mischt lesend Humorvolles mit Ernstem. Er verhält sich gefällig. Indes, gefällig ist dieser damals 69jährige in seiner Auseinandersetzung mit der »kindischen westlichen Zivilisation«, wie er sie noch in seinen zahmsten Worten nennt, überhaupt nicht. Er ist ein intellektueller Klotz, der sich nirgendwo einfügen läßt. Seine Werke haben inzwischen »jene Form eines Gebets« angenommen, in der ein Franz Kafka die letzte Legitimation von Dichtung sah. Aufrührerisch kämpft Miłosz schreibend um die Wiedereinsetzung der religiösen Dimension in die westeuropäische Zivilisation, die den Gang der Welt bestimmt.

Was ist Poesie, wenn sie weder Völker / noch Menschen rettet? / Eine Komplicenschaft amtlicher Lügen, / ein Singsang von Säufern, denen bald jemand die Kehle aufschlitzt, / ein Lesestückchen aus Gartenlauben. / Daß ich die Dichtung wollte, ohne zu können, / und ihren erlösenden Zweck erst sehr spät verstanden habe, / das und nur das ist die Rettung.

Das sind Zeilen aus einem Gedicht, das Miłosz als 34jähriger am Ende des Zweiten Weltkriegs geschrieben hat. Er liest sie in Berkeley in polnischer Sprache. Ein Gedicht, so fern und so nah. Bedürfnis nach einer wahren Heimat, einer Heimat, die Vergangenheit, Gegenwart und Zukunft einschließt.

Der weite Weg eines Menschen aus einem ländlichen Land, »wo das Heu nach Traum duftete«, eines Jungen, der mit schlechtem Gewissen betete und mit gutem Gewissen nicht Kommunist sein konnte, der diesen Zwiespalt wachsen sah – zu Zeiten des Hitler-Stalin-Paktes, der Aufteilung Polens durch Deutschland und die Sowjetunion, zu Zeiten des Zweiten Weltkriegs und danach. Ein Mensch, der mit sich haderte, weil die Erfahrung immer wieder seine Zweifel bestätigte, der immer Widerspruch gegen sich selbst einlegte, weil er gerecht sein wollte, der in den fünfziger Jahren in zwei Büchern seine Generation und sich selbst definierte: als Abtrünnige der Bibel.

Was ist dieser Czesław Miłosz heute? Ein Katholik, Ketzer und Konservativer in einer Person. Also alles, was im Westen Europas nicht zusammenpaßt.

Geboren wurde er am 30. Juni 1911 in Seteiniai als Sohn eines Brücken- und Straßenbauingenieurs. Sein Abitur machte er 1929 am König-Sigismund-Gymnasium in Wilna. Ein Jahr später erschienen in Wilna seine ersten Gedichte. 1931 gehörte er zu den Gründern der avantgardistischen Poetengruppe um die Zeitschrift »Zagary«. Als Visionäre kommenden Untergangs, die Stellung bezogen gegen die Krakauer Avantgarde der zivilisationsgläubigen Konstruktivisten um Julian Przyboś, wurden die »Zagaristen« auch »Katastrophisten« genannt. 1934 schloß Miłosz in Wilna sein Jura-Studium ab, ging für zwei Jahre nach Paris, arbeitete dann von 1936 bis 1939 in Wilna und Warschau beim polnischen Rundfunk, lernte dort seine Frau kennen, heiratete, arbeitete während der deutschen Besetzung für die Presse der Widerstandsbewegung und verfaßte illegale Schriften.

1945 stellte sich Miłosz in den Dienst seines zerstörten Landes. Er arbeitete als Kulturattaché an der polnischen Botschaft in Washington. 1951 gab der Parteilose seine kritische Solidarität mit den polnischen Kommunisten auf und blieb im Westen. Die Familie – seine Frau und seine zwei Söhne – waren noch in Washington. Sie durften in Amerika bleiben. Miłosz, gleich weit entfernt vom schmähenden Eifer kommunistischer Konvertiten wie

Picknick-Idylle im polnischen Teil Litauens während der zwanziger Jahre. Vorn mit schwarzem Hut die Mutter des Dichters und ganz hinten auf dem Rasen liegend der Vater. Das andere Foto zeigt Janka Miłosz, die Frau des Dichters, mit Antony, dem älteren der beiden Söhne, nach dem Zweiten Weltkrieg in Washington. Hier war Czesław Miłosz bis zu seinem Bruch mit dem kommunistischen Regime Kulturattaché an der polnischen Botschaft. Frau und Kinder konnten in den USA bleiben, der Dichter durfte erst nach der McCarthy-Ära einreisen. Bis 1960 lebte er in Frankreich, wo er seine Analyse des polnischen Systems schrieb: »Verführtes Denken«.

von antikommunistischer Hysterie eines McCarthy, fand in Frankreich Zuflucht. Erst 1960 durfte er sich in den USA niederlassen.
Czesław Miłosz heute an der kalifornischen Universität in Berkeley. Zimmer 5407 in der Dwinelle Hall. Blick auf den Campus. Zwölf Quadratmeter als Refugium. Hier bereitet er Seminare und Vorlesungen vor. Zwei Schreibtische. Darauf verstreut Briefe, Manuskripte, handschriftliche Aufzeichnungen. Nicht zu übersehen: ein Foto seines Cousins Oscar Venceslas de Lubicz-Miłosz, des noch immer verkannten Dichters, der in Paris lebte, schrieb und 1939 starb; geistiges Vorbild für den Jüngeren. An der einen Längsseite ein Bücherregal, an der anderen eine Tafel. An die Tafel zwei Blätter gespickt. Das eine mit der Aufschrift: Ein sauberer Schreibtisch ist ein Zeichen kranken Geistes. Das andere zeigt den Staat Israel. Mit 65 begann Miłosz Hebräisch zu lernen, um die Bibel neu ins Polnische zu übersetzen. »Das Buch Jeremia«, »Das Hohelied«, »Die Weisheit Salomons« sind bereits fertig.
Czesław Miłosz – ein Gesicht, das untertaucht in der Menge. Ein Gesicht, das auftaucht in der Enge des Zimmers 5407. Die Brauen sträuben sich, die Hände geraten in Bewegung. Mit ihnen zwei Zeigefinger und manchmal zusätzlich noch ein Bleistift, den er nicht losläßt. Also: Polen gehört geistig und kulturell zu Westeuropa ... Die Teilung dieses Westeuropa seit 1945 ist ungerecht ... Aus einem geheimen Grunde wurde die ganze slawische Welt ein Experiment für die Menschheit ... Westeuropa hat seine geistige Basis verraten ... Die Basis ist die Bibel ... Die materialistische Denkweise strebt immer nur zum Wahrnehmbaren, aber nicht zur Wahrheit ... Was zur Zeit in Polen passiert, ist groß im planetarischen Sinn ... Nicht nur deshalb, weil es fern von aller westlichen Lust am Untergang ist.

Wen interessiert Derartiges in den Vereinigten Staaten, wen besonders in Kalifornien, wen also in Berkeley, das sich nach der Rebellion gegen den Vietnam-Krieg in den sechziger Jahren längst wieder zurückverwandelt hat in eine gewohnt harmlose amerikanische Universitätsstadt? In der wie überall in jenem Landstrich nur der Antwort auf die eine Frage nachgelaufen zu werden scheint: Wie erhalte ich mir meinen Körper jung? Jogging mit dem Radiogerät im Arm oder mit Transistorgerät umgeschnallt und Kopfhörern. Nicht vereinzelt, nicht an bestimmten Stellen, sondern überall. So, als käme man nie aus dem Ameisenhaufen heraus. Der Student, der Manager, die Oma unterwegs. Morgens, mittags, abends. »Eine Gesellschaft von zweibeinigen Insekten«, wie sie Czesław Miłosz in seinem Buch »Das Land Ulro« befürchtet?
Wie sieht er eigentlich die Vereinigten Staaten unter dem Kalifornier Reagan?

Foto von 1941 im polnischen Kreszowice, von links nach rechts: Jerzy Andrzejewski, Miłosz und Kazimierz Wyka. – Foto von 1949 in der polnischen Botschaft Paris: Louis Aragon, Botschafter Putrament, Jules Supervielle und Miłosz (rechts).

Unter einem Präsidenten, der verächtlich von den Geisteswissenschaften als »soft sciences« spricht, denen am besten die finanziellen Mittel zugunsten der »hard sciences«, der Naturwissenschaften, entzogen werden sollten? Unter einem Außenminister Haig, der die militärische Intervention, sofern sie nur den Interessen der USA dienlich ist, über den Frieden stellt? Miłosz reagiert mit einer vorsichtigen, aber zugleich auch schreckhaften Aussparung der Bedrohung. »Also, also, von der Dichtung zu Haig«, antwortet er. Und dann: »Ich sollte sagen, daß unsere Unterhaltung gewisse Grenzen haben muß. Mich interessiert Polen. Und Polen hat Feinde genug.«

Seine politische Auseinandersetzung mit Kapitalismus und Kommunismus erklärt der Schriftsteller für abgeschlossen. In seinem Buch »Verführtes Denken« (1953) hat er eine gültig gebliebene präzise Analyse des praktizierten Kommunismus gegeben und exakt vorausgesagt, in welche Konflikte diese Ideologie besonders in Polen führen wird. In seinem autobiographischen Band »Rodzinna Europa« (1959), zu deutsch »Heimat Europa« und in der Bundesrepublik unter dem fälschlichen Titel »West und Östliches Gelände« herausgekommen, hat er seine geistige Herkunft als zu Westeuropa gehörig dargelegt, dabei als Litauer zugleich die nach 1945 eindringlichste Charakteristik der Russen gegeben und seine Erfahrung mit den USA festgehalten. Beide Bücher liefern außerdem Erkenntnisse über die Methodik kommunistischer Machthaber, kluge Intellektuelle moralisch zu korrumpieren.

Die Thesen von Miłosz lauten: Die große Sehnsucht des freischwebenden Intellektuellen ist es, zur Masse zu gehören ... Der Kommunist des Westens braucht die Vision eines goldenen Zeitalters, das schon im Begriff ist, sich hier auf Erden zu verwirklichen. Der kommunistische Funktionär aus dem Osten scheut keine Mühe, die Menschen in dieser Vision zu bestärken, doch er vergißt darüber nicht, daß es sich dabei um eine nützliche Lüge handelt ... In dem Maße, wie der Mensch seine Pflichten gegenüber der Gemeinschaft freiwillig und freudig zu erfüllen lernt, wird die Dosis des Terrors herabgesetzt werden. So endlich soll der freie Mensch geboren werden.

Doch Miłosz wäre nicht der, der er ist, wenn er nicht übergreifend argumentierte: »Der nackte Terror hat ebensowenig wie das Kapital die Neigung, freiwillig abzudanken ... Der McCarthyismus in Amerika ließ ein Schauspiel der dunkelsten Rückständigkeit entstehen ... Der offizielle Antikommunismus war falsch ... Unsere sich so stolz christlich bezeichnende Kultur ist auf dem Blut Unschuldiger errichtet worden ... Unsere Entrüstung gegenüber denen, die heute mittels ähnlicher Methoden

eine andere Kultur zu gründen versuchen, entbehrt nicht eines gewissen Pharisäertums... Ohne das Christentum wären ja weder Marx noch Hegel gewesen. Einzig das Sakrale hat eine Verweltlichung erfahren, die Transzendenz ist durch die Immanenz ersetzt worden. Später, als man dem Königreich Gottes den Namen Kommunismus gab, gewann man wenigstens den Trost, daß der große ›Tag‹ näher rückte.«
Über die USA und den Kapitalismus urteilte Miłosz: »Ich sah die Achillesferse ihrer Staatsform, diese Auslese von Politikern und Staatsmännern, die beinahe immer negativ war... Die Amerikaner halten ihre Gesellschaft für etwas, das aus der Naturordnung hervorgegangen war... Ihre ganze Raubgier ist im Kampf ums Geld kanalisiert worden, und durch diesen Kampf wurde die blutige Lehre des Bürgerkriegs verdeckt, später war jeder von ihnen schon so in der Übung, daß er die Arbeitslosigkeit während der großen Krise nur als Schande seiner eigenen Unfähigkeit empfand... Der Triumph des Einzelnen verwandelte sich paradoxerweise in individuelle Unfruchtbarkeit, sie hatten Seelen aus glänzendem Plastikstoff, so daß nur die Neger in ihrer Besessenheit, die der unseren glich (oh, what a morning, when the stars begin to fall), lebendig, tragisch und spontan waren.«
Czesław Miłosz dementiert nichts. Doch das Schlaglicht, das der Nobelpreis auf den Schriftsteller wirft, erhellt fast nur eine Dichtung, die nicht

Triumphaler Empfang nach 30 Exiljahren am 5. Juni 1981 auf dem Warschauer Flughafen: Czesław Miłosz ist heimgekommen. Er wird von Jugendlichen, die ihm einen überdimensionalen Wanderstock in die Hand gedrückt haben, hochgehoben und gefeiert. Ein Mann des Widerstands gegen ideologische Unduldsamkeit. Ein Katholik mit einer Liebe für die christlichen Ketzer. Das kommunistisch regierte und von der »Solidarität« Lech Wałesas geprägte Polen feierte seinen Nobelpreisträger: Er las vor Studenten in Warschau, der Kulturminister gab ein Konzert für ihn, in Lublin wurde er Ehrendoktor.

Miłosz nach der Landung in Warschau auf der Gangway mit Blumen in der Hand. Zur Begrüßung ist auch der 82jährige weißhaarige Dichter Jerzy Andrzejewski, Freund aus den Jahren des Widerstands gegen die deutsche Okkupation, gekommen, dem sich Miłosz zuwendet. – Mit dem Bürgerrechtler Adam Michnik, dem Vordenker der polnischen Reform von 1980/1981, macht Miłosz seinen ersten Spaziergang durch die Altstadt, erkannt und begrüßt von einem jungen Mann. Michnik wurde ein halbes Jahr später vom Jaruzelski-Regime verhaftet und ist seitdem interniert.

über die späten fünfziger Jahre hinausreicht. Eine Dichtung, die aus dem Polnischen in die Sprachen des Westens übertragen worden ist. Das meiste, was er danach geschrieben hat, stieß zwei Jahrzehnte lang auf kein Interesse mehr: Es erschien in seiner Muttersprache, gedruckt von dem bedeutendsten polnischen Exilverlag »Instytut Literaçki« in Paris, für den Miłosz bis zu seiner Übersiedlung in die USA gearbeitet hatte. Kein Literaturpreis der Welt wird den Weg erhellen können, den Czesław Miłosz in den letzten zwei Jahrzehnten gegangen ist. »Denn der Mensch bedarf einer Behausung«, schreibt er. »Und es genügt ihm nicht ein Dach über dem Kopf im physischen Sinn ...«

»Ich sehnte mich nach Mitmenschen, nach Brüdern, besseren, schlechteren, aber immerhin Brüdern.« Der Zweite Weltkrieg riß die Freunde von seiner Seite, die meisten ermordet von den Deutschen, viele auch von den Russen. Er erinnert sich an einen deutschen Bombenangriff. Er warf sich auf einen Acker und spürte die Einschläge vor, neben, hinter sich und saugte sich mit den Blikken an einem vor ihm liegenden Stein und zwei Grashalmen fest: »Und plötzlich, während ich das Pfeifen einer Bombe hörte, wurde mir klar, wie unendlich kostbar die Materie ist: Dieser Stein und diese zwei Grashalme waren ein Königreich für sich mit ihrer unendlichen Zahl an Formen, Nuancen, Rauheiten, Lichtreflexen. Sie waren ein Weltall.« Czesław Miłosz erzählt nicht viel über jene Jahre des Schreckens. Das Trauma wirkt weiter. »Das kommt davon, daß mein Gedächtnis wund ist, gepeitscht, geprügelt, blaugeschlagen«, heißt es in seinem Buch »Das Land Ulro«.

Czesław Miłosz ist zeit seines Lebens ein Mann gewesen, der immer zuviel gesehen hat. Weit über 1945 hinaus ließ ihn der Gedanke nicht los, Polen in die Luft zu sprengen, »damit keine Mutter mehr die auf Barrikaden gefallenen siebzehnjährigen Söhne und Töchter beweinte, damit kein Gras mehr auf der Asche von Treblinka, Majdanek und Auschwitz wüchse, damit auf den schemenhaften, zertretenen Sanddünen der Warschauer Vorstadt keine Mundharmonika unter einer Zwergkiefer erklänge«. Und so schreibt er: »Denn es gibt eine Art des Mitleids, die man nicht ertragen kann, und da sprengt man dann seinen Gegenstand in die Luft, wenigstens subjektiv, das heißt, man ist dann von einem einzigen Verlangen beherrscht: nicht hinschauen.«

Nach der Auszeichnung des Dichters mit dem Nobelpreis gab die polnische Führung die Literatur von Czesław Miłosz in den staatlichen Verlagen frei. 200 000 Exemplare seiner Bücher kamen auf den Markt und waren in wenigen Stunden verkauft. Die Leute standen Schlange vor den Buchläden. »Doch das Weinen Antigones, / die ihren Bruder sucht«, heißt es in einem seiner Gedichte, »ist wahrlich über das Maß des Erträglichen. Das Herz aber / ist ein Stein, in dem / die dunkle Liebe zum Land des äußersten Unglücks / verschlossen ist wie ein Insekt.«

Unser Dilemma sieht Miłosz so: »Entweder soziale Gerechtigkeit um den Preis des Terrors, der Lüge und der Versklavung oder aber eine Freiheit, die unerträglich ist, weil über ihr ein abwesender Gott und ein nicht intervenierender Christus steht ... leider. Die Gleichung lautet: Die Menschen mögen sich anstellen, wie sie wollen, sie müssen doch wählen – und sie haben keine große Wahl.«

Sicher ist für ihn: »Die großartigen Errungenschaften meines Jahrhunderts, seine Wissenschaft, Technik, Medizin stehen in enger Wechselbeziehung mit dem Zerfall, sie sind aus dem Zerfall entstanden und haben ihrerseits Zerfall gezeugt.«

Miłosz weist die Rolle des Moralpredigers von sich: »Die Krankheit steckt auch in mir ... Ich weiß selbst, daß ich ein Krüppel bin, und gebe nicht vor, es nicht zu sein. Mit anderen Worten: Ich kenne sehr wohl das Elend meines Menschseins, und mehr als einmal, wenn ich losschreien und mit dem Kopf gegen die Wand schlagen wollte, habe ich mich unter Aufgebot meines ganzen Willens zusammengerissen und mich an die Arbeit gemacht, weil ich es mußte.« Mußte? »Ja«, sagte er, »nur *eine* Sprache wird dem höchsten Anspruch der menschlichen Imagination gerecht, und in ihr wurde die Heilige Schrift geschrieben.« Czesław Miłosz heute: »Die atheistischen Fortschrittler des vergangenen Jahrhunderts haben schlicht und einfach die Dynamik der Heilsgeschichte auf die Geschichte der menschlichen Gesellschaft übertragen. Sie sind nichts als Fortsetzer der Tradition der altbekannten religiösen Triade Paradies, verlorenes Paradies, wiedererlangtes Paradies.« Atheisten respektiert der Dichter Miłosz. Doch er mißt sie an der Größe seines Landsmannes Witold Gombrowicz (1904–1969), der seit 1939 im Exil lebte und im Exil starb. Für den Atheisten, so meint Miłosz, gilt die allerstrengste Ethik, »denn sein Mitmensch wird durch keinen posthumen Ausgleich entschädigt, nichts, keine wie immer erhabenen Losungen, keine Wahrheit, kein Fernziel, vermag die Mißhandlung eines einzelnen Menschen zu rechtfertigen«.

Und so urteilt Miłosz: »Daher macht sich auch in den Augen des wahren Atheisten der russische Kommunismus fürwahr schrecklicher Verbrechen schuldig, und zwar körperlicher Folterungen an Millionen von Wehrlosen wie auch seelischer Torturen, nämlich der Angst, der durch Angst erzwungenen Preisgabe moralischer Regungen und des Verzichts auf die Teilnahme an religiösen Zeremonien. Gerade indem er die Religion verfolgte, in welcher der Atheist ein bewunderungswürdiges Werk der menschlichen Einbildungskraft und ein wirksames Mittel zur Linderung der Not des Lebens und des Sterbens sieht, hat sich der Kommunismus als menschenfeindliches System erwiesen.«

In dem Buch »Das Land Ulro« sieht der Leser einer neuen Art von Menschwerdung zu. Das Land Ulro meint das Land der austauschbaren Menschen. Anknüpfung an die Vision des Dichters und Malers William Blake (1757–1827), der alles richtig vorausgesehen hat. In seinem Buch kommt Miłosz zu folgenden Schlüssen: Die menschliche Einbildungskraft muß sich von den Gesetzen der Mechanik befreien ... Aus dem Nihilismus der exakten Wissenschaften vermag sonst niemand die Welt herauszuführen als die Bibel ... Der Mensch ist ein ambivalentes Wesen. Umkehr ist die entscheidende Geste eines Wesens, das gespannt ist ... Die Existentialphilosophie, die die tragische Situation des Menschen auszudrücken gedachte, wurde durch ihren Idealismus zu einem ober-

Miłosz am 7. Juni 1981 in einer Warschauer Wohnung unter denjenigen, die für ihn ins Gefängnis gegangen sind: Angehörige der Edition NOWA, in der die vom Staat verbotene Literatur gedruckt wurde. Einer von ihnen spielt auf der Gitarre dem Dichter ein vertontes Miłosz-Gedicht vor. – In Lublin am 12. Juni drängen sich junge Menschen um den Dichter. Ein Mädchen legt den Kopf an seine Schulter.

Czesław Miłosz

flächlichen Optimismus... Der Wille des Kommunismus, das Individuum im Kollektiv auszulöschen, weil das Individuum dem allgemeinen Glück im Wege steht, ist romantisch... Wirklichkeit ist nicht nur insoweit existent, als sie mathematisch abbildbar ist. Es gilt das Spekulative wieder in die Wissenschaft einzuführen.

In seinem Buch »Das Land Ulro«, in dem er seine Konzeption vom Sinn des Lebens darlegt, bekennt sich Miłosz zur Geschichte der religiösen Außenseiter, die sich bewußt der geistigen Spaltung abendländischer Kultur widersetzten und somit als wegweisend für die Zukunft wiederzuentdecken sind. Er fühlt sich hingezogen zu dem berühmten schwedischen Naturwissenschaftler Emanuel von Swedenborg (1688–1772), der die Bibel über alles stellte, zu dem englischen Mystiker Blake, dem dänischen Protestanten Sören Kierkegaard (1813 bis 1855) mit seiner Forderung nach christlicher Strenge, zu der französischen Jüdin Simone Weil (1909–1943) mit ihrer Prognose: »Faschistische, kommunistische, demokratische Staaten treiben dem gleichen Ziel des bürokratischen Totalitarismus entgegen.«

Vornehmlich in jenen Denkern definiert sich dieser 70jährige. Über Polen schrieb er 1945:

«Das reinste der Völker der Erde, wenn das Licht der Blitze sie richtet, / gedankenlos, aber listig im Trott des gewöhnlichen Tages... / Seine besten Söhne bleiben unbekannt, / sie tauchen nur einmal auf, um auf Barrikaden zu sterben.«

Czesław Miłosz sagt heute: »Die Polen haben nichts vergessen. Und weil sie nichts vergessen haben, haben sie die Mauer zerstört, die die Machthaber um sie herum gebaut haben, um sie abzuschließen vom Rest der Welt und ihrer eigenen Vergangenheit. Das Geheimnis der Polen ist ihr Gedächtnis. Und die Kontinuität ihrer Geschichte, ihres Glaubens, ihrer Kultur und ihrer Sprache.« Und er fügt hinzu: »Sollten die gesellschaftlichen Veränderungen in Polen erfolgreich sein, dann wäre das ein Jasagen zu diesem ganzen Jahrhundert. Es würde bedeuten, daß eine neue soziale Form möglich wäre, wie sie der polnische Philosoph Stanisław Brzozowski zu Beginn dieses Jahrhunderts erträumt hatte. Eine neue Form nationalisierter Wirtschaft, kombiniert mit einer Organisation von unten. Was in Polen geschieht, ist ein Drahtseilakt. Es ist eine Hoffnung für uns alle, ob wir im Westen leben oder nicht. Die Katastrophe dieses Experiments würde uns alle in dunkle Jahre führen.« »Die Hauptaufgabe eines Dichters ist es, die Wahrheit zu sagen«, schrieb Miłosz 1951 nach Warschau, als er die Gründe für seinen Bruch mit dem Regime darlegte. »Ein soziales System, das auf der Lüge aufgebaut ist, kann nur Unglück über die Menschen bringen.« Und als er in Stockholm seine Nobelpreisrede hielt, sagte Miłosz: »Nur dort, wo die Versammelten die Verschwörung des Verschweigens fortsetzen, klingt ein wahres Wort wie ein Schuß.« Miłosz protestierte gegen die von Hitler und Stalin beschlossene und später von den westlichen Mächten legalisierte Teilung Europas. Er erinnerte an die Todesstätte der Dichter Władysław Sebyła und Lech Piwowar, seine Freunde: Katyn, wo Stalin 4000 polnische Offiziere ermorden ließ, die Ende 1939 in sowjetische Kriegsgefangenschaft geraten waren.

Nicht Lenin, sondern der Dichter Władimir Majakowski verkörpert für Miłosz die russische Revolution. »Ihre ganze Zivilisation«, schreibt er. »Immer doppeldeutig, gewaltig, in der Literatur nach Gerechtigkeit lechzend, in den alltäglichen, niederen Dingen armselig und grausam, als ob alle ihre Kräfte sich in außergewöhnlichen Taten entluden und nichts für das bescheidene Verlangen nach Harmonie und Glück übrigbliebe, ein Verlangen, das als Verrat und Schwäche galt und ausgerottet wurde – wer weiß, ob nicht dieser Satz die Wahrheit über die Russen sagt: Sie können mehr, aber weniger können sie nicht.« Dieser Manie des Gigantischen entsprach – so sieht es Miłosz – der Selbstmord Majakowskis, in dessen Werk sich die Theorie mit dem alten Traum der Russen verband, das auserwählte Volk zu sein. Doch klingt vieles, was Czesław Miłosz sagt, nicht minder messianisch? Er lacht, er weiß um seine Schwäche: »Wahrscheinlich ist für die Polen jede Begegnung mit Russen unangenehm und reizt sie zur Abwehr, denn sie demaskiert sie vor sich selbst.« Dennoch:

»Sollte Westeuropa, seine Kultur und seine Zivilisation, die die Welt erobert hat und selbst noch in der Perversion den Erdball prägt, sollte also dieses geistige Westeuropa gerettet werden, sollte Westeuropa wieder einen neuen Sinn erhalten, der den alten biblischen einschließt«, so sagt er, »dann wird das Neue im Osten passieren.« Und was er mit Osten meint, heißt die Peripherie des Westens, also Polen. »Sie kennen ja die Literatur, die den Tod des Menschen behandelt«, sagt er zu mir. »Sie kommen ja aus dieser Gegend. Diese westliche Literatur der Destruktion. Der Wahnsinn der Politik, der eingeht in die Literatur und Literatur, die nicht weitergeht.«

Namentlich nimmt Miłosz nur einen aus: Samuel Beckett. »Die Größe des kapitalistischen Westens trotz aller Unkenrufe über seinen Zerfall zeigt sich darin«, meint er, »daß er gerade einen solchen Dichter hervorgebracht und als sein eigen anerkannt hat, daß er sich also für die illusionslose Wahrheit entschieden hat.«

Czesław Miłosz, der Dichter, der sich zu Gott bekennt. Doch Gott antwortet immer noch nicht auf seinen Anruf, wie er nicht geantwortet hat, als Czesław Miłosz es bereits als Junge versucht hat. Er kann Hebräisch lernen, er kann das Hohelied übersetzen, er kann »in einer Sprache des Feuers, des Wassers und jeglicher Elemente« sprechen, wie es in der Bibel heißt, er kann alle »göttlichen Künste der Einbildungskraft« mobilisieren. Als Dichter ein Medium, so versteht er sich. Doch als Intellektueller steht er wieder da, wo er schon in seiner Jugend gestanden hat: vor dem Kreuz, dem Zeichen der Zerrissenheit dieser Welt, vor dem gekreuzigten Christus, der mit seinem Tod dokumentiert, daß auf dieser Erde die Wahrheit immer so endet, also ans Kreuz geschlagen wird.

Daß er es vor dem Kreuz aushält, macht die Größe von Czesław Miłosz aus. Daß er nicht vorgibt, weitergekommen zu sein, macht seine Ehrlichkeit aus. Czesław Miłosz hat Angst, nicht zu zweifeln, und er zweifelt, weil er Angst hat zu glauben.

So zahlt unser Jahrhundert heim / denen, die seiner Verzweiflung und seiner Hoffnung vertrauten. / Und was hat Gewinnen bedeutet? Mitten im Wort zu verstummen. / Den Schrei zu vernehmen, der Lüge zu huldigen, die Wahrheit war nämlich gefallen . . .

Jean Paul Sartre schrieb einmal an Albert Camus, da diesem kein politisches System passe, sehe er nur einen Platz für ihn: die Galapagos-Inseln. Albert Camus, der Dichter des Mythos vom Sysiphos, der den Stalinismus so früh geißelte, wie ihn Miłosz analysiert hatte, der von Jean Paul Sartre ebenso bekämpft wurde wie Miłosz – Albert Camus war ein Freund des polnischen Dichters im französischen Exil der fünfziger Jahre. Was die beiden damals gesagt hatten, ist dann später von Sartre und Louis Aragon und Pablo Neruda nicht mehr bestritten worden.

Was Miłosz dem Philosophen Sartre vorwirft ist nicht, daß dieser sich geirrt hat, sondern daß er wider besseres Wissen aus taktischen Gründen an der vorgeblichen Reinheit des Kommunismus festgehalten hat, solange es überhaupt ging. »Verabscheuungswürdig«, urteilt Miłosz, »und mißlich für einen Philosophen.«

Und Pablo Neruda, Symbolfigur für ein freies Chile? Czesław Miłosz hat seinen »Canto General« ins Polnische übersetzt. Als Miłosz dann mit Warschau brach, schmähte ihn Neruda als einen US-Agenten – öffentlich. Privat antwortete er 1965 auf die Frage des Exil-Polen, warum er das damals getan habe, wo er doch gewußt habe, daß sein Vorwurf nicht gestimmt habe: »Es tut mir leid, ich entschuldige mich.« Bitterkeiten hat Miłosz im intellektuell festgefügten kommunistischen Milieu Frankreichs der fünfziger Jahre viele erlebt. Doch wie jeder Pole, so gesteht er, liebt er dieses Land und fährt als US-Bürger immer wieder zu Streifzügen dort hin.

Kalifornien, das war für Miłosz lange das seinem Freund Camus von Sartre zugedachte Galapagos. »Lange habe ich mich gesträubt, meine Niederlage einzugestehen«, sagt er. »Ich war ein Pole, der in Amerika polnisch schreibt. Ich glaube nicht an eine Verständigungsmöglichkeit außerhalb ein und derselben Sprache und geschichtlichen Tradition. Was ich auf polnisch schrieb, war für Leser bestimmt, die irgendwo jenseits von Raum und Zeit existierten. Alles war für mich verloren. Ich habe die Nieder-

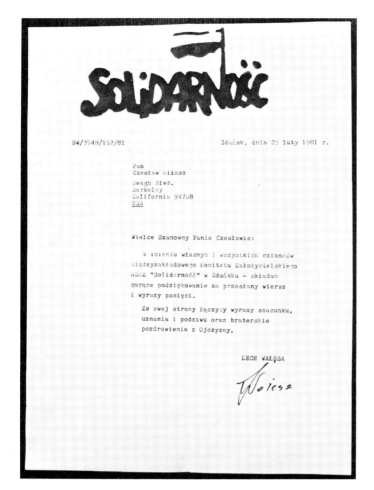

Symbolfiguren polnischer Hoffnung zum erstenmal vereint: Der Nobelpreisträger für Literatur und der Arbeiterführer Lech Wałesa in Lublin, wo beide den Beifall von Mitgliedern der Gewerkschaft »Solidarität« entgegennehmen. – Nobelpreisträger Miłosz 1980 zu Besuch im Vatikan bei Karol Wojtyła, dem Papst aus Polen. Am Revers trägt der Dichter die »Solidarność«-Plakette. – Zur Verleihung des Nobelpreises beglückwünschte Lech Wałesa den Dichter in diesem nach Berkeley geschickten Brief aus Danzig.

lage angenommen. Und auch die Einsamkeit. Nur wer die Einsamkeit und die Niederlage akzeptiert, wer nichts mehr zu gewinnen und nichts mehr zu verlieren hat, kann die Wahrheit schreiben. Ich mußte lernen, wie ein Verbannter zu leben.«

Was er der westlichen Literatur vorwirft: ihren Transzendenzverfall, der die Dichter mehr und mehr dazu gebracht hat, ihre Kunst zu materialisieren. Zuerst bewahrte man sich eine Zeitlang die Natur als geeigneten Projektionsraum für transzendierende Übertragungswünsche. Aber mit dem Voranschreiten von Wissenschaft und Technik und der damit verbundenen Zerstörung von Welt und Umwelt wurde auch dies unmöglich. Die Kompensationen wurden immer angestrengter, liefen in politische Sackgassen. Nach und nach zogen sich die westlichen Schriftsteller auf sich selbst, allein auf ihr seelisches Interieur. Seit die Ahnung von einem jenseitigen Paradies untergegangen und der Glaube an die gesellschaftliche Utopie abhanden gekommen ist, erschien nur eine Idee vom Glück möglich: die Befriedigung, der die Langeweile folgte.

Wie reagiert er auf die neuen Fluchtmodelle? »Die Zivilisationen von Indien, Altchina, alles das sind Reliquien, Vergangenheit«, urteilt er. »Keine Kraft kann dieser Zivilisation wieder zum Leben verhelfen. Das planetarische Spiel hat sein Zentrum in Europa. Hier gilt es sich einzusetzen, zu kämpfen, nach den

richtigen Wegen zu suchen, die verschüttet wurden.« – »Ein schöner europäischer, arroganter Standpunkt«, antworte ich ihm. »Ja«, sagt er. »In Beziehung zu Westeuropa und Amerika bin ich ein östlicher Europäer und zeige die Arroganz eines östlichen Europäers. Nach Indien hin nehme ich die Arroganz ganz Europas in Anspruch.« In einem Gedicht für einen Guru namens Raja Rao schreibt er: »Ich verzichte auf Hilfe, Raja, mein Teil ist die Agonie / der Kampf, die Verworfenheit, die Selbstliebe und der Selbsthaß, / ein Gebet für das Königreich Gottes / und die Lektüre Pascals.«

«Die Welt ist unverändert schön«, darauf beharrt Miłosz. Und er sagt: »In diesem Satz steckt tiefes Atemholen. Es ist Gesundheit, wenn man sich vom unerträglichen Schmerz abwendet. Ich bete zu Gott, zu einem Gott, den Sie sich humorvoll vorstellen müssen. Ich möchte Kamele haben, Schiffe und Frauen. Was ist schlecht daran? Sie können sagen, das ist suspekt, weil ich auf meinen Vorteil aus bin. Aber was taten die Menschen in der Bibel? Sie suchten ihren Vorteil, auch wenn sie zu Gott beteten. Warum nicht? Ist das schlecht, ist das verdächtig?« Zeilen aus einem seiner jüngsten Gedichte: »Der Verlust der Geburtsprovinz, des Vaterlandes, das ganze Leben unter fremden Stämmen umhergewandert, selbst das ist nur romantisch, das heißt erträglich. Angesichts der Tatsache, daß mein Gebet als Gymnasiast in Erfüllung ging, das Gebet eines Jungen, der die Meister las und um Größe bat, was nichts anderes heißt als Exil...«
Czesław Miłosz nimmt uns mit zu seinem Haus im Grizzly Peak Boulevard. Die Straße liegt an einem Steilhang, gibt den Blick frei über Berkeley hin zur Bay nach San Francisco und der Golden Gate Bridge. Zwei kleine Holzhäuser stehen auf dem Grundstück. Das eine mehr Garage denn sonst etwas, darüber eine kleine Gästewohnung, in der Renata Gorczinski, seine einstige Studentin, wohnt und für Miłosz als Sekretärin arbeitet, seitdem er den Nobelpreis hat. Noch immer kommen täglich an die 50 Briefe, viele aus Polen. Nebenher bereitet sich Renata Gorczinski auf ihre Dissertation vor. Ihr Thema: Czesław Miłosz. Zwischen Gästehaus und Wohnhaus stehen hohe Fichten. Im Garten Rhododendron, Kamelien, Kirschlorbeer, Fuchsien. Sein Arbeitszimmer auch nicht viel größer als 20 Quadratmeter. Der Schreibtisch voller beschriebener Bogen. Davor polnische Lexika. Ein Schreibpult. An der Wand in einem Bilderrahmen ein Foto: seine Frau, als sie sich in Polen kennengelernt hatten.
Czesław Miłosz sagt, daß seine Frau sehr krank sei. Seit Jahren. »Mit ihr bin ich gereist. In die Sierras Amerikas. Wir haben gezeltet. Es war schön«, sagt er. »Ich habe inzwischen gelernt, das Haus in Ordnung zu halten, zu kochen, zu waschen, sie zu pflegen. Es ist gut so. Ich habe etwas Neues gelernt, und ich tue es gern.«

Nein, er ist keiner, der vom Lunch zum Dinner eilt, von einer Einladung zur anderen, wenn er auch immer von Einladungen gegenüber Kollegen spricht, die gern mit ihm zusammen wären. Er ist einfach unabkömmlich. Er ist für Janka, seine Frau, da. Er kocht, er serviert, er räumt ab. Er spricht mit ihr, er bleibt in ihrer Nähe. Nachts sitzt er an den Psalmen Davids, die er gerade übersetzt.

*

Warschau am Abend des 5. Juni: Czesław Miłosz betritt nach drei Jahrzehnten erstmals wieder polnischen Boden. In den Tagen zuvor hat das Fernsehen eine 90 Minuten lange Sendung über ihn gebracht. Die Zeitungen haben berichtet. Im Warschauer Literaturmuseum ist die bisher umfassendste Ausstellung über Leben und Werk des Dichters eröffnet worden. In der Buchhandlung daneben steht ein Foto von Miłosz im Schaufenster, aber kein einziges Buch von ihm. Seine Bücher zählen zu den Lebensmitteln, sind also immer sofort ausverkauft. »Meine Dankbarkeit gilt den polnischen Arbeitern«, sagt er noch auf dem Flughafen. »Die Arbeiter sind geistig reif geworden. Und das ist der Index der Reife des ganzen Landes.« Am Rande des Flughafens herrscht ein heilloses Durcheinander. Miłosz ist mit seinen beiden Söhnen gekommen. Sein Bruder und dessen Frau umarmen ihn. Eine Gruppe von alten Freunden wird abgedrängt, darunter der 82jährige Dichter Jerzy Andrzejewski. Mi-

łosz hat Mühe, zu ihm hinzugelangen.
Junge Leute, alte Leute haben sich versammelt. Jeder will den Dichter berühren. Es ist kein Durchkommen zum Auto. Die Leute singen. Einstige Wilnaer heben ihn hoch, drücken ihm einen überdimensionalen Wanderstab in die Hand. Es wird geweint und gelacht. Und als er schließlich doch im Auto sitzt und das Auto anfährt, muß es wieder stoppen: Ein Student ist niedergekniet und hat beide Hände hochgehoben, Zeige- und Mittelfinger signalisieren das V: Victory, Sieg.
Der Ruhm hat den Dichter handgreiflich eingeholt. Er läßt ihn in Polen nicht mehr los: Am nächsten Tag im Łazienki-Palast. Einladung des Kulturministers. Ein Chopin-Konzert zu Ehren des Nobelpreisträgers. Drei Stuhlreihen besetzt mit vorwiegend kritischen Intellektuellen aus dem Land. Das alles hat es hier schon lange nicht mehr gegeben. Dann am Abend im Studentenclub »Stodoła« vor mehr als tausend jungen Leuten erstmals eine Lesung im Heimatland. Aus zwei geplanten Stunden werden mehr als vier. Miłosz am Rande der Erschöpfung.
Am nächsten Tag ein Treffen mit jenen Menschen, die jahrelang ihre Freiheit riskierten, als sie in Polen zu einer Zeit Miłosz druckten, in der dies noch nicht erlaubt war. Vom Drucker bis zum Verlagschef Mirosław Chojecki haben sich an die 50 Angehörige der Edition NOWA in einer Drei-Zimmer-Wohnung versammelt. Bei der Begrüßung versagt dem Verlagsleiter die Stimme. Sein Stellvertreter muß einspringen. Am Ende hat jemand die Gitarre in der Hand und singt frühe Texte des Dichters, von deren Vertonung er bisher nicht wußte. »Ein seltsames Erlebnis«, sagt Miłosz. »Euch gegenüber bin ich in der Demut.«
Mit dem Bürgerrechtler Adam Michnik und Miłosz gehe ich durch die Warschauer Altstadt. Sein erster Spaziergang. »Mit Schwierigkeit kann ich diese Stadt wiedererkennen«, sagt er, »dies ist für mich heute eine andere Stadt.« Mit den Rosen in der Hand, die er von den NOWA-Leuten geschenkt bekommen hat, geht er in die Kathedrale. Es ist Pfingstsonntag. Die Elf-Uhr-Messe. Dichtgedrängt sitzen und stehen die Menschen. Doch so unauffällig er auch wirkt, die Gläubigen erkennen ihn. Erst hört man, wie einzelne seinen Namen nennen, dann geht der Name wie ein Raunen durch die Reihen. Irritiert verläßt Miłosz die Kathedrale.
Auf dem Markt kommt eine junge Frau auf den ihn begleitenden Adam Michnik zu. Eine Studentin, die Michnik erklärt, daß sie sich gestern im Stodoła nicht getraut habe, eine Frage zu stellen, ob sie ihm Miłosz vorstellen könne. Michnik tut es. Die Studentin fällt dem Dichter um den Hals. Der Dichter hat Schwierigkeiten mit dieser Form der Popularität. »Es ist für mich dort schöner, wo ich ruhig die Straßen entlang gehen kann, ohne erkannt zu werden«, sagt er. In Berkeley also, im Exil? »Ja«, antwortet er mir. »Das Exil sichert die Anonymität.«

Czesław Miłosz reist von Warschau nach Krakau, dann nach Lublin, wo er die Ehrendoktorwürde der katholischen Universität entgegennimmt, eine Auszeichnung, die ihm bereits vor der Nobelpreisverleihung zuteil wurde. Nur – der Nobelpreis hat dann diese Polenreise möglich gemacht oder zumindest erleichtert. In Lublin trifft Czesław Miłosz zum erstenmal Lech Walesa. Auf dem Friedhof besucht er das Grab des bei einem deutschen Bombenangriff 1939 gestorbenen 36jährigen Lyrikers und Freundes Józef Czechowicz.
Seinen 70. Geburtstag am 30. Juni 1981 feierte Czesław Miłosz in Paris, unter den Angehörigen des polnischen Exil-Verlages Instytut Literacki, der die Zeitschrift »Kultura« herausgibt.

*

In Berkeley kommentiert Czesław Miłosz mit Bitternis die Verhängung des Kriegsrechts über Polen: »Was am 13. Dezember geschehen ist, ist die absolute Bankrotterklärung der kommunistischen Partei in Polen. Die Gewerkschaft Solidarität war eine große Hoffnung für die Welt. Innerhalb des sowjetischen Systems war etwas entstanden, was über die hergebrachten Vorstellungen von Kommunismus und Kapitalismus gleichermaßen hinausging.«

JERZY KOSINSKI: DER BEMALTE VOGEL

Wer mit ihm ins Gespräch kommen will, korrespondiert erst einmal mit einer Firma: der Scientia-Factum Incorporation. Diese Firma hat in teurer New Yorker Lage ihren Sitz: Hemisphere House, 60 West/Fifty-Seventh Street. Hinter dieser Adresse verbirgt sich der Bestsellerautor Jerzy Kosinski, bis 1957 polnischer Staatsbürger. Seit er als Kind allein durch das Polen des Zweiten Weltkrieges irrte und dabei Opfer zahlreicher Grausamkeiten wurde, bricht immer wieder das traumatische Erlebnis durch. In New York sagt er: »Ich habe das Gefühl, irgend jemand geht hinter mir und will in mein Leben eindringen.« Also tarnt er sich.

Jerzy Kosinski spricht davon, daß er die verschiedensten Identitätskarten besitzt, daß er überall für Verstecke gesorgt habe, daß er mit Machete und Pistole gegen Angriffe gewappnet, daß sein Buick immer fluchtbereit geparkt sei: mit Nahrung versehen – und einem Polizeiemblem. Fiktionalisiert da jemand sein Leben, nähert er es den Kolportageelementen an, auf die er immer weniger in seinen letzten Romanen verzichtet? Der Besucher erhält zuerst einmal von Kosinski eine Lektion in Weltläufigkeit. Achtung, aufgepaßt: hier sprichst du mit einem Freund von Henry Kissinger und Zbigniew Brzezinski.

Hier ist alles anders als bei

Jerzy Kosinski 189

den anderen. Der Hinweis auf die beiden einstigen Sicherheitsberater amerikanischer Präsidenten soll zeigen, daß er so amerikanisch ist wie sie, die auch aus Europa stammen. »Dies hier ist mein Land«, sagt Jerzy Kosinski. »Ich bin ein amerikanischer Schriftsteller. Ich habe alle meine Bücher in der Sprache dieses Landes geschrieben. Hier bin ich zu Hause.« Er sagt das in einem schnellen Stakkato-Englisch. Seiner Stimme fehlt fast jegliche Modulation. Computerhaft ist auch der Bewegungsablauf des 1,80 Meter großen Mannes, der permanent darauf achtet, daß sein Seidenhemd keine Falten schlägt.
Wenn Kosinski sich schließlich als »Gottes Geschenk« bezeichnet, als ein Mensch, »der stärker ist als alle«, denkt der Besucher mit Wehmut an die fast angenehme Aggressivität anderer Exilschriftsteller zurück. Von diesem hier, der in seinen Romanen von seinen polnischen Erlebnissen nicht loskommt, sich gleichwohl nicht als Exilschriftsteller sieht, fühlt er sich auf den Arm genommen und mit zweifelhaften Pointen abgespeist. Doch dieser Kosinski meint alles ernst. Wirkt er witzig, so ist es eine Inszenierung. Aggressivität gestattet er allein den Figuren in seinen Romanen. Im Gespräch schafft er Distanz.
Die anderen mögen untereinander in Gesprächen ihre Angst mit dem Reflex des Mitteilens, des Allgemeinmachens beschwören. Er beschwört seine Angst ausschließlich im Schreiben, in seinen Romanen. Dort findet

Der Pole Jerzy Kosinski, der nur noch Amerikaner sein will, in seiner New Yorker Wohnung: Er kam 1933 in Lodz zur Welt, irrte als Kind jüdischer Herkunft nach der Nazi-Okkupation Polens allein durch sein Heimatland, verlor seine Stimme, gewann die Stimme nach dem Kriege bei einem Unfall zurück, fühlte sich weiter bedroht, legte den polnischen Behörden eine gefälschte Einladung nach Amerika vor, gelangte nach New York, schrieb in englisch seinen berühmten Roman »Der bemalte Vogel«.

die Entblößung des Intimen statt – in aller Gnadenlosigkeit. Als Schriftsteller kann er exakt das verwirklichen, was sein ungelöster Lebenskonflikt ist: eine Beziehung herstellen und sie doch nicht eingehen. Die Beziehung zum Leser.

Jerzy Kosinski, 1933 in Lodz geboren, wurde bei Ausbruch des Krieges von seinen Eltern aufs Land geschickt, weil sie den Sohn dort sicher aufgehoben glaubten. Doch die Frau, bei der der Junge Unterkunft fand, starb zwei Monate später. Alleingelassen floh der Sechsjährige von Dorf zu Dorf, seiner schwarzen Haare und seines dunklen Teints wegen ständig verdächtigt, entweder ein Jude oder ein Zigeuner zu sein. Dem Zugriff der Deutschen ausgesetzt und zugleich dem der Dörfler, die ihn zwar aufnahmen, aber zugleich zum Sündenbock für alle Widerwärtigkeiten des Lebens machten. Bei Kriegsende fanden die Eltern den Jungen wieder. Er hatte alle Mißhandlungen überlebt, aber dabei die Stimme verloren. Welt war für ihn ein Konglomerat von Mördern, Gewalttätern, Folterern, Heuchlern, Lüstlingen, Perversen, Unterdrückern, Machtbesessenen. Und deren Sprache war für ihn nicht nur deutsch, sondern stärker noch polnisch. Das Polnisch jener engstirnigen Bauern, deren katholischer Glaube immer wieder von Aberglauben durchkreuzt wurde. Fünf Jahre lang lebte Jerzy Kosinski stumm vor sich hin. Im Jahre 1948 gewann der 15jährige nach einem Skiunfall seine Sprache zurück.

Der bis dahin von seinem Vater, einem Philologen, unterrichtete Jugendliche, besuchte nun ein Gymnasium in Lodz und dann die dortige Universität. 1953 bestand er sein Examen als Historiker und 1955 als Staatswissenschaftler. Von 1955 bis 1957 war er Forschungsstipendiat der polnischen Akademie der Wissenschaften am Institut für Soziologie und Kulturgeschichte in Warschau. Zwischendurch belegte er auch Chemie als Studienfach, gewann als Fotograf eine Reihe von Preisen, arbeitete als Skilehrer in Zakopane und hielt sich zu Forschungsarbeiten an der Moskauer Lomonossow-Universität auf.

Um der sozialistischen Umwelt zu entrinnen, trickste der 24jährige die gesamte Bürokratie Volkspolens aus und gelangte am 20. Dezember 1957 in die Vereinigten Staaten. Er hatte vier Akademiemitglieder erfunden, sie mit Funktionen, Briefkopfpapieren und Stempeln ausgestattet und in ihrem Namen zwei Jahre lang Korrespondenzen mit Behörden, sogar mit dem Zentralkomitee der kommunistischen Partei geführt – bis diese nichtexistenten Protektoren erreichten, daß er mit einem nichtexistenten Stipendium reisen durfte. Denn auch die Einladung der amerikanischen Universität hatte Kosinski gefälscht.

In New York begann Kosinski als Lkw-Fahrer ohne Führerschein, als Nachtwächter, als Filmvorführer, dann als Fotograf. Bei seiner Ankunft sprach er außer polnisch noch russisch, aber nicht englisch. Bereits nach einem halben Jahr beherrschte er die neue Sprache so gut, daß ihm die Ford Foundation ein Stipendium gab. Zwei Jahre später legte Kosinski – englisch geschrieben – unter dem Pseudonym Joseph Nowak sein erstes Buch vor (in der Bundesrepublik: »Uns gehört die Zukunft, Genossen«), eine Analyse des Sowjetkommunismus. Die wurde abgedruckt im Reader's Digest. Den Reader's Digest las Mary Weir, die Witwe eines US-Stahlmagnaten. Sie schrieb dem Autor begeistert.

Wieder zwei Jahre später heiratete der 29jährige Kosinski die 32jährige Witwe. Im selben Jahr erschien eine zweite Sowjetanalyse von Kosinski (»No Third Path«, in der Bundesrepublik: »Homo Sowjeticus«), auch unter Pseudonym. Wieder zwei Jahre später wurde Kosinski Doktor der Soziologie an der Columbia Universität. Im Jahre 1965 erhielt er die amerikanische Staatsbürgerschaft. Und im selben Jahr erschien sein erster Roman, nun unter seinem eigenen Namen: »Der bemalte Vogel«, das Buch, das ihn weltberühmt machte. Es wurde in mehr als 30 Sprachen übersetzt. In Polen ist es nie erschienen.

Eine schriftstellerische Existenz muß nicht erst dann beginnen, wenn jemand zum Griffel greift. Diese hier beginnt in Polen. Kosinski erinnert sich: »In Polen fühlte ich mich wie in einer inneren Emigration. Und der Tempel dieser inneren Emigration war meine Dunkelkammer, in der ich meine Filme entwickelte. In die ich mich einschließen konnte, ohne von anderen eingeschlossen zu sein. In der Dunkelkammer entwickelte ich zugleich meine Vorstellungen von mir selbst. In der Dunkelkammer ging mein Leben auf in Fiktion.«

Jerzy Kosinski sah sich als Pečorin in Lermontovs Roman »Ein Held unserer Zeit«, als Romašov in Aleksandr Kuprins Roman »Das Duell« und als Julien Sorel in »Rot und Schwarz« von Stendhal. Im Spannungsfeld dieser Thematik liegen Leben und Literatur des Polen, der sich so amerikanisch empfindet, wie sich Joseph Conrad englisch gefühlt hat.

Pečorin, der von der Nichtigkeit menschlicher Existenz überzeugt ist und aus dieser Einsicht sein Recht ableitet, Menschen wie Schachfiguren zu seinen Zwecken zu benutzen: »Ob ich ein Narr bin oder ein Bösewicht, weiß ich nicht; aber eins ist richtig: Ich bin auch zu bemitleiden und vielleicht mehr als sie; denn meine Seele ist von der Welt verdorben, meine Phantasie ist unruhig, mein Herz ist unersättlich; ich habe nie genug: An den Kummer gewöhne ich mich ebenso wie an den Genuß, und mein Leben wird von Tag zu Tag inhaltsleerer; es bleibt mir nur noch ein Mittel: reisen.«

Romašov, der die Sinnlosigkeit des Garnisonslebens spürt, der in der Abkehr vom Ehrenkodex des Militärs die »größere Tapferkeit« sieht und dennoch ein Opfer falsch verstandener Ehrenhaftigkeit wird.

Julien Sorel, den die Gesellschaft nicht akzeptiert, und der die Akzeptanz dennoch zu erreichen versucht: »Es galt, sich einen neuen Charakter zuzulegen ... Aber wie entsetzlich schwer ist es, in jeder Minute die Verstellung durchführen zu müssen.« Jerzy Kosinski bezeichnet die Vollendung des Romans »Der bemalte Vogel« als »das Ergebnis des langsamen Auftauens eines von Ängsten umkrallten Gemüts«. Die Sprache seiner Kindheit ist mit so vielen Traumata besetzt, daß sich der Pole nur mit der Flucht in die Fremdsprache Englisch retten konnte. Erst die Emigration schuf die Voraussetzung, sich von der monströsen Vergangenheit zu lösen, zu der auch die Schrecken des Stalinismus in Nachkriegspolen und der polnische Antisemitismus gehören. Erst die Emigration schuf die Möglichkeit, Stück für Stück aus dem Erlebnismosaik herauszulösen, es literarisch zu gestalten, also zu beherrschen.

Über den polnischen Antisemitismus schreibt Lucy S. Dawidowicz in dem Buch »Der Krieg gegen die Juden« in Rückblick auf die Zeit von 1919 bis 1939: »Pogrome kennzeichneten die Einweihung der polnischen Unabhängigkeit und waren ein immer wiederkehrendes Phänomen in den zwanzig Jahren der Unabhängigkeit.«

Der polnische Dramatiker Slawomir Mrozek meint: »Die Polen sind bewußt oder unbewußt Antisemiten, aber nur eine Minderheit ist aktiv antisemitisch. Wenn ich an meine Erfahrungen während und nach dem Kriege zurückdenke, würde ich sagen, daß die Mehrheit die Juden nicht als Feinde betrachtet, sondern einfach als Fremde oder als Außenseiter, die ganz anders als andere Polen sind.«

Als Kosinski 1956 Polen verließ, verließ er es in einer Umbruchsituation. Der von den Stalinisten gestürzte Kommunist Gomulka war gerade wieder an die Macht gekommen. Der Wechsel schuf kurzfristig ein Klima der Liberalisierung. Doch schon 1957 auf dem IX. Plenum des ZK griff Gomulka die Intellektuellen in der Wochenzeitung »Po Prostu« an, darunter auch den heute im Westen lebenden Philosophen Leszek Kolakowski, und warf ihnen »revisionistische Umtriebe« vor. Ein paar Monate später ließ er das Blatt verbieten.

Antisemitismus wurde vom System erst wieder nach den Studentenunruhen im Jahre 1968 geschürt. Die Hetzkampagne gegen Juden führte zur Entfernung aus ihren Stellungen und zu ihrer Auswanderung. Mehr als die Hälfte der 30 000 Juden, die den Holocaust überlebt hatten, wurden aus dem Lande gedrängt.

Zu jener Zeit war Jerzy Kosinski bereits ein international renommierter amerikanischer Autor. Einer, der freilich bis heute wortkarg bleibt, wenn nach seiner jüdischen Herkunft gefragt wird. Bereits im »Bemalten Vogel« beantwortet er sie nicht: Es kann sein, daß der Junge ein jüdisches Kind ist, es muß aber nicht sein. Unter allen Bedrohungen, die Kosinski überstanden hat, war das Judesein die schlimmste. Dieser Kern seines Traumas bleibt bis heute tabu, unaufgearbei-

Jerzy Kosinski 193

Residents of a Polish village through which Kosinski passed as a homeless child in 1939.

His father and mother (right), in 1936 when Jerzy wa

These scenes from Jerzy Kosinski's United States and abroad are c photographs from the novelist's ow

Above: Kosinski, 5, in 1938. Above right: by war's end, aged 12 and stricken mute.

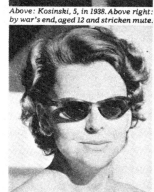
Mary Weir married Kosinski in 1962.

Kosinski, who has known many attractive women in his life, with a friend during his student days i

With former Presidential adviser Zbigniew Brzezinski and Diane von Furstenberg.

Kosinski enjoys the Nassau beach with the former Beatle George Harrison.

Shooting the motion picture epic "Reds" at a palace outside Madrid in 1980.

Titelgeschichte in »The New York Times Magazine« vom 21. Februar 1982: Kosinski als Cover-man und Szenen seines Lebens, wie er sie für das Blatt freigab.

tet. Gewalt trägt nirgendwo bei ihm den Namen Antisemitismus. Gewalt entsteht in seinen Romanen allein aus der Verdrängung der animalischen Natur des Menschen. Der Schauplatz seines ersten Romans »Der bemalte Vogel« ist nur flüchtig umrissen, und eine bestimmte polnische Volksgruppe wird in ihm nicht erkennbar. Jerzy Kosinski nimmt die polnischen Bauern, unter denen er gelitten hat, in Schutz: »Nicht sie begannen den Krieg – genau wie Millionen gebildeter und ›zivilisierter‹ Städter wurden sie seine Opfer. In diesem Krieg waren die osteuro-

Jerzy Kosinski 195

päischen Bauern keine Überbleibsel aus vergangenen Zeiten, keine unterentwickelte Bevölkerung, die der Fortschritt der Zivilisation übergangen hatte. Ganz im Gegenteil, die Bauern im ›Bemalten Vogel‹ symbolisieren und personifizieren das Niveau, auf das der Zweite Weltkrieg die sogenannte europäische Zivilisation hinunterzwang. Sie wurden ein Teil des großen Absturzes in Gewaltherrschaft, Mord, Gesetzlosigkeit und Zerstörung, die dieser Krieg herbeiführte. Sie begriffen den Terror, weil er sich in den elementaren Brutalitäten abspielte, die der Starke gegenüber dem Schwachen, der Sieger gegenüber dem Besiegten, der Bewaffnete gegenüber dem Unbewaffneten anwendet ... Die Verfolgung der Juden und Zigeuner verwunderte sie nicht, da sie von ihren Vätern gelernt hatten, daß die Juden kein Mitleid verdienen, weil sie Gottes Sohn getötet haben und weil infolgedessen Gott selbst die Juden haßt und eine furchtbare, aber gerechte Strafe für sie vorsieht. Seit undenklichen Zeiten wußten die Bauern, daß diese Mörder von Gottes Sohn daran erkannt werden können, daß sie schwarze Haare, schwarze Augen, Hakennasen, gelbliche Hautfarbe haben und beschnitten sind. Damit erklärt sich, warum die Rassentheorie, die ›wissenschaftlich begründete‹ Notwendigkeit der Ausrottung, von den einfachen, ungebildeten Bauern in der ländlichen Abgeschiedenheit Osteuropas so selbstverständlich aufgenommen wurde.«

Der herumirrende Junge in Kosinskis Roman findet Unterschlupf bei einem Vogelfänger. Der Vogelfänger bemalt einen gefangenen Vogel mit Farbe und gibt ihm die Freiheit. Doch »vergeblich versuchte der bemalte Vogel seine Artgenossen davon zu überzeugen, daß er zu ihnen gehöre. Sein grellbuntes Federkleid verwirrte sie, und sie schwirrten mißtrauisch um ihn herum je eifriger er in ihren Reihen einzudringen suchte, um so weiter wurde er zurückgedrängt. Alsbald beobachteten wir, wie ein Vogel nach dem anderen zum Angriff überging. In Kürze verlor der Federball jeglichen Halt und stürzte zu Boden. Als wir den bemalten Vogel fanden, war er tot. Blut sickerte aus dem bunten Gefieder ...«

Der bemalte Vogel: Jerzy Kosinski. Das Land dieser Kindheit wird durchquert von Güterzügen, die die Juden in die Vernichtungslager bringen. Manchen von ihnen gelingt es, von den Waggons zu springen. Doch sie werden dabei tödlich verletzt. Manche der Deportierten werfen Fotos von sich aus den Waggons heraus. Die Bauern durchsuchen die Kleidung der Getöteten und nehmen Wertgegenstände mit. Auch die herumliegenden Fotos. Die Fotos hängen sie neben das Krucifix. Der Junge erlebt Raubmord, Lustmord und Rachemord. Er wird von einem sadistischen Bauern immer wieder so aufgehängt, daß er dabei nicht ums Leben kommt, aber dauernd aufpassen muß, nicht von dem auf ihn losgelassenen bissigen Hund erwischt und zerfleischt zu werden.

Plötzlich scheint sich ihm »das Schema, das die Welt beherrscht«, zu enthüllen: »Ich begriff, warum einige Menschen stark und andere schwach waren, einige frei und andere versklavt, einige gesund und andere krank. Die ersteren hatten einfach die Notwendigkeit des Gebets zur Erlangung einer hohen Anzahl von Ablaßtagen erkannt. Irgendwo hoch oben wurden all diese von der Erde kommenden Gebete genau registriert, und jeder Mensch hatte eine Art Urne, in der seine Ablaßtage aufbewahrt wurden ... Ich hörte auf, andere verantwortlich zu machen; die Schuld lag allein bei mir ...«

Der Junge betet, darf zum erstenmal Meßdiener sein, fällt mit dem Meßbuch hin, wird von den Männern gepackt, wird in eine Jauchegrube geworfen: »Plötzlich wurde mir bewußt, daß meiner Stimme etwas zugestoßen war ... Der letzte Schrei, der mir während des Falles mit dem Meßbuch entfahren war, lag mir noch in den Ohren ... War meine Stimme mit ihm verhallt wie ein einsamer Entenruf auf einem großen Teich? Wo mochte sie jetzt sein? Ich sah sie allein hoch unter dem gewölbten Kirchendach schweben. Ich sah sie gegen die kalten Wände prallen, die Heiligenbilder, gegen die dicken bunten Glasfenster, durch die kaum ein Sonnenstrahl drang. Ich verfolgte ihre ziellosen Wanderungen ...«

Die Begegnung des Jungen mit einem deutschen Offizier

wird von Kosinski so geschildert: »Ich kam mir vor wie eine zertretene Raupe, eine völlig harmlose und dennoch überall ekelerregende Kreatur. In Gegenwart eines so strahlenden Wesens, ausgestattet mit allen Symbolen von Macht und Größe. Ich hätte nichts dagegen gehabt, wenn er mich getötet hätte. Ich richtete den Blick auf die verzierte Schnalle seines Offizierskoppels, genau in Augenhöhe mit mir, und erwartete sein Urteil... Der granitene Klang seiner Sprache war wie geschaffen dafür, Todesurteile über Minderjährige, hilflose Geschöpfe zu verhängen. Etwas wie Neid packte mich, und ich bewunderte den glänzenden Totenkopf mit den gekreuzten Knochen, der seine Mütze schmückte...«

Der Junge sagt sich, als er wieder frei ist: »Die Zeit der Passivität war vorbei... Jetzt würde ich mich denen anschließen, denen der Böse seinen Beistand lieh... Es war keine Zeit zu verlieren. Ich mußte die Fähigkeit zum Hassen in mir entwickeln, die mich zur Tat anspornen und die Aufmerksamkeit des Bösen auf mich lenken würde. Wenn es diese bösen Mächte wirklich gab, konnten sie kaum umhin, Nutzen aus mir zu ziehen.«

Jerzy Kosinski gehört mit seinen Eltern zu den einzigen seiner 60köpfigen Verwandtschaft, die dem Holocaust entkommen sind. Er ist jüdischer Herkunft. Seine Eltern stammen aus Rußland. Seine Mutter, eine Pianistin, hatte am Moskauer Konservatorium studiert, sein Vater an der Universität Petersburg. Die Eltern verließen Rußland während der bolschewistischen Revolution und siedelten sich in Lodz an. Der Vater starb 1962. Die Mutter sah Kosinski 1973 in Amsterdam wieder. »Wir wußten, daß es das letzte Mal ist«, erinnert er sich. »Sie war todkrank und hatte nur noch ein paar Monate zu leben. Sie fuhr zurück. Sie wollte in Polen sterben.« Nach Erscheinen des »Bemalten Vogels« in aller Welt hatte sie miterleben müssen, wie die polnische Presse eine Hetzkampagne gegen ihren Sohn entfachte und sie, die Mutter, in diese Beschimpfung mit einbezog.

Der amerikanische Staatsbürger Kosinski ist den Verlockungen widerstanden, die Systeme der beiden Weltmächte gegeneinander auszuspielen. Er betont immer wieder, daß er mit der Emigration seine eigene Entscheidung getroffen hat. »Ich will nicht über die Millionen von Bürgern richten, die weiter in kollektivistischen Gesellschaften leben.« Er, der nicht an einen geistig-ethischen Fortschritt der Menschheit glaubt, der Geschichte als Verfalls- und nicht als Heilsgeschichte sieht, sagt: »Die menschliche Zivilisation führt unvermeidlich von einer Katastrophe zur anderen. Nazideutschland löste den Zweiten Weltkrieg aus, und Amerika beendete den Zweiten Weltkrieg mit einer neuen Katastrophe: mit der Atombombe über Japan. Wenn wir mal keine Katastrophe haben, dann kann man sicher sein, daß sich die Menschen wieder eine schaffen.«

Kosinskis Erfahrungen, die er in seinem Geburtsland Polen gemacht hat, wirken so nachhaltig, daß es für ihn keine allgemeinen Lösungen gibt, sondern nur persönliche Notlösungen. In seinem literarischen Werk wird menschliche Natur nicht hinübergerettet in eine aufgeklärte Ordnung. Er schildert eine Welt bar der rationalen Erklärung. Eine Bewußtheit der Freiheit wird nur erfahrbar in extremer Situation, meistens im agonalen Prozeß.

In seiner Welt gibt es nur ein Ich, das Kosinskis. Der Andere, das Du, bleibt allenfalls Versuchsobjekt zur Bestätigung des Ichs. Die einzige Form der Selbstverwirklichung heißt Narzißmus. Das Animalische wird gesucht, aufgedeckt und hochgerissen. Der Haß wird als eine allgemeine, tiefverwurzelte Einstellung geschildert und hingenommen.

Denkt Kosinski an den Zweiten Weltkrieg zurück, dann heißt das für die Gegenwart: »Die Tragik des Verbrechens begleitet die Lebenden. Dieses Drama kann nicht an den Kriegsfronten beendet, in Häusern zerbombt, in Konzentrationslagern eingesperrt werden. Alle Überlebenden des Verbrechens tragen dieses Drama in sich, sowohl Sieger wie die Besiegten. Der Kern des Dramas ist der Haß. Die Sieger sind von der Wirksamkeit und Gerechtigkeit des Hasses überzeugt, weil es ihnen gelang, den verhaßten Feind zu unterwerfen. Die Besiegten fühlen sich in ihrem Haß bestätigt, weil sie die Niederlage durch einen verhaßten Sieger erlitten haben... Beide, wie die Bauern im bemalten Vogel, wollen nicht, daß die Blutspuren von den Tatorten entfernt werden... Und die Kinder, die einst selbst bemalte Vögel waren, starren auf die Blutspuren – um sich zu erinnern. So ist dem Haß kein Tod beschieden.«

Und Kosinski sagt auch über den Jungen, der einst durch Polen irrte: »Er als einziger haßt bewußt, stetig und aus tiefstem Herzen; nach allem, was ihm die Welt angetan hat, dürstet er nach Haß und bietet ihm viele Ausdrucksmöglichkeiten dafür. Insofern zeigt das Buch, auf welche Weise ein einzigartiger Zerstörungstrieb entstehen kann.« Kosinski zeigt auch, wie dieser Zerstörungstrieb umgeleitet werden kann: in Literatur. Es ist ja deshalb auch ganz konsequent vom Schriftsteller Kosinski gewesen, daß er sich für den 37jährigen amerikanischen Häftling Jack Henry Abbott einsetzte, der im Zuchthaus das Buch »Mitteilungen aus dem Bauch der Hölle« geschrieben hatte.

»Mitteilungen aus dem Bauch der Hölle« ist die Geschichte der Zerstörung eines Menschen, der seit seinem zwölften Geburtstag »insgesamt neuneinhalb Monate in Freiheit verbracht hat«, ehe Norman Mailer und Kosinski ihm mit der Veröffentlichung des Zuchthausbuches Aufsehen verschafften. Abbott wurde aus der Haft freigelassen. Doch Gewinn wurde ihm die Freiheit nicht. Abbott tötete kurz nach seiner Freilassung einen Menschen. Enttäuscht gestand Kosinski im Magazin »Time« im August 1981 ein, daß er in Abbott »einem Betrüger« aufgesessen sei.

Dies freilich ist eine schönfärberische Kennzeichnung des Sachverhalts. Jack Henry Abbott mißlang einfach, was Kosinski gelungen ist. Für Abbott war draußen wie drinnen. Abbott blieb im Lande und im Gefängnis seiner Sprache, gewann also keinen Freiheitsraum, der keiner war. Die Katastrophe jenes Mannes zeigt die Gefahr, in der sich Kosinski im Nachkriegspolen befand. Diese Gefahr wird sichtbar in dem 1968 erschienenen Roman »Steps« (in der Bundesrepublik: »Aus den Feuern«), seinem zweiten Prosabuch. In »Steps« legte Kosinski ein umfassendes Stück seiner inneren Biographie vor bis hin zum Beginn der Emigration. In »Steps« schildert er die fortlaufende Brutalisierung in seinem von der Brutalität der deutschen Besetzer geprägten Geburtsland, ohne den Namen Polen zu nennen. Der Ich-Erzähler berichtet, wie er von einem Bauern blutig gepeitscht wird und wie er sich an den Kindern des Bauern rächt, indem er die Kinder seines Peinigers mit Angelhaken und Glasscherben gespickte Brotkugeln schlucken läßt, so daß sie elend zugrunde gehen: »Von nun an blickte ich meinen Verfolgern furchtlos in die Augen, forderte ihre Angriffe und Mißhandlungen geradezu heraus. Ich spürte keine Schmerzen mehr. Für jeden Hieb, den ich erhielt, waren meine Peiniger zu hundertmal stärkeren Schmerzen verdammt. Ich war nun nicht mehr ihr Opfer. Ich war ihr Richter und Henker.«

In diesem Buch, für das er in den USA den Preis für den besten Roman des Jahres erhält, den »National Book Award in Fiction«, wird auch die Geschichte eines Studenten erzählt, der sich den Anforderungen des Kollektivs entzieht und sich währenddessen in den blitzenden Toiletten der Stadt einschließt. Da heißt es: »Hier ist die absolute Einsamkeit: Du kannst nachdenken und völlig in deiner eigenen Welt leben... Was für ein Glück, endlich alleingelassen zu werden, sich nicht darum sorgen zu müssen, was die anderen sagen, wie sie dich ansehen, und was sie von dir halten...« Und bevor er sich in einer solchen Toilette umbringt, sagt dieser Student den anderen seine Meinung über den Kommunismus: »... Daß gewisse Aspekte der neuen Doktrin ganz klar die vielen Formen der Unterdrückung im totalitären Staat wiederspiegelten, und daß diese Doktrin schon aus diesem Grunde jeder Menschlichkeit ermangele.«

Den Flug in die Emigration schilderte Kosinski in »Steps« so: »Wäre es mir möglich gewesen, das Flugzeug in der Luft für immer festzuhalten, die Kräfte zu überwinden, die es nach oben stießen und nach unten zogen, mich dem Wind und den Wolken entgegenzustemmen – ich hätte es gern getan. Ich wäre in meinem Sessel sitzengeblieben, die Augen geschlossen, Kräfte und Leidenschaften verflogen, mein Geist so still wie ein

Bilder an der Wand seines Arbeitszimmers: Kosinski als Polospieler, Karikaturen und seine Lebensgefährtin.

Kleiderständer unter einem vergessenen Hut – zeitlos, von niemandem gemessen, von niemandem gerichtet und niemandem zum Ärger, auf ewig bewegungslos zwischen meiner Vergangenheit und meiner Zukunft schwebend.« Die Entwurzelung des Menschen wurde das durchgängige Thema des Polen in Amerika, dessen Romanfiguren weder außerhalb noch in sich selbst einen festen Punkt finden, an dem sie sich orientieren können. Kosinskis Helden in den nun folgenden sechs Romanen sind mit Ausnahme des Mr. Chance in »Being There« (»Willkommen Mr. Chance«) Menschen, die nicht zur Ruhe kommen, die fast permanent auf Reisen sind.

Das Motiv des Verstummens wird von Roman zu Roman von Kosinski neu aufgenommen, wird zur ständigen Frage an ihn, die zu beantworten er schließlich immer wieder ausweicht. Wenn Menschlichkeit unter Menschen nicht möglich ist, wenn Kommunikation immer nur zu Verletzungen des Individuums führt, wenn Liebe, wenn also Hingabe ein Anschlag auf die Freiheit der autonomen Persönlichkeit ist, wie es von Kosinski behauptet und immer wieder beschrieben wird, welchen Sinn hat es für Kosinski, Kommunikation herzustellen? Außer dem, Menschen in seinen Bann zu schlagen, zu beherrschen?

Jerzy Kosinski, der sich so prononciert amerikanisch gibt, der in seinen späteren Romanen darauf achtet, daß die englischen Buchtitel unübersetzbar, also englisch bleiben (»Cockpit«, »Blind Date«, »Passion Play«, »Pinball«), kann sich von den Ungeheuerlichkeiten, Grausamkeiten, Sadismen seiner polnischen Vergangenheit letztlich nicht befreien. Als Schriftsteller ist es ihm gelungen zu dominieren. Aber es ist ihm nicht gelungen, den Dämonen zu entkommen, die in ihm stecken und ihn am meisten bedrohen. Er ist ein Gejagter geblieben, und nur in seiner Phantasie findet er Entlastung als Jäger.

Jerzy Kosinski, Ehemann der Millionärin Mary Weir, die

Jerzy Kosinski 199

1968 an Gehirnkrebs stirbt und deren Sterben er in »Blind Date« beschreibt: sie eröffnete dem Schriftsteller den Zugang zur Finanzwelt, zur High-Society der Vereinigten Staaten. Kosinski pendelt mit ihr hin und her – von New York nach Paris, London, Florenz. Er hatte ein Privatflugzeug zur Verfügung und eine Jacht mit 17 Mann Besatzung. »Als Mary starb«, sagt Kosinski, »hinterließ sie allein einen Grundbesitz im Wert von 780 Millionen Dollar. Es war vorher ausgemacht, daß ich davon nichts bekomme. Ich hatte nach ihrem Tod gerade 74 Dollar auf meinem Privatkonto.«

Der Witwer Kosinski besann sich auf eine akademische Karriere. Er wurde Professor für englische Prosa an der renommierten Yale University. Zu seiner ersten Vorlesung kamen 2000 Studenten. Nach zwei Jahren gab der Schriftsteller seine Professur auf. Im Frühjahr 1973 wurde er zum Präsidenten des amerikanischen PEN gewählt und ein Jahr später noch einmal. Er arbeitete außerdem in der Internationalen Liga für Menschenrechte an führender Stelle mit.

Der Kritik Solschenizyns an der westlichen Welt widersetzte er sich: »Obwohl ich mit Solschenizyn die Verzweiflung über die Millionen teile, die durch totalitäre Hand umkamen, meine ich trotzdem, er hat nicht begriffen, daß Demokratie oft bestenfalls ein Schwebezustand ist zwischen der Tyrannei, die sie gestürzt hat, und der Tyrannei, in der sie selbst ausarten kann. Wenngleich man Freiheit, Toleranz und andere Qualitäten angepaßte Mängel der Demokratie nennen mag, sind sie der starren Korrektheit des Totalitarismus bei weitem vorzuziehen. Wie schriftstellerische Arbeit, so gibt es auch Freiheit nur dann, wenn sie ständig interpretiert wird – sogar falsch interpretiert wird.«

Kosinski schuf mit seinem Buch »Being There« die Grundlage zu dem Welterfolg des Films »Willkommen, Mr. Chance« mit Peter Sellers und Shirley MacLaine in den Hauptrollen. Er erprobte sein Talent als Schauspieler in dem mit dem Oscar ausgezeichneten Film »Reds«. Er ist ein glänzender Literaturagent in eigener Sache, dem es immer wieder spielend gelingt, in den Medien unübersehbar plaziert zu sein. Für die Londoner »Times« ist Kosinski »ein höchst kreativer Sprachkünstler«, für das amerikanische Magazin »Newsweek« einer »unserer bedeutendsten Schriftsteller überhaupt« und für das französische Magazin »L'Express« ein »existentieller Cowboy«. Auf jeden Fall aber stets ein aufsehenerregender Zeitgenosse.

Dem Mordanschlag der Bande Charles Mansons an der Schauspielerin Sharon Tate und ihren Gästen entging Jerzy Kosinski 1969 durch einen Zufall. Er war für den Abend in der Villa Sharon Tates in Los Angeles eingeladen, hatte aber auf der Rückreise von Paris in New York den Anschlußflug nach Los Angeles verpaßt. Mit dem Regisseur Roman Polanski, dem Ehemann Sharon Tates, verbindet Kosinski eine Freundschaft aus polnischen Tagen: die beiden kennen sich vom Studium in Lodz.

In seinen Romanen streben Kosinskis Helden fast immer nach absoluter Souveränität, nach schrankenloser Freiheit, bei der sie ein Bewußtsein von Freiheit nur dadurch entwickeln, daß sie willkürlich ins Leben anderer eingreifen. Ein pathologischer Gesellschaftszustand wird gezeigt. Durch Verfolgung und Demütigung des Schwächeren sichert sich der Mächtige stets von neuem seine Identität. Und die Schwächeren sind in allen Romanen Kosinskis Frauen, die nie mehr als Sexualobjekte sind.

Seit dem Tode Mary Weirs lebt Jerzy Kosinski mit Katharina von Fraunhofer zusammen, einer Großenkelin des Münchener Physikers Joseph von Fraunhofer. Kiki, wie er sie nennt, gab ihm zuliebe ihren hochdotierten Job bei einer New Yorker Werbeagentur auf, reist heute mit ihm, dem passionierten Polospieler, zu den Poloplätzen der Welt. Dem »New York Times Magazine« stellte Kosinski sich im Frühjahr 1982 als Cover-Man zur Verfügung: in Polomontur, den Oberkörper frei, braungebrannt, knabenhaft die Figur und darauf ein wegen der überdimensionalen Haarmähne winzig wirkender Kopf mit einem alten Gesicht. Der Poseur Kosinski – bis zur Kenntlichkeit entstellt.

Jung will er wirken, sportlich dazu. Ein Überlegener. Die Niederlagen des vielfältigen Sterbens in seinem Leben hat Kosinski schreibend in Siege

über den Tod verwandelt. Doch was nun tun, wo er alt wird? Soll er der Zuschauer und Schilderer seines eigenen letalen Abnutzungsprozesses werden, ein Schatten seiner selbst. Hemingway-Problematik wird sichtbar in seinen letzten Werken. Vorerst fast am Rande.

Im Roman »Blind Date« stellt Kosinskis »Held« Levanter fest: »Nur wenn er Ski fuhr, verspürte Levanter die fast unmerklichen Veränderungen, die das Alter bewirkte. Während sein Geist die Kraft beibehielt, Sachverhalte einzuschätzen und Befehle zu erteilen, war sein Körper, der früher automatisch reagiert hatte, heute häufig nicht in der Lage, wie erwartet zu gehorchen. Sein Geist weigerte sich, diesen Abbau anzuerkennen...«
Fabian in dem Roman »Passion Play« beobachtet mit »forschendem Blick seinen körperlichen Verfall«. Kosinski schreibt über ihn: »Er hatte immer in der Überzeugung gehandelt, daß er aus seinem Leben ein Drama machen mußte, um es zu meistern... Jetzt kam ihm mit aller Grausamkeit zu Bewußtsein, daß es ihm im Theater seines Lebens gelungen war, aus sich eine groteske Gestalt zu machen... Und aus der Leere in seiner Mitte erhob sich ein schreckliches, lautloses Gelächter, das ihn verhöhnte und quälte – ihn, diesen geschniegelten und herausgeputzten Reiter.«

Die autistische Lebensform wird zunehmend erkannt, der anarchisch sich gebende Individualismus als szenischer Rummel enttarnt. Die Rechtfertigung seiner selbst gelingt Kosinski nicht mehr. Wie ein Hilferuf klingt Kosinskis Ausruf: »Geliebt statt erinnert zu werden!«

Er schreibt: »Wenn er über seine Vergangenheit aus dem Abstand der Jahre, ja sogar Jahrzehnte nachdachte, sah er die Wege vor sich, auf denen er gereist war und die er erforscht hatte. Er sah kein starres und kontinuierliches Wesen, sondern viele Ichs – Häute, die er abgestreift hatte, Phasen des Körpers und des Geistes, die abgeschlossen und erschöpft waren, obwohl sie in seiner Erinnerung lebten. Seine Vergangenheit gleicht einem Lagerhaus der Demütigungen, Qualen und Erfolge, die er durchlebt hatte. Nur seine Kindheit entzog sich ihm. Die Erinnerung versagte, das Lagerhaus war geplündert.«

Jerzy Kosinski

202 *Slawomir Mrozek*

SLAWOMIR MROZEK: DICHTER DES WELTUNTERGANGS

Slawomir Mrozek hätte keine Mühe, innerhalb weniger Minuten seine Wohnung für immer zu verlassen. »Das, was ich brauche, paßt in einen Koffer«, sagt er. Und vielmehr, als er braucht, ist auch nicht in seiner Pariser Dachwohnung aufbewahrt. Ein paar Manuskripte, ein paar Dokumente, ein paar Bücher, ein paar Kleidungsstücke – akribisch geordnet. Vier Handgriffe in drei Regale. Und nicht zu vergessen: das Dutzend Tabakpfeifen auf dem Tisch. Slawomir Mrozek lebt in karger Einrichtung. In einem Szenario, das Anonymität vermittelt, so als wolle oder könne da einer nicht heimisch werden.

»Ich muß das Gefühl haben, jederzeit weiterziehen zu können«, sagt er. »Seit 1939 ist das so. 1939 ging die Welt unter. 1939 hörte für mich jede Sicherheit auf.« Damals beim Überfall der Deutschen auf Polen war Mrozek neun Jahre alt und lebte in Krakau. Geborgenheit ging verloren und blieb verloren über den Zweiten Weltkrieg hinaus. Die polnischen Kommunisten, eine Minderheit im Volk, bekamen die Macht von Stalin zugeschanzt. Ein Totalitarismus löste den anderen ab. In dieser Atmosphäre wuchs Slawomir Mrozek auf. Die Wirklichkeit konnte er nicht zerstören, er konnte sie nur denunzieren als dialektische Umfälschung von Zwang in angebliche Freiheit.

Slawomir Mrozek 203

So wurde Mrozek neben Samuel Beckett, Eugène Ionesco und Harold Pinter ein bedeutender Bühnenautor unserer Zeit. Tragisches Wissen steigert sich in Stücken, wie »Die Polizei«, »Striptease«, »Tango«, »Watzlaff«, »Die Emigranten« und »Der Botschafter« zu Widersprüchen, ohne daß er sie löst, aber auch ohne die Unlösbarkeit zu fixieren. Vollendung gibt es bei Mrozek nur in der Bewegung des Fragens. Der Pole verkündet keine allgemeine Wahrheit. Wahrheit wird seine Dichtung nur für den Einzelnen. Sie erweckt in ihm Möglichkeiten, der Welt zu widerstehen. Nicht mehr und nicht weniger. Slawomir Mrozek ist ein apokalyptischer Dichter.

Mrozek gilt als Meister der Satire, der Groteske, der Farce, des absurden Spiels. Kennzeichnungen, die mehr Verwirrung angerichtet als Aufklärung gebracht haben. Denn das, was sich in seinen Kurzgeschichten und Theaterstücken als Überspitzung oder als Verzerrung zeigt, ist nichts anderes als eine Wirklichkeit, die die Vision eines George Orwell längst erreicht hat: wenn also Mrozek beispielsweise von dem Leiter einer meteorologischen Station erzählt, der sich wegen der Negativität seiner Regenprognosen zu verantworten hat, wenn in einer anderen Geschichte jeder zugelaufene Hund den Menschen ein Polizeihund ist; wenn in einer dritten Geschichte ein Parteisekretär Bewohner eines Altersheimes auffordert, zu Ehren des Jahrestages der Revolution ihr Übersoll zu erfüllen und deshalb schneller zu sterben.

Slawomir Mrozek, Jahrgang 1930, begann 1953 als Schriftsteller. Den Einengungen des kommunistischen Systems entzog er sich 1963 und lebte bis 1968 in Italien. Seitdem wohnt er in der Pariser Avenue Franco-Russe nahe dem Eiffelturm. Immer wieder hat er betont: »Ich bin ein unpolitischer Schriftsteller. Ich schreibe nicht, um zu predigen. Ich adressiere nicht. Ich wende mich nicht an diese oder jene Leute.« Er hat sich mit derartigen Statements zu schützen und zu entziehen gewußt: einmal den Funktionären der Macht im Osten und dann den Lobhudelern des Kapitalismus im Westen.

Umso gewichtiger waren seine wenigen Proteste, die er in die Öffentlichkeit trug. Er

Slawomir Mrozek in seiner Pariser Wohnung in der Avenue Franco-Russe: Wegen seines Protestes gegen die Okkupation der CSSR wurde ihm 1968 der polnische Paß entzogen. Er erhielt ihn 1978 zurück. Mrozeks Stücke durften wieder in seinem Heimatland gespielt werden, bis das Militärregime des Generals Jaruzelski am 13. Dezember 1981 kam. Seitdem ist er wieder ein verbotener Schriftsteller.

verurteilte 1968 die »Aggression und militärische Okkupation der Tschechoslowakei auch durch polnische Truppen« und erklärte sich solidarisch mit den Intentionen des »Prager Frühlings«. Er wandte sich nach dem 13. Dezember 1981 gegen die Verhängung des Kriegsrechts über sein Heimatland: »Ich bin ein polnischer Schriftsteller und gehöre dem polnischen Volk an. Das bedeutet, die Regierung hat mir den Krieg erklärt.« Er fügte hinzu: »Das Niveau der Herren Jaruzelski und Rakowski ist so niedrig, daß man mit der Schnauze im Dreck ersticken würde, ließe man sich auf sie ein. Aber meine Landsleute werden exakt dazu gezwungen.«

Nach seinem Protest im Jahre 1968 entzog die Warschauer Regierung dem Schriftsteller den polnischen Paß. Seine Stücke wurden vom Spielplan der Theater abgesetzt. Sie wurden auch aus Bibliotheken und Buchhandlungen verbannt und verboten. Sein Name durfte fortan in Polen nicht genannt werden. Doch die Polen wären nicht Polen, wenn sie nicht geschafft hätten, den Autor ihrer politischen Misere bei der nächstbesten Schwäche des Systems auf ihren Bühnen wieder durchzusetzen. Der Danziger Arbeiteraufstand vom Dezember 1970, der 48 Tote und 1100 Verletzte kostete, fegte Parteichef Władysław Gomulka nach 14jähriger Herrschaft weg, brachte Edward Gierek an die Macht – und den Polen ihre »kleine Freiheit« wieder.

Wie bereits nach dem Posener Arbeiteraufstand von 1956,

mit dem die stalinistische Phase des Systems durchbrochen wurde, ließ die Partei eine begrenzte Liberalisierung zu. In Helsinki begann die Sicherheitskonferenz (KSZE), bei deren Ende der Westen dem Osten die bestehenden Grenzen, einschließlich jener, die Deutschland teilt, garantierte und die Sowjetunion einen gesamteuropäischen Grundrechtskatalog anerkannte.

In jener Phase brachte die »Kleine Bühne« in Kattowitz Ende 1972 ein Mrozek-Stück auf die Bühne. Es wurde geduldet. Ein Jahr später stieß das renommierte Warschauer »Theater der Gegenwart« mit Mrozeks Stück »Ein freudiges Ereignis« nach. Auch diese Inszenierung wurde geduldet. Der Durchbruch war geschafft.

Mit Stolz hatte man in Warschau vermerkt, daß Mrozek ein Jahr zuvor mit dem Österreichischen Großen Staatspreis für Europäische Literatur ausgezeichnet worden war.

Die Zeitschrift »Tworczosc« würdigte den Polen im Exil: »Mrozek – der Hohnsprecher ist über Nacht zum warnenden Moralisten geworden.«

Der »Literarische Verlag« in Krakau veranlaßte die Neuauflage von Mrozeks Büchern.

Doch erst 1978 erhielt Mrozek seinen polnischen Paß zurück. Nach 15jähriger Abwesenheit besuchte er im selben Jahr sein Heimatland.

Im Herbst 1981 wurden in Warschau gleich zwei Mrozek-Stücke uraufgeführt: »Zu Fuß«, eine Auseinandersetzung mit den Bösartigkeiten von Polen untereinander während der letzten Kriegstage, und »Der Botschafter«, die Geschichte einer Erpressung durch einen totalitären Staat. Beide Stücke, die große Publikumserfolge waren, wurden nach dem 13. Dezember 1981 von der Militärjunta des Generals Jaruzelski vom Spielplan abgesetzt. Das Stück »Zu Fuß« hatte Offiziere des Generalstabs bereits bei der Uraufführung veran-

Slawomir Mrozeks Mutter im Alter von 44 Jahren 1949 kurz vor ihrem Tod. Der 79jährige Vater 1981 in Krakau. Slawomir Mrozek im Alter von 13 und 28 Jahren.

Mrozek mit seiner Frau 1964 in einem Restaurant in Venedig. Seine Frau starb 1969 42jährig an Krebs.

laßt, protestierend das Theater zu verlassen.
Was nach Verhängung des Kriegsrechts in Polen geschah, nämlich wieder einmal der Versuch von Kommunisten, Juden als Sündenböcke der polnischen Entwicklung hinzustellen, erfuhr Mrozek bereits vorher. In der Soldatenzeitung »Zolnierz Wolnosci« war dem Autor von »Zu Fuß« von polnischen Generalstabsoffizieren vorgeworfen worden, er sei von »zionistischen Machthabern« gesteuert und verunglimpfe die polnische Gesellschaft.
Slawomir Mrozek im Jahre 1982: Er ist wieder dort, wo er nach seinem Protest gegen die Okkupation der ČSSR 1968 gewesen ist. Damals schrieb er sein Stück »Watzlaff«. Ein Stück der Solidarität mit der Tschechoslowakei, lehnt sich doch der Titel an den Namen des heiligen Wenzel an, den Schutzpatron Böhmens.
Mrozek lieferte mit seinem »Watzlaff« zugleich auch seinen ersten Versuch, seine eigene Exilsituation zu bestimmen. »Durch unfreiwilligen Schiffbruch aus der Unfreiheit ausgebrochen, bin ich jetzt frei, weil ich schiffbrüchig bin, aber zu gebrochen, um mich ganz frei zu fühlen«, heißt es da.
Die dramatische Spannung dieses Stücks steckt im unfreiwilligen Ausbruch aus der Gefangenschaft. Ein Schiff mit Gefangenen sinkt an einer fremden Küste. Nur Watzlaff überlebt als einziger und glaubt, in dem fremden Land die Freiheit gefunden zu haben, gerät in den Bann kapitalistischer Ausbeutung und vertauscht dann diese Rolle mit der eines Spaßmachers. Ein Genius tritt in dieser freien Gesellschaft auf, der seiner Tochter Justina, Allegorie der Gerechtigkeit, erklärt, sie sei seinem Haupt entsprungen. Mit ihrem schönen Körper hat Justina auf Geheiß jenes Genius', der die Maske von Karl Marx trägt, das Publikum zu betören. Als eine fremde Militärmacht die Insel der Freiheit besetzt, nimmt Watzlaff das Kind der mißbrauchten »Gerechtigkeit« und strebt durch das Wasser zu neuen Ufern. »Wenn ich nicht wiederkehre«, sagt er, »hab' ich Glück gehabt, und ihr könnt's auch probieren.« Die Uraufführung am Zürcher Theater am Neumarkt im Februar 1970 offenbarte die dramaturgischen Schwächen dieses Stücks, doch das weithin negative Echo auf »Watzlaff« zeigte auch, was Mrozek nun häufiger passieren sollte: je sichtbarer die

Decouvrierung des sozialistischen Systems als brutaler Totalitarismus wurde, desto stärker wurde die Ablehnung Mrozeks durch eine sich progressiv verstehende Theaterkritik. Je klarer zugleich Mrozeks Blick für die subtilere Menschenfeindlichkeit des Kapitalismus wurde, desto stärker distanzierte sich von ihm die »bürgerliche« Kritik. Mrozek hatte einen entscheidenden Nerv westlicher Intelligenz getroffen. Dargestellt wird das in dem 1974 bei Jean Louis Barrault im Pariser »Petit Orsay« uraufgeführten Stück »Die Emigranten«: »Die ganze Literatur über die Unfreiheit ist entweder falsch oder unsachlich, entweder von Missionaren oder von Befreiern geschrieben oder im besten Fall von Sklaven, die sich nach Freiheit sehnten, das heißt von solchen, die schon nicht mehr Sklaven waren. Was wissen die von dem integralen Sklaventum, das, auf sich selbst gerichtet, in sich eingeschlossen ist, ohne jede Versuchung zur Transzendenz? Das sich von sich selber nährt? Was wissen sie von der Freude und Traurigkeit eines Sklaven, von den Mysterien, Glaubensbekenntnissen und Bräuchen der Sklaven? Von der Sklavenphilosophie, Sklavenkosmogonie, Sklavenmathematik... nichts wissen sie, und ich weiß alles...«

Wie in Bertolt Brechts »Flüchtlingsgesprächen« stellt Mrozek in seinen »Emigranten« einen Arbeiter neben einen Intellektuellen. Der Arbeiter hat sein Heimatland verlassen, um mehr Geld zu verdienen, der Intellektuelle wurde ins Exil gezwungen aus politischen Gründen. Der Intellektuelle, der von sich sagt, in der Freiheit sein Thema verloren zu haben »und was schlimmer ist, das Bedürfnis nach diesem Thema«. Der Arbeiter, der daheim einst Bauer war und nun im Tiefbau Überstunden und Nachtarbeit auf sich nimmt, um sich mit dem Ersparten eines Tages im Heimatland eine bessere Existenz aufzubauen, dem aber die Heimat in dem Maße entschwindet, in dem seine Raffgier zunimmt.

Der Intellektuelle zu dem Proletarier: »Ein Sklave von Dingen zu sein, bedeutet eine noch größere Unfreiheit als das Gefängnis. Das ist die wirkliche Unfreiheit, weil es keine Gewalt von außen, keinen Zwang gibt. Die Seele des Sklaven erschafft sich selbst die Sklaverei, weil sie nach Sklaverei lechzt. Du hast die Seele eines Sklaven...« Der Intellektuelle bringt es fertig, den Proletarier zum Zerreißen der gesparten Geldscheine zu bewegen. Er bestätigt sich einen abstrakten Freiheitsbegriff, indem er den anderen zur Freiheit dieses Begriffes zwingt.

In seinem jüngsten Stück »Der Botschafter« hat Mrozek die Exilproblematik als eine Kraft entwickelt, die Menschlichkeit eröffnen kann. Obwohl der Schauplatz des Geschehens – wie in den meisten der Mrozek-Stücke – nicht genannt wird, weiß jeder Theaterbesucher sofort: auf der Bühne agiert der amerikanische Botschafter in Moskau. Der Zuschauer kann verfolgen, wie der sowjetische Sonderbeauftragte

Das Schauspiel »Tango« war Mrozeks elftes Stück und blieb sein populärstes. Die Tragikomödie über den Ganoven Edek, der mit Hilfe des Intellektuellen Artur an die Macht kommt und mit dem Opportunisten Eugen über den ermordeten Artur hinwegtanzt. Hier in einer Inszenierung des Berliner Theaters am Kurfürstendamm 1966. – Bei der deutschen Erstaufführung von »Emigranten« am 22. Mai 1975 im Berliner Schloßpark-Theater saßen sich Georg Corten als Proletarier und Stefan Wigger als Intellektueller gegenüber. – Am selben Theater fand auch am 5. Februar 1982 die deutsche Erstaufführung von »Der Botschafter« statt: Boy Gobert spielte die Titelrolle.

dem Botschafter die Überlegenheit seines Systems darlegt: »Das dialektische Denken ist die Quelle unserer Überlegenheit. Der Hauptunterschied zwischen ihnen und uns ist, daß sie wissen, wie die Welt ist und sonst nichts, während wir wissen, wie die Welt sein sollte. Infolgedessen haben sie keinerlei Perspektive. Sie pfuschen sich die Welt von einem Tag zum anderen zurecht, während wir ihre letzte und endgültige Gestalt vorbereiten.«

Der Theaterbesucher erlebt, wie der Botschafter vom Sonderbeauftragten einen Globus geschenkt bekommt, aus dessen Inneren sich ein Mann befreit, der um Asyl bittet, der das Recht zugestanden haben will, eine eigene Seele zu besitzen. Die nämlich darf er in seinem Land, das »die Fundamente legt für eine glorreiche Zukunft«, nicht haben. Der Sonderbeauftragte verlangt die Herausgabe des Flüchtlings.

In der Figur des Botschafters,

des Diplomaten – eines Mannes der Form also, der Förmlichkeit –, stellt Mrozek die Frage nach der Menschlichkeit des Menschen, nach seiner Würde, die zu wahren nur dem möglich ist, der die Moral über den bloßen Machtanspruch stellt, auch wenn er dabei seinen Untergang riskiert. Wie bewährt sich der Botschafter gegenüber dem Flüchtling? Nichts einfacher, wenn man der diplomatische Vertreter einer Weltmacht ist. Aber was macht ein solcher Botschafter ohne seinen Staat im Rücken?

Genau diese Situation konstruiert Mrozek. Die Kommunikationswege zum Staat des Botschafters sind unterbrochen, sein Staat hat sich aufgelöst. Der sowjetische Sonderbeauftragte erklärt dem Botschafter den Vorgang so: »Der Menge zu gefallen, den Wählern zu schmeicheln, das war das einzige Prinzip ihrer Präsidenten und Politiker. Auf welche Weise kann der Staat am ehesten gefallen und als angenehm empfunden werden? Sehr einfach: indem er sich selbst beschränkt, indem er Macht aufgibt und schließlich tut, als ob er gar nicht existierte... alles, was von ihrer Regierung übriggeblieben ist, sind Sie und Ihre Botschaft. Sie sind allein.«

Die Bewährung dessen, der allein ist: Dieser Bewußtseinsprozeß wird gezeigt. Da ist der Flüchtling, der an Gott glaubt. Da ist der Botschafter, der an nichts glaubt. Die Freiheit wird von Mrozek als jener Raum dargestellt, aus dem sich Gott zurückgezogen hat, um dem Menschen die Möglichkeit zu geben, Mensch zu werden, ein Wesen also, das – vom verborgenen göttlichen Eros verlockt – sich über den unendlichen Weg über sich selbst hinaus begibt.

Der Flüchtling: »Ich habe keine Gewißheit, daß es Gott gibt, und gerade deshalb habe ich den Glauben und nichts sonst als den Glauben...«
Botschafter: Haben Sie nie versucht, Beweise zu bekommen? Der Flüchtling: »Gott behüte! Die Existenz Gottes beweisen zu wollen, ist Sünde.«
Botschafter: »Ihre Haltung sieht nach Häresie aus. Sind Sie ein Häretiker?«
Der Flüchtling: »Nein, nur ein Mensch, der selber denkt. Alles, was ich weiß, das weiß ich durch mich selbst, und darum weiß ich das dann auch ganz sicher. Und so bin ich sicher, die Existenz Gottes beweisen zu wollen, ist eine Versuchung des Teufels.«
Botschafter: »Und warum?«
Der Flüchtling: »Beweise machen den Glauben schwach.«
Botschafter: »Und was ist der Teufel?«
Der Flüchtling: »Der Teufel, das ist die Gewißheit. Alles, was bewiesen werden kann, ist teuflisch.«

In der Auseinandersetzung um Glaube, Gewissen, Ehre, Anständigkeit und Redlichkeit schwingt die Mrozek-Frage mit: Wie hältst du es mit jenen Millionen von Menschen im Osten, denen all jene Menschenrechte versagt werden, die wir im Westen selbstverständlich in Anspruch nehmen, wie hältst du es mit den Polen, insbesondere nach der Niederschlagung ihrer Freiheit im Dezember 1981? Ein Appell an den Einzelnen, an die Selbstverständlichkeit dieses Einzelnen, seinen Protest auch dann zu erheben, wenn er wirkungslos bleiben sollte, weil das Schweigen vieler Einzelner sich zum Schweigen aller potenziert und so den Machthabern immer wieder die Ausrede liefert, sie hätten doch im Namen aller gehandelt.

Mrozek ist ein schockierter Mensch, schockiert durch die Unzulänglichkeit der Daseinsverfassung. Aus dieser Schocksituation heraus schreibt er. Der Philosoph Karl Jaspers hat diese Weise des Erkennens durch Erleiden das »wahre Scheitern« des Menschen genannt, weil es »das menschlich Wahre, aber faktisch Unmögliche« will. Der Schock im Schreiben gebannt, führt zur geistigen Freiheit.

Mrozek hatte Polen 1963 erst einmal verlassen, weil er jener Welt des Kriechens, der Tränen, der Lügen entkommen wollte. Im Exil erfuhr er, daß die Welt geteilt ist zwischen zwei einander entsprechenden und gleichermaßen tödlichen Lügen: die Annahme, per Technokratie Glück für den Menschen produzieren zu können. Geschichte der Menschen – so stellt er fest – bedeutet beiden Systemen als eine Kette errechenbarer Resultate. »Eine schlimme Vorstellung«, sagt er. In all seinen Werken schreibt Mrozek sich den Strick vom Hals, an dem er nicht hängen möchte. »Man kann an dem Beobachteten ersticken«, meint er. Wem sich anvertrauen?

Im Jahre 1969 starb Mrozeks

Frau, eine Malerin aus Polen, die im Westen bei ihm war. Sie starb an Krebs. Seitdem ist die Isolierung des scheuen Schriftstellers gewachsen. Allein lebt er in jener Wohnung, die noch beide in Paris ausgesucht hatten, deren Schräge er mit Kiefernholz eigenhändig verschalte, deren drei Fenster den Blick auf Paris über die Seine hinweg freigeben. Wenn beide die Dachluke aufstießen, hatten sie den Blick auf den ein paar hundert Meter entfernten Eiffelturm. Heute bleibt die Luke zu. Reist Mrozek nicht zu Proben und Premieren seiner Stücke nach New York, Berlin, Wien oder Zürich, dann lebt er zurückgezogen in seiner Wohnung.

In einem fünfzig Quadratmeter großen Zimmer. In der einen Ecke hat er sich seine Schlafgelegenheit auf dem Boden eingerichtet. In der anderen Ecke steht ein zwei Meter breites Bücherregal. Der Bestand dort bleibt unverändert. Stellt er ein für ihn wichtiges neues Buch hinein, wird ein älteres Buch dafür ausgemustert und weggegeben. In der Mitte des Raumes steht der Schreibtisch, ohne Schubladen. Darauf eine grüne Filzdecke. An der einen Schmalseite gibt ein Podest auf der Tischplatte die Möglichkeit, im Stehen zu schreiben. An der Innenseite des Podests sind drei Nägel eingeschlagen, an denen geordnet die Schlüssel hängen, meistens im Doppel. An den Wänden kein einziges Bild. Es gibt noch ein kleines Nebenzimmer und eine Kochnische.

Slawomir Mrozek sitzt in einem mit einer Decke überschlagenen Sessel, den linken Fuß unter den rechten Oberschenkel gezogen. Er beantwortet Fragen zurückhaltend, in möglichst wenigen Worten. Mrozek spricht außer seiner Heimatsprache Italienisch, Französisch und Englisch. Während er spricht, setzt er immer wieder seine Brille ab, schließt die Augen und reibt sich dabei die Augenbrauen. Die Jeans trägt er so wie eine Flanellhose: mit Bügelfalte. Er wirkt so pingelig ordentlich wie seine Wohnung. Zugleich gibt er sich so bewußt unauffällig, daß es schon wieder auffällig ist.

Mrozek ist in einem Dorf am Rande von Krakau geboren, in Borzecin. Mit vier Jahren kam er dann nach Krakau. Sein Vater war Postangestellter. Er ist heute 79 Jahre alt. Mrozek hat auch noch eine Schwester. Seine Mutter ist 1949 mit 44 Jahren gestorben. »1945 war ich 15 Jahre alt«, erzählt er. »Es gab damals für mich nur ein Gefühl: Ich war froh. Endlich konnte das Leben beginnen. Die Schulen wurden wieder geöffnet. Es gab Kino, es gab Konzerte. Es gab die Hoffnung, daß nun alles besser wird. Beim Aufbau des Staates war ich wie andere meiner Generation: Dabeisein, auch wenn die Macht in der Hand einer Minderheit lag.«

Mrozek erinnert sich an die, wie er sagt, »engstirnige Erziehung« durch seine Eltern. Der Vater war ein Bauernsohn, und nun saß er in einem Büro, ein Kleinbürger. Mrozek erinnert sich auch an die damals als Einengung empfundene katholische Religion, die »sich in der eigenen Familie als kleinbürgerlich auswirkte«. Die anfängliche Parteinahme zugunsten der Kommunisten war nicht nur die Konsequenz aus der Überwindung nationalsozialistischer Diktatur, sondern auch ein Affront gegen das Elternhaus. »Ich war eben gegen alles, was mein Vater darstellte und was er dachte«, sagt er.

An der Spitze der polnischen Arbeiterpartei stand Gomulka. Seit 1945 versprach er den Polen freie Wahlen und propagierte den »polnischen Weg« zum Sozialismus. Jenseits seines Wortgeklingels schaltete er jegliche Opposition im Lande – eingeschlossen die undogmatische Linke – aus und strebte »seine« Diktatur an. Daß er 1948 einer überall im Ostblock von Stalin betriebenen »Säuberungswelle« zum Opfer fiel und unter Hausarrest gestellt wurde, machte ihn acht Jahre später zur einzigen Alternative an den Hebeln der Macht, die bis dahin von den Kommunisten barbarisch gegen das eigene Volk zur Unterdrückung angewandt worden war. Gomulkas kurzfristige Beliebtheit gründete auf dem Irrglauben, er habe seinem Volk die Freiheit wiedergegeben.

Slawomir Mrozek sagt: »In Polen fand eine vorgetäuschte Revolution nach dem Kriege statt. Diejenigen, die sie vortäuschten, waren von Anfang an Bankrotteure, und sie sind es geblieben. Personen, denen die moralischen und geistigen Qualitäten abgingen. Die Macht, die sie von den Sowjets als Leihgabe bekommen hatten, blieb für sie ein Wert an sich. Und wir, die Jungen, wurden in unserem Elan ausgenutzt. Wir waren nur ein Werkzeug der Macht.«

In Krakau studierte Mrozek einige Semester Architektur, Malerei und Orientalistik. 1949 begann er, Cartoons zu zeichnen. Ein Jahr später wurde er Journalist an einer Krakauer Zeitung.

»Ich stellte dort vorwiegend Filmprogramme zusammen«, erzählt er. »Ich wollte mir meinen Lebensunterhalt einfach allein sichern. Und das schien mir damals nur so möglich.« Den von ihm hergestellten satirischen Zeichnungen, die er bei mehreren Zeitungen unterzubringen verstand, folgten die ersten Schreibversuche. 1953 wagte er sich aufs Parkett des freien Schriftstellers. Darstellung des Totalitarismus in satirischem Kleid – das war möglich im damaligen Polen. Unter dem Titel »Der Elefant« erschien 1957 Mrozeks erstes Buch: ein Satirenband, der ihn in Polen berühmt machte. Das geschah in der anfänglichen »Tauwetterperiode« des neuen Gomulka-Regimes. Im Jahre 1959 durfte Mrozek ein Stipendium der Harvard-Universität in den USA annehmen. Das System schien erleichtert zu sein, den Unruhestifter außer Landes zu haben. Denn ein Jahr zuvor hatte Mrozek die erste Konfrontation mit dem System ausgelöst.

Im Jahre 1958 war Mrozeks erstes Bühnenwerk unter dem Titel »Die Polizei« in Warschau am Dramatischen Theater uraufgeführt, dann

abgesetzt und verboten worden. In irgendeinem Staat zu irgendeiner Zeit ist es der Polizei gelungen, die Totalität eines totalitären Staates so total zu verwirklichen, daß ihre ganze Aufgabe nur darin besteht, den letzten und einzigen Widersacher zu bewachen. Der aber schwört nun auch seinen revolutionären Ideen ab, um die »Wonnen der Loyalität« zu genießen.

Der polnische Literaturnobelpreisträger Czesław Milosz urteilte über dieses Stück: »Es sicherte Mrozek eine führende Position im modernen Theater. Es ist eine Parodie auf die politische Sicherheitspolizei, die sich ihr Fortbestehen sichert, indem sie Verbrechen erfindet, aus Angst, daß es keine politischen Verbrecher mehr geben könnte.«

In Polen entstanden noch die

Slawomir Mrozek auf dem Weg zu seinem Bistro und in seiner Wohnung am Schreibtisch. Rechts von ihm hängen alle Schlüssel. Vor sich hat er seine Pfeifen liegen.

Einakter »Auf hoher See« und »Striptease«. Die Tragikomödie »Tango«, Mrozeks elftes Stück und erster Abendfüller, wurde 1964 im Westen, in Italien, geschrieben. Die Geschichte des Studenten Artur, der mit dem verrotteten Nonkonformismus seiner Eltern konfrontiert ist, deshalb die alte Ordnung wiederherstellen möchte, der dabei scheitert, der »Herrschaft über Leben und Tod« gewinnen will, der zum theoretischen Wegbereiter für den kraftstrotzenden, primitiven, zur Diktatur befähigten Edek wird, und der von Edek ermordet wird, ist ein aktuelles und zugleich zeitloses Stück geblieben, solange Intellektuelle den Weg in eine mörderische Zukunft weisen und solange sich Intellektuelle als Mittänzer eines Tangos mit einem Edek finden. Slawomir Mrozek bietet in seinem literarischen Werk keine Lösung, die sich auf ein Programm, eine Ideologie oder eine Religion gründet. In immer neuen Varianten zeigt er Menschen, die sich vor dem Drohenden zu retten glauben, indem sie sich ihre Gegenwart verschleiern. Er zeigt ihre Anpassung an die Maximen der Machthaber. Eine Anpassung, mit der der Untergang vermieden werden soll, aber in einer nicht geahnten Weise geradezu herbeigeführt wird. Mrozek weiß um die Fertigkeiten der Ideologen. Und er weiß um die Notwendigkeit, sich über die Unfertigkeit des Menschen keine Illusionen zu machen. Er weiß diese Unfertigkeit als Wesensmerkmal des Menschen hinzunehmen.

Der polnische Schriftsteller ist als Schriftsteller Schöpfer aufgrund seiner Unfertigkeit, das heißt seiner Offenheit. Es gehört zu seiner Lebensleistung, daß er die Ungewißheit aushält, daß er, wie er schreibt, mit »dem Zerwürfnis einer unerlösten Seele« lebt: »Mir ist es lieber, auf eigene Weise nicht zu wissen, wie ich zu leben habe, als es auf fremde Weise zu erfahren. Das ist unbequem, aber nicht so gefährlich wie das andere. Nicht so gefährlich für mich und für die anderen. Es ist schwer, damit zu leben, aber wenigstens stirbt man nicht davon.«

Slawomir Mrozek 213

JOSSIF BRODSKIJ:
DIE KRAFT DER ERSTEN LÜGE

In Leningrad feiern die Freunde von einst noch immer am 24. Mai seinen Geburtstag. Sie versammeln sich dann und halten die Erinnerung an einen Mann wach, der 1963 mit einem einzigen Gedicht berühmt, 1972 zum Verlassen seines Heimatlandes gezwungen wurde und im amerikanischen Exil Rußlands größter zeitgenössischer Lyriker geworden ist. In Leningrad wohnen noch immer seine Eltern. Sie hüten das Zimmer des Sohnes, das unverändert blieb. In Leningrad lebt Marina, die verlorene Geliebte des Dichters. Und es lebt dort ihr gemeinsamer, heute 15 Jahre alter Sohn. Der Dichter blieb allein. Jossif Brodskij, nun wohnhaft in Ann Arbor, in New York, in Venedig, in Rom. Ein russischer Jude mit dem Paß der Vereinigten Staaten.

Sein Bekenntnis: »Der Dichter muß seinen Weg allein gehen, und niemand kann ihm helfen. Die Gesellschaft ist immer mehr oder weniger feindlich. Wenn sie ihn ablehnt, wenn sie ihn akzeptiert. Zumindest tut sie beides auf ziemlich rauhe Weise. Ich bin mehr und mehr davon überzeugt, daß der Psalmist die Erde zu Recht ein Jammertal nannte. Der Mensch gewinnt nichts, wenn man ihn von einer Stelle an eine andere setzt. Man vertauscht lediglich die eine Tragödie mit der anderen. Wir sollten begreifen, nicht die Welt ist böse,

Jossif Brodskij

sondern sie ist von ihren Bewohnern verdorben worden.« Jossif Brodskij – ein metaphysischer Dichter. Sein Thema ist der Mensch zwischen absoluter Verzweiflung und totaler Verfügbarkeit. Es gibt für ihn nur ein Ziel: reif zu werden für den Tod. Die Schöpfung wird den Denkenden nie befriedigen können. Eindeutigkeit und Nachprüfbarkeit sind Zeichen eines ungeistigen Denkens. Jossif Brodskij sagt: »Jeder Staat sieht seine Bürger als Sklaven oder eben als Feinde an.« Seine Würde gewinne der Mensch nicht in den bestehenden politischen Systemen zurück, sondern in der metaphysischen Dichtung. Sie ist für den Russen die »einzige atmende Ordnung«.

Der 42jährige Jossif Brodskij ist heute Professor für Literatur an den Universitäten in Ann Arbor/Michigan und New York. Jährlich mehrere Monate lebt er – in seiner Freizeit – in Italien. Doch wo immer er sich niederläßt, verwandelt er sein Domizil in eine Höhle. So als stelle er die Atmosphäre und die alten Maße seines einstigen Zimmers in Leningrad wieder her. Eines Zimmers, das eigentlich keines war. Zehn Quadratme-

Könnte der von den Sowjets ins Exil gezwungene Lyriker Jossif Brodskij heute heimkehren, dann fände er sein zehn Quadratmeter großes Zimmer in Leningrad so vor, wie er es 1972 verlassen hat. Die Eltern des Dichters ließen den Raum unverändert.

ter klein. Der türlose Eingang durch einen hohen Schrank abgetrennt von der Kommunalwohnung seiner Eltern. Ohne Fenster. Hier entstand sein »Jahrhundertgedicht« über den Schlaf der Welt, das er dem Dichter John Donne, einem englischen Metaphysiker aus dem 17. Jahrhundert, widmete:

John Donne schlief ein. Alles ringsum schlief ein. | Wand, Boden, Bettzeug, Bilder schliefen ein, | Tisch, Teppich, Riegel, Haken schliefen ein, | die ganze Garderobe, Anrichte, Gardinen, Kerzen. | Alles schlief ein. Glas, Flasche, Schüsseln, | Brot, Brotmesser, Keramik, Porzellan, Geschirr, | Uhr, Schränke, Wäsche, Fensterscheiben, Lampe, | die Treppenstufen, Türe. Überall ist Nacht... | ... Wild, Vögel schlafen, tote Welt, das Leben.

Jossif Brodskij

/ Nur weißer Schnee fällt aus dem Nachtgewölbe. / Selbst dort wird jetzt geschlafen, über allen Köpfen. / Die Engel schliefen ein. Die Heiligen vergaßen / die angsterfüllte Welt – zu ihrer heilgen Schande... / ...John Donne schlief ein. Es schlafen die Gedichte, / und alle Bilder, Rhythmen, starke, schwache, / sind unauffindbar. Laster, Sehnsucht, Sünden, / sie ruhen lautlos gleich in ihren Silben. / Ein Vers ist zu dem andern wie ein Bruder, / obwohl sie zueinander flüstern: rück ein wenig. / Doch jeder ist so weit vom Himmelstor entfernt, / so arm, so dicht, so rein, daß – Einigkeit sie füllt... / ...Doch horch! Du hörst: dort, in dem kalten Finstern, / dort weint ja jemand, jemand flüstert ängstlich. / Jemand ist dort dem Winter ausgeliefert. / Und weint. Dort ist im Dunkel jemand... / ...Wer schluchzt denn dort. Bist du's, mein Engel, / der auf die Rückkehr meiner Liebe wartet, unterm Schnee, / so wie der Letheflüß... / ...Nein, das bin ich, John Donne, ich, deine Seele. / Ich trauere verlassen hier in Himmelshöhen, / daß ich mit meiner Arbeit alle die Gefühle / und die Gedanken, schwer wie Ketten, schuf. / Mit dieser Last beherrschtest du den Flug / durch Leidenschaften, Sünden, und noch höher. / Du warst ein Vogel, und du sahst dein Volk, / ganz, überall, über den Dächern segelnd... / ...Du hast selbst Gott umflogen, und du jagtest weiter. / Doch diese Last wird dich nicht aufwärts lassen, / seit diese Welt – nur hundert Türme / und ein paar Flüsse, wo dem Blick nach unten / das

Erinnerungen eines Exilanten in New York: Jossif Brodskij als vierjähriges Kind. Als 20jähriger bei einer geologischen Expedition. Als 24jähriger 1964 im Norden Rußlands, wo er Zwangsarbeit zu leisten hatte. Seiner metaphysischen Gedichte wegen war er zu fünf Jahren Freiheitsentzug verurteilt worden. Die Fotos mit Mutter und Vater in Leningrad entstanden nach seiner vorzeitigen Entlassung aus dem Lager. Ein Foto zeigt die Eltern im Jahre 1981. »Ich werde sie wohl nie wiedersehen«, sagt der Dichter heute. 1980 erlitt Jossif Brodskij einen Herzinfarkt und mußte sich einer Herzoperation unterziehen. Den Eltern wurde der Besuch ihres Sohnes von den Sowjets verwehrt.

schreckliche Gesicht fast gar nicht schrecklich dünkt... / ... Doch höre! Während ich dein Nachtquartier mit Weinen / bestürze hier – fällt in das Dunkel, ungeschmelzt, / der Schnee und näht hier unsere Entzweiung, / und hin und her fliegt, hin und her, die Nadel. / Ich bin es nicht, der schluchzt. John Donne, du weinst...

In seinem winzigen Leningrader Zimmer erweiterte Brodskij Zeit und Raum, überwand er Entfernungen, Grenzen, Hindernisse. Hier holte er Hellas, Jerusalem, Ägypten und Rom in die Moderne zurück. Hier setzte er der Maßlosigkeit mathematisch-physikalischer Weltbeherrschung das Maß seiner Gedichte entgegen, in der die Schöpfung wieder erlebt werden kann und letzthin unbegreiflich bleibt. Hier transzendierte er die Kunst und materialisierte sie nicht, wie es in der Sowjetunion geboten und im Westen üblich geworden war. Hier stehen die Bücher über dem Schreibtisch noch genauso, wie er sie im Mai 1972 verlassen hatte. Hier sieht man Fotos von seinem Vater und seinem

Jossif Brodskij 219

Die Lyrikerin Anna Achmatowa in den zwanziger Jahren, bei Kriegsende und als Tote: Jossif Brodskij – die rechte Hand vor seinem Gesicht – nimmt an der Bahre Abschied von jener Frau, die über ihn geurteilt hatte: »Seit Mandelstam habe ich so etwas wie die Gedichte Brodskijs nicht mehr gelesen.« Die Achmatowa war am 5. März 1966 im Alter von 76 Jahren in Moskau gestorben. Unter Stalin war sie eine Verfolgte, rehabilitiert erst in der Ära Nikita Chruschtschows.

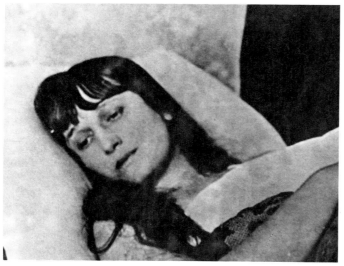

Jossif Brodskij

Sohn, von den Lyrikern Anna Achmatowa und W. H. Auden. Zum Schutz hat Brodskijs Mutter über die Dinge einen Plastikvorhang angebracht.

Die gleichen Bilder auch in der stillen Mortonstreet im New Yorker Stadtteil Greenwich Village. In einem zweistöckigen Haus bewohnt er das Basement, Tiefparterre oder auch Keller. Wer sich nicht auskennt, kommt zu ihm über den Haupteingang und steigt dann herab, den Nebeneingang zu ebener Erde kennen nur die Freunde. Bekannte hat er viele, Freunde wenige, sagt er: »Ich schließe Freundschaften sehr selten und sehr langsam.« Draußen ist heller Tag, und ich stehe in einem abgedunkelten Zimmer. Die Fensterläden, innen angebracht, sind geschlossen. Licht nur durch die Lamellen. Der Raum wirkt genauso winzig, wie es der in Leningrad ist. Jossif Brodskij knipst die kleine Stehlampe mit dem milchigen Glas auf seinem Schreibtisch an. Geöffnet liegt ein liniertes Heft im DIN-A4-Format. Darauf Notizen in kyrillischen Buchstaben. Er spricht ein wortreicheres Englisch als viele Amerikaner. Einige Gedichte hat er bereits englisch geschrieben. »Eine Ausnahme«, sagt er.

Die »New York Times« feierte 1980 Brodskijs jüngsten Gedichtband (»A Part of Speech«, Verlag Farrar, Straus, Giroux, New York) als einen »poetischen Triumph«, und der amerikanische Romancier John Updike fand die Übersetzungen der Gedichte so gelungen, daß er den Russen »einen amerikanischen Poeten« nannte. Brodskij hatte einen Teil seiner Gedichte selbst übersetzt oder an den übrigen Übersetzungen mitgearbeitet. Der berühmte Dick Cavett holte den Dichter Brodskij in seine Fernseh-Talkshow. Doch in einer Gesellschaft, in der die wenigsten Gefühle länger anhalten als die Freude über ein kurzlebiges Konsumprodukt, bleibt Jossif Brodskij nicht länger, als gerade notwendig. Er fährt mit der Subway schleunigst zurück in seine Höhle, trinkt ein volles Glas Whisky, Marke Bushmill, oder geht ins nahe dunkle Café Reggio in der MacDougal Street.

»Ich bin von schweigenden Verben umkreist«, heißt es in einem seiner Gedichte, »hungrige Verben, nackte Verben, / ... die in Kellern leben, / in Kellern reden, / in Kellern geboren werden / unter diversen Etagen / des allgemeinen Optimismus. / Sie gehn jeden Morgen zur Arbeit, / mischen Mörtel, schleppen Steine, / doch während sie die Stadt aufbauen, bauen sie nicht / die Stadt auf, / sondern errichten das Denkmal der eigenen Verlassenheit. / Und wenn sie fortgehn, wie man in ein fremdes Gedächtnis fortgeht, / gemessenen Schritts von Wort zu Wort, / werden die Verben einst mit allen ihren drei Zeiten / Golgatha besteigen...«

Jossif Brodskij, 1,80 Meter groß, kräftig, etwas untersetzt, breiter Hals, rotblondes Haar, hohe Stirn, ausgeprägte Kinnpartie. Ein Gesicht voller Sommersprossen. Ein Gesicht, das dominiert wird durch die tief zurückliegenden Augen, die unbeweglich scheinen. Ein Blick, der ausharrt. Von Schwere gezeichnet. Last eines Beobachters, der nicht wegschauen kann. Seiner Gedichte wegen, die die Leningrader Justiz als »Machwerke« bezeichnete, wurde Brodskij 1964 zu Zwangsarbeit im Norden Rußlands verurteilt. Dort schrieb er: »Aus meinem Mund soll man kein Stöhnen hören. / Da steh ich nun im offnen Mantel / und lass' die Welt mir durch ein Sieb / des Nichtbegreifens in die Augen fließen. / Ich bin fast taub. Ich bin, Gott, beinah blind. / Ich hör' kein Wort, und ruhig leuchtet / mit zwanzig Watt der Mond. Na gut...«

Jossif Brodskij erlitt 1980 einen Herzinfarkt. Er hat eine Operation hinter sich, bei der ein Stück Vene aus dem Bein ins Herz transplantiert wurde. Eine lebensgefährliche Erkrankung, eine lebensgefährliche Operation. Entgegen dem Helsinki-Abkommen, in dem sich die UdSSR zur Visa-Erteilung bei schweren Krankheitsfällen verpflichtet hatte, wurde den Eltern Brodskijs der Besuch ihres Sohnes verweigert. »Ich werde sie wohl nie wiedersehen«, sagt der Schriftsteller. Er telefoniert mit ihnen regelmäßig. Es ist die einzige Kontaktmöglichkeit.

Erinnert er sich an Leningrad, dann spricht er von Petersburg, dann sieht er die Stadt, so wie sie sich in den Nachkriegsjahren präsentierte: »Graue, blaßgrüne Fassaden mit Kugel- und Granatsplittereinschüssen. Endlose, leere Straßen mit wenigen

Passanten und spärlichem Verkehr. Ein beinahe verhungertes Aussehen von folglich einprägsamerer und, wenn man will, herrschaftlicher Kontur. Eine Überlebende kann nicht nach Lenin benannt werden. Ich muß sagen, daß ich von diesen Fassaden und Portika, von ihren Ornamenten und Karyatiden, die die Balkone abstützten, von den Torsos in den Nischen ihrer Vestibüle mehr über die Geschichte unserer Welt gelernt habe als später aus irgendeinem Buch.«

Der Junge sah, wie die Stadt zugestellt wurde mit Lenin-Bildern. Wie neue Gebäude erstanden, die dem sowjetischen Namen der Stadt entsprachen: »Leningrad klingt in russischen Ohren wie das Wort Konstruktion oder Wurst.« Instinktiv wehrte er sich gegen den Propagandawald von Bildern und Büsten. »Ich erteilte mir meine erste Lektion im Abschalten. Ich nahm die Lenin-Bilder nicht mehr zur Kenntnis.« Es war Brodskijs erster Schritt zur Verteidigung seiner Individualität. »Sobald etwas auch nur andeutungsweise nach Wiederholung aussah«, so erinnert sich der Dichter, »hatte es sich auch schon kompromittiert.«

Jossif Brodskijs Vater, heute 80 Jahre alt, ist Fotograf. Während des Krieges diente er in der Marine und mußte sie 1949 verlassen, als Stalin den Ausschluß aller Juden mit höheren Rängen verfügte. Mit dem Antisemitismus ließ sich auch offenbar nach Hitler etwas machen. Eine neue Judenverfolgung zeichnete sich ab, als Stalin jüdische Ärzte als Verschwörer aburteilen lassen wollte. Doch sein Tod im Jahre 1953 bewahrte die Sowjetunion vor neuen Verbrechen.

Jossif Brodskij war sieben, als er in der Schulbibliothek ein Anmeldeformular ausfüllen mußte. Eine Spalte betraf die »Nationalität«. Der Schriftsteller: »Ich wußte ganz genau, daß ich Jude war, aber ich sagte der Bibliothekarin, ich wüßte meine ›Nationalität‹ nicht. Mit einem schadenfrohen Spottgesicht schickte sie mich nach Hause zu meinen Eltern, die wüßten's schon.«

Brodskij resümiert: »Die wahre Geschichte des menschlichen Bewußtseins beginnt mit der ersten Lüge. Meine erste Lüge hatte unmittelbar mit meiner Identität zu tun, kein schlechter Anfang.«

Mit fünfzehn hatte er die Schule satt: »Also stand ich eines Wintermorgens ohne besonderen Anlaß auf, mitten im Unterricht, und inszenierte meinen Abgang durchs Schultor. Ich erinnere mich an einen allgemeinen Ekel, und zwar vor mir selbst, weil man mit einem jungen Menschen alles machen kann. Und dann war da dieses vage Hochgefühl, entkommen zu sein.« Der Schriftsteller nennt diesen vorzeitigen Schulabgang »seinen ersten freien Willensakt« und fügt hinzu: »Wenn man jung ist, bleibt einem nur der radikale Ausstieg, um sein herandrohendes Los abzuwenden.«

Jossif Brodskij ist dann noch 13mal ausgestiegen, ehe er wußte: Es gibt eine gottgewollte Unabhängigkeit. Er entdeckte sie in der polnischen und der anglo-amerikanischen Literatur. Um nicht auf Übersetzungen angewiesen zu sein, brachte er sich selbst diese Sprachen bei. Und er entdeckte jene Unabhängigkeit in der russischen Moderne zu Beginn dieses Jahrhunderts: bei Autoren, die Stalin in seinen Erschießungskellern umbringen oder sie für immer in den Gulag verschwingen ließ oder sie in den Selbstmord trieb. Namen wie Nikolai Gumiljow, 1921 erschossen, Ossip Mandelstam – seine Spur verliert sich Ende der dreißiger Jahre auf dem Transport zu einem Gulag – und Anna Achmatowa, die die Verfolgung überlebte, wurden für den jungen Brodskij Dreh- und Angelpunkt.

Der Weg hin zur Dichtung dauerte sieben Jahre. Nach dem Schulabgang hatte der 15jährige als Fräser in einer Fabrik begonnen, war dann übergewechselt in ein Krankenhaus, hatte in der Anatomie gearbeitet. Doch der Wechsel von einer Arbeitsstelle zur anderen brachte ihn der Unabhängigkeit nicht näher, sondern nur tiefer in den »kafkaschen Kosmos« der einander gleichenden Räume: »Gnadenlos verlief wie ein unendlicher gemeinsamer Nenner durch das ganze Land ein blauer horizontaler Streifen in Augenhöhe – in den Eingangshallen, in den Krankenhäusern, in den Fabriken, in den Korridoren der Gemeinschaftswohnungen. Vom Fußboden bis in Augenhöhe eine Wand, rattengrau oder grün übergepinselt, und dann dieser graue Streifen darüber.«

Der 20jährige schloß sich als Helfer geologischen Expeditionen an und lernte dabei die ganze Sowjetunion kennen. Die ersten Gedichte entstanden; in einem der schönsten beschreibt er, wie ein Hengst am Lagerfeuer erscheint:

Nichts war so sonderbar wie gerade er – / selbst seine Zähne waren schwarz wie Teer ... / Das Weiß im Auge glühte schwarz heraus, / noch schrecklicher sah seine Iris aus. / Als wär er irgendwessen Negativ. / Warum stand er so, als wenn er schlief / ohne Bewegung bis zum Morgengrau / am Lager, damit wir ihn schaun, / warum nur atmete er schwarzen Staub / und raschelte mit dem zertretenen Laub? / Warum vergoß sein Auge schwarzen Dunst? / – Er suchte seinen Reiter unter uns!

Ja, das wollte der junge Brodskij: alles Licht austrinken und alle Farben. Und eine Grundstimmung für sich gewinnen. Der Stille nicht dann zu entfliehen, wenn die Angst einsetzt, wenn die Stille dem Menschen das Gefühl von Nichtigkeit im Kosmos vermittelt. Er wollte nicht unwichtige Taten aneinanderreihen und das dann Leben nennen, wollte nicht durch Handlungen jagen, die Müdigkeit bringen. Er wollte sich nicht erschöpfen, er wollte sich ausschöpfen. Sich selbst entwerfen und nicht verworfen sein. »In der Einsamkeit ist das Absolute«, heißt es bei dem dänischen Metaphysiker Sören Kierkegaard, »aber auch die absolute Gefahr.« Jossif Brodskij gewann eine Sehnsucht nach dem Menschen und eine Verachtung für die Menschen. So kehrte er heim nach Leningrad.

Jossif Brodskij wohnte weiter bei seinen Eltern. Er las, lernte und verliebte sich in Marina, jene Frau, der dann viele seiner Gedichte gelten, die die Mutter seines Sohnes wurde, mit der er sich immer wieder auseinanderlebte, die er wohl noch heute liebt. »Wie schade«, heißt es in einem seiner Gedichte, »daß mein Dasein dir nie das / bedeutet hat, was deines mir ... wie oft / hab' ich an diesem unbebauten Platz / den Kupfergroschen, der das Wappen trägt, / ins Drahtgewirr des Kosmos eingeworfen / in dem verzweifelten Bemühen, den / Moment unseres Verbundenseins zu preisen ...« Mit Übersetzungen verdiente Brodskij seinen Unterhalt. Zwei Bücher mit Übersetzungen erschienen in der Sowjetunion, doch nie eines mit eigenen Gedichten. Und doch wurde er über Nacht berühmt.

Die von Stalin unterdrückte Lyrikerin Anna Achmatowa (1888–1966), neben Marina Zwetajewa (1941 Selbstmord) die große Dichterin in der russischen Literatur, hatte die Gedichte Brodskijs in einer handgeschriebenen Fassung gelesen, und sie hatte eine Zeile des 22jährigen 1962 als Motto einem eigenen Gedicht vorangestellt. Die in der Ära Nikita Chruschtschows rehabilitierte Dichterin hatte darüber hinaus geurteilt: »Seit Mandelstam habe ich so etwas wie die Gedichte Brodskijs nicht mehr gelesen.«

1962 – das war das Jahr, in dem in der Sowjetunion zum erstenmal die volle Wahrheit über die mit vier Millionen Menschen gefüllten Arbeitslager Stalins veröffentlicht werden konnte. In der Moskauer Literaturzeitschrift »Novyj Mir« durfte Alexander Solschenizyns »Ein Tag im Leben des Iwan Denissowitsch« erscheinen. Doch bereits ein Jahr später wurde die Liberalisierung, die seit dem XX. Parteitag 1956 mit Chruschtschows Einleitung der »Entstalinierung« begonnen hatte, wieder gestoppt.

Seit 1958 durfte Anna Achmatowa in der UdSSR wieder erscheinen. »Alles ist gestohlen, verraten, verkauft ...«, heißt es schon 1922 in einem ihrer Gedichte. »Von bitterer Sehnsucht ist jeder benommen / von wo soll uns Erlösung kommen?« Ein Anruf für Brodskij und ein Anstoß für die eigene Frage: »Wird der Mensch sich jemals von dem tödlichen Schlag erholen, den er dem Leben versetzt hat?« Der Leningrader Germanistik-Professor Efim Etkind, der inzwischen in Paris lebt, erinnert sich in seinem Buch »Unblutige Hinrichtung« an Brodskijs einzigen öffentlichen Auftritt im Majakowski-Haus: »Brodskijs Auftreten vor dem gestopft vollen Saal hatte nicht seinesgleichen: Sein rhapsodischer Fanatismus wirkte magnetisch ... Die Zuhörer waren verzaubert.« Es sprach ein Dichter der Selbstversunkenheit, einer, der der Muße wieder einen Sinn gab.

Für die Auguren des Staates war es jedoch die Stimme eines Müßiggängers. Geradeso wie die Stimmen derjenigen, die im August 1963 in Leningrad auf der Tagung des Europäischen Schriftsteller-Ver-

Jossif Brodskij in seiner New Yorker Wohnung: Er hat sich hier eine »Höhle« geschaffen, wie er sie einst bei seinen Eltern gehabt hat. Anfang der sechziger Jahre zeichnete sich Brodskij in seiner russischen Heimat: seinen Traum vom Leben in dieser Welt.

bandes als »dekadente bourgeoise Formalisten« von sowjetischen Sprechern abgetan wurden: James Joyce, Marcel Proust, Franz Kafka. Die Rückkehr zur harten Linie sowjetischer Kulturpolitik wurde sichtbar an der Newa. Am 29. November 1963 erschien in der sowjetischen Zeitung »Vecerni Leningrad« ein Artikel, der mit dem Wort »Literatur-Drohne« überschrieben war. Darin wurde Brodskij als ein »Parasit« diffamiert, der kategorisch jede gesellschaftlich nützliche Arbeit verweigere und seinen Eltern auf der Tasche liege. »Für Brodskij«, so hieß es, »hat Leningrad keinen Platz.«

Anfang 1964 wurde Brodskij verhaftet, im Februar vor Gericht gestellt und in einem ungewöhnlichen Prozeß, dessen Wortlaut in den Westen gelangte und veröffentlicht wurde, wegen »asozialen, parasitären Lebens« zu fünf Jahren Zwangsarbeit verurteilt. Efim Etkinds Einsatz für den Dichter war ebenso vergeblich wie der Anna Achmatowas und auch der – Derartiges war noch nicht geschehen – von drei Leninpreisträgern: dem Komponisten Schostakowitsch, dem Dichter Marschak und dem Wissenschaftler Tschukowskij. Welche Farce das Verfahren war, geht aus diesem Wortwechsel hervor:
Richterin: »Was ist Ihr gelernter Beruf?«
Brodskij: »Ich bin Dichter. Und Übersetzer von Dichtung.«
Richterin: »Und wer hat attestiert, daß Sie Dichter sind? Wer hat Sie zum Dichter beordert?«

Abends wurde er in einem Gefängnisraum untergebracht und bekam als Ration 400 Gramm Brot. Die Hälfte davon warf er weg, um sich als frei zu bestätigen, um sich nicht vom Brot beherrscht zu fühlen. In einem in Sibirien geschriebenen, Marina gewidmeten Gedicht heißt es: »Hier, bei lebendigem Leib begraben, / durchstreife ich die Dämmerstoppeln. / Mein Stiefel wühlt den Acker auf / (hoch oben tost der Donnerstag), / die Halme aber stehn gleich wieder aufrecht, / sie spüren beinah keine Schmerzen... / und wenn zu meinem Unglück ich / mit mir zurecht nicht kommen sollte – / O Gott! Dann hack mir alle Sinne ab / wie einem Dieb in Finnland seine Finger.« In der radikalen Selbstverwirklichung jener Zeit liegt heute Brodskijs unzeitgemäße Größe. Jossif Brodskij arbeitete in Steinbrüchen, in den Wäldern und auf den Feldern. Bei minus 50 Grad und bei Hitze. Am Abend aber sitzt er über seinem Schreibblock und stellt sich die Frage: »Wo kein Geschöpf, kein Wesen dem Zwang von Geburt und Verwesung entrinnen kann, wird da nicht vom Menschen, von seinen Möglichkeiten zu höherer Einsicht, die Verantwortung für die ganze Schöpfung gefordert?« Als er nach 18 Monaten vorzeitig – die Proteste im In- und Ausland hatten Erfolg – nach Leningrad zurückkehren darf, kommt er mit der Einsicht zurück: »Die Möglichkeiten des Mitleids sind außerordentlich begrenzt und den Möglichkeiten des Bösen weit unterlegen.«

Brodskij: »Niemand. Wer hat mich zur Spezies Mensch beordert?«
Richterin: »Und wie haben Sie das gelernt?«
Brodskij: »Was?«
Richterin: »Dichter. Sie haben nicht versucht, eine Hochschule, wo man dazu ausbildet... wo man das lehrt... zu absolvieren?«
Brodskij: »Ich glaube nicht, daß man Dichten durch Hochschulausbildung lernen kann.«
Richterin: »Wodurch denn sonst?«

Heute sagt Jossif Brodskij: »Wenn es in meiner Vergangenheit irgendeinen Grund gibt, stolz zu sein, dann der, daß ich Sträfling wurde und nicht Soldat. Der Dienst in der Sowjetarmee dauert drei bis vier Jahre, und ich habe keinen Menschen getroffen, dessen Psyche nicht von der stählernen Zwangsjacke des bedingungslosen Gehorsams entstellt worden wäre.«
Der Weg aus dem Leningrader Gefängnis in die Verbannung in den Nordosten der Sowjetunion dauerte Tage.

Jossif Brodskij

Brodskij fragt: »Wenn wir beispielsweise an all jene denken, die in Stalins Lagern und Gefängnissen umgekommen sind, wenn wir an diese Millionen toten Seelen denken – wo ließen sich da angemessene Gefühle finden? Können der eigene Zorn, Kummer oder Abscheu dieser schwindelerregenden Zahl angemessen sein?« Was ist zu tun? Brodskij sagt: »Der Dichter hat nur eine Pflicht, gut zu schreiben, seiner Sprache so zu dienen, wie es seine Sprache verlangt. Poesie ist die sublimierte Form von Sprache. Und es stimmt nicht, wenn Adorno sagt, daß nach Auschwitz kein Gedicht mehr möglich ist. Die Menschen, die in Hitlers Gaskammern gingen, hätten Adorno nicht zugestimmt. Adorno spricht ohne die Schuld des Überlebenden. Ich glaube, das Opfer votiert für die Existenz von Poesie.«

Jossif Brodskij ist kein Empörer, der schreit und die Zuschauer zusammenhetzt, auf daß sie seinen Mut bewundern, mit denen er die Mauern seines Hauses eingerissen hat. Am 4. Juni 1972, einen Tag bevor ihn die Behörden in ein Flugzeug nach Wien setzen, hat er an Parteichef Breschnew geschrieben: »Ich verdanke Rußland alles, was ich auf der Welt besitze. Alles Böse, das ich erleiden mußte, wird von dem Guten mehr als aufgewogen, und ich hatte nie das Gefühl, von meinem Vaterland verletzt worden zu sein. Obwohl ich meine sowjetische Staatsbürgerschaft verliere, höre ich nicht auf, ein russischer Dichter zu sein. Dichter kommen immer zurück, sei es persönlich oder auf dem Papier...«

Zur Auswanderung gezwungen mit gleichzeitigem Entzug der Staatsbürgerschaft – eine Maßnahme der sowjetischen Behörden, die bei Brodskij als erstem mißliebigen Intellektuellen angewandt wurde. Auf dem Moskauer Flughafen nahm man ihm alle Manuskripte ab. Mit einem Köfferchen in der Hand und 50 Dollar in der Tasche kam Brodskij in Österreich an.

Der amerikanische Dichter W. H. Auden, dessen Lyrik Brodskij bereits in Leningrad bewunderte, nahm sich des russischen Exilanten an. Auden verbrachte gerade – wie so häufig – die Sommermonate im österreichischen Kirchstetten. Er vermittelte Brodskij nach Ann Arbor im US-Staat Michigan. »Ich wollte in Westeuropa nicht bleiben«, sagt Brodskij. »Wenn schon das Neue, dann wollte ich in das für mich absolut Unbekannte.« So begann für den 32jährigen das Abenteuer USA.

Ein Professor für slawische Sprachen nahm ihn mit in den Hörsaal, stellte ihn 50 Studenten vor und sagte, ehe er verschwand: »This fellow is going to talk to you on poetry.« Es war der Beginn einer Professoren-Karriere für einen Mann, der seine Schule vorzeitig beendet, nie an einer Universität studiert, nie irgendein Diplom erworben hatte. »Was ich benötige, sind Zigaretten und Bücher«, sagt er. »Ein Zigarettenautomat und eine Buchhandlung waren immer in meiner Nähe. Also war ich zufrieden. Die psychologische Situation für einen Schriftsteller im Westen ist dieselbe wie die im Osten. Jedes Land ist eine Fortsetzung von Raum und Zeit. Zwei verschiedene Welten? Nein, für mich nicht.«

»Was immer ich in jenen Tagen schrieb«, heißt es in einem 1972 in Ann Arbor entstandenen Gedicht, »das Ende blieb in jedem Falle offen... / Ich fiel, ohne mich auszuziehn, aufs Bett. / Und wenn ich nachts hoch über mir die Decke / nach einem Stern absuchte, streifte dieser, / verglühend nach den Regeln der Natur, / die Wange mir und schoß hinab aufs Kissen, / noch ehe meinen Wunsch ich sagen konnte.«

Der Künstler – so wie Brodskij sich sieht – steht immer außerhalb. Es genügt nicht, die Umwelt zu verneinen. Eine Verneinung läßt immer noch die Möglichkeit einer Beziehung zu. »Ich fühlte mich auch oft in Leningrad fremd«, sagt er. »Wenn ich ein Gedicht geschrieben hatte und auf die Straße ging, wenn ich dann die Menschen sah und hörte, dann waren sie mir so fremd wie mir die Passanten in New York fremd sein können.« Der Wechsel von einer Fremde in die andere? Er antwortet: »Im Grunde ja, eine Reise gewissermaßen von einer unangenehmen Geschichte zu einer unangenehmen Anthropologie.«

Von den Vorwürfen und Belehrungen, die Solschenizyn im Exil äußert, hält Brodskij nichts. »Alle Systeme richten sich gegen den Individualismus«, sagt er. »Das westliche System ist deshalb besser, weil der Grad des Druckes, der sich gegen die Individuali-

Drei Bilder an der Wand im Arbeitszimmer Brodskijs: der amerikanische Dichter W. H. Auden, der den Russen an die Universität in Ann Arbor vermittelte – und die Frau, die Brodskij liebt, mit dem gemeinsamen Sohn Andrej. Beide sind in Leningrad geblieben. Ihnen gelten viele Gedichte: »Keine Einsamkeit nämlich schmerzt mehr als die Erinnerung an Wunder.«

tät wendet, hier geringer ist als im Osten. Das Dilemma eines Solschenizyn und auch meines besteht darin, daß wir mit unseren Erlebnissen wie hypnotisiert auf die Sowjetunion schauen. Uns erscheint die Sowjetunion dann als das einzige gefährliche Tier. Für die Menschen im Westen ist es ein gefährliches Tier unter vielen.«

Brodskij versteht sich als einer Generation zugehörig, »deren erster Lebensschrei der Ungarn-Aufstand war. Schmerz, Erschütterung, Kummer, Scham über die Hilflosigkeit«, sagt er, »waren für uns 1956 die vorherrschenden Gefühle...«. Über jene Generation meint er: »Niemand kannte die Literatur und Geschichte besser als diese Leute, niemand schrieb besseres Russisch als sie... Es war die einzige Generation von Russen, die nicht länger lügen konnte, die zu sich selbst gefunden hatte, für die Giotto und Mandelstam maßgeblich waren... Gehetzt wie Hasen von den allgegenwärtigen Hunden des Staats und den noch allgegenwärtigeren Füchsen, zerbrochen, gealtert, behielten sie ihre Liebe für dieses nichtexistente Phänomen, genannt Zivilisation. Hoffnungslos abgeschnitten vom Rest der Welt, meinten sie dennoch, diese Welt sei wie sie; heute wissen sie, diese Welt ist, wie andere auch, nur besser gekleidet.«

Brodskij sieht die Situation in seinem Heimatland als »absolut hoffnungslos«. Es wird sich »am gegenwärtigen Zu-

Jossif Brodskij in der New Yorker Subway auf dem Weg zur Columbia University. Der Lyriker korrigiert Arbeiten seiner Studenten.

stand sehr wenig verändern«. Die polnischen Ereignisse werden – so Brodskij ein Jahr vor Verhängung des Kriegsrechts in Polen – »in einer Versteinerung der kommunistischen Welt enden«. Er sagt: »Polen hat den Zweiten Weltkrieg zweimal verloren: einmal, als Hitler das Land überschwemmte, das andere Mal, als es in die Hände der sowjetischen Befreier geriet. Vier Jahrzehnte sind vergangen. Wo ist die polnische Unabhängigkeit?«

Polen werde für alle anderen Satelliten »das abschreckende Beispiel« dafür werden – so Brodskij –, wohin der Versuch führt, das System zu reformieren: »Von einem Elend in das andere. Es gibt keine Lösung außer der, daß das ganze System stirbt. Und das System stirbt in der Sowjetunion nicht, weil der Masse dort der Status quo eine Sicherheit gibt und sie das Ungewisse ebenso wenig schätzt wie die Menschen im Westen.« Der Kommunismus hat nach Ansicht des Dichters im Exil mehr Menschen auf dem Gewissen als das aus dem Christentum erwachsene kapitalistische System. »Sogar das, was die Nazis getan haben«, sagt Brodskij, »ist im Vergleich zu dem, was Stalin und seine Erben praktiziert haben, ein Kindergarten.«

Brodskij hält es im Exil mit Thomas Mann, der vor den Nazis in den USA Zuflucht fand und meinte: »Wo ich bin, da ist die deutsche Dichtung.« Wo er sei, so variiert der Russe diesen Satz, sei die russische Dichtung. Von allen deutschen Dichtern fühlt er sich am stärksten Heinrich

Böll verbunden, dessen Bücher er in Leningrad »verschlungen« habe. »Böll ist ein konservativer Schriftsteller«, sagt er. »Ich bin auf seiner Seite.«

Jossif Brodskij bekennt: »Ich votiere für die Bibel und insbesondere für den Propheten Jeremias.« Seine politische Konfession ist eine Absage an politische Bewegungen: »Ich glaube nicht an sie. Ich halte sie für sehr gefährlich, psychologisch eher als politisch. Weil jede politische Bewegung ein Mittel ist, die persönliche Verantwortung für das, was geschieht, zu umgehen. Weil derjenige, der nach außen das Böse bekämpft, sich automatisch mit dem Guten identifiziert und sich für einen Träger des Guten zu halten beginnt. Das Leben – so wie es wirklich ist – ist ein Kampf nicht zwischen dem Schlechten und dem Guten, eher zwischen dem Schlechten und dem Schrecklichen. Und die Menschheit hat heute die Wahl nicht zwischen dem Guten und dem Bösen, sondern eher zwischen dem Bösen und dem Schrecklichen.«

Hoffen heißt die Zukunft dementieren und sich als Einzelner in der Gegenwart zu bewähren. »Ich weiß, daß ich vorm Abgrund steh. Und mein / Bewußtsein kreist gleich einem Schaufelrad / um seine Achse, die unbiegsam ist«, heißt es in einem seiner Gedichte. Ein Hasser ist dieser Jossif Brodskij nicht. »Keine Einsamkeit nämlich schmerzt mehr / als die Erinnerung an Wunder. / Grad so kehrt ins Gefängnis zurück, wer darin schon gewesen, / und die Tauben – zur Arche.« Als ich ihm seine Situation in seiner Dunkelheit des New Yorker Zimmers mit diesen Worten aus einem seiner Gedichte beschreibe, sagt er: »Ja, so ist es.«

An der Wand über dem Sofa hängt ein Druck mit einem biblischen Motiv, darunter die Worte: Josef erklärt dem Pharao seine Träume. Joseph, der von seinen Brüdern nach Ägypten verkauft wird und dem Pharao die fetten und die mageren Jahre weissagt, so daß sich das Land entsprechend einrichten kann. Joseph sagt am Ende zu seinen Brüdern, denen er sich zu erkennen gibt: »Ihr gedachtet mir Böses zu tun, Gott aber hat es zum Guten gewendet.« Die Bibel als Spiegel: Joseph von Ägypten – Jossif Brodskij. Else Lasker-Schüler hat ähnlich empfunden und sich deshalb Prinz Jussuf genannt. Der Exildichter aus Leningrad hat noch nie etwas von ihr gehört, jener jüdischen Dichterin aus Deutschland, die 1933 von den Nazis vertrieben wurde und 1945 in Jerusalem starb. Zwei jüdische Menschen, zwei Dichter, die in einer Sprache sprechen, die noch immer nicht verstanden wird. Ich denke an die Worte der Else Lasker-Schüler, die sie einer Freundin schrieb: »Die Leute sagen von mir, daß ich eine Phantastin bin. Was sagen Sie dazu? Ich werde Ihnen jetzt beweisen, daß ich eine Realistin bin und keine Phantastin. Heute nacht war der König David da. Dort hat er gesessen, er hatte ein weißes seidenes Hemd an und oben am Hals eine goldene Borte, wissen Sie, was ich getan habe? Ich bin hingegangen und habe mal nachgesehen, ob das wirklich Gold ist. Sehen Sie, was ich für eine Realistin bin?!«

Else Lasker-Schülers Botschaft aus dem Jerusalemer Exil lautete, wie Brodskijs aus dem New Yorker Exil lautet: Es gibt keine verlorene Zeit außer jener, die ohne Liebe hingebracht wurde. »Doch eines Tages kehrn wir alle wieder«, heißt es bei Brodskij. »Zurück. Nach Haus. Zum heimatlichen Herd. Und meine Straße führt durch diese Stadt. / Geb Gott, daß dann zur Seite ich nicht habe, das zweischneidige Schwert, da ja die Stadt / für den, der in ihr wohnt, gewöhnlich anfängt / mit Hauptplätzen und Türmen. / Für den Wandrer / jedoch, der sich ihr nähert, mit den Rändern.«

Jossif Brodskijs Mutter erzählt in Leningrad: »Jossif war bei der Geburt 57 russische Zentimeter lang und zehn russische Pfund schwer. Ins Säuglingsbett paßte er nicht. So wurde er zu mir gebracht. Während der Bombenangriffe auf Leningrad suchten wir immer Zuflucht in einer Kirche. Er lag dann in einem Kasten, in dem die Bittschriften der Gläubigen sonst lagen. Später wurde ich mit Jossif im Winter in einem Bomber aus der Stadt herausgeflogen. Jossif war damals so schwach, daß er immer wieder umfiel, obwohl er schon laufen konnte. Mit vier Jahren hat er lesen gelernt, und mit fünf hat er mir Puschkin vorgelesen.«

Brodskijs Freunde in Leningrad erzählen, daß er ein ganz

praktischer junger Mann war: »Mütter hatten volles Vertrauen zu ihm gehabt. Er konnte Kinder wickeln, er konnte Kinder versorgen, er konnte einen Haushalt führen, er spielte gern den Babysitter.«

Einer der Freunde weiß sich zu erinnern, wie Brodskij nach seiner Rückkehr aus der Verbannung quer über den Rasen des Leningrader Marsfeldes ging, was verboten ist, wie ihn ein Milizionär zurückpfiff und ihm sagte: »Wissen Sie nicht, daß Sie das nicht dürfen?« Da antwortete Brodskij: »Genosse Milizionär, wissen Sie nicht, daß es eine Wissenschaft gibt: Rasen muß betreten werden, damit er wächst.« Und Brodskij setzte seinen Weg durchs Grüne fort.

Ein 1966 in Leningrad entstandenes Gedicht heißt »Haltestelle in der Wüste« und lautet: »In Leningrad sind jetzt so wenig Griechen, daß eine griechisch-orthodoxe Kirche man abriß ... / ... Und klaglos gab die Kirchenmauer nach. / Nicht nachzugeben wär auch lächerlich / für eine so massiv bedrohte Mauer. / Es mochte außerdem der Bagger meinen, / sie sei ein unbeseelter Gegenstand / ... Gilt in der unbeseelten Welt es doch als ungehörig, sich zu wehren ... / Schon lange ist die Mauer abgerissen, doch in den Hundeträumen steht sie noch. / Und diese Träume löschen, was real ist ... / Wie weit sind wir gekommen? ... / Was haben wir in Zukunft zu erwarten? Harrt unser jetzt nicht eine andre Ära? ...«

In New York sah Jossif Brodskij im Fernsehen Filme über die Invasion der Sowjets in Afghanistan. »Es war für mich schlimmer als die Invasion in Ungarn und in der Tschechoslowakei«, sagt er. »Erstens, weil ich jene Invasionen natürlich nie im Fernsehen gesehen hatte, weil ich nur das wenige in Leningrad hörte, was zu erfahren war. Zweitens, weil die Ungarn und die Tschechen immerhin 1945 für die Kommunisten votiert hatten. Aber in Afghanistan wurde ein Volk überfallen, das nicht im geringsten in Bezug zur Sowjetunion stand. Noch schlimmer ist für mich jetzt der Gedanke, daß mein eigener Sohn in ein paar Jahren unter den zwanzigjährigen Rotarmisten sein könnte, die in ein fremdes Land einfallen.« In einem Gedicht über die Invasion in Afghanistan stehen die Zeilen: »Gelobt jene Frauen, die in den frühen sechziger Jahren ihre Kinder haben abtreiben lassen, so ersparten sie ihrem Mutterland die Scham ...«

Der Sohn, die Heimat und Marina, die Frau, die Brodskij noch immer liebt. Was heißt Exil, was heißt Getrenntsein. Der Dichter beschreibt es so: »Schwüle. So, schlaftrunken, mit dem frierenden Knie / ins Dunkel stoßend / begreifst du urplötzlich, im Bett, / daß das die Ehe ist: daß hinter den sieben Bergen und noch / etwas weiter sich ein Körper auf die andere Seite dreht, / mit dem du seit langer, langer Zeit nichts mehr gemein hast / als den Grund des Ozeans und die Gewohnheit / des Nacktseins; dabei kann man nicht zusammen aufstehen / denn, wäh-

Jossif Brodskij im New Yorker Stadtteil Greenwich Village, wo er wohnt. Sein Urteil: »Alle Systeme richten sich gegen den Individualismus. Das westliche System ist deshalb besser, weil der Grad des Druckes, der sich gegen die Individualität wendet, hier geringer ist als im Osten. Das Dilemma eines Solschenizyn und auch meines besteht darin, daß wir mit unseren Erlebnissen wie hypnotisiert auf die Sowjetunion schauen. Uns erscheint die Sowjetunion dann als das einzig gefährliche Tier. Für die Menschen im Westen ist es ein gefährliches Tier unter vielen.«

rend es dort hell ist, herrscht in deiner / Hemisphäre Dunkelheit. Eine Sonne / reicht sozusagen nicht für zwei mittelmäßige Körper, / da der Globus so zusammengeklebt ist / wie Gott es wollte ...«

ALEXANDER SOLSCHENIZYN: EIN EINSIEDLER VON VERMONT

Einen ganzen Tag braucht man mit dem Auto, um von New York ins hügelige Waldland Vermont nahe der kanadischen Grenze zu kommen. Hierher hatte sich vor vier Jahrzehnten der von den Nazis verfolgte deutsche Dramatiker Carl Zuckmayer zurückgezogen, eine Farm bewirtschaftet und sein berühmtes Stück »Des Teufels General« geschrieben. Hier hat sich der 1974 von den sowjetischen Machthabern aus dem Land expedierte Dichter Alexander Solschenizyn nach zweijährigem Aufenthalt in der Schweiz ein neues Domizil geschaffen, sich unsichtbar gemacht. Sein Anwesen umgibt ein drei Meter hoher Maschendrahtzaun. Das Eingangstor ist mit einer Videokamera und einer Sprechanlage versehen. Es öffnet sich nur, wenn man im Besitz einer speziellen Magnetkarte ist. Ein unzugänglicher Mensch wohnt dort mitten im Walde und verläßt oft monatelang sein Grundstück nicht.

Seit fünf Jahren lebt er nun in den USA, ohne daß in dieser Zeit ein neues Buch von ihm erschienen wäre. Auf Exiltagungen in aller Welt wiegen und wägen Kritiker die Frage ab, ob der inzwischen 63jährige als Dichter endgültig verstummt sei. Alexander Solschenizyn – ein Entwurzelter, dem die schöpferische Kraft im Exil verlorengegangen ist? Seine Freunde wehren ab,

232 *Alexander Solschenizyn*

sprechen davon, daß er bereits acht Bände geschrieben habe. Zwei fehlen noch. Dann läge eine komplette literarische Darstellung der Zerstörung Rußlands durch den sowjetischen Kommunismus vor, die als geschlossene Reihe auf den Markt kommen soll.

Doch Genaues weiß niemand. Bekannt sind lediglich seine schrillen Äußerungen zu tagespolitischen Themen, seine Bannflüche, mit denen er Ost und West belegt. Doch kaum jemand nimmt diesen Alexander Solschenizyn noch ernst.

Ein Mann, spätestens seit 1978 nun auch in Amerika im Abseits, als er nach Entgegennahme der Ehrendoktorwürde an der Harvard-Universität in einer Rede den Westen in Bausch und Bogen verdammte, den Pluralismus und andere Prinzipien der Demokratie in Frage stellte und dabei offenbarte, daß sein eigenes Weltbild so monolithisch ist, wie er es den Kreml-Herren immer vorwirft. Und so bestätigte dieser Mensch, was einst sein kommunistischer Landsmann Maxim Gorki gesagt hatte: »Übrigens sind alle Russen sonderbar. Es ist nicht zu begreifen, was sie wollen – eine Republik oder eine Sintflut.«

Alexander Solschenizyn und ein Lebenslauf, der zum Hochmut herausfordert. Doch den verachtet er nicht, denn Hochmut schützt. Das Bild von Solschenizyn trägt übermenschliche Züge, an die inzwischen auch er selbst zu glauben scheint. Hundertmal war er in seinem Leben verloren, und hundertmal ist er gerettet worden.

Einst Anhänger der kommunistischen Orthodoxie seines Landes, heute Verkünder der christlich-russisch-byzantinischen Orthodoxie. Kritik an Stalin brachte den Hauptmann der Roten Armee 1945 für acht Jahre in die Lagerwelt des Gulag, dann drei weitere Jahre in die Verbannung. An Magenkrebs erkrankt, gewann er den Kampf mit dem Tod. 1957 erlebte er seine vollständige Rehabilitierung. 1962 erschien seine Lager-Erzählung »Ein Tag im Leben des Iwan Denissowitsch« in der Sowjetunion und dann in aller Welt. Ab 1968 erschienen seine Werke in aller Welt, aber nicht mehr in der Sowjet-

Nicht mehr Archipel Gulag, sondern Archipel Vermont: Nahe der kanadischen Grenze hat sich Solschenizyn auf einem 25-Hektar-Grundstück abgeriegelt. Foto vorherige Seite: Der Dichter wohnt im vorderen Gebäudekomplex, im hinteren Haus ist sein Archiv bomben- und feuersicher untergebracht. Die beiden Häuser sind durch einen unterirdischen Gang miteinander verbunden. Der Ort Cavendish, den der gebürtige Holländer Rolf van Schaik als Town-Manager verwaltet, liegt fünf Kilometer entfernt.

union. Alexander Solschenizyn, 1970 mit dem Nobelpreis ausgezeichnet, den er aber damals in Stockholm nicht entgegennehmen konnte, wurde das, was er sein wollte, denn er sagt: »Ein großer Schriftsteller ist so etwas wie eine zweite Regierung.«

Sein literarisches Werk: radikale Offenlegung aller Verbrechen des Sowjetkommunismus, Läuterung und schließlich Gesellschaftsversöhnung. »Ich möchte sagen«, so Solschenizyn zu jener Zeit in dem Buch »Krebsstation«, »gerade für Rußland mit seinen Reueanfällen, Beichten und Aufständen, mit seinem Dostojewski, Tolstoj und Kropotkin gibt es nur einen wahren Sozialismus: den sittlichen. Das wäre das einzig Reale.«

An anderer Stelle folgt der Appell: »Ziehen Sie aus Ihren eigenen Leiden und aus diesen grausamen Jahren nur nicht den Schluß, daß der Sozialismus an allem schuld ist.« Heute, wo Alexander Solschenizyn im Exil lebt, ist für ihn der Sozialismus an allem schuld. Für die kommunistische Welt hat er nur noch Haß. Und die kapitalistische verachtet er im Grunde.

Was ist mit diesem Mann geschehen, den der inzwischen in Paris lebende sowjetische Literaturwissenschaftler Efim Etkin in seiner Heimat bei Wanderungen und Gesprächen als einen »bescheidenen, einen differenziert urteilenden, einen wunderbaren Menschen« erlebt hat, und den er heute

einen »russischen Ayatollah« nennt, der für die Sowjetunion eine Theokratie anstrebt?
Die Antwort suche ich in Vermont. Alexander Solschenizyn ist Bürger der Gemeinde Cavendish. Eine Oase der Stille. Kein Hotel, keine Kneipe, keine Häusermakler. Noch gehen die Ströme des Tourismus, der diesen US-Bundesstaat immer stärker in Griff nimmt, an der Gemeinde vorbei. 320 Einwohner leben im Ortskern, 250 außerhalb. Zu ihnen gehört der Russe mit seiner Familie.
In Cavendish wird polnisch gesprochen, da viele Einwohner aus Polen stammen. Und auch wer die Sprache als Nachkomme schon nicht mehr beherrscht, denkt immer noch polnisch. Es kann der Russe hier in Frieden leben. 25 Hektar Grundstück – so die Auskunft der Gemeinde – hat Solschenizyn bereits um seine Wohnstätte herum zusammengekauft. Eine Fläche, so groß wie 50 Fußballplätze. Ein Grundstück, das bewachsen ist mit Ahornbäumen, Eichen, Buchen und Birken. Vom Ortskern sind es fast fünf Kilometer zu ihm, und die Fahrt geht über Sandwege. Spaziergänge da draußen empfehlen sich nicht, denn die Hunde bei den verstreut liegenden Häusern laufen frei herum und beißen.
Alexander Solschenizyns Haus steht in einer Senke zwischen zwei Hügeln, für Neugierige nicht einsehbar. Gekauft hat er es von Nachkommen eines russischen Juden aus Odessa. Und der Sohn eines in die USA emigrierten Zaristen entwarf für Solschenizyn ein zweites zweistöckiges Haus daneben. Es hat Räume, die bomben- und feuersicher sind. Untergebracht darin das private Archiv, das Solschenizyn 1974 aus der Sowjetunion hat mitnehmen können, und die 1977 gegründete »Allrussische Memoirenbibliothek«. Hier werden Erlebnisberichte von Verfolgten, Briefe, Tagebücher, Memoiren und Protokolle gesammelt, aufgearbeitet und katalogisiert. Ein wachsendes Konvolut, zu dem viele russische Emigranten beitragen. Hier entsteht das Korrektiv zur offiziellen Geschichte seines Landes.
Nur eines der Zimmer entbehrt aller hochmodernen technischen Dinge, wie Computer, Vervielfältigungsgeräte und Telex: Es ist des Dichters spartanisch eingerichte-

Solschenizyn mit seiner Frau in der Gemeindeversammlung von Cavendish im März 1977, als sich der Ärger über den drei Meter hohen Zaun um sein Grundstück vernehmlich machte. Abriegelungen dieser Art von ganzen Waldflächen gibt es in dieser Landschaft nicht. Sie gelten als unamerikanisch. Wald ist für jeden da. Mit Hilfe seiner dolmetschenden Sekretärin erklärte der Dichter in russischer Sprache die Notwendigkeit seiner Einzäunung. Es war das einzige Mal, daß er sich zur einmal im Jahr stattfindenden Versammlung der Einwohner einfand. Fotos und Rede des Dichters erschienen im lokalen Alternativ-Blatt »The Black River Tribune«.

tes Büro; dort schreibt er. Doch inzwischen hat er sich zwei Alternativen geschaffen. An heißen Tagen sitzt er vor einer Hütte an einem Teich, der auch auf seinem Grundstück liegt und den ein Bach durchquert, das Wasser immer kalt haltend. Jede halbe Stunde unterbricht Solschenizyn seine Arbeit und springt für ein paar Schwimmrunden in den Teich. Im Winter benutzt er eine im Schutze hoher Bäume erbaute Blockhütte. Hier gibt es keine Heizung, hier ist es bitterkalt. Er sagt: »Ich vertrage die Heizung nicht. Ich habe das Lager überlebt. Das war hart. Ich kann ohne diese Härte nicht mehr leben. Ich brauche sie. Mir macht die Kälte nichts aus.«

Solschenizyn berichtet, daß er 16 Stunden am Tag arbeitet, daß er diese Abgeschlossenheit braucht, um sich konzentrieren zu können, daß er Angst vor der Vergeudung von freier Zeit, von Freiheit hat. Er hat auch Angst, daß die Krebserkrankung irgendwann wieder aufbrechen könnte. Er ernährt sich von Getreide und Früchten. Das Schwarzbrot läßt er sich aus dem nahen Woodstock holen, wo es eine Bäckerei gibt, die nach deutschen Rezepten backt. Und er spielt Tennis. Einen Tennisplatz hat er sich von Cavendishs Town-Manager Rolf van Schaik anlegen lassen, einem aus Holland Zugewanderten.

Rolf van Schaik sagt: »Irgendwie wundere ich mich, warum er immer die materialistisch geprägte Kultur der Amerikaner prügelt. Er selbst ist mindestens so clever in

Alexander Solschenizyn 237

Gelddingen wie die Amerikaner. Mit seiner Bauernschlauheit schafft er es ganz vorzüglich, die Preise zu drücken.« Alexander Solschenizyn spricht ungern Englisch, weil er es nur mangelhaft beherrscht. Als er vor zwei Jahren seine Führerscheinprüfung machte, erlaubte man ihm bei der theoretischen Prüfung die Assistenz seines Sekretärs, der dolmetschte. Besser als Englisch spricht Solschenizyn Deutsch. Und so verständigt er sich mit dem Town-Manager von Cavendish in allen Behördendingen auf deutsch.

Im übrigen funktioniert die russische Isolation: Schwiegermutter Jekaterina und Solschenizyns 42jährige Frau Natalia halten den Kontakt nach außen, kaufen ein und holen täglich die Post bei der polnischstämmigen Sophie Snarski im kleinen Postamt ab. Beide Frauen sind fest eingespannt in das Arbeitssystem des Dichters: Auf einer IBM mit kyrillischen Buchstaben schreiben sie seine Manuskripte ab. Solschenizyns Söhne Stephan, 8, Ignat, 9, und Jermolai, 11, werden inzwischen nicht mehr von Privatlehrern unterrichtet, sondern gehen in die Schule des Ortes.

Alexander Solschenizyn hat seine drei Söhne jetzt wieder stärker an die Kandare genommen. So erzählen die Einwohner von Cavendish schmunzelnd, wie gestört sich der Dichter durch den völlig amerikanisierten Stiefsohn Dmitri, 19, fühlt, der der Familie mit Jazzmusik auf die Nerven fällt. Die drei jüngsten sind nun angehalten, brav und diszipliniert Klavierspielen zu lernen. Dmitri, der Sohn aus der ersten Ehe Natalias, lebt nicht mehr ständig bei der Familie. Wegen Trunkenheit ist er schon mehrmals festgenommen worden, und seinen Führerschein – so ein Behördenvertreter – ist er wohl endgültig los.

Nur einmal hat sich Alexander Solschenizyn den Einwohnern der Gemeinde gestellt. Das war im März 1977, als sich der Ärger über den Zaun um sein Grundstück vernehmlich machte. Abriegelungen dieser Art von ganzen Waldflächen gibt es in dieser Landschaft nicht. Sie stören nicht nur die Jäger dieser Gegend. Sie gelten als unamerikanisch. Wald ist für jeden da. So erschien der Dichter auf einer Versammlung der Bürger, auf der einmal im Jahr der Ortsetat diskutiert wird. Er sprach gewissermaßen das Vorwort: »Mein ganzes Leben dreht sich um eine einzige Sache: meine Arbeit. Und die Art meiner Arbeit läßt es nicht zu, daß ich in irgendeiner Form gestört werde. Wenn ich nur fünf Minuten unterbrochen werde, so kann es sein, daß die Arbeit eines ganzen Tages umsonst war. Man hat mir Botschaften mit Todesdrohungen geschickt. Der Zaun, der meinen Besitz umgibt, ist ganz sicher kein hundertprozentig wirkungsvoller Schutz gegen sowjetische Agenten, doch werden Sie verstehen, daß er mich vor Menschenmassen schützt, die mich nur sprechen wollen.«

Und dann kam er vor den Bürgern von Cavendish zu seinem Lieblingsthema, das durchgängig in all seinen publizistischen Arbeiten zu finden ist: daß man doch bitte nicht die Sowjetunion mit Rußland verwechseln möge. Der Sowjetkommunismus sei das Fremde, das über das »gute alte Mütterchen Rußland« als Verhängnis gekommen sei. »Das sowjetkommunistische System ist eine lange und infektiöse Krankheit«, dozierte der Dichter. »Unser Volk leidet darunter nun schon 60 Jahre...«

So einfach, tatsächlich so demagogisch einfach macht es sich Alexander Solschenizyn, wenn er als politischer Publizist spricht. »Der Westen erklärt das Phänomen des Kommunismus des 20. Jahrhunderts als Resultat unverbesserlicher Züge des russischen Nationalcharakters«, schreibt er und kommt zu dem Schluß: »Das ist im Grunde genommen eine rassistische Betrachtungsweise.«

So ähnlich, wie er hier argumentiert, haben in Deutschland nach dem Zweiten Weltkrieg nur Reaktionäre argumentiert: daß der Nationalsozialismus und seine Verbrechen nichts mit Deutschland zu tun haben. Wenn die Oktoberrevolution nicht russisch, wenn der Leninismus nicht russisch, wenn der Stalinismus nicht russisch und Breschnjew nicht russisch sind, dann können doch nur wieder diejenigen die Schuldigen gewesen sein, die in der Nazi-Karikatur mit krummen Nasen gezeichnet wurden: die Juden. Liest man sein im Schweizer Exil entstandenes Buch »Lenin in Zürich«, so ist der folgende Satz nicht der einzig merkwürdige: »Und weshalb mußte er, Lenin, gerade in diesem Land geboren werden. Nur weil ein Viertel russisches Blut in seinen Adern floß ...«

Ich unterstelle nicht, daß Solschenizyn ein Antisemit ist. Vielleicht sollte man das Genie nur daran messen, was seine Kunst ist. Dieser Russe hat aus Leiden heraus große Bücher geschrieben, in denen er die Leiden präzis darstellt. Eine einmalige Stimme als Romancier. Unverständlich bleibt seine Art, alles Leid am Leid von Menschen in der Sowjetunion zu messen und die Leiden in der westlichen Welt immer zu relativieren.

Was würde Solschenizyn zu jenen Äußerungen sagen, die der tiefgläubige Publizist Pjotr Tschaadajew in den fünfziger Jahren des vergangenen Jahrhunderts machte: »Wenn man von Rußland spricht, stellt man sich immer vor, man spräche von einem Land wie andere auch; tatsächlich ist es aber keineswegs so. Rußland ist eine ganz besondere Welt, dem Willen, den Launen, der Phantasie eines Menschen gefügig – ob der nun Pjotr oder Iwan heißt, darauf kommt es nicht an. In allen Fällen gleich ist die Verkörperung der Willkür. Im Gegensatz zu allen Gesetzen der menschlichen Gesellschaft geht Rußland nur in Richtung seiner eigenen Versklavung und der Versklavung der Nachbarvölker.« Genauso ist es gekommen.

Alexander Solschenizyn hat es abgelehnt, mit mir darüber zu sprechen. Er hat sich beklagt: »Ich bin kein russischer Ayatollah.« Er sieht sich als einen Kämpfer für die »religiöse Wiedergeburt Rußlands«. Und er meint, man könne Rußland nicht das verweigern, was beispielsweise den Polen »zugestanden wird, wo die Kirche, trotz der drückenden atheistischen Diktatur, wohltuend über die Seelen des Volkes Macht hat«. Nur sind die Polen nicht Russen, die Polen haben sich eben nicht ihren katholischen Glauben nehmen lassen. Die orthodoxe Kirche im alten Rußland und in der Sowjetunion hat sich ewig als Büttel der Staatsmacht verstanden. Orthodoxer Glaube in Rußland hatte immer nur seine christliche Tiefe, wenn er anarchisch war: im Starzentum, jener russischen Pilgerbewegung mit ihrem »inneren Gebet«.

Alexander Solschenizyn – der orthodoxe Christ: Er offenbart dieselbe russische Maßlosigkeit wie einst Leo Tolstoj am Ende seines Lebens. Wie Tolstoj damals versucht hat, die korrupte orthodoxe russische Kirche zu zertrümmern und dafür ausgestoßen wurde, so versucht Solschenizyn heute, den korrupten Sowjet-Sozialismus zu zertrümmern, und ist dafür 1974 von den Kreml-Herren »exkommuniziert« worden. Sie verhafteten ihn und brachten ihn diesmal nicht nach Sibirien. Sie steckten den Dichter in eine ihrer Verkehrsmaschinen und ließen ihn, der nicht wußte, wohin es ging, in der Bundesrepublik aussteigen, wo der Nobelpreisträger beim anderen Nobelpreisträger Heinrich Böll sein erstes Unterkommen fand.

Der Maximalismus seiner christlichen Ethik tritt bei Solschenizyn wieder in Erscheinung – und zwar nun im pluralistischen Westen, wo sich ihm kein Widerstand bietet. Aus dem Wahrheitszeugen wurde ein Wahrheitsfanatiker. Es gibt auch eine Unmoral des Moralisten, eine Menschenfeindlichkeit des Christen. Dostojewski hat sie in der Figur des »Großinquisitors« in seinem Buch »Die Brüder Karamasow« dargestellt.

Wenn es nach Solschenizyn ginge, dürfte es keine Kontakte mit dem verhaßten Sowjetsystem geben, keine Verhandlungen und vor allem keine Geschäftsbeziehungen. »Den Kommunismus wird man nicht aufhalten können durch Verhandlungen oder das Ränkespiel der Entspannung«, so schreibt er im Exil. »Der Kommunismus kann nur in die Knie gezwungen werden durch massive Gegenwehr von außen oder durch eine Aushöhlung des Systems von innen.« Das zornige Genie geistverlassen, wenn es den Bereich der Dichtung verläßt. So geistverlassen wie ein Richard Wagner, wenn er sich außerhalb seiner Kunst geäußert hat.

In einer Rede an der Harvard-Universität 1978 sprach Solschenizyn von einer westlichen Gesellschaft, »in der keine anderen Waagen außer den juridischen bestehen«. Er nannte solch eine Gesellschaft »schrecklich« und »wenig menschenwürdig«. Er folgerte: »Wenn der Mensch juridisch recht hat – nach Höherem braucht man nicht zu streben.« Und: »Eine Gesell-

Alexander Solschenizyn 239

Der aus der Sowjetunion ausgewiesene und am 13. Februar 1974 nach Frankfurt ausgeflogene Alexander Solschenizyn findet erste Unterkunft bei Heinrich Böll in dessen Landhaus in der Eifel. Vor der Haustür gibt Solschenizyn den Journalisten Auskunft und macht dann einen Spaziergang mit Böll über die Weiden. Am 29. März feiert der verbannte Russe Wiedersehen mit der Familie: Auf dem Zürcher Flughafen Kloten treffen Frau und Kinder ein. Auf den Armen trägt Solschenizyn seine Söhne Jermolai und Ignat vom Flugfeld. Die ersten zwei Exiljahre verbringt der Dichter mit seiner Familie in der Schweiz. Auf den Balkon der Zürcher Wohnung wird der Kinderwagen mit dem damals sechs Monate alten Stepan geschoben – und ein Schild aufgestellt: Ruhe für Solschenizyn.

schaft, welche sich auf die Grundlage des Gesetzes stellt und nicht auf eine höhere Ebene, schöpft die Weite der menschlichen Möglichkeiten wenig aus.« Für das von ihm festgestellte »Hinübersteigen der Freiheit auf die Seite des Bösen« machte er das »Menschenbild des Humanismus« verantwortlich.

Die höher geordnete Idee als normierende Kraft – das ist seine Vorstellung – und nicht der Interessenausgleich als rechtliche Basis des Zusammenlebens. Es spricht da ein Angehöriger einer Nation, deren Christentum geprägt wurde von Byzanz, deren Geschichte jedoch Entwicklungen wie Renaissance, Humanismus, Aufklärung versäumt hat.

Einen starken Verbündeten hat sich Solschenizyn gewünscht, als er in den Westen kam, einen in seinen Augen schwachen hat er vorgefunden. Einen Westen, der möglicherweise die Freiheit häufig falsch interpretiert, der sie aber interpretieren kann und darf. »Nein, eure Gesellschaft könnte ich keineswegs als Leitbild für die Neugestaltung unseres Landes empfehlen«, sagt er.

Ausgestoßen aus seiner Heimat, ist er damit beschäftigt, sich selbst aus dem Westen auszustoßen. Hier ist kein Land, das ihm irgendwie Heimat werden könnte. Also hat er in Vermont den Rückzug in das eigene Haus angetreten, in die frei gewählte Gefangenschaft. Und aus dieser Isolation spricht der Prophet von seiner übergeordneten Gottesidee, der alten russischen, wonach Rußland nach

Alexander Solschenizyn 241

vielem Leid – so Dostojewski – der Welt das Heil bringen werde. Rußland – das »Gott-Trägervolk«. Von dieser Idee aus läßt sich unbeirrbar urteilen und verurteilen. Der Prophet selber jedoch ist für Kritik unerreichbar.

Alexander Solschenizyn erinnert zugleich an den Aljoscha in Dostojewskis »Brüder Karamasow«. Aljoscha, der Gottesknecht, dem der Gotteszweifler Iwan von der Folterung unschuldiger Kinder erzählt – von einem General, der einen Sklavenjungen durch seine Hunde zerreißen ließ. Wenn Gott das zuläßt, was ist dann mit dem General zu tun? Und der Gottesknecht Aljoscha weiß in seiner Verzweiflung keine bessere Antwort als der Gotteszweifler Iwan: »Man schieße ihn tot, den General . . .« Nur – ist Solschenizyn noch verzweifelt? Die friedensstiftende Kraft jedenfalls, die dem Aljoscha bei Dostojewski trotz allem innewohnt, hat Alexander Solschenizyn längst verloren.

Es war einmal ein Alexander Solschenizyn, der in Selbstbescheidung von sich sagte: »Was mir gelungen ist, gleicht eher einem Ausblick durch ein Mauerloch auf den Archipel denn einem Rundblick von einem Turm.« Es war einmal ein Mann, der im siebenten Jahr seiner Haft zum christlichen Glauben zurückfand und dann schrieb: »Sei gesegnet, mein Gefängnis!« Es war einmal jemand, der staunte über die Wendungen seines Lebens, ein einstiger Kommunist, ein Sowjetbürger, ein Geschöpf dieses Landes UdSSR. Nein, ein in den christlichen Glauben Zurückkehrender, ein heimkehrender Ketzer dürfte seine einstigen Genossen nicht so verdammen, wie es Solschenizyn tut.

So wie Tolstoj setzt Solschenizyn – wie er nicht müde wird zu erklären – auf die russische Volksfrömmigkeit, auf den Muschik, auf den fatalistischen russischen Bauern, der alles bisher ertragen hat, und schreibt ihm die Reinheit zu, die zur Rettung Rußlands führen soll. Und so sind sie sich doch nicht so fern: Lenin und der Biograph von »Lenin in Zürich«. Der eine verherrlicht das Proletariat als absolute Rettung, der andere verherrlicht das Bauerntum als absolute Rettung. Und beide sind Befürworter eines autoritären Systems.

In Solschenizyns »Archipel Gulag« heißt es: »Wenn man den Tschechowschen Intelligenzlern auf ihr stets banges Fragen nach der Welt – wie sie in zwanzig, dreißig, vierzig Jahren wohl aussieht? – geantwortet hätte, daß in vierzig Jahren in Rußland die peinliche Befragung eingeführt sein würde, die da war: den Schädel mit einem Eisenring zusammenpressen, den Angeklagten in ein Säurebad tauchen, ihn nackt und gefesselt den Ameisen aussetzen, ihm eine glühende Stahlrute in den After treiben, langsam mit dem Stiefel seine Geschlechtsteile zertreten und, als leichtester Grad, ihn tagelang mit Schlaflosigkeit und Durst martern, ihn zu einem blutigen Klumpen schlagen – dann wäre kein Tschechow-Stück zu Ende gegangen, dies hätte alle Helden ins Irrenhaus gebracht.«

Alexander Solschenizyn hat das alles miterlebt, ist nicht ins Irrenhaus gekommen. Doch er ist von den Lagererlebnissen geprägt, ob er es eingesteht oder nicht. Und er gesteht es nicht ein. Ihm fehlt jene durch den europäischen Humanismus ausgebildete Fähigkeit westlicher Menschen, sich selbst in Frage zu stellen, jene Haltung, die von Erasmus von Rotterdam bis zu Heinrich Böll geht. Aber hätte er sie gehabt, hätte er wahrscheinlich die Hölle des Gulag nicht überlebt.

»Damals erkannte ich den Trug aller Revolutionen der Geschichte«, heißt es in einem seiner Bücher. »Sie vernichten nur die jeweiligen Träger des Bösen (und da sie in der Eile nicht unterscheiden, auch die Träger des Guten), während sie das Böse, noch dazu als Erbe, übernehmen.« Darüber ließe sich reden mit Solschenizyn, wenn er zu reden bereit wäre. Und über die Feststellung des Dichters, daß es keine heile Welt geben wird: »Man kann das Böse nicht gänzlich aus der Welt verbannen, man kann es in jedem Menschen zurückdrängen.«

Solschenizyns Antipode Andrej Sinjawski hat einmal gesagt: »Der Satte wird den Hungrigen nie verstehen.« Aber wo der Hunger das Gesetz des Lebens war und ist, da herrschen Mißtrauen, Feindschaft und Betrug. Und so steht er da: Alexander Solschenizyn, eine einzigartige dichterische Stimme und zugleich ein bitterböser Tagespublizist – mit derselben Re-

Ein Friedhof grenzt an das Grundstück des Alexander Solschenizyn – letzte Ruhestätte auch für ihn, falls es keine Rückkehr in die Heimat mehr geben sollte. Ein Dichter wie er wäre zu Stalins Zeiten umgebracht worden. Doch als Stalin dem Offizier 1945 für elf Jahre die Freiheit nahm, war Solschenizyn noch kein Dichter. Später, unter Stalins Nachfolgern, wurde er mehr: Rußlands moralische Existenz, unerträglich für die Machthaber im Kreml. Im Westen ist er den einen ein messianischer Geist, den anderen ein Ärgernis.

aktionsweise, wie seine Romanfigur Lakschin, die er sagen läßt: »Wenn du eine Gefahr spürst, mußt du den anderen zuvorkommen und als erster zuschlagen. Bemitleide nie jemanden... mache es dir schließlich zur Gewohnheit, von den anderen stets das Schlimmste zu erwarten.«
Wer geht auf einen solchen Menschen zu? Und will er es überhaupt, daß man auf ihn zugeht?

*

In einem Leitartikel in der in Paris erscheinenden russischen Exil-Zeitung »La Pensee Russe« schreibt Solschenizyn zur Verhängung des Kriegsrechts über Polen: »Was die polnische Lektion besonders frappierend macht, ist die Tatsache, daß sogar Polen – die in sich geschlossenste Nation Europas – mit seiner Freiheitsliebe, mit seinem allgemeinen Drang nach Freiheit nunmehr eine Niederlage erlitten hat. Daher wird der polnische Dezember zum Trauermarsch für jenes Europa, welches seit 1918 und bis 1981 noch immer nicht begriffen hat, wie groß die Gefahr ist, die ihm selber droht.« Solschenizyn wendet sich mit Schärfe gegen alle jene, die die Auffassung vertreten, wonach die Dekretierung des Kriegsrechts »unter sowjetischem Druck« beschlossen und nach sowjetischem Muster durchgesetzt worden sei.

Alexander Solschenizyn 243

ANDREJ SINJAWSKI: DER SANFTE CHRIST AUS DER SOWJETUNION

Worte, die sanft klingen: »Vielleicht besteht das Leben im Heranbilden der Seele, derselben unsterblichen Seele, die uns verläßt und davonfliegt.« Der Mann, der so schreibt, wohnt am Rande von Paris in Fontenay-aux-Roses in einem wild wuchernden Garten. Die Tür zum dreigeschossigen Haus steht offen. Alle Türen stehen offen. Doch Vorsicht: Hier wohnt ein Russe im Exil, also ein heimatloser Doktrinär im westlichen Pluralismus. Dieser hier läßt einen anderen Russen in einem seiner Bücher so sprechen: »Westliche Kultur – das ist, wenn man den Rotz in der Tasche trägt.«

Ein westlicher Kulturträger betritt das Haus. Ein Pudel im Naturwuchslook bellt wedelnd herbei. Dann kommt die Frau des Dichters. Der Dichter kommt nicht. Die Frau schaut die Treppe hoch. Dann ruft sie energisch nach oben: »Sinjawski.« Nie nennt sie ihn Andrej. Der 56jährige Andrej Sinjawski, Professor für slawische Literatur an der Sorbonne, sitzt im ersten Stock. »Er wird schreiben, dann hört er nichts«, sagt sie und schickt mich nach oben. Ich betrete ein großes Zimmer, in dem mittels einer eingezogenen Mauer ein kleines Zimmer versteckt ist. Bett, Tisch, Schrank drängen sich dort.

Andrej Sinjawski schreibt. Er bemerkt mich nicht gleich.

Andrej Sinjawski 245

Blätter mit Notizen sind auf dem Boden verstreut, aber griffbereit. Er hockt mehr, als daß er auf dem niedrigen Bett sitzt. Tief gebeugt, in unbequemer Haltung. So hat er sich in seiner sechsjährigen sowjetischen Lagerhaft Notizen gemacht und seiner Frau nach Moskau Briefe geschrieben, die später als Bücher im Westen veröffentlicht wurden. So schreibt er weiter. »Im Gefühl des geschützten Rückens«, wie es bei ihm in Erinnerung an die Lagerbaracke im Norden Rußlands heißt. Ein Mann, der aussieht wie ein jüngerer Bruder des alten Leo Tolstoi – ins Heute verschlagen.

Seit 1973 lebt Sinjawski mit seiner Familie in Paris. Seine Frau gibt die Exilzeitschrift »Syntaxis« heraus – in Konkurrenz zu den Veröffentlichungen in »Kontinent«, dem Kreis um Alexander Solschenizyn, dessen theokratische Vorstellungen Andrej Sinjawski ablehnt. Sinjawskis Sohn ist 16 Jahre alt und besucht eine französische Schule. »Von ihm haben wir hier im Westen am meisten gelernt«, sagt dessen Mutter. »Das heißt, wir kommen längst nicht mehr in Versuchung, den Westen belehren zu wollen«, fügt der Schriftsteller hinzu, der nach wie vor russisch und immer noch nicht französisch spricht.

Sein Freund Efim Etkind, bis zur Ausreise 1974 Professor für Weltliteratur an der Universität Leningrad und nun auch an der Sorbonne, hat den Part des Dolmetschers übernommen. Wir sitzen inzwischen im geräumigen Wohnzimmer unten im Erd-

Andrej Sinjawski mit seiner Frau Maria Wassiljewna im Garten seines Hauses am Rande von Paris in Fontenay-aux-Roses und in der Wohnung vor seinen im Westen übersetzten Büchern: Er ist der große Antipode Solschenizyns im Exil. Sinjawski verbüßte in der UdSSR wegen Veröffentlichungen im Westen eine sechsjährige Haftstrafe. Seit 1973 lebt er mit Frau und Kind in Paris und lehrt Literatur an der Sorbonne.

geschoß. An der einen Wand hängen wertvolle alte Ikonen, an der anderen Wand sind alte russische Bücher aufgereiht. Sinjawski hat 1973 sein Eigentum aus Moskau mitnehmen dürfen. Ihm wurde auch nicht die sowjetische Staatsbürgerschaft entzogen. Ein ungewöhnliches Verhalten der sowjetischen Behörden, das Mißtrauen in der russischen Exilszene gegen Sinjawski ausgelöst hat und damit genau den angestrebten Zweck erfüllt: die moralische Qualität eines Sinjawski anzutasten. Denn nicht ein Alexander Solschenizyn mit seinen aus der Lagerperspektive geprägten Vorstellungen bleibt für Moskau gefährlich und auch nicht ein literarischer Angstbeißer wie Wladimir Maximow mit »Kontinent«, dem zum Zentralorgan für ungezügelte Haßgefühle gegen Ost und West herabgesunkenen Exilblatt – gefährlich allein unter den Exilschriftstellern ist der 56jährige Sinjawski. Er versieht die Realität nicht mit Wunschvorstellungen einer Rückkehr zum »alten Mütterchen Rußland«, er trägt seine Religiosität nicht als politisches Kampfmittel zu Markte, er spricht die seelischen Kräfte der Russen an und verschweigt nicht ihre uralten Schwächen, er lebt in der Humanität des Erbarmens.

Sinjawskis Besonnenheit und Langsamkeit der Argumentation hat die innere Geschwindigkeit eines Gedankens, der sich Zeit lassen darf, seine Folgerichtigkeit zu erlangen. Er sagt: »Ich glaube nicht an die Möglichkeit für Rußland, zu einer guten Gesellschaft zu kommen. Als gesellschaftlicher Mensch bleibt der Russe für alle Zeit ein Sklave. Immer hat er sich einem Gott ausgeliefert und auf Gnade gehofft. Gesetze waren für ihn unwichtig – bis auf eines: das Gesetz der Gnade. Der Zar, als Statthalter Gottes, wußte darum und hat Gnade gelegentlich gewährt. Die Gnadenlosigkeit begann mit Stalin. Aber Stalin war nur möglich, weil der Russe einen neuen Gott-Zar brauchte.«

Andrej Sinjawski spricht von der Weite seines Heimatlandes. »Wer ist da kein Landsmann«, formuliert er, »sogar der schlitzäugige Kasach und der Kalmücke, die Wachtposten, sind unsere Landsleute. Ein Wort mit einem großen Volumen. Keine Blutsverwandtschaft, sondern Wohnortverwandtschaft. Aber dieser Ort erstreckt sich über die ganze eurasische Ebene. Nein, my home is not my castle. Meine Festung ist nur im Geist.«

So entspricht die »Religion des heiligen Geistes« der russischen Physiognomie, »unserer angeborenen Formlosigkeit«, wie es der Dichter nennt, »der Fluidität, der Amorphie, der Bereitschaft, jede beliebige Form anzunehmen, unseren Lastern, unserer Gabe, im Leben und Denken zu improvisieren, und unserer Unfähigkeit, das alltägliche Leben als etwas wirklich Ernstzunehmendes zu organisieren, weil wir uns sagen: Wozu? Wer braucht das? Es währt ja doch nicht lange.«

Der Geist, der den Russen empfänglich macht, die Macht, die ihn ihren Gesetzen unterstellen will, und der

Der 19jährige Sinjawski als Soldat der Roten Armee im Jahre 1944, seine spätere Frau Maria Wassiljewna und der Dichter mit seinem Sohn in den Armen kurz vor seiner Verhaftung 1965. Ein Jahr später wurde Sinjawski zusammen mit seinem Freund Julij Daniel verurteilt. Letzterer ist heute nur noch auffindbar in den »Berichten aus dem sozialistischen Lager von Julij Daniel ins Deutsche gebracht von Wolf Biermann«.

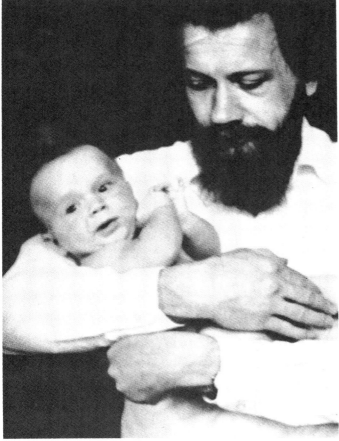

Schriftsteller, der den Formalismus der Macht zu sprengen oder aufzulösen versucht – ein Konflikt, den die Zaren mit Verbannung ihrer Gegner lösten wie die Kommunisten auch. Ebenso mit Hinrichtungen. Methoden, die ein Stalin zu Massenmord ausweitete. Andrej Sinjawski sagt: »Das russische Buch wurde und wird immer mit Blut geschrieben, und darin besteht sein Vorzug, und darin hat es seinen ersten Platz in der Weltliteratur.«

Andrej Sinjawski, Jahrgang 1925, Dozent am Moskauer Gorki-Institut für Weltliteratur und Mitautor der Enzyklopädie über die russische Lyrik des 20. Jahrhunderts, wurde am 8. September 1965 verhaftet. In der Sowjetunion war der Literaturhistoriker als Essayist bekannt, ein Mann, der sich für die von Stalin verfolgten Schriftsteller eingesetzt hatte. Im Westen hatte er seit 1959 Satiren über das Leben in der Sowjetunion veröffentlicht – unter dem Pseudonym Abram Terz. Sechs Jahre lang hatten die sowjetischen Behörden entweder nicht hinter das Geheimnis des Pseudonyms kommen können, oder sie hatten ihn in jener Phase des »Tauwetters« gewähren lassen.

Nun statuierten sie ein Exempel und stellten Sinjawski im Februar 1966 wegen »subversiver Agitation und Propaganda« vor Gericht und ließen den für politische Täter abgefaßten Absatz eins des Paragraphen 70 im Strafgesetzbuch gegen den Verfasser belletristischer Werke anwenden. Die Wirklichkeit ent-

Andrej Sinjawski 249

sprach exakt der ersten satirischen Geschichte, die Sinjawski in der Londoner Zeitschrift »Encounter« unter seinem Pseudonym hatte veröffentlichen lassen. Darin heißt es: »Nun, junger Mann«, sagte der Untersuchungsrichter schließlich, »wir haben jetzt in allen Einzelheiten durchdiskutiert. Es bedarf nur noch ein einziger Punkt der Aufklärung: Wie haben Sie es fertiggebracht, sich mit dem ausländischen Geheimdienst in Verbindung zu setzen?« – »Machen Sie keine Witze«, sagte Serjoscha erbleichend. »Noch bin ich nicht schuldig gesprochen worden. Bislang wurde nur Anklage erhoben.«

Der Untersuchungsrichter lächelte und zog die Fenstervorhänge zurück.

Dort unten sah Serjoscha den Platz, den er so oft überquert hatte, sah den Eingang zur U-Bahn, in dem die winzigen Menschen verschwanden, sah die Omnibusse und Personenwagen, angefüllt mit winzigen Männern und Frauen...

»Gegen die dort unten ist Anklage erhoben worden. Können Sie sehen, wie viele es sind?«

Der Untersuchungsrichter zeigte auf die Menge, die sich unten über den Platz drängte. Dann strich er dem jungen Burschen über das kurzgeschorene Haar und sagte freundlich:

»Was Sie angeht, mein lieber Junge – Sie stehen nicht mehr unter Anklage. Sie sind bereits schuldig gesprochen.«

Andrej Sinjawski wurde zur Höchststrafe verurteilt: sieben Jahre Arbeitslager unter verschärften Bedingungen.

Andrej Sinjawski und Julij Daniel tragen den Sarg mit dem toten Boris Pasternak, der 1960 in Peredelkino bei Moskau starb, aus dem Hause. Foto rechts: Sinjawski als Häftling in Mordwinien.

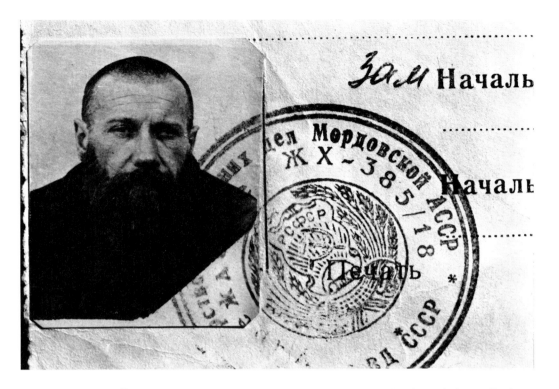

Sein Freund, der Übersetzer Julij Daniel, der unter dem Pseudonym Nikolaj Arshak im Westen publiziert hatte, erhielt fünf Jahre. Der Fall Sinjawski/Daniel machte Geschichte in der Sowjetunion. Zwar markierte er das vorläufige Ende jener liberaleren Phase in der Kulturpolitik des Landes, die mit der Entstalinisierungsrede Nikita Chruschtschows auf dem XX. Parteitag ein Jahrzehnt vorher eingeleitet worden war, aber er war zugleich auch der Anfang der sowjetischen Dissidenten-Bewegung, der Kampf Einzelner für die Einhaltung der Menschenrechte.
Erstmals seit Stalins Zeiten konnte die Sowjetunion nicht verhindern, daß bekannt wurde, wie die beiden Angeklagten auf ihrem »nicht schuldig« beharrten. Ein Wortprotokoll des Prozesses gelangte in den Westen, wurde als Buch publiziert und bestätigte das Wort Sinjawskis: »In der ganzen Literaturgeschichte kenne ich keinen Prozeß wie diesen.« Russische Studenten protestierten gegen das Vorgehen der Sowjetjustiz auf dem Moskauer Puschkin-Platz. Und 62 Moskauer Schriftsteller setzten sich in Schreiben an oberste Partei- und Staatsgremien für die Verurteilten ein. Ohne Erfolg.
Sinjawski und Daniel wurden in die sumpfige Region der mordwinischen Wälder, 500 Kilometer von Moskau entfernt, deportiert. Zurück blieben Sinjawskis Frau, eine Kunsthistorikerin, und der einjährige Sohn. Graham Greene stiftete die Tantiemen seiner in der Sowjetunion veröffentlichten Bücher den Frauen der Inhaftierten. In den westlichen Ländern erschienen Sinjawskis gesammelte Satiren unter dem Titel »Phantastische Geschichten«, sein Roman »Ljubimow« und Reflexionen unter dem Titel »Gedanken hinter Gittern«. Sinjawski arbeitete als Holzauflader. Er lebte inmitten einer Gesellschaft von Adventisten, Zeugen Jehovas, Baptisten und anderen Sektierern, unter antikommunistischen Nationalisten, ukrainischen Guerilla-Kämpfern der Nachkriegszeit, unter russischen Nazi-Kollaborateuren und unter gewöhnlichen Verbrechern. Sinjawski durfte zweimal im

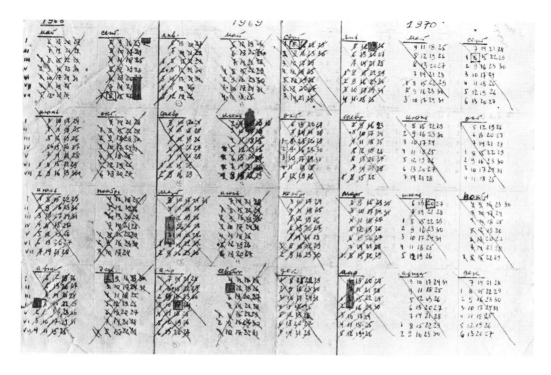

Andrej Sinjawski 1971 nach sechsjähriger Haft wieder mit seiner Familie in Moskau – und in der Nähe der Hauptstadt mit dem inzwischen ebenfalls entlassenen Schriftsteller Julij Daniel. Sinjawskis Frau zählte mit einem selbstgefertigten Abstrichkalender die Tage bis zur Entlassung ihres Mannes aus der Lagerhaft.

Monat an seine Frau schreiben. Die Länge der Briefe war nicht beschränkt. Seine Frau in Moskau erhielt jedesmal fünfzehn bis zwanzig eng beschriebene Seiten. 24 Briefe im Jahr. Das macht in fünfeinhalb Jahren mehr als anderthalbtausend Seiten. Das Material für drei Bücher, die dann nach seiner Entlassung im Westen erschienen. Zwei literarhistorische Werke: »Spaziergänge mit Puschkin« und »Im Schatten Gogols«. Den beiden voran 1973 das Buch »Eine Stimme im Chor« – ein in seiner Art einzigartiges Buch geistiger Bewältigung der Unfreiheit. Keine konkrete Schilderung des Erlebten. Die ständige Todesgefahr in diesem Sklavendasein umgesetzt ins Allgemeinmenschliche. Kein Jammer, keine Anklage. »Begreifen, daß du in diesem Körper bist«, heißt es dort. »Wer bist du?« Und als Antwort: »Der Mensch im Gefängnis entspricht dem Begriff Mensch am meisten.« Ausgestoßen ins Leben, gefangen im Leben. Wo liegt seine Freiheit? Andrej Sinjawski schreibt: »Alles Unglück kommt durch die Spaltung: wollen und nicht können, können und nicht wollen. Schwanken zwischen Leben und Tod, nicht bis auf den Grund ausgeschöpfte Gefühle und Handlungen. Angst, Ungeduld: kommt es – kommt es nicht. Erwartung oder Traum, die sich nicht verwirklichen. Aber man braucht bloß über eine Grenze zu treten und einzutauchen in etwas, meinetwegen sogar Hoffnungsloses, ganz und gar, ohne Umkehren, Ausweichen, ohne Gelegenheit zu manipulieren, und die Ungebrochenheit des Seins, die weder mit Verlust droht noch mit Gewinn lockt, breitet sich aus als Ruhe und ungetrübtes Vertrauen.«

Von den Mühen, Ruhe zu gewinnen in widrigsten Umständen, und dem Versuch, den Geist von der Lebenslüge zu befreien, die Erkenntnis sagt, aber Selbsterhaltung meint, die Glaube sagt, aber Konsum meint, die Gott sagt, aber religiösen Quark meint, die Wirklichkeit sagt, aber Mechanik meint, handelt das Buch »Eine Stimme im Chor« – der Sinnsuche eines Westeuropäers wie Blaise Pascal (»Pensées«) und eines Nordeuropäers wie Sören Kierkegaard (»Philosophische Brokken«) ebenso zugetan wie Dostojewskis »Aufzeichnungen aus einem Totenhaus«.

Andrej Sinjawski 253

Andrej Sinjawski als ein Mann des geistigen Brückenschlags.

Andrej Sinjawski ist als Erwachsener orthodoxer Christ geworden. Zusammen mit seiner Frau hat er sich in Moskau taufen lassen. »Für mich gab es einst nichts Erhabeneres als die Idee der kommunistischen Weltrevolution«, erinnert er sich. »Ich bin aufgewachsen in einer atheistischen Erziehung. Mein Vater hatte sich seit 1909 an der revolutionären Bewegung in Rußland beteiligt. Mit seiner adligen Familie hatte er gebrochen und nach dem Tod der Eltern sein Erbe der Revolution vermacht. Er war ein Idealist. Dank ihm habe ich verstanden, daß ein Mensch für etwas Höheres leben sollte. Unverständlich blieb mir an ihm, daß er im Namen der Einigkeit über die Unzulänglichkeiten der sowjetischen Entwicklung hinwegschaute.«

Eine ähnliche Haltung – nur bei anderen geistigen Positionen – sieht er jetzt im Westen unter den sowjetischen Emigranten. »Die Vorstellung von einer gemeinsamen Front gegen den Sowjetkommunismus, die keine unterschiedlichen Auffassungen erlaubt, halte ich für unsinnig und intolerant«, sagt Sinjawski. »Diese Vorstellung zeigt nur, wie weit zahlreiche russische Emigranten vom pluralistischen Gedankengut ihrer heutigen Gastländer entfernt sind. Ich wende mich gegen eine Haltung, die in der Äußerung Solschenizyns gipfelt, der Westen praktiziere den moralischen Verfall. Der Westen mit seiner öffentlichen Meinung hat uns vor noch Schlimmerem in der Sowjetunion bewahrt. Der Westen hat uns aufgenommen. Wir können ihn kritisieren, aber doch nur, wenn wir uns bemühen, ihn verstehen zu wollen.«

Sinjawski erzählt, wie schwierig es ist für einen Russen, sich in dem westlichen System zurechtzufinden. »Selbst noch im Arbeitslager waren wir in Rußland«, sagt er. »Aber hier ist alles anders. Das erste Jahr in Frankreich war für mich schlimmer als das erste Jahr im Lager. Wir – meine Frau und ich – kamen einfach von der Horrorvorstellung nicht los, daß uns die sowjetischen Panzer auf dem Fuße in den Westen folgen würden. So locker erschien uns das Leben hier, so kontrovers, so offen alle politischen Dinge, die bei uns geheim waren, so naiv die Diskussionen über den Sozialismus. Wir kamen von einer Angst in die andre. Da macht man Fehler.«

Auch Sinjawski hat Fehler gemacht. Er hat sich vereinnahmen lassen von der russischen Exilszene in Paris um Wladimir Maximow. Eine Szene, in der sich die Menschen der ersten Emigration nach der Oktoberrevolution mit der zweiten nach 1945 und mit der dritten der heutigen Dissidenten mischen. Paris – das Zentrum des russischen Exils. Hier konnte Sinjawski erst einmal russisch unter Russen sprechen. Hier fand er dieselbe Schwäche zahlreicher Landsleute vor, die es nicht schaffen, sich in der neuen Sprache zurechtzufinden. Hier waren Wärme und der Geruch, den man kannte. Doch hier war auch eine ähnliche Unerbittlichkeit zugange wie unter Sowjets: Wer nicht für uns ist, ist gegen uns.

So ließ sich Sinjawski in eine polemische Auseinandersetzung mit dem Deutschen Günter Grass ein, der den Springer-Konzern eine Institution zur »Verteufelung des politischen Gegners« nannte und den russischen Kollegen bat, an der von Springer mitfinanzierten Exilzeitschrift »Kontinent« nicht mitzuarbeiten. Heute weiß Sinjawski, daß Grass recht hatte, aber er weiß auch, wie einfach es sich Intellektuelle im Westen, denen er geistig nahesteht, mit Emigranten machen: »Ein Schritt von uns, den sie für falsch ansehen und der vielleicht auch falsch ist, und man ist erledigt, bevor das Gespräch begonnen hat.«

Seit 1979 wird im Hause Sinjawski eine eigene Exilzeitschrift hergestellt: »Syntaxis«. Ein Unternehmen, das demokratischen Vorstellungen verpflichtet ist und jenes so schwache Moment in der sowjetischen Dissidentenbewegung stützen soll. Eine Druckmaschine wurde angeschafft. Das Haus, mit den Erlösen aus den alten Büchern bezahlt, nun beliehen. »Wenn du mein einziger Autor bleibst«, sagte Maria Sinjawskaja zu ihrem Mann. »Wir stehen das durch.« Heute sind sie bei der neunten Nummer angelangt. Und sie sind nicht allein geblieben. Efim Etkind kam hinzu und auch Alexander Sinowjew, der Autor des international gelobten Buches »Gähnende

Höhen«, heute in München lebend. Und der Dichter Tomas Venzlova, litauischer Bürgerrechtler, nun in den USA, ist dabei.

Maria Sinjawskaja sagt: »Schauen Sie, die Rechten helfen der Zeitschrift ›Kontinent‹ finanziell. Die Linken aber fordern, verlangen oder reden, aber niemand von ihnen hat uns geholfen. Das ist der Unterschied.« Die Sinjawskis sind ohne den Beistand westlicher Intellektueller durch die Schmutzkampagne der rechten, doktrinären russischen Exilgruppierung gekommen, die ihnen das Signet »KGB-Agenten« anhängen wollte. Andrej Sinjawski sagt: »Ich bin ein Gegner von Zielen, die alles verschlingen. Ich glaube, daß die Kultur kein Ziel hat. Die Kultur gehört sich selbst und ist auf sich gerichtet. Wenn Ziele den Menschen bestimmen, dann wird das Werk meist zugrunde gerichtet. Der Weg ist Ziel genug.«

Wenn der Schriftsteller heute an Rußland denkt, dann denkt er nicht an Rückkehr. »Die Macht in Rußland ist sehr konservativ und unbeweglich«, argumentiert er. »Unsere Welt dort ist eine Welt des Monologs, die des Westens ist eine des Dialogs, in der nicht nur Gegensätze, sondern sogar unversöhnliche Gegensätze mit geistigen Mitteln ausgetragen werden. Mir ist es daran gelegen, dieses monologische Denken aufzulösen, Vertrauen in die Bereitschaft zum Gespräch unter Russen und zum Gespräch mit dem Westen zu schaffen. Auf eine Gegenrevolution in der Sowjetunion zu hoffen ist schon deswegen unverantwortlich, weil sie Chaos und Blutvergießen brächte.«

Andrej Sinjawski nennt sich einen »liberalen Slawophilen«. Slawophil deshalb, weil er in der Philosophie »absolut kein Rationalist« ist. Begriffe wie Freiheit, Güte, Moral oder Schuld gewinnen so eine eigene Bedeutung. Eine Freiheit der Wahl, wie sie der Westen formuliert, sieht er nicht. »Wählen wir denn etwa, wen wir lieben, woran wir glauben, woran wir kranken sollen?« fragt er. »Die Liebe wie jedes starke Gefühl ist eine Monarchie, eine Despotie, die von innen heraus wirkt und einen ohne Rest, ohne Rücksicht gefangennimmt.« Und er folgert: »Die Freiheit ist der Hunger, die Sehnsucht nach Herrschaft, und wenn jetzt so viel von ihr geschwätzt wird, bedeutet das, daß wir uns im Zustand des Interregnums befinden. Es wird der Herrscher kommen und diesem ganzen seelischen Parlamentarismus unter der Bezeichnung ›Freiheit der Wahl‹ ein Ende machen.«

Das Abendland kann sich – so Sinjawski – mit der Tragik menschlichen Lebens nicht abfinden. Kapitalismus und Marxismus sind illegitime Kinder des Christentums gleichermaßen. In beiden der Versuch, den Schmerz abzuschaffen. Fähig, die anderen zu retten, und zugleich unfähig, sich selbst zu retten, ist dem Menschen alles möglich, nur nicht sein eigenes Leben. Beide Systeme haben den Tod verdrängt. Doch die rasanteste Fluchtbewegung kann nicht die Unvermeidlichkeit des Todes wegwischen. Wo es keine echte Beziehung zum Tode gibt und seine Absolutheit im Diesseitigen nicht ständig erkannt wird, da gibt es für Sinjawski kein wahres Ethos.

»Für mich ist die Religion eine intime Welt, eine Privatsache«, sagt er. Schuld und Sühne stehen nicht zur politischen Debatte. Sie unterliegen Gottes Zorn und Gottes Gnade. Und die Pflicht des Menschen läuft zwischen Schuld und Sühne, zwischen Zorn und Gnade. »Trägt man in Gedanken den Schmerz zusammen, den man anderen zugefügt hat, richtet man ihn gegen sich selbst, als erlitte man ihn von den anderen, und vergegenwärtige man sich die eifersüchtige, von allen Seiten durch die eigene Bosheit verletzte Eigenliebe – dann weiß man, was die Hölle ist«, hat er im Lager geschrieben.

Gott muß »am Herzen unter dem Hemd« wohnen, und dann werden Dinge möglich, die deutsche Parteichristen nach der strafenden Justiz rufen ließe. »Als die Frau ihrem Mann sagt – sie sprachen über einen Geflüchteten: Wenn du ihn anzeigst, gehe ich von dir weg, da haben wir verstanden, daß das Gute groß ist und uns unsichtbar regiert, im Mantel des Bösen, um sein Geheimnis zu bewahren«, schreibt Sinjawski, für den Strafe ein Untergraben von Moral ist, weil sie das Verbrechen zu etwas Meßbarem macht, zu einem deutlich begrenzten Ausgleich, weil sie freispricht.

Fjodor Dostojewski läßt Iwan Karamasow Gott aus

Andrej Sinjawski mit Pudel, 16jährigem Sohn, seiner Frau und dem Freund Efim Etkind vor seinem Haus in Fontenay-aux-Roses. Hier wird die demokratischen Prinzipien folgende Exilzeitschrift »Syntaxis« gedruckt. Das Haus gehörte einst dem französischen Erzähler niederländischer Herkunft Joris Karl Huysmans (1848–1907).

Gründen der Moral abschaffen, weil die Schöpfungsordnung unbefriedigend ist. Das geschah, bevor es in der russischen Oktoberrevolution von 1917 wirklich geschehen sollte. Andrej Sinjawski führt ihn wieder ein und antwortet auf die Frage, ob die kommende Gemeinschaftsidee wieder christlich sein wird, mit den Worten: »Sie wird jedenfalls religiös sein.« Es war ein langer Weg hin zum religiösen Bekenntnis. Politische Erschütterungen, die ihren Fixpunkt in der Literatur hatten, in dem Schicksal von Dichtern wie Ossip Mandelstam und Isaac Babel, die wie viele andere Opfer des Stalinismus wurden.

Der 20jährige Sinjawski hat noch mitgekämpft in der Roten Armee und kehrte 1945 mit einer Tapferkeitsmedaille aus dem Zweiten Weltkrieg zurück, studierte und schlug dann die Hochschullaufbahn ein, heiratete und zog mit seiner Frau in der Freizeit durch die russische Weite. In Moskau stand seine Wohnung offen für nächtelange Diskussionen. Sinjawski war bekannt für seine Gastfreundschaft, für seine Trinkfreudigkeit und für ausufernde, aber immer faszinierende Debatten. Als er im Juni 1971 – vor nun mehr als einem Jahrzehnt – aus dem Lager zurückkehrte, dauerte es lange, den Dialog mit sich selbst zu einem Dialog mit der Umwelt zu machen. Seitdem ist er ein Mann, der immer nur wenige um sich haben kann.

Ein Mann, der sich nun als jemand fühlt, der »nach seinem Tode noch einmal wie-

Andrej Sinjawski

dergekommen« ist. Verwundert notiert er: »Wie wenig ich jedoch auf Menschen angewiesen bin, das zeigt sich. Im Schatten sitzen, still – das ist genug für mich. Ich verliere mich zwischen Rose und Teekanne. Zwischen Hören und Tasten. Als hätte man mir alles auf einmal gegeben, und ich stehe da, drücke alles an mich, ohne etwas davon wirklich zu besitzen, und weiß nicht, was ich nehmen soll und wohin damit...« In Erinnerung an das Lager schreibt er: »Ein Ort des Todes. Und ich war dort... immerhin sechs Jahre – das ist gut. Das hat Gewicht.«

Das siebente Jahr war dem Schriftsteller wegen guter Führung erlassen worden. Im August 1973 – ohne eine Arbeit, die seinen Erfahrungen entsprochen hätte, als Mann des Wortes mundtot in seinem Lande, angewiesen auf den Lebensunterhalt, den seine Frau durch Entwerfen von Schmuck erhielt – verließ er sein Heimatland, profitierte er vom Entspannungskurs des Kremls zu jener Zeit. Es war seine erste Reise in ein westliches Land. Die Sinjawskis fuhren mit dem Zug: mit Mathilde, dem Pudel, im Abteil. Letzte Station im Ostblock: Berlin in der DDR. »Dort unterbanden Uniformierte mit gezückten Waffen Mathildes Geschäft in einer dämmerigen Ecke«, erzählt der Schriftsteller.

Der Westen? Maria Sinjawskaja erzählt, wie schwer es ihnen anfangs gefallen ist, beispielsweise die Streiks in Frankreich zu verstehen, besonders von kleinen Gruppen, wie Ärzten oder Lehrern: »Da hat unser Sohn gesagt, Vater, wie kannst du es nicht verstehen? Recht muß allen gehören, auch wenn es um Minderheiten geht.« Andrej Sinjawski nickt und gesteht: »Verstehen können, daß das Recht allen gleichermaßen gehört, das ist das wichtigste gewesen und das schwierigste.« Die französischen Schulerfahrungen seines Sohnes haben ihm geholfen. Der Sohn ist zum Vermittler westlicher Lebensart und Denkweise geworden. Er, der als einziger in der Familie russisch und französisch gleichermaßen perfekt spricht.

»Heute wissen wir«, erklärt Sinjawski, »daß kein russischer Panzer das Lebensgefühl dieser Menschen hier zerstören kann. Heute sind auch Streiks für uns ein Symbol für die Haltbarkeit des Systems. Natürlich sind hier alle unzufrieden, aber die Grundlagen sind solide. Dieses Interesse, das hier für Arbeit besteht, gehört zu meinen Entdeckungen. Der russische Arbeiter arbeitet nur, um seinen Lohn in die Hand zu bekommen. Im Westen gibt es eine Kultur der Arbeit. Die sowjetische Struktur ist wie ein Sack, der mit Sand gefüllt ist und nur aus dem Grunde hält, weil er gut zugeschnürt ist. Aber niemand sollte wollen, daß der Sack einfach aufgeschnitten wird und dann alles zu Staub zerfällt. Im Sack muß sich etwas tun.«

Andrej Sinjawski setzt nach wie vor Hoffnungen auf eine politische Eigenentwicklung. Doch er glaubt nicht, daß er noch eine grundsätzliche Änderung in seinem Heimatland erleben wird. Sollte es denn noch einmal eine Veränderung geben, dann durch Männer wie ihn, die sich widersetzen, Leiden auf sich nehmen und ohne Haß bleiben. Wenn er über die Sowjetgesellschaft spricht, dann gibt er zu bedenken: »Man kann nicht so einfach das Gute und das Schlimme teilen. So wie wir im Leben sagen, daß unsere Mängel die Weiterentwicklung unserer guten Seiten sind, so ist es auch in der nationalen Geschichte der Nation.«

Andrej Sinjawski – ein Mann mit einem nackten Standpunkt. Von den Toten wiederauferstanden. »Es ist keine Wiedergeburt, denn du bist alt und schwach«, heißt es bei ihm. Eine seltsame Verlassenheit empfindet er über allen Lichtern und Autos, allen Reklamen, in Restaurants und Läden im Westen. Auf der Straße sieht er eine Frau mit einem Nerzmantel und sinniert vor sich hin: »Madame, die urzeitlichen Pelze sind größer und prächtiger gewesen und trotzdem spurlos verschwunden. Solche Pelze sind verwest... Wo wollt ihr denn hin mit eurem Auto? Komisch.«

Er spricht zweimal wöchentlich vor französischen Studenten in russischer Sprache über sein Rußland und findet Trost bei dem Engländer Daniel Defoe: »Die Bücher locken uns in die Freiheit, rufen uns zur Wanderschaft auf. Aber die Technik des Überlebens – ohne Schiffsreise, immer auf dem gleichen Fleck, in einem Käfig – bringt uns ›Robinson Crusoe‹ bei, der nützlichste und optimistischste, der wohlwollendste Roman der Welt.«

In seinem Pariser Haus hat sich Sinjawski die Enge der einstigen Lagerbaracke geschaffen. Er hockt mehr, als daß er auf dem niedrigen Bett sitzt. In dieser Haltung hat er sich in der Haft Notizen gemacht. So schreibt er in der Freiheit weiter.

Gar nicht wohlwollend ist dieser Sinjawski sich selbst gegenüber: »Der Schriftsteller – das ist ein Versuch, mit den Menschen über das Wichtigste, über das Gefährlichste ins Gespräch zu kommen.«

Über die Stille. »Die Worte dürfen nicht schreien«, sagt er. »Die Worte müssen schweigen.« In der Stille erst wird der Mensch zum Menschen, da »in diesen Stunden die Seele spricht«. Voraussetzung für alles: »Die Seele muß dich im Gedächtnis behalten, sich mit dir anfreunden und aus der Beziehung zu dir ein Teilchen deiner Persönlichkeit aufbewahren... Darin liegt der Sinn des Spruchs: Es ist Zeit, an deine Seele zu denken... Die Seele verderben kann man nicht, man kann sich selbst verderben, indem man die Seele verliert. Die Seele hängt nicht von dir ab, sondern du hängst von ihr ab und befindest dich unter ihrem Schutz, falls es dir gelingt, das zu bemerken.«

Und diejenigen, die sich wie Andrej Sinjawski nach dem Königreich Gottes sehnen, wurden und werden in der Sowjetunion verurteilt ihrer Sehnsucht wegen, damit sie nicht bekannt werde. Die letzten Erben einer diskriminierten Heilsgeschichte. Menschen, die nicht aufgegeben haben, der Macht des Staates die Bergpredigt entgegenzuhalten. Worte, die sanft klingen...

Andrej Sinjawski

260 *Alexander Sinowjew*

ALEXANDER SINOWJEW: VOM MESSIANISMUS DES SKLAVENTUMS

Man hat diesen Russen angesiedelt zwischen Rabelais und Swift. Sein Buch »Gähnende Höhen« erfuhr in der westlichen Welt hymnische Kritiken. Ein diesem Urteil angemessenes Lesepublikum fand der 1100-Seiten-Brocken allerdings nicht. Da ging es dem Autor Alexander Sinowjew wie weiland Boris Pasternak, dessen »Doktor Schiwago« zwar in aller Munde war und dennoch allenfalls angelesen in den Bücherschränken verschwand. Alexander Sinowjew, seit 1978 in der Emigration, mag weder mit Rabelais und Swift verglichen werden. Erst recht nicht mit Pasternak. Alexander Sinowjew hält sich für unvergleichlich. Auf einem Spaziergang bei Leutasch in Tirol, wo der Schreibbesessene mit seiner Frau und Tochter ein paar schreibfreie Tage eingelegt hat, erklärt er mir seine Position. Er hebt einen herabgefallenen Ast auf, malt einen Kreis in den Sand, teilt ihn mit einem Strich in ein größeres Oben und ein kleineres Unten. »Da unten im Kreis steht mit mir die Sowjetgesellschaft«, doziert er. »Da oben ist die Weltkultur zu Hause: Kafka, Joyce, Proust. Die Sowjetgesellschaft und ich kennen die Sache da oben nicht.« Die Sonne scheint. Die Gräser auf der Lichtung stehen hoch. Die Fichten bilden einen Halbkreis und schlucken die lauten russischen Worte meines Gesprächspartners.

Alexander Sinowjew 261

Ich wende amüsiert ein, er – Sinowjew – käme mir wie der russische Aufklärer Alexander Herzen vor, der im vergangenen Jahrhundert die russische Gesellschaft demaskierte, der dabei zur Verklärung seiner selbst neigte, immer im Mittelpunkt zu stehen verstand und zugleich Distanz zur Tragödie seines Landes wahrte. Und um ihn im unteren Bereich des Kreises nicht so allein zu sehen, erwähne ich Anton Tschechow, der um sich herum nur versklavte Menschen sah und der von sich gesagt hat, daß er aus sich »Tropfen für Tropfen den Sklaven herauspreßte«. Alexander Sinowjew gerät außer sich: »Einen Schriftsteller wie mich hat es noch nicht gegeben!«
Andere Spaziergänger, die vorbeikommen, hören verwundert die fremde Sprache, schauen sich immer wieder um, können sich wohl keinen Reim darauf machen, wie ein Russe in diese Feriengegend kommt. Dieser hier arbeitete 22 Jahre lang am Institut für Philosophie der Akademie der Wissenschaften in Moskau, war Professor für Logik an der dortigen Universität, hatte als Wissenschaftler einen internationalen Ruf und verlor Anfang 1977 alle seine akademischen Grade und Titel, als im Westen sein Buch »Gähnende Höhen« erschienen war: Eine umfassende Auseinandersetzung mit dem sowjetischen System in einer literarisch-philosophischen Mischform.
Der Tenor dieses Buches: Der Kommunismus schafft die soziale Ungleichheit unter den Menschen nicht ab. Er

Ein lautstarker Russe predigt den Bäumen in Österreich: »Einen Schriftsteller wie mich hat es noch nicht gegeben.« Alexander Sinowjew, 1922 als eines von elf Kindern eines Anstreichers und einer Bäuerin geboren, wegen Kritik am Stalinismus der Universität verwiesen, in eine psychiatrische Anstalt gesteckt, bedingt freigelassen, Flucht nach Sibirien, Eintritt in die Rote Armee, hochdekorierter Kampfflieger, später Professor für Logik, gerät ins Schußfeld der Ideologen, lebt seit 1978 im Westen.

Die Eltern des Dichters, Alexander Sinowjew im Alter von fünf Jahren und in Moskau (rechts oben) mit Vater und einem Teil seiner Geschwister. Sinowjews Mutter trug in der Bibel immer ein Bild von Stalin mit sich.

ändert lediglich deren Erscheinungsform und verstärkt sie noch – gemessen an den vorangegangenen Gesellschaften. Im Gegensatz zu Solschenizyn vertritt Sinowjew die These, das Sowjetregime sei nicht von außen aufgezwungen, sondern habe sich organisch herausgeformt. Das Volk könne sich gar kein anderes System vorstellen und wolle letztlich auch kein anderes. »Denn der Marxismus ist etwas Ideales für Schwächen und Fehler«, sagt Sinowjew. In seinem Buch präsentiert der Autor nicht die Lagerwelt, sondern das alltägliche Leben der Sowjetbürger in seiner Absurdität, Traurigkeit und Abscheulichkeit – als »gähnenden Abgrund«.

Der russische Spaziergänger in Tirol erläutert: »Meine Besonderheit liegt in der wissenschaftlichen Methode, mit der ich Bewußtsein in die Literatur bringe. Meine Helden sind nicht als literarische Figuren konzipiert. Bei mir treten die Daseinsgesetze selbst als aktive Gestalten in Erscheinung. Ich schreibe über die sozialen Gesetze der menschlichen Existenz und darüber, wie sie im Verhalten und im Bewußtsein der Menschen in Erscheinung treten.« Das literarische Ergebnis, das Sinowjew präsentiert, mag noch so niederschmetternd sein, aber es weckt im Leser eines nicht: innere Beteiligung, weil den geschilderten Vorgängen die Dimension der Sinnlichkeit fehlt.

Alexander Sinowjew rückt nach einer Weile ein wenig vom apodiktischen Stand-

punkt der Unvergleichlichkeit ab. »Nachträglich kann ich vergleichen. Post factum gehöre ich zu einer russischen Tradition, die sich mit den Namen Lermontow, Saltykow-Schtschedrin, Tschechow und Alexej Tolstoi verbindet. Diese Richtung ist russischer als andere Linien. Diese Richtung reflektiert den tatsächlichen Zustand der russischen Seele.« Lermontow habe er immer wieder gelesen. Aber er habe nie begriffen, wie Menschen ein Interesse an den Werken Shakespeares, Dantes, Leo Tolstois und Turgenjews entwickeln können. Turgenjew wiederum hat über Saltykow-Schtschedrin geurteilt: »Das ist überhaupt keine Literatur! Der Teufel mag wissen, was es ist!«

Was den Bezug Sinowjews zu Saltykow-Schtschedrin ausmacht, ist die Tatsache, daß dieser so schonungslos über die grenzenlose Gemeinheit der Machthaber und das feige Verhalten der Machtlosen schreibt. Von Lermontow wiederum stammt der Satz: »Literatur habe schon die Menschen mit Zuckerwerk überfüttert und ihre Verdauung verdorben, jetzt sei eine bittere Arznei, die volle Wahrheit, nötig.«

Die »volle Wahrheit« bei Sinowjew lautet: »Die ›Pogrome‹, die Marx, Engels und Lenin in ihren Werken gegen ihre Gegner veranstalteten, dienten auf ihre Art als Vorbereitung für die Stalinschen Pogrome in der realen kommunistischen Gesellschaft, die unter dem ideologischen Banner des Marxismus gesiegt hatte. Stalin war der authentischste und treueste Marxist. Weist man ihm die Rolle des Teufels im hehren Kreis der Engel des Marxismus zu, so wird dadurch nicht ein vermeintlicher reiner Marxismus von den dunklen Flecken des Stalinismus gesäubert, sondern es wird lediglich das wahre Wesen des Marxismus kaschiert, wie es gerade von Stalin und seinen Mitstreitern erstaunlich vollständig und klar offenbart wurde.«

Der Emigrant Sinowjew, der sich in München niedergelassen hat, empfindet sich nicht als Dissident. Er sagt von sich: »Ich bin ein Teil der sowjetischen Wirklichkeit. Ich bin ein Produkt dieses Systems. Solschenizyn hat im Gegensatz zu mir nie einen wirklichen Einblick in die normale Gesellschaft meines Landes gewonnen. Er bleibt immer ein Mann mit einer Lagerperspektive. Wenn ich mich zwischen der politischen Konzeption eines Solschenizyn oder der des Sowjetregimes entscheiden müßte, ich würde das Sowjetregime wählen.«

Alexander Sinowjew

Sinowjew fügt hinzu: »Im Sozialismus ist es wie in einer schlechten Ehe. Sie können sich nicht trennen und sie können nicht zusammenleben.« Das Gespaltensein ist für diesen Russen ein Kennzeichen der sowjetischen Gesellschaft. »Meine Mutter beispielsweise bewahrte bis zu ihrem Tode im Jahre 1969 ein Porträt Stalins in der Bibel auf«, erinnert er sich. »Dabei hatte sie die ganzen Greuel der Kollektivierung, des Krieges und der Nachkriegsjahre durchlebt. Sie war eine Bäuerin. Sie hatte elf Kinder zur Welt gebracht. Sieben leben noch. Mein Vater war Anstreicher. Ich bin aufgewachsen mit Löchern in den Hosen, mit einem Hemd und einer Jacke. Mit Hunger im Bauch. In Enge und Schmutz. Ohne ein Bett. Mein erstes Bett hatte ich, als ich mit siebzehn vom KGB verhaftet wurde, weil ich etwas gegen den Stalin-Kult gesagt hatte. Wenn ich von der Sowjetunion rede, dann weiß ich, wovon ich rede.«

Warum bewahrte die Mutter Sinowjews das Porträt Stalins in der Bibel auf? »Will man die Frage nach dem Wesen des Stalinismus beantworten, muß man zunächst festhalten, wessen Interessen Stalin vertrat und wer ihm folgte«, argumentiert der Schriftsteller. Seine Geschwister hätten im alten System ärmliche Bauern werden können, im besten Falle Handwerker. Unter Stalin wurde der eine Sohn Fabrikdirektor, der andere Oberst, drei weitere Ingenieure und Alexander Sinowjew Professor. »Vergleichbares geschah in Millionen

In diesem Haus in Pakhtino im Gebiet von Kostroma kam Alexander Sinowjew am 29. Oktober 1922 zur Welt. In diesem Moskauer Zimmer verabschiedeten sich die Sinowjews vor ihrer Abreise nach München von ihren Freunden: Sinowjew zweiter von rechts, hinten seine Frau mit Tochter. Zum letzten Mal traf sich der Dichter mit seinem Sohn aus erster und seiner Tochter aus zweiter Ehe, vor ihnen Polina aus dritter Ehe, die mit in den Westen kam.

anderer Familien«, so Sinowjew. »Ich will hier keine wertenden Ausdrücke wie schlecht und gut gebrauchen. Ich will nur sagen, daß zu dieser Zeit in unserem Lande etwas vor sich ging, was es in der ganzen Menschheitsgeschichte noch nie gegeben hatte: Millionen von Menschen stiegen aus den Niederungen der Gesellschaft auf und wurden zu Handwerkern, Ingenieuren, Lehrern, Ärzten, Künstlern, Offizieren, Wissenschaftlern und Schriftstellern.«

Alexander Sinowjew kam am 29. Oktober 1922 in einer sechs Häuser umfassenden Ansiedlung namens Pakhtino im Gebiet von Kostroma zur Welt. Es war der Tag, an dem in Moskau das »Theater der Revolution« des genialen Regisseurs Meyerhold eröffnet wurde, der 1939 von Stalins Geheimpolizisten ermordet wurde. Es war das Jahr, in dem die Geheimpolizei GPU das Recht erhielt, Todesstrafen und Deportationen zu verhängen. Und noch immer lebte Lenin.

Bis zum elften Lebensjahr wohnte Alexander Sinowjew im Dorf bei seiner Mutter. Dann zog er zu seinem Vater, der Arbeit in Moskau gefunden hatte. Der Schriftsteller erinnert sich, wie eine Nachbarin die in einem alten Schrank befindlichen Bücher wegwarf, den sie gekauft hatte. Die sammelte der damals 12jährige ein. »Es war die

Alexander Sinowjew

erste große Begegnung mit der Literatur«, sagt er. »Auch Bücher von Goethe und Schiller waren dabei – in der Originalsprache. Es waren unbekannte Wörter für mich, aber sie waren wie Musik.« Mit 16 Jahren hatte er die Schule absolviert und mußte ein Jahr auf einen Studienplatz warten. Als Student wurde er wegen kritischer Äußerungen über den Stalin-Kult von Freunden denunziert. Sinowjew sagt: »Sie verrieten mich, weil sie um meine Seele besorgt waren.« Der 17jährige wurde aus dem Philosophischen Institut »gefeuert«, zur Untersuchung in eine psychiatrische Klinik eingeliefert, dann von dort in die Lubjanka, das berüchtigte Moskauer Gefängnis, schließlich freigelassen, aber überwacht, um Hintermänner zu fassen.

Er floh aufs Land zu seiner Mutter, von dort zog er weiter und meldete sich als Freiwilliger bei der Roten Armee. Er wurde schließlich Kampfflieger, Pilot der Iljuschin 2, die die Deutschen »Schwarzer Tod« nannten. Über der zur Festung erklärten schlesischen Stadt Glogau wurde er abgeschossen, schaffte aber noch eine Notlandung. Eine Karriere als Pilot nach dem Kriege schlug er aus. Er wollte endlich weiter studieren, und er durfte. 1954 verteidigte er seine Doktorarbeit über »Die Methode des Übergangs vom Abstrakten zum Konkreten am Beispiel von Marx« und wurde Mitarbeiter am Philosophischen Institut der Akademie der Wissenschaften.

Nach dem Tode Stalins trat Sinowjew in die kommunistische Partei ein. Er schrieb sechs Fachbücher, die auch in der DDR – ins Deutsche übersetzt – veröffentlicht wurden. Einladungen zu Kongressen im Westen, die er erhielt, durfte er nicht annehmen. Anfang der sechziger Jahre geriet er mit seinen ideologiefreien Arbeiten ins Schußfeld der Ideologen. Seine Spezialkurse für Logik wurden vom Plan abgesetzt, seine Studenten gerügt. Selbst an Symposien im eigenen Lande durfte er nicht mehr teilnehmen. 1974 beschloß seine Fakultät die »völlige Wertlosigkeit« der wissenschaftlichen Arbeiten Sinowjews.

»Ich hatte mein eigenes System entwickelt, um unter den Bedingungen einer Gesellschaft wie der sowjetischen zu leben und dabei glücklich zu sein. Das muß bemerkt worden sein«, sagt der Schriftsteller heute. Das System »liquidierte« ihn als Wissenschaftler und provozierte jene verborgenen Qualitäten, die Sinowjew zum Dichter machten. Der 42jährige begann sein Buch »Gähnende Höhen« zu schreiben. Seit 1967 ist er mit jener Frau verheiratet, die ihn dann 1978 in die Emigration begleiten wird: Olga, eine damals 22jährige wissenschaftliche Angestellte. Im Jahre 1969 kam die Tochter Polina zur Welt.

Aus zwei vorangegangenen Ehen hat Sinowjew zwei weitere Kinder. In erster Ehe war er mit einer Arbeiterin verheiratet, in zweiter mit der Tochter eines KGB-Obersten, einer Journalistin. Aus dieser Ehe entstammt eine heute 28jährige Tochter, eine Malerin. Sinowjews 38jähriger Sohn aus erster Ehe war Polizeikommissar und verlor seine Stellung, als die »Gähnenden Höhen« im Westen erschienen. Er wurde Arbeiter, besuchte eine Abendschule und qualifizierte sich dort als Ingenieur. Über Olga, seine heutige Frau, sagt der Schriftsteller: »Sie gab mir Zuversicht, sie gab mir eine nie erlebte innere Ruhe, sie inspirierte mich. Sie tippte, korrigierte, kritisierte. Ich schrieb die ›Gähnenden Höhen‹ innerhalb eines halben Jahres. Jedes Kapitel so, daß es in sich abgeschlossen war und auch allein hätte bestehen können.« Zugleich entfaltete Sinowjew eine Geheimnistuerei um ein zweites, ein wissenschaftliches Buch, die den KGB auf die gewünschte falsche Fährte führte. Dieses Manuskript wurde denn auch prompt beschlagnahmt. Das andere gelangte in die Schweiz.

Als die »Gähnenden Höhen« im Westen erschienen, hatte Sinowjew bereits vier weitere Werke abgeschlossen: »Lichte Zukunft«, »Aufzeichnungen eines Nachtwächters«, »Im Vorhof des Paradieses« und »Das gelbe Haus«. Ein weitläufiges Panorama sowjetischer Wirklichkeit. Die »Times« nannte den Erstling einen »gigantischen Roman«, die »Neue Zürcher Zeitung« sprach von einem »monumentalen satirischen Werk«, das französische Magazin »L'Express« verglich den Autor mit Rabelais, Swift und Kafka, der »Spiegel« sprach von der »bisher erbarmungslosesten Vivisektion eines politischen Systems« und »The

Das Ehepaar Sinowjew in seiner neuen Wohnung in München: Die ersten Möbel stehen, der Schriftsteller hat seine Bücher bereits eingeordnet. Die Bilder sind noch nicht aufgehängt. Nur das Porträt seiner Frau, das er in Moskau gemalt hat, steht auf dem Bücherregal.

New York Review of Books« prophezeite: »In den nächsten Jahren wird Sinowjew von Millionen gelesen.« Doch die »nächsten Jahre« wollen einfach nicht anbrechen.

Die dialektische Logik, der sich im Gemeinwesen Ibansk – so nennt Sinowjew die Sowjetgesellschaft in seinem Buch »Gähnende Höhen« – alle Taten und Urteile unterzuordnen haben, hat einen Konformismus hervorgebracht, in dem die Freiheit keine Chance hat, in dem die »Entpersönlichung des Individuums« Prinzip ist. »Ihr habt einen Staatskapitalismus«, läßt Sinowjew einen ausländischen Journalisten den Staat Ibansk mit seiner ibanischen Ideologie definieren. »Durchaus nicht«, sagt sein Gesprächspartner, »es ist ein Staatsfeudalismus.« Ein Dritter widerspricht: »Was wir haben, ist eher eine Staatssklaverei.«

Sinowjew zeichnet eine totalitäre Gesellschaft zwischen Betrug und Selbstbetrug. Nach Sinowjews Logik und auch der christlichen Moral ist Freiheit uneingeschränkte Freiheit. Im ersten Korinther-Brief sagt der Apostel Paulus: »Werdet nicht zu Sklaven der Menschen.« Nach der Dialektik – so Sinowjews Argumentation – ist Freiheit die Einsicht und damit Unterordnung unter die Notwendigkeit: das heißt Unfreiheit. Ein Sträfling sagt in Sinowjews Buch: »Freiheit ist eben nicht unumgänglich, ist nicht die Unumgänglichkeit, sondern umgekehrt die Umgehbarkeit: ob die eingesehene oder uneingesehene, das ist noch die Frage; die uneinge-

sehene ist teilweise besser; solange zum Beispiel die Oberen nicht herausgekriegt haben, daß man die Gefängnispforte umgehen und ungestraft für ein paar freie Stunden verduften kann, solange sind wir jedenfalls manchmal frei.«

Dem Schriftsteller Sinowjew erscheint das sowjetische System stabil, da es weitgehend dem Charakter des Durchschnittsrussen entspricht, der aufgrund seiner Geschichte nach autoritärer Führung durch eine konzentrierte Macht verlangt und die westliche Demokratie ablehnt, weil sie ihm wie Anarchie vorkommt. Sinowjew meint: »Die sowjetische Bevölkerung braucht keine individuellen politischen Freiheiten, und für die anderen Freiheiten gibt es Ausgleiche, Notbehelfe: Verrohung, Alkoholismus, Sichgehenlassen, die wohl die Erniedrigung dieser Bevölkerung bezeugen, die ihr jedoch zusagen.«

Für Sinowjew ist der Stalinismus, auf dem nach wie vor der gesamte Staat basiere, Ausdruck einer Volksherrschaft, die Repressionen als Stütze verlangt. »Da die bürgerlichen Freiheiten in der Sowjetunion fehlen, können sie auch nicht verletzt werden«, sagt der Schriftsteller. »Der Massenterror in der Sowjetunion kann auch echte Freiheit sein, bis an die Grenze getrieben. Denn die äußerste Vergewaltigung eines Individuums innerhalb einer solchen Gesellschaft erwächst eben aus der Fürsorge um das Individuum.«

Nach Meinung dieses Emigranten wurde das sowjetische Volk von seinen Macht-

Ferientage 1980 im österreichischen Leutasch mit Ehefrau Olga und Tochter Polina. Vater und Tochter sprechen bereits ein gutes Deutsch. Sinowjews Frau behilft sich noch mit Englisch.

habern nicht betrogen: »Man vergesse nicht, daß an den Massenrepressionen der Stalinzeit, unter denen Millionen einfacher Leute zu leiden hatten, Millionen anderer einfacher Leute aktiv teilnahmen. Die gleichen Menschen spielten oft die Rolle von Henker und Opfer. Auch diese Repressionen waren eine Manifestation der Eigeninitiative der breiten Bevölkerungsmassen... Die Opfer des Stalinismus – das ist nur die halbe Wahrheit... Die Opfer waren der Epoche adäquat, die sie hervorgebracht hat... Stalin war dem historischen Prozeß adäquat, der ihn hervorgebracht hat. Nicht er brachte diesen Prozeß in Gang, er drückte ihm lediglich den Stempel auf, gab ihm seinen Namen und seine Psychologie. Darin bestand seine Stärke und Größe... Ohne Eigenaktivität der Bevölkerungsmasse wäre kein Stalinismus möglich gewesen...« Sinowjew befürchtet wie viele seiner ausgebürgerten Landsleute ein Übergreifen der sowjetischen Ideologie auf den Westen. Angesichts der militärischen Stärke der Sowjetunion und der Dynamik ihres Systems, das immer neue Sklaven benötige, hält Sinowjew alle westlichen Mischformen des Sozialismus zwar nicht für falsch, aber für gefährlich. »Sollte sich ein Sozialismus westlicher Prägung in einem westlichen Land eindeutig durchsetzen, dann werden die Sowjets kommen und die gemischte Form zerstören«, sagt er. »Die Rote Armee existiert.« Während er mir das Furchterregende dieser Streitmacht klarzuma-

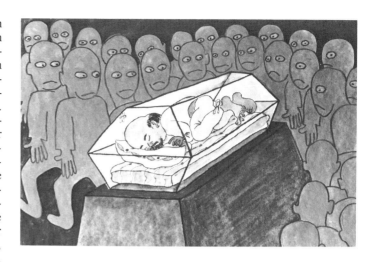

Der Karikaturist Sinowjew: Lenin als Baby im Glassarg, ein sowjetischer Soldat weiß im Straßenwirrwarr des Westens nicht mehr weiter und staunt nur noch. Leonid Breschnjew hängt am Haken, ist übersät mit Orden und liest vom Blatt.

chen versucht, merkt er nicht, wie ihm die Schilderung zur Bewunderung des sowjetischen Militärapparates gerät. «Die Soldaten der Roten Armee schlafen in ihren Stiefeln. Schauen Sie sich nur die verweichlichten Soldaten im Westen dagegen an. Die werden laufen vor den Sowjets, wenn sie überhaupt die Kondition dazu haben. Allein aus einem Schiff, in das allenfalls 400 westliche Soldaten hineingehen, werden auf sowjetischer Seite 4000 Rotarmisten herauskommen. Denen macht Enge nichts aus. Die atmen noch, wo es eigentlich gar nichts mehr zu atmen gibt.«
Derartig in Schwung geraten, greift Sinowjew nun weiter aus: »Als ich noch in der Sowjetunion lebte, wußte ich, daß im Westen viele dumme Leute existieren. Seitdem ich hier bin, sehe ich, daß die Dummheit hier blüht. Die Dummheit entspricht genau dem hohen Maß an Freiheit. Sowjetische Idioten sind im Vergleich zu den westlichen kleine Idioten. Das intellektuelle Niveau der westlichen Politiker ist ebenfalls nicht höher hier. Die kommunistischen Erscheinungen sind stärker als ich vermutet habe. Sie existieren hier weitgehend ohne kommunistische Ideologie.«
Irgendwo hat Sinowjew über in den Westen verschlagene Russen etwas geschrieben, was wohl auch für ihn gilt: »Ein Moskauer Emigrant führt selbst eine antisowjetische Tätigkeit so aus, als täte er dies im Auftrag der sowjetischen Macht. Er ist ein zutiefst sowjetischer Mensch. Vielleicht noch sowjetischer als die, die in Moskau geblieben sind.« Genau das ist das Problem im Gespräch mit diesem Schriftsteller. Also auf einer Ebene, auf der sichtbar wird, wie stark er durch seinen Staat geprägt ist und wie schwer es ihm fällt, jeden Tag die Ablehnung des ihm innewohnenden sowjetischen Bewußtseins zu erkämpfen.
Alexander Sinowjew verließ die Sowjetunion im August 1978, um für ein Jahr einen Lehrauftrag an der Universität München zu erfüllen. Eine Auswanderung hatten die sowjetischen Behörden abgelehnt. Statt dessen entzogen sie dem Schriftsteller kurz nach seiner Ankunft in der Bundesrepublik die Staatsbürgerschaft.

Alexander Sinowjew

Die schnellsten Fortschritte im Erlernen der neuen Sprache machte die Tochter Polina. Innerhalb eines Jahres gelang es ihr, wegen außerordentlicher Begabung sogar zwei Klassen zu überspringen. Ganz nahe am Englischen Garten in München fanden die Sinowjews eine Mietwohnung. Der Schriftsteller lebt inzwischen ausschließlich vom Erlös seiner schriftstellerischen Arbeit und seiner Vorträge, zu denen er in Europa und Amerika eingeladen wird.

Sinowjew sagt: »Für mich ist die Literatur nicht ein Mittel für die Lebenskarriere. Ich schreibe, wie ich atme, wie ich Wasser trinke, wie ich esse. Wenn ich vom Schreiben eines Tages nicht mehr leben könnte, so macht es mir nichts aus, als Arbeiter zu arbeiten. Aber mein Traum ist es, einmal eines meiner Bücher durchgehend zu illustrieren.« Alexander Sinowjew ist so ganz nebenbei ein begabter Karikaturist.

Sinowjew war in Moskau ein Einzelgänger, und er ist es auch in München geblieben. »Für mich ist wichtig: arbeiten, arbeiten, arbeiten«, sagt er. »So war das bei meiner Mutter und meinem Vater. So ist das bei mir. Ich brauche den Kontakt zu Kollegen nicht. Kollegen helfen üblicherweise nicht, sie nivellieren einen auf ihren Stand.« Immer wieder reibt sich Sinowjew an Solschenizyn: »Seine und seiner Freunde Position ist antisowjetisch. Sie betrachten sich als Ausnahme, und sie sind es auch. Ich bin nicht antisowjetisch, so wie Balzac nicht antikapitalistisch gewesen ist. Der wahre Kommunismus ist keine Wissenschaft oder Ideologie, sondern ein geschichtliches Faktum, manifestiert in der sowjetischen Gesellschaft.«

Immer sei er dem Lebensprinzip seiner Mutter gefolgt. Dieses Prinzip lautet: »Du mußt leben, als ob dich immer jemand beobachtet.« Sinowjew sagt: »Ob es nun einen Gott gibt oder nicht – die Frage ist für mich kein Problem. Ich verhalte mich so, als ob es einen gäbe.« Er spricht von den seelischen Potenzen des Menschen, die das Bedürfnis nach Religion wecken und ihn zur Entwicklung von Individualität drängen.

Er plädiert für »eine Existentialdoktrin, die für alle Menschen praktisch zugänglich und substantiell nützlich sein sollte«. Er schreibt: »Gott ist nicht notwendigerweise ausgeschlossen. Einzig das Verhältnis der Seele zu Gott hat eine Änderung erfahren. Zum Grundkonzept der Religion wird die Idee von der Seele als natürlichem Besitz des Menschen. Gott seinerseits könnte als ein davon abgeleitetes Konzept gedacht werden. Die Religion muß als ein Produkt von höchstem kulturellen Rang – gemessen am durchschnittlichen kulturellen Niveau der Bevölkerung – neu erfunden werden.«

Worauf es ihm ankommt, ist der »Widerstand gegen die Vergewaltigung der Persönlichkeit«. Im Totalitarismus der Sowjetunion erscheint ihm die Eliminierung der Persönlichkeit am weitesten vorangeschritten. Daß die Geschichte des Kommunismus in der Sowjetunion eine »Geschichte der Gemeinheit, des Betrugs und des Verbrechens« geworden ist, erklärt er sich aus der menschlichen Natur: »Es hat nie andere Absichten gegeben als die von Menschen aus Fleisch und Blut: ihre eigenen egoistischen Bedürfnisse zu befriedigen.« Sinowjews Menschenbild ist zutiefst pessimistisch: »Die Menschen sagen immer, die Zeiten werden schlimmer. Aber die Zeiten bleiben immer, wie sie sind. Die Menschen werden schlimmer.«

Er sagt: »Als wir hier in die Bundesrepublik kamen, erschien uns die deutsche Ordnung wie eine Offenbarung. Sie müssen das verstehen. Wir kamen aus einem Land der Unzuverlässigkeit, in dem nichts funktioniert. Es war eine Wohltat hier. Man bringt die Schuhe zur Reparatur, erhält die Auskunft, daß man sie in einer Woche abholen kann, und man bekommt sie tatsächlich neu besohlt nach einer Woche. In der Sowjetunion war es so: man wird es – wenn überhaupt – schlecht machen und nicht zur Zeit.«

Über die Bundesrepublik sagt der Schriftsteller: »Hier fühlen wir uns beschützt. In den Vereinigten Staaten könnte ich nicht leben. In den USA herrscht ein Klima der Brutalität. Es gibt da vieles, was mich an die Sowjetunion erinnert.« In ruhigen Minuten, in denen wir uns nicht verhaken in seiner Vorstellung vom Sowjetkommunismus »als ausgereifter Art des Sozialismus, der damit sein logisches Extrem erreicht hat«, in diesen ruhigeren Minuten bekennt er: »Wenn ich im Westen ge-

Alexander Sinowjew beim Einkauf im Supermarkt. Er sagt: »Als wir hier ankamen in der Bundesrepublik, erschien uns die deutsche Ordnung wie eine Offenbarung. Sie müssen das verstehen. Wir kamen aus einem Land der Unzuverlässigkeit.«

boren wäre, würde ich auch eine oppositionelle Haltung zum Kapitalismus einnehmen.«

Was er beschreibt, ist ohne Zweifel eine kommunistische Realität, an der es nichts zu deuten gibt. Aber es ist zugleich auch die Darstellung jener historischen Leistung eines Lenin, durch die der Imperialismus des einstigen Zarenreichs funktionsfähig blieb. Lenin und dann Stalin, die den russischen Fatalismus umwandelten in einen Messianismus des Sklaventums. Eine ganze Gesellschaft wurde durch die Machthaber im Kreml korrumpiert. Und da so viele korrumpiert sind, will auch niemand die totale Enthüllung.

Die Größe des Dichters Sinowjew beweist zugleich die Größe des Polizeistaates Sowjetunion. Dieses Land hat die beste Literatur und die beste Polizei. Das eine hängt mit dem anderen zusammen und beweist wiederum Seelenkunde in Vollendung.

Das Dilemma seines Heimatlandes beschreibt Sinowjew so: »Rußland ist insofern nie eine Nation gewesen, als es nicht aus der Vermehrung eines einzigen Volkes und aus der Assimilierung anderer Völker entstanden ist, sondern aus der gewaltsamen oder freiwilligen Vereinigung verschiedener Völker, die einander nicht assimiliert haben. Rußland ist immer ein Imperium gewesen. Die Revolution erstickte die Ansätze zur Entstehung einer Nation und machte den Weg für das imperiale Prinzip frei.«

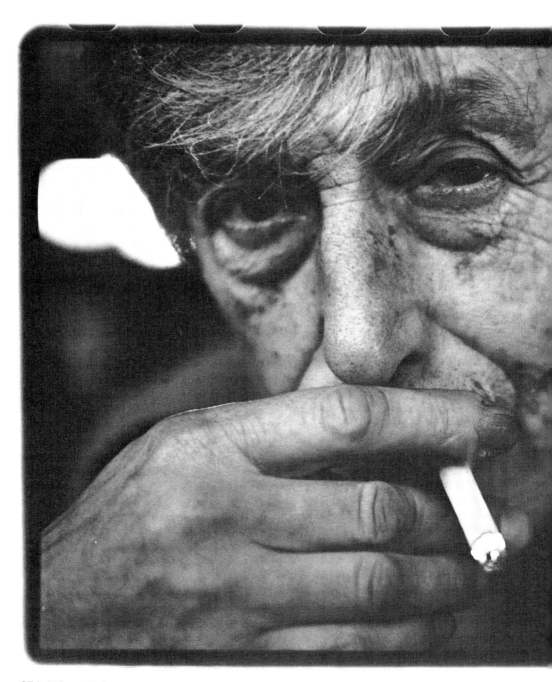
276 *Viktor Nekrassow*

VIKTOR NEKRASSOW: DER REMARQUE DER SOWJETUNION

Am Anfang steht der Mord an seinem Bruder, der als Konterrevolutionär verdächtigt wurde, weil er französische Bücher bei sich hatte. Viktor Nekrassow hat versucht, dem Sinnlosen einen Sinn abzugewinnen. Sein Bruder Kolja wurde mit 18 Jahren von den Bolschewisten erschlagen. Dem Mord am Bruder folgte der Brudermord Stalins an ganzen Bevölkerungsteilen des Landes. Doch daß das eine das andere nur symbolisierte, hätte sich Viktor Nekrassow damals nicht träumen lassen. Wie sollte er auch, wenn so Große wie Romain Rolland oder Lion Feuchtwanger das Schlimme ganz selbstverständlich als notwendig rechtfertigten?

Viktor Nekrassow, der viel Jüngere, hatte immerhin Zweifel wie viele seiner Altersgenossen, denen er 1941 in der Roten Armee begegnete. Vier Jahrzehnte später sagt er: »Vieles, was Stalin mit unserem Land getan hat, erschien uns als Verirrung, die wir mit dem Einsatz unseres Lebens im Kampf gegen die deutschen Aggressoren glaubten, aus der Welt schaffen zu können. Wir alle waren damals sowjetisch. Um so bitterer war es für uns, als dieses Wort nach dem Sieg wieder zum Synonym für Lüge, Betrug und Gewalt wurde. Heute glaubt niemand mehr in der Sowjetunion an den Kommunismus.«

Viktor Nekrassow 277

Viktor Nekrassow war Offizier der Roten Armee, wurde im Zweiten Weltkrieg zweimal verwundet, kämpfte bei den Pionieren in der Schlacht von Stalingrad und feierte am Siegestag, am 2. Februar 1943, seinen 32jährigen Geburtstag, wurde zum Hauptmann befördert. Erst damals trat Viktor Nekrassow in die kommunistische Partei ein. Im Juli 1944 bei Lublin verwundet, schrieb er im Lazarett seine und seiner Kameraden Geschichte: den Roman »In den Schützengräben von Stalingrad«. Ein Buch, das genauso Furore machen sollte wie einst Erich Maria Remarques »Im Westen nichts Neues« über den Ersten Weltkrieg.

Nekrassows Roman erschien in 30 Sprachen nach dem Kriege, wurde in über eininhalb Millionen Exemplaren verkauft und erzielte allein in der Sowjetunion über 100 Auflagen. Der Mann, der vor dem Kriege Architektur studiert hatte, den Beruf des Architekten aufgegeben und Schauspieler geworden war, wurde mit dem Stalin-Preis ausgezeichnet. Er erhielt alle Privilegien eines staatlich anerkannten erfolgreichen Schriftstellers, dessen Roman noch dazu im Westen uneingeschränktes Lob neben dem Theodor Pliviers erfuhr, der die Schlacht aus der Perspektive der eingeschlossenen deutschen Armee beschrieben hatte.

Daß Nekrassow sich vom Erfolg nicht korrumpieren ließ, daß er Distanz zur Macht hielt, daß er nicht in das allgemeine Lob Stalins einfiel, daß er unvoreingenommen blieb und seinen literarischen Gegenstand frei von Spruchbandweisheiten hielt, gab seinem Wort Gewicht unter seinen Landsleuten. Daß Nekrassows Berichte über Reisen in den Westen, die er in den sechziger Jahren unternehmen durfte, wegen der Freimütigkeit seiner Äußerungen über Vorzüge in den westlichen Demokratien nicht so ausfielen, wie es sich die Partei wünschte, brachte ihm die Kritik Nikita Chruschtschows ein. Daß er sich schließlich noch zum Verteidiger Alexander Solschenizyns und Andrej Sacharows machte, bezahlte er mit dem Ausschluß aus der Partei. Daß er dann immer noch nicht klein beigab, führte zu seinem Ausschluß aus der Sowjetunion.

Viktor Nekrassow, sowjeti-

Viktor Nekrassow, der in Vanves am Rande von Paris lebt, greift zu Scherzen, wenn ihm bitter zumute ist: Hier in seiner mit Büchern und Andenken zugestellten Wohnung holt er eine Breschnjew-Maske hervor, setzte sie vor sein Gesicht und hebt das Teeglas. Seine Bitternis: »Breschnjew wird gehen, für ihn wird ein Neuer kommen. Alle werden sie wie bisher dulden, übererfüllen, betrügen, stehlen und sich flüsternd ihre Bewunderung für Sacharow oder für einen anderen anvertrauen.«

scher Schriftsteller par excellence, lebt seit 1974 im Westen. Die ersten Monate verbrachte er in der Schweiz. Dann ging er nach Paris und zog von dort an die Peripherie der Stadt: nach Vanves. Lebt mit seiner Frau in einer Dreizimmerwohnung an der Place Kennedy. Im selben Wohnsilo hat auch der Sohn von Nekrassows Frau mit seiner Familie Unterkunft gefunden. Seinen Lebensunterhalt verdient sich der Schriftsteller als Redakteur bei Maximows Exil-Zeitschrift »Kontinent«. Nekrassows Frau arbeitet als Sprachlehrerin. »Es geht uns gut, wir können leben«, sagt er.
Dem Besucher vermittelt er den Eindruck eines charmanten Haudegens. Er gibt sich freundlich, witzig, vital. Er träumt von einer Heimkehr »auf einem weißen Panzer«. Das heißt: er weiß, daß er im Exil sterben wird. Spätestens 1981 hat ihm sein 70. Geburtstag deutlich gezeigt, daß er als Dichter in der westlichen Welt allenfalls eine Chargenrolle spielt. In den Medien nahmen nur wenige Notiz von diesem Datum – und wenn, dann auch nur in wenigen Zeilen. In dieser Vereinsamung, zurückgeworfen auf sich selbst, hat Nekrassow das Gefühl, daß er gescheitert ist: Seine Suche nach einem Sinn für den Tod des Bruders Kolja war vergeblich.
Was geblieben ist, ist die Verurteilung aller Dinge, die mit dem Wort Kommunismus in Bezug stehen. Es sind Rundumschläge, mit denen die Sinnlosigkeit des Todes von Kolja wiederhergestellt werden soll. Rundumschläge, die

zugleich auch selbstzerstörerisch Viktor Nekrassow treffen. Warum hat er 30 Jahre lang in der Partei ausgeharrt? Warum hat er sein Parteibuch den Funktionären nicht vorher vor die Füße geworfen, wie es die Frau Sacharows getan hat? Warum hat er also jenes Risiko gescheut, das diejenigen eingingen, die er mit Worten gegen Willkür verteidigte. Warum wurde er nicht Opfer, sondern »nur« Sympathisant der Opfer? Fragen eines Tapferen, dem seine Tapferkeit nicht genügt. »Aber die Erinnerung an jene Tage, da wir an etwas glaubten, bleibt heilig«, schreibt Nekrassow im Exil. Oder: »Die Rote Armee nehme ich bis heute vor ungerechten Angriffen in Schutz. Es ist die beste Armee der Welt.« Oder: »Es gibt einen einzigen richtigen Weg: bleibe, wer du warst.« Ein sowjetisches Leben, das sich in allen Poren festgesetzt hat – es findet keine Lösung, erst recht nicht im Exil, wo menschliche Tragik wie im Falle Nekrassows nicht erkannt und mit dem Signum Renegatentum abgestempelt wird.

Die Kreml-Herren wissen seit über sechs Jahrzehnten, wie Menschen zu zerstören sind. Schriftsteller müssen tot sein, um für das System wieder verwendungsfähig zu werden: wie Ossip Mandelstam, Anna Achmatowa, Marina Zwetajewa und wie Ivan Bunin, der 1953 in Paris starb und beerdigt ist auf dem russischen Friedhof von Sainte-Geneviève-des-Bois. Auch ein toter Viktor Nekrassow wird wieder seinen offiziell abgesegneten Platz in der Sowjetunion erhalten.

Wir gehen über den Friedhof, auf dem Bunin beerdigt worden ist und auf dem auch Nekrassows Freund Alexander Arkadjewitsch Galitsch, der Dramatiker und Sängerpoet, seine letzte Ruhe gefunden hat. Verse und Lieder von Galitsch zirkulierten im Samisdat. 1974 wurde Galitsch aus der Sowjetunion ausgewiesen, und drei Jahre später starb er in Paris. Dasselbe Problem wie bei Nekrassow auch bei ihm: »Wir haben nicht geglaubt, was Herz und Kopf uns sagten; / um zuverlässig zu erscheinen, weggeschaut; / so viele Male immer neu gelogen, / nicht dagegen natürlich – dafür!« Die ein Gewissen haben in der Sowjetunion, weisen sich auch dort Schuld zu, wo sie keine Schuld haben, zermartern ihr Gehirn. Und die kein Gewissen haben, herrschen.

Wir stehen vor dem schwarzen Marmorstein mit dem Namen Galitsch. »Ehret den, der der Wahrheit wegen verbannt worden ist« steht auf dem Stein. Hier auf diesem Friedhof ruht die Emigration, »der Kehrrichthaufen der Geschichte«, wie es im offiziellen sowjetischen Sprachgebrauch heißt: Iwan Schmeljow, Konstantin Somow, Mereschkowskij, Sinaida Gippius; Geheimräte, Mitglieder des Staatsrats, Kornette des Leibgarden-Kürassierregiments seiner Majestät, Fahnenjunker, Leutnante, Hauptleute, auch Vicky Prinzessin Obolenskaja, Widerstandskämpferin gegen die Nazis, Trägerin des Ordens der französischen Ehrenlegion, hingerichtet von den Deutschen in Berlin am 4. August 1944 . . . »Sie sehen«, Viktor Nekrassow weist mit gestrecktem Arm rund um sich und sagt zu mir: »Überall hier stehen unsere Birken. Spätestens hier werde ich kein Heimweh mehr haben.«

Viktor Nekrassow kam 1911 in der Ukraine, in Kiew zur Welt. Der Vater, so sagt er, habe in seinem Leben keine Rolle gespielt. Er starb 1917. Eine Rolle für Viktor Nekrassow spielte sein um zehn Jahre älterer Bruder Kolja, den er bewunderte. Ein Foto vom Bruder hat der Schriftsteller in seiner Pariser Wohnung schnell zur Hand, ein Bild des Vaters nicht. Vom Bruder hängen in seinem zwölf Quadratmeter großen Arbeitszimmer Zeichnungen an der Wand, abstrakt-futuristische. »Ultrarevolutionäre«, kennzeichnet sie Nekrassow. Der Bruder wurde 1919 im Bürgerkrieg getötet. Bolschewisten, die ihn mit Ladestöcken erschlugen, warfen die Leiche in den Fluß.

«Als dies passierte«, so erinnert sich Nekrassow, »habe ich meine Mutter zum ersten und zum letzten Mal weinen sehen.« Die Mutter lebte getrennt vom Vater ihrer Kinder, der in Leipzig Philosophie studiert hatte. Die Mutter war aufgewachsen in Lausanne, hatte dort Schule und Universität besucht, war Ärztin geworden. Kurz nach der Geburt des zweiten Sohnes ist sie mit den Kindern von Kiew wieder zurückgegangen in die Schweiz, ist dann weitergezogen nach Paris, hat in einem Krankenhaus gearbeitet und gelangte nach Ausbruch des Ersten Weltkrieges über England und Skandinavien zu-

Der einjährige Viktor Nekrassow in Lausanne, wo seine Mutter als Ärztin arbeitete, und der 18jährige Bruder Kolja, kurz bevor ihn die Bolschewisten im Jahre 1919 erschlugen.

rück nach Rußland, wo sie bei der Eisenbahn Betriebsärztin wurde.

Die Mutter starb 1970. Und bis 1970 hat der Sohn mit ihr zusammen gewohnt. Seine Frau hatte er 1940 am Theater der Roten Armee in Rostow kennengelernt. Sie war dort Schauspielerin. Geheiratet hat er sie erst nach dem Tod seiner Mutter. Die Mutter – sie blieb für ihn die Brücke zur Welt. In ihr hatte sich der Traum von Freiheit und Emanzipation erfüllt, den er sich später als Student der Architektur und als Architekt nicht erfüllen kann. Der 21jährige bewundert die Architektur Le Corbusiers. Aber dessen Moderne hat in der Sowjetunion keine Chance. Nekrassow schreibt Briefe an Corbusier und bekommt Antwort. Einen dieser Briefe verwahrt er in Paris, von wo ihm der Berühmte am 20. Dezember 1932 geschrieben hatte: Le Corbusier, 35 Rue de Sèvres.

Da der junge Nekrassow am Zuckerbäckerstil der stalinistischen Ära nicht teilhaben will, wird er Bühnenbildner und Schauspieler. Zuerst an einer Wanderbühne, dann mit festen Engagements in Wladiwostok und eben in Rostow. Seine Mutter hat diese Berufswahl nicht verstanden, aber akzeptiert. Und als Nekrassow 1947 für sein Stalingrad-Buch den Stalin-Preis bekam, war sie stolz. »Nicht des Preises wegen, sondern weil der Preis meine Anerkennung als Schriftsteller signalisierte«, sagt Nekrassow. »Ich konnte es mir nun leisten, täglich Gäste einzuladen. Und meine Mutter hatte nichts lieber als viele Menschen um sich herum. Als Hausfrau war sie ein unpraktischer Mensch. Das hab ich alles gemacht. Zu ihren Lieblingsbeschäftigungen gehörte es, Briefe zu schreiben. Und natürlich der abendliche Spaziergang, von dem wir immer ein Stück frisches Brot mitbrachten, das wir dann zum Tee aßen.«

Das Tee-Ritual der Mutter wird seit ihrem Tode vom Sohn fortgesetzt. Auch in Paris findet sich gegen 21.00 Uhr die Familie zusammen: Nekrassows Frau, ihr Sohn mit Frau und der Enkel. Die Mutter Nekrassows bleibt gegenwärtig. Im Wohnzimmer hängt ein Foto von ihr an der Wand. Daneben ein Gipskreuz. Nekrassows Mutter hatte es einst auf dem Jahrmarkt in Nischninowgorod gekauft. Das blaue Schulheft, in dem Nekrassows erstes Gedicht steht, und das einzige, das sich erhalten hat, wurde von seiner Mutter aufbewahrt. Der Sohn hat das Heft nach ihrem Tode entdeckt und mitgenommen nach Paris.

Auch immer dabei ist eine große kolorierte Fotografie, die das Schloß Chillon zeigt – mit dem See und den schneebedeckten Gipfeln der Alpen. In seinem Schreibtisch verwahrt Nekrassow eine weitere »Reliquie«: eine Postkarte wieder mit demselben Schloß. »Etwas verwundert entdeckte ich sie einst hinter der Glaswand eines Zeitungskiosks auf dem Kreschtschatik in Kiew, am Ausgang der Passage«, erinnert er sich. »Als ich sie gekauft hatte, las ich auf der Rückseite: Lenin-Ge-

Viktor Nekrassow 281

denkstätten. Schloß Chillon. W. I. Lenin und N. K. Krupskaja besuchten es im Sommer soundsoviel. Als ich dann 1974 in die Schweiz kam, folgte ich sogleich ihrem Beispiel.«

Viktor Nekrassow erinnert sich an das Kiew seiner Jugend mit den 19 Straßenbahnlinien, den Gärten und Parks und dem Kino Schanzer. »Selbst Moskau hatte kein vergleichbares«, sagt er. Über den Zweiten Weltkrieg spricht er wenig. Er war vom August 1941 bis Juli 1944 dabei. In Lublin wurde er – schwer verwundet – von einem jungen Polen aus der Feuerlinie gezogen. »Der hat mir mein Leben gerettet«, sagt er und fügt hinzu: »Wir dachten damals, wir hätten all diese Länder befreit. In Polen wurden wir von den Menschen geküßt, als wir kamen. Und was ist daraus geworden?«

Im französischen Exil schreibt Nekrassow: »Den Russen, das Russische liebt man weder im Baltikum noch in der Tschechoslowakei oder in Polen, weil es ein Synonym für Okkupation ist... Die russische Sprache ist nicht die Sprache des Befreiers, wie es bei Kriegsende den Tschechen oder den Polen zunächst schien, sondern sie ist die Sprache des Eroberers... Der Totalitarismus wechselt nur die Farbe – statt braun war er nun rot.«

Es war ein langer Weg bis zu diesen bitteren Feststellungen. Und der glanzvolle Erfolg des Erstlings »In den Schützengräben von Stalingrad« täuscht darüber hinweg, daß das Buch Widerstände zu überwinden hatte, ehe es erscheinen durfte. Die Zeitschrift »Nowyj Mir« lehnte den Druck des Romans ab. Die Leiterin der damaligen Zensurstelle mäkelte: »Genosse Nekrassow, Sie haben ja alles lediglich aus dem Sichtfeld des Grabens geschrieben. Das Buch führt uns nicht weiter.« Die Frau schlug ihm vor, zumindest eine Szene mit Stalin in den Text einzubauen. »Stalin im Arbeitszimmer, wie er plant«, sagte sie, und Nekrassow antwortete: »Ich war nicht im Arbeitszimmer Stalins. Ich war an der Front, und das Buch ist ein Buch von der Front.«

Der Roman erschien ohne den gewünschten Zusatz in der Zeitschrift »Das Banner«. Seine Publikumswirkung war so vehement, daß dem 25jährigen Autor erst einmal weitere Kritik erspart blieb. Aber in derselben Ausgabe der Zeitschrift stand auch schon ein Artikel, der zu einer neuen Verfolgungsjagd gegen jene Schriftsteller aufrief, die in den dreißiger Jahren die »Säuberungen« überlebt hatten: allen voran die Lyrikerin

Viktor Nekrassow kämpfte bei den Pionieren in der Schlacht von Stalingrad und wurde nach dem Sieg zum Hauptmann befördert. Im Juli 1944 bei Lublin verwundet, schrieb er im Lazarett mit »In den Schützengräben von Stalingrad« ein Kriegsbuch, das so berühmt wurde wie einst Remarques »Im Westen nichts Neues«. Hier die 1949 erschienene deutsche Erstausgabe bei Rowohlt. – Unter den Stalingrad-Kämpfern Viktor Nekrassow vorn zweiter von rechts.

Anna Achmatowa. Viktor Nekrassow sagt, er habe blitzartig gesehen, was als Verhängnis auf die Literatur zukam. »Ich will nicht heuchlerisch sein: ich war damals so glücklich über meinen Erfolg, daß ich einfach weggeschaut habe«, fügt er hinzu.

In seinem Stalingrad-Roman heißt es über einen Gefallenen: »Er lag auf dem Rücken, die Arme von sich gestreckt, und an seinen Lippen klebte ein Stummel. Ein kleiner, noch rauchender Zigarettenstummel. Und das war gräßlicher als alles, was ich vor und seit dem Kriege gesehen habe.« An anderer Stelle heißt es: »Im Krieg weiß man nie das Geringste, höchstens was direkt vor der Nase vorgeht...«

Im Krieg war demnach die Frage leichter zu beantworten, warum und wofür er kämpfte: »Er und mit ihm nicht nur Hunderte, sondern Hunderttausende, ja Millionen glaubten, daß die Schande des Jahres 1937 und alle vorangegangenen Grausamkeiten nun abgewaschen seien, und zwar mit dem Blut der Söhne jener, die damals in die Lager geworfen und dort umgekommen waren. Alles getilgt! Auch die Lüge, der Selbstbetrug: man wird nicht mehr lügen, wie man gelogen hat, man wird nicht mehr sich selbst und das Volk betrügen. Sie haben gelernt, der Wahrheit ins Auge zu blicken, seit es nicht mehr anders geht, es wird keine Rückkehr zur Vergangenheit geben.«

Was hieß das für den Schriftsteller Nekrassow? Der Ruhm schützte ihn. Dieser Nekrassow war ein hochdekorierter Frontkämpfer, und er hatte den gültigen Roman der entscheidenden Schlacht des Zweiten Weltkrieges geschrieben. Ein Buch, das noch dazu Eingang in die Weltliteratur gefunden hatte. Zugleich wußte dieser Nekrassow vom schikanösen Umgang der Partei mit den Schriftstellern. Als seine nächsten Bücher erschienen, bekam er Schwierigkeiten, weil sie den Machthabern negativ erschienen: der Heimkehrerroman »In der Heimatstadt« (1954), dann sein Band mit gesammelten Kriegsnovellen und schließlich 1961 seine Novelle »Kyra Georgijewna«.

Stalin war tot, und Stalingrad wurde in Volgograd umbenannt. Nun versuchte die Zensur, den Autor dazu zu bewegen, in seinem Stalingrad-Buch den fünf-, sechsmal vorkommenden Namen Stalin zu streichen. Er weigerte sich. Der Kritik an seinen neuen Büchern entzog sich der Autor durch Reisen nach Frankreich, nach Italien, nach Amerika, die dem Prominenten gestattet wurden.

Das literarische Ergebnis allerdings ließ Chruschtschow toben und Breschnew handeln: bis auf einige Bruchstücke der »Aufzeichnungen eines Müßiggängers« in der Nowyj Mir erschien nichts Neues mehr von Nekrassow. Chruschtschow griff Nekrassows USA-Impressionen »Auf beiden Seiten des Ozeans« 1963 vor dem Zentralkomitee mit den Worten an: »Viktor Nekrassow... hat, obwohl Mitglied der Partei, die kostbarste Eigenschaft eines Kommunisten, das Gefühl der Parteilichkeit, verloren... Er steckt derart tief im Sumpf seiner ideologischen Abweichungen, ist derart seinen irrigen Auffassungen verhaftet, daß er die Beschlüsse der Partei nicht akzeptiert.... Man kann seine Sachen nicht ohne Empörung lesen.«

Das war der Auftakt zur ersten Runde gegen Nekrassow. Alle Verlage brachen ihre Beziehungen zu dem Schriftsteller ab. Ein Parteiverfahren wurde eingeleitet. Daß Nekrassow lediglich mit einer strengen Rüge davonkam, verdankt er dem italienischen KP-Chef Togliatti, der veranlaßte, eine positive Besprechung des Amerika-Buches in der KPI-Zeitschrift »Rinascita« abzudrucken, deren Druck bereits abgelehnt war. Ein italienischer Freund Nekrassows, der Literaturkritiker Vittorio Strada, hatte Parteichef Togliatti zu diesem Eingreifen überredet. Auch 1969 kam Nekrassow noch einmal mit einer Rüge aus einem Partei-Verfahren heraus. Grund für das Vorgehen gegen ihn: Der Schriftsteller aus Kiew hatte sich gegen den Ausschluß Solschenizyns aus dem sowjetischen Schriftstellerverband gewandt und die literarische Vergangenheitsbewältigung dieses Dichters für notwendig erklärt. Von seinem Einsatz für die Dissidenten des Landes ließ sich Nekrassow nicht abbringen. Im Jahre 1973 wurde Nekrassow dann aus der Partei ausgeschlossen.

Im Exil schrieb er später: »Ich dachte, es gibt wahre und falsche Kommunisten, mich selbst zählte ich zu den wahren. Ich wollte auch die anderen überzeugen. Aber man hat mir die Überzeugung genommen... Ich quälte mich, fühlte mich verantwortlich. Ich saß da in Parteiversammlungen, sah sie mir alle an und dachte: Wir ersticken fast vor Heuchelei, Scheinheiligkeit und die ganze Welt weiß das und fürchtet sich vor uns, denn unsere Raketen fliegen weit – und wir besitzen keine Moral.«

Nekrassow lebte seit seinem Parteiausschluß von seiner Pension: 120 Rubel im Monat. Am 17. Januar 1974 kamen Beamte des KGB in seine Kiewer Wohnung und stellten sie zwei Tage auf den Kopf. Der Schriftsteller erinnert sich: »Man muß es ihnen lassen – die Zeiten ändern sich – sie waren höflich, wenn auch hartnäckig. Sie sagten ›Verzeihung‹, während sie meine Privatkorrespondenz durchwühlten... Die Frauen wurden ins Badezimmer gebeten und von einer speziell angeforderten KGB-Mitarbeiterin nackt ausgezogen. Auf ihren Befehl mußten sie in die Hocke gehen, man sah ihnen in die Ohren und tastete ihre Frisur ab. Und all das geschah gründlich, als wäre dies nicht die Wohnung eines Schriftstellers, sondern ein Spionagenest.«

Die Durchsuchung galt dem »Auffinden antisowjetischer und verleumderischer Literatur«. Nekrassow schrieb später: »Wer vermag den Begriff antisowjetisch genau zu definieren? Seinerzeit galten solche Schriftsteller wie Babel, Sostschenko, Achmatowa, Mandelstam, Bunin als antisowjetisch. Heute werden sie veröffentlicht und wieder aufgelegt. Wie soll man zum Beispiel die Rede Molotows auf der Sitzung des Obersten Sowjets im Oktober 1939 einstufen? Ist sie nun pro- oder antisowjetisch? Immerhin sagte er in dieser Rede, daß man nicht gegen den Hitlerismus kämpfen dürfe, da ein Krieg gegen Ideen – der Hitlerismus, eine Idee! – absurd und verbrecherisch sei. Hätte man diese Zeitung bei mir gefunden, wäre sie auch konfisziert worden? Und was ist mit den Millionen, die Stalin umgebracht hat, sind die Morde nun als prosowjetische oder antisowjetische Taten anzusehen? Wer gibt darauf eine erschöpfende Antwort?«

Der Schriftsteller befand: »Eine Haussuchung ist das höchste Mißtrauen, das der Staat seinen Bürgern entgegenbringen kann.« Der Zweck wurde sehr schnell deutlich: die Maßnahme hatte einschüchtern sollen. Und sie war als Erniedrigung Nekrassows gedacht. Doch die Partei ließ dem Dichter jenseits dieses Zweckes einen Ausweg in ihrem Sinne: er sollte sich öffentlich von Solschenizyn und Sacharow distanzieren. Nekrassow: »Bei vielen Instanzen sagte man mir, daß es an der Zeit sei, dem Volk zu sagen, auf welcher Seite der Barrikade ich mich befände.«

Und Nekrassow fragte sich verwundert: »Kann man wirklich ernsthaft annehmen, daß ein anständiger Mensch sich den unwürdigen Schimpftiraden anschließen würde, die wie Spülicht über die Köpfe zweier Menschen ausgeschüttet werden, die zu den würdigsten Vertretern unseres Landes gehören – Sacharow und Solschenizyn?« Während Nekrassow diese Gedanken niederschrieb, wurde Alexander Solschenizyn festgenommen, in ein Flugzeug gesteckt und in den Westen geflogen. Drei Monate später flog auch er. Bei ihm seine Frau. Deren Sohn mit Familie wurde eineinhalb Jahre später aus dem Land gelassen. Viktor Nekrassow hatte entnervt aufgegeben.

Zwar hatten ihm die Behörden versichert, er könne jederzeit zurückkommen, aber ihm war klar: die Machthaber wollten damit lediglich ihr Gesicht wahren. Der Schriftsteller erinnert sich, wie ihm auf dem Flughafen von einem Oberst die Verdienstmedaille für die Verteidigung Stalingrads abgenommen wurde. Später entzog ihm das sowjetische System die Staatsbürgerschaft. Der Dichter im Exil sagt: »Man kann einen Mann nicht trösten, der beleidigt worden ist.« Und der Dichter der Roten Armee ist ein beleidigter Dichter. Aber immer war dieser Nekrassow auch mehr als diese Symbolgestalt. Noch vor dem »Iwan Denissowitsch« Solschenizyns hatte Nekrassow dessen Thema in der Novelle »Kyra Georgijewna« aufgegriffen. In der Figur einer Bildhauerin hat er den Versuch beschrieben, ein unbeschwertes Leben jenseits aller Gängelungen der Politik zu führen, und er hatte diesen Versuch als eine Illusion enthüllt. Für die Bildhauerin Kira gerät das Leben aus den Fugen, als ihr erster Mann, ihre Jugendliebe aus dem Lager, aus der Verbannung zurückkommt.

Über ihn heißt es in der Novelle: »Ja, mit einundzwanzig Jahren hatte man ihn eingesperrt... Und man hatte ihn umsonst eingesperrt... Und er hatte fast ein halbes Leben lang gesessen. Und ohne das erleichternde Gefühl, für eine Sache, für eine Idee zu leiden – umsonst hatte er gelitten. Und nun war er wieder in der Freiheit und... ›Sind Sie da nicht verbittert?‹ Eigenartig, aber er spürt keine Bitterkeit. ›Aber wahrscheinlich waren Sie es damals!‹ Was hatte es damals nicht alles gegeben, frag lieber nicht danach! Alles hatte es gegeben. Aber jetzt... Jetzt ist es etwas anderes. Warum? Vielleicht vor Glück, daß alles überstanden ist, weil du wieder zurück und noch bei Kräften bist, weil du so dasitzt und bei einer Zigarette über alles in Ruhe sprechen kannst. Vielleicht aber auch deshalb, weil das nicht dein persönliches Unglück gewesen ist, sondern die Tragödie eines Volkes, die du gemeinsam mit ihm durchgestanden hast. Es fällt schwer zu sagen, warum...«

Die Bildhauerin und der langjährige Lagerhäftling finden nicht mehr zusammen. Kein Seelendrama wird entwickelt. Nakrassow zeigt die Unfähigkeit der Menschen, den Menschen zuzuhören. Und er weckt mit seiner Darstellung des Stoffes, der als Dialog mit dem Leser konzipiert ist, den Wunsch nach Überwindung dieses Mangels.

Viktor Nekrassow mit einer brennenden Kerze in der Hand neben seiner Mutter und einer Bekannten in den fünfziger Jahren zu Weihnachten in Kiew. Auf dem russischen Friedhof von Sainte-Géneviève-des-Bois bei Paris besucht er Gräber seiner Freunde und sagt: »Überall hier stehen unsere Birken. Spätestens hier werde ich kein Heimweh mehr haben.«

Auf Kommunikation mit dem Nächsten – und hier lag bereits die Qualität des Erstlingsromans – sind alle Bücher Nekrassows angelegt. Auch die zwei inzwischen im Exil entstandenen Werke: »Zu beiden Seiten der Mauer« und »Ansichten und etwas mehr«. Es sind Impressionen von Reisen durch westliche Länder. In ihnen tastet sich der Autor an die neue Lebensweise heran: an das Konsumverhalten, an Streik und Teuerungen, an das Problem der Arbeitslosigkeit, an Inflation, an die Politik der westlichen Kommunisten, an die Denkkategorien linker Intellektueller. Er zieht in diesen Büchern zugleich die Bilanz seines Lebens. Bindet die Reminiszenzen an sein Leben in der Sowjetunion ein in die neue Erlebniswelt. Und gibt glänzende Einblicke in die Literatur seines Landes, schildert Kollegen in ihrer Größe, in ihrer Verzweiflung und auch in ihrem Versagen.

Immer wieder taucht auch sein Bruder Kolja in diesen beiden Büchern auf. Verbitterung schlägt dann um in Aggressivität gegen jene, für die der Sozialismus weiter einen Sinn hat im Westen. Für ihn ist eines sicher: Der Marxismus befreit nicht die Vergangenheit, sondern bereitet sie den Herrschenden als Beute zu. Und die Herrschenden – so hat er sie erlebt – sind gnadenlos. Die Ausbeutung des Menschen durch den Funktionär sei schlimmer als die Ausbeutung durch das Kapital, sagt er.

Anekdotisch berichtet Nekrassow: »Kapitalismus ist die Ausbeutung des Menschen durch den Menschen. Im Sozialismus ist es umgekehrt.« Er schreibt: »In den kapitalistischen Ländern gibt es Rechtsbrüche, aber es gibt auch Recht.« Er fragt und antwortet zugleich: »Warum gibt es keinen Terrorismus in der Sowjetunion? Sehr einfach, weil er dort nicht von unten, sondern von oben ausgeht.« Er sieht sich als ein »zärtlicher Verleumder« seines Heimatlandes. Er sagt: »Das beste Mittel gegen Heimweh ist immer noch die Lektüre der Prawda.«

Doch das Heimweh ist stärker als dieses Zentralorgan zur Abwehr des Heimwehs. Er liest das Blatt täglich. Er hört auch Radio Moskau täglich. Beim Schreiben stellt er selbstkritisch fest: »Irgendwie taucht das Wort Trauer immer häufiger in meinen Zeilen auf.«

Viktor Nekrassow ist über die Brücke gegangen, die ihm seine Mutter war. Es war die Brücke, die hin zum Westen führte. Er hat alle Stätten besucht, die auch sie einst besucht hatte. Er hat den Erdteil bereist, der nicht im Bereich der Moskauer Machthaber liegt. Er liebt und lobt das Leben. Er hat seine Lust gehabt, er hat beobachtet, er hat erlebt.

Doch inzwischen weiß er: er hat im Exil alle Freiheiten gewonnen. Bis auf eine einzige: die Freiheit heimzukehren. Aber nur sie macht das Entscheidende aus. Wo der Plural sich nicht in den Singular verwandelt, wird alles irgendwann schlimmer als es war. Und »irgendwann« ist für den über 70jährigen Schriftsteller heute.

Nekrassow schlendert durch die Stadt. Er sitzt im »Deux Magots«, bestellt einen Kaffee und eine Portion Crocq'Monsieur, gebratene Eier mit Schinken zwischen zwei Toastscheiben. Oder er wechselt hinüber zum Café Flore, wo einst Hemingway saß. Er kauft seine russischen Bücher im »Globe« in der Rue de Buci. Er geht zum Gare du Nord, um wenigstens den Zug nach Moskau abfahren zu sehen. Er liest die Bücher der russischen Emigration. Er hat Französisch sprechen gelernt und hat seine Schwierigkeiten mit Verben und Artikeln, die er verwechselt.

Er war immer ein weltoffener Mann. Nun hat er seine Weltoffenheit erprobt. Doch immer häufiger geht sein Blick zurück zu seinen isolierten Landsleuten, gewinnt Enttäuschung die Oberhand, spürt er den Betrug, der an ihm begangen wurde, und den Selbstbetrug, hat er Schuldgefühle. Er sagt: »Breschnew wird gehen, für ihn wird ein Neuer kommen. Alle werden sie wie bisher dulden, erfüllen, übererfüllen, betrügen, stehlen und sich flüsternd ihre Bewunderung für Sacharow oder für einen anderen nach ihm anvertrauen, der die Hoffnung rechtfertigt, daß bei uns noch nicht alles verfault ist... Aber dann werden sie weiterleben mit der allgemeinen Schlamperei.«

Also das alte Problem: der ewige Fatalismus der Russen? Das will er nicht hören. Der sonst so Freundliche wird wütend. Und er beginnt zu schreien, als ich den Imperialismus der Machthaber in sei-

Allabendlich findet sich die Familie gegen 21 Uhr zum Tee in der Wohnung Viktor Nekrassows ein. Nicht mehr so häufig wie früher schlendert Nekrassow durch Paris und trinkt sein Bier an einem der kleinen Tische vor den Bistros.

nem Land auch auf die Zaren beziehe. Die Gäste im von einem Exil-Russen geführten Restaurant »Dominique« schauen zu uns herüber und hören, wie mich Nekrassow nun in russisch laut verwünscht. Na und? Es passiert und hört wieder auf, es passiert öfter. Nach jeder Verwünschung greift er auch zum Wodka-Glas, prostet mir zu, und wir trinken unsere 100 Gramm.

Er hat Meinungen, die ich nicht ertrage. Ich habe Meinungen, die er nicht erträgt. Und dahinter gibt es Zweifel an den eigenen Meinungen, die zuzugeben niemand bereit ist. Er sagt: »Sozialismus ist, ob man es will oder nicht, mit der Sowjetunion verbunden. Und das sowjetische System ist bankrott. Ich weiß, für linke Intellektuelle in Westeuropa ist es schwer, den Glauben ganz zu verlieren. Sie machen die Augen auf, aber dann wieder zu. Aber zu Ende denkt kaum jemand von ihnen.« Er hat recht, und er hat unrecht. Es ist gar nicht das Entscheidende. Entscheidend ist dieses kleine Stück mehr, das über das Zuhören hinausgeht: ein Zugeneigtsein, das Verhärtung löst.

Gegen Ende unserer streitbaren Gespräche umarmt er mich und sagt: »Nehmen Sie mich so, wie ich bin. Es spricht zu Ihnen ein siebenjähriges Kind. So lange lebe ich im Westen. Ein Kind kann zuhören. Und ich höre zu.«

Viktor Nekrassow

WLADIMIR WOINOWITSCH: DIE SCHULD DES OPFERS

Es gibt Stunden, da verwirren sich Vergangenheit und Gegenwart zu einem Knäuel der Bitternis, wird Exil zu einem unerträglichen Zweipersonenstück, in dem das Opfer der Angeklagte ist: Wladimir Woinowitsch, der der sowjetischen Ideologie seine Menschlichkeit entgegensetzte, der gegen die Verfolgung der Dissidenten in seinem Heimatland protestierte, der mit seinem Iwan Tschonkin eine literarische Bruderfigur des braven Soldaten Schwejk schuf. Jahrelang widerstand der Schriftsteller Angriffen und Drohungen der Staatsmacht, die ihn loswerden wollte. Herzanfälle führten 1980 zu Zusammenbrüchen. Wladimir Woinowitsch gab dem Drängen der Machthaber nach, eine Einladung nach München anzunehmen, und reiste aus. Sieben Monate später entzog ihm die Sowjetunion die Staatsbürgerschaft. Wladimir Woinowitsch ist mit Frau und Kind in Bayern geblieben. Er lebt in einer Dreizimmerwohnung, für die er keine Miete zahlen muß. Die Eigentümer haben ihr Haus auf demselben Grundstück und tun alles, was der Familie das Einleben in die fremde Umgebung erleichtert. Sie haben auch durchgesetzt, daß die siebenjährige – nur Russisch sprechende – Olga Woinowitsch gleich eingeschult wurde, daß das Kind vom Zögern der Eltern nichts zu spüren bekam.
Für Olga ist die Geburtsstadt

Wladimir Woinowitsch

Moskau nicht vergessen. Aber außer Moskau gibt es für sie nur den neuen Wohnort. Der Vater hat ihr auf einer Lesereise im Frühjahr 1981 die USA gezeigt. Doch selbst der Besuch von »Walt-Disney-Land« beeindruckte sie nicht. »Stockdorf ist schöner«, reagierte sie.
Stockdorf liegt an der Peripherie Münchens und hat 4000 Einwohner. Olga hat hier in einem knappen Jahr fließend Deutsch sprechen gelernt, die Eltern noch nicht. Sie sprechen Englisch. Olga ahnt, was der Vater insgeheim erwägt, wenn er immer wieder die Geschichte von den Taxifahrern in New York erzählt, die den Schriftsteller Woinowitsch auf Anhieb erkannten. Es waren Russen im Exil wie er selbst auch. Wladimir Woinowitsch spielt mit dem Gedanken, weiterzuziehen in die USA, wo er eine stärkere literarische Resonanz vermutet als in der Bundesrepublik. Aber Kind und Frau spielen nicht mit. Olga hat ihre Freunde in Stockdorf. Und Ehefrau Irina weiß: »Ein Wegziehen von hier wäre nur eine Flucht vor Schwierigkeiten, die wir auch dort bekämen.«
Ein Konflikt wird angetippt. Wladimir und Irina Woinowitsch huschen über ihn hinweg und erzählen, wie Tochter Olga ihre Sprachlosigkeit in der Schulklasse mit einem Dauerlächeln kaschiert hat, bis sie Halt im neuen Wortschatz gefunden hatte. Die Eltern sind noch weit davon entfernt, Boden unter den Füßen zu haben. Ohne das tägliche Telefongespräch mit Verwandten oder Freunden in Moskau wäre das Exil nicht zu ertragen. »Die Freiheit haben wir«, sagt Ehefrau Irina. »Doch die Wärme, wie wir sie von Moskau her gewohnt sind, haben wir verloren.«
Es dauert lange, bis ein solcher Satz fällt. Wodka, von dem immer eine Flasche parat steht, vermag die Disziplin zu lockern, aber nicht aufzuheben. Einer von beiden bremst immer oder läßt den anderen auflaufen. Das hört sich dann so an.
Sie: »Hier kann man alles sagen. Aber zugleich sind die Leute im Westen viel einsamer. Ohne Zusammenhalt ist im Osten das Leben nicht vorstellbar. Irgend etwas Wahres ist dran an dem Satz: Der Mensch wird besser, wenn er leidet.« Er: »Dann müßte man alle Menschen schlagen.« Wladimir Woinowitsch sagt das leise, ohne den Anflug von Aggressivität. Er weiß, wie dicht sich seine Frau an einem Konflikt befindet, den sie bis heute nicht bewältigt hat: der Tod ihrer Eltern.
Vater und Mutter starben am selben Tag. Ihr Tod am 21. August 1980 machte die Entscheidung auszureisen, die den Eltern bekannt war, leicht und lastet nun schwer auf der Tochter Irina als ein Schuldgefühl. Hätte die Familie nicht weiter in Moskau bleiben sollen? Hätte sich letztlich der gesundheitliche Zustand ihres Mannes nicht doch als stark genug erwiesen? Ist er nicht heute wieder gesund? Denn eines erscheint nicht nur ihr, sondern auch ihrem Mann sicher: Ihre Eltern starben, weil ihr Leben ohne Tochter, Enkelkind und

Wladimir Woinowitsch, seit Ende 1980 in der Bundesrepublik, wohnt in Stockdorf bei München.

Schwiegersohn sinnlos geworden wäre. Irinas Mutter erlitt einen Herzanfall, starb nach der Einlieferung im Krankenhaus, das Krankenhaus informierte den Ehemann, der auf dem Wege ins Krankenhaus zusammenbrach – Herztod.
Daß das sowjetische System schuld an diesem Tod ist, weiß sie. Doch als System bleibt es unfaßbar und verweist auf jenen Mann, der dieses System herausgefordert hat: auf Wladimir Woinowitsch. Wo hat Moral, das Beharren auf ihr, ihre Grenze, wo wird sie unmenschlich? Muß der Einzelne einen Kompromiß mit der Moral machen, wenn das Leben der Nächsten auf dem Spiel steht? Fragen, die Irina Woinowitsch nicht loslassen, die sie ins Irrationale führen und unterschwellig den eigenen Mann in die Schuld setzen. Sie weiß, daß das verrückte Gedanken sind, ohne daß ihr dabei die Logik einen Ausweg zu weisen vermag.
Jene Logik, die ihr sagt, was geschehen wäre, wenn ihr Mann, wie zuvor immer, eine Ausreise verweigert hätte. Da war jener Dr. psych. Jurij Idaschkin aufgetaucht, Angestellter im Staatskomitee für Verlagswesen, Mitglied des Schriftstellerverbandes, aus dem Woinowitsch seit 1974 ausgeschlossen ist.

In einer modifizierten Form spielte Idaschkin die Rolle jenes Alexander Fadejew (1901–1956) vom Schriftstellerverband, der ein Handlanger des Geheimdienstes war und die Haftbefehle gegen Dichter, wie Isaak Babel, Ossip Mendelstam, Boris Kornilow, Pavel Wassiljew und Bruno Jassenski, mit seiner Unterschrift sanktionierte. Nach dem XX. Parteitag, als die stalinistischen Verbrechen offengelegt wurden, beging Fadejew Selbstmord.

Dr. Idaschkin handelte im höchsten Auftrag. Denn die Verfügung, Woinowitsch im Juli dieses Jahres die Staatsbürgerschaft zu entziehen, weil er »das Prestige des sowjetischen Staates untergraben« habe, trägt die Unterschrift von Leonid Breschnew.

Was dessen Regime ihm über den Mittelsmann Idaschkin mitzuteilen hatte, beschreibt Woinowitsch so: »Idaschkin sagte mir, wenn ich mich weiter weigere auszureisen, bestehe die Gefahr, daß ich in einen Autounfall oder in eine Schlägerei auf der Straße verwickelt werden könnte. Oder auch daß ich als Opfer einer Provokation auf der Anklagebank landen könnte. Möglicherweise errege das im Westen Aufsehen, aber das – so Idaschkin – ›ist uns jetzt scheißegal. Wir verlieren sowieso, wie hoch – 0:4 oder 0:6 –, spielt keine Rolle‹.«

Der Bruch des Regimes mit Wladimir Woinowitsch liegt mehr als ein Jahrzehnt zurück.

Dazu kam es, als 1969 in der in Frankfurt ansässigen exilrussischen Zeitschrift »Grani« ein Kapitel aus dem Woinowitsch-Roman »Die denkwürdigen Abenteuer des Soldaten Iwan Tschonkin« abgedruckt wurde. Aus jenem Buch, das im sowjetischen Untergrund, im Samisdat (Selbstverlag), kursierte, das dann in 25 Sprachen übersetzt wurde, aber in der Sowjetunion nie erscheinen durfte.

Der Roman spielt im Jahre 1941. Um den Soldaten Iwan Tschonkin, der beauftragt ist, ein notgelandetes Militärflugzeug zu bewachen und von seinen Vorgesetzten vergessen wird, gruppiert Woinowitsch seine Satire über alles, was der UdSSR heilig ist: die Armee, den Geheimdienst, die Partei und natürlich Stalin.

Über seinen Tschonkin, der im Zivilberuf Landarbeiter

ist, schreibt Woinowitsch in seinem Roman: »Hätte der Autor nicht einen echten mannhaften Krieger aus dem Leben herausgreifen können, einen hochgewachsenen und disziplinierten Soldaten, der bei der militärischen genau wie bei der politischen Ausbildung ganz vorn liegt? Darauf kann ich nur erwidern: Ich hätte es gekonnt, aber es ist mir nicht gelungen. Die Guten und die Besten waren schon alle vergriffen, da mußte ich mich an Tschonkin halten.« Das war als Antwort gedacht auf die schöngefärbten literarischen Heldenfiguren in der Sowjetunion.

Der Mann, der diesen satirischen Roman schrieb, kam am 21. Dezember 1980 im Westen an und stellte sich am 12. Januar 1981 erstmals einem westlichen Publikum vor. Vor der Bayerischen Akademie der Schönen Künste machte der Russe seinen literarischen Standpunkt deutlich: »Ein Schriftsteller, egal in welcher Gesellschaftsform er lebt, denkt anders als alle, anders auch als die meisten, anders sogar als irgendwelche Minderheiten: Der Schriftsteller hat nur dann Qualität, wenn seine Sicht der Dinge besonders ist, unverwechselbar, unwiderholbar.« Nach fast einjährigem Aufenthalt im Westen sagt Woinowitsch: »In der Sowjetunion durfte ich kein Schriftsteller mehr sein. Und im Westen soll ich es offenbar auch nicht mehr sein. Das ist eine verrückte Sache. Ich wurde 1974 in Moskau aus dem Schriftstellerverband ausgeschlossen, weil ich ein Dissident war. Im Westen möchte man, daß ich am besten ein Dissident bleibe, der in Vorträgen gegen die Sowjetunion Stellung nimmt. Diesen billigen Erfolg will ich nicht. Dr. Dissidenz? Nein, danke! Ich will als Schriftsteller anerkannt sein. Ich will, daß man mich liest.«

Wladimir Woinowitsch hat sich seinen Schriftsteller-Beruf lang und hart erkämpfen müssen. Geboren 1932 in Duschanbe in Tadschikistan, ist er bald hin- und hergeschüttelt worden. Er erzählt von seinem Vater, der Journalist war, der 1936 ein Opfer Stalinschen Terrors wurde, der fünf Jahre in Gefängnissen verschwand und 1941 nur freigelassen wurde, weil Stalin jeden brauchte im Kampf gegen die Deutschen, der schwer verwundet wurde. Die Geschichte eines gebrochenen Mannes, der seinen kommunistischen Glauben verlor, der heute 76jährig auf der

Die Schwiegereltern des Dichters 1930 in Sewastopol: Sie starben 1980 am selben Tag, als die Nachricht von der Ausreise ihrer Kinder sie erreichte. – Der fünfjährige Wladimir Woinowitsch (erste Reihe Mitte) im Kindergarten seiner Geburtsstadt Leninabad, heute wieder Duschanbe, in Tadschikistan.

Krim lebt und seine Vision von einer menschlicheren Welt nicht aufgegeben hat. »Eine Vision, die Christentum und Sozialismus vereint«, sagt Wladimir Woinowitsch.
Der Schriftsteller berichtet von seiner Jugend: Leben in Mittelasien, Leben in der Ukraine, Leben in der Stawropoler Steppe im Nordkaukasus, Leben in den Wologdaischen Wäldern Nordrußlands. Armut, Hunger, Angst. Die Schule im Nordkaukasus sieben Kilometer vom Haus entfernt. »Als ich einmal vom Unterricht zurückkehrte, lief mir eine Schlange über den Weg«, erinnert sich Woinowitsch. »In meiner Panik rannte ich kopflos durch die Gegend und verirrte mich in der Steppe. Abends stieß ich endlich auf ein Feldlager. Seit jenem Erlebnis wagte ich es monatelang nicht mehr, in die Schule zu gehen.« Einen normalen Schulabschluß hat Woinowitsch nicht gemacht.
Er wurde Tischler, er wurde Soldat, er wurde Zimmermann. »Aber die ganze Zeit dachte ich, wie werde ich Schriftsteller«, erzählt er. Als Soldat schrieb er Gedichte. Ohne Erfolg bemühte er sich um die Aufnahme am Moskauer Gorki-Institut für Literatur. Einmal fiel er durch, das zweite Mal bestand er. »Doch weil ich Jude war, wurde ich nicht genommen«, berichtet er. »Neun anderen Bewerbern mit jüdischen Namen ging es so wie mir.«
Woinowitsch gab nicht auf: Im Abendstudium holte er sein Abitur nach, er begann Pädagogik zu studieren, ging nach Kasachstan, schrieb dort Prosa, kam zurück, fand Beschäftigung beim Moskauer Rundfunk und machte dort Karriere – als Liedertexter. Sein Lied »14 Minuten vor dem Start« wurde von den ersten Weltallfliegern in ihren Kapseln gesungen. Und auch von Nikita Chruschtschow auf der Tribüne des Lenin-Mausoleums in Moskau, als er 1962 die Kosmonauten Nikolajew und Po-

powitsch begrüßte. Woinowitschs Text wurde zur offiziellen Kosmonautenhymne. Doch seiner Prosa nutzte das zunächst überhaupt nichts. Denn in der Literaturzeitschrift »Novyj Mir« in Moskau waren die Intellektuellen Intellektuelle wie überall. »Was interessierte die schon, wer welche Lieder schrieb, und auch noch solche wie von mir«, erzählt Woinowitsch.

Und er erzählt so, als schreibe er, wie er schließlich dennoch als Schriftsteller entdeckt wurde: »Sie müssen sich das Haus von ›Novyj Mir‹ wie ein Labyrinth vorstellen. Ich nahm mein Romanmanuskript ›Hier leben wir‹. Ich kam bis zur zweiten Station. Die erste war der Pförtner, die zweite eine Redakteurin. ›Ich habe einen Wunsch‹, sagte ich zu ihr. Sie schaute mich unwillig an. Ich sagte: ›Lesen Sie mal die ersten zehn Seiten meines Manuskriptes. Wenn Sie Lust haben, auch noch die elfte zu lesen, dann ist es gut. Wenn Sie vorher aufhören, dann geben Sie mir mein Manuskript zurück!‹ – Die Redakteurin behielt das Manuskript. Eine Woche später erhielt ich ein Telegramm: ›Sofort kommen.‹ Ich kam, und mir gegenüber saß das ganze Redaktionskollegium von ›Novyj Mir‹. Alexander Twardowskij, der Chefredakteur, sagte mir kurz und bündig: ›Ihre Geschichte wird gedruckt, und zwar in der nächsten Nummer‹.« Es war die Nummer eins 1961.

Wladimir Woinowitsch wurde gelobt und zwei Jahre später getadelt. Da war in »Novyj Mir« seine Erzählung »Ich will ehrlich sein« erschienen,

eine Geschichte aus dem Baugewerbe: Der Held, der dort arbeitet, sieht Unregelmäßigkeiten, kämpft gegen sie an, aber niemand ist bereit, ihn zu unterstützen. Er steht allein.

Woinowitsch schrieb ein Drehbuch zu dieser Erzählung. Regisseur und Schauspieler waren schon verpflichtet. Da wurden die Dreharbeiten zu dem Film von höchster Stelle verboten. »Ich will ehrlich sein« – ein Titel wie ein Programm für den weiteren Werdegang dieses sowjetischen Schriftstellers, der sich langsam von der Schreibmanier des »Sozialistischen Realismus« löste und ein bedeutender Satiriker seines Landes wurde. 1967 legte er mit dem Roman »Zwei Freunde«, die Geschichte der

Der 19jährige Woinowitsch als Soldat der Roten Armee im Jahre 1951. Irina, eine Lehrerin – hier 1965, als sie heirateten –, ist die zweite Frau des Schriftstellers.

Manipulation Jugendlicher durch eine bürokratisierte Umwelt erstmals ein Stück Dichtung vor – und wurde im Westen übersetzt.

Seit jener Zeit ist Woinowitsch praktisch ein verbotener Autor in der Sowjetunion gewesen. Drehbücher von ihm wurden abgelehnt. Ebenso wie »Die denkwürdigen Abenteuer des Soldaten Tschonkin« konnte seine Erzählung »Brieffreundschaften« nicht erscheinen: die Geschichte eines Unteroffiziers, der sich durch seine harmlose Leidenschaft, unbekannten Mädchen Briefe zu schreiben, um alle Zukunftsaussichten bringt. Wieder eine schonungslose Schilderung vom Militär- und Bauernmilieu in der UdSSR. Seine Erzählung »Iwankiade«, die den zermürbenden Kampf um eine Wohnung schildert, hatte erst recht keine Chance der Veröffentlichung.

Die »Iwankiade« – das ist die Darstellung der Realität, wie Woinowitsch sie selbst erlebt hat. Bis 1973 hatte er mit seiner Frau in einer Einzimmerwohnung von 24 Quadratmetern gelebt. Nun, wo Irina ein Kind erwartet, steht ihm endlich eine Zweizimmerwohnung zu. Aber ein hoher Funktionär beansprucht die zwei Räume für sich, weil sie direkt an seine Wohnung grenzen – und weil er eben ein hoher Funktionär ist. Doch Woinowitsch bleibt in diesem Kampf Sieger, weil er als Sowjetbürger und als Autor ein Meister der Satire ist. Und als Satiriker gewinnt er, weil er mit Eingaben und Beschwerden die Realität so behandelt, wie sie in der UdSSR wirklich ist: die Sowjetunion – ein Land, in dem die Satire gelebt wird.

Daß dieser Wladimir Woinowitsch 1967 in Schwierigkeiten geriet, lag anfangs nicht nur an dem, was er schrieb. Der damals 35jährige Autor gehörte zu jenen 62 Moskauer Schriftstellern, die in Schreiben an oberste Partei- und Staatsgremien gegen die Verurteilung der Kollegen Andrej Sinjawski und Julij Daniel protestierten. Sinjawski und Daniel mußten mehrjährige Haftstrafen abbüßen, weil sie im westlichen Ausland unter Pseudonym Arbeiten veröffentlicht hatten. Der Protestbrief signalisierte den Anfang der Dissidenten-Bewegung in der UdSSR.

Wo immer die abweichenden Meinungen von der Parteilinie verfolgt wurde, erhob Woinowitsch seine Stimme gegen diese Verfolgung. Ein Jahr nach seinem Ausschluß aus dem Schriftstellerverband wurde er zum Geheimdienst KGB zitiert. Man machte ihm dort deutlich, »daß das Leben des Menschen von Zwischenfällen bedroht sei«. Woinowitsch antwortete darauf: »Ein Mord ist gar keine schlechte Bewertung meiner schriftstellerischen Arbeit.« Und er legte sein KGB-Erlebnis offen, in einem Brief, der in westlichen Zeitungen publiziert wurde.

Die Wahl in die Bayerische Akademie der Schönen Künste 1976 hat er als »einen gewissen Schutz« empfunden. Polizeibesuch zeigte an, daß man den verbotenen Dichter, so wie einst den Lyriker Jossif Brodskij, wegen »gesellschaftlichen Parasitentums« vor Gericht stellen könnte. Zwischen Polizist und Schriftsteller entwickelte sich folgender Dialog:

Der Polizist: »Warum arbeiten Sie nicht?«
Woinowitsch: »Ich arbeite doch.«
Der Polizist: »Wo?«
Woinowitsch: »Hier an meinem Schreibtisch.«
Der Polizist: »Aber Sie sind doch aus dem Schriftstellerverband ausgeschlossen worden.«
Woinowitsch: »Das ist eben der Unterschied zu einem Polizisten, der kein Polizist mehr ist, wenn er aus der Polizei ausgeschlossen wird. Aber ein Schriftsteller ist auch ohne Verband ein Schriftsteller.«
Woinowitsch greift in die Schreibtischschublade und holt seine Mitgliedsurkunde der Bayerischen Akademie heraus – der Polizist, bevor er geht: »Ja, das ist eine Urkunde.«

Das alles liegt weit zurück. Wenn Woinowitsch heute darüber spricht, bleibt die Angst von damals ausgespart. Alles, was er sagt, wird zu einem Stück zukünftiger Literatur, in der die Dummheit eines Systems in Lächerlichkeit untergeht.

Woinowitsch berichtet von der letzten Stunde vor dem Abflug nach München: Wie auf dem Moskauer Flughafen ein Geheimdienstmann ihm seine Aufzeichnungen abnimmt, wie Woinowitsch wieder zurück in die Stadt will, wie man ihm die Papiere dann doch zurückgibt, wie das Flugzeug »festgehalten« wird, bis er durchsucht ist, wie er seine Stiefel ausziehen muß, wie ein KGB-Mann hineinlangt, wie sich ein Dialog entwickelt: »Na, hast du eine Bombe gefunden?« – »Ich bin nicht hinter Bomben her.« – »Dann suchst du in den Stiefeln dein Gewissen.«

Die ersten Eindrücke im Westen. Mitglieder der Akademie zeigten dem Schriftsteller München, gingen mit ihm auf die Ämter. Woinowitsch sah und sah doch nichts. Eines Nachts ging er dann allein durch München, begann die neue Stadt zu entdecken.

Irina Woinowitsch erzählt, wie ihr schwindlig wurde, als sie das erste westliche Kaufhaus mit seinem Überangebot betrat: »Ich lief einfach wieder raus und hab' in kleineren Geschäften gekauft, bis ich gemerkt hab', daß dort alles teurer war. Also ging ich schließlich doch in die großen Läden. Selbstbedienung. Ich wollte saure Sahne kaufen, und es war Quark in den Töpfen. In den ersten Wochen hatte ich zu Hause oft die falschen Dinge in den Händen.«

Wladimir Woinowitsch beschreibt das Anfangsstadium so: »Alle Lebewesen müssen Sauerstoff atmen. Der Sauerstoff ist nötig für jeden Organismus. Wenn man aber einen Fisch aus dem Wasser nimmt und sagt: ›Hier atme, hier ist mehr Sauerstoff‹, dann erstickt er. Wir haben hier in Bayern so viel Hilfsbereitschaft gefunden, aber dennoch hatten wir das Gefühl, als gingen wir an zu viel Sauerstoff kaputt. Diese Vielfalt im Westen auf allen Gebieten. Wenn man sein Leben lang ohne Variante gelebt hat, dann steht man verstört vor der Wahl.«

Einige Probleme sind bewältigt: Wladimir Woinowitsch hat sich einen gebrauchten gelben BMW gekauft. Ein Leichtmetallrad für die Tochter, eines für sich mit Tacho; eine elektrische Schreibmaschine mit kyrillischen Buchstaben, eine Fotokopiermaschine. Wo immer Technik im Spiel ist, würde er gern alles kaufen.

Woinowitsch ist durch die Münchner Buchläden gegangen und hat seine Bücher in

Erinnerungen an Moskau: Das Foto mit den Kindern des Dichters aus erster Ehe, die die letzten Stunden vor der Abreise des Vaters bei ihm verbrachten. Der Sohn ist Student, die Tochter Krankenschwester. Das andere Foto entstand 1974 und zeigt Woinowitsch mit seiner zweiten Frau, der Tochter Olga und dem Bürgerrechtler Andrej Amalrik, der die UdSSR 1976 verließ und 1980 mit dem Auto in Spanien tödlich verunglückte. Kurz vor der Abreise entstand das Bild mit Tochter Olga und Vater in der Moskauer Wohnung.

den Regalen gesucht, sie aber nicht gefunden. Das irritierte ihn.

In der Sowjetunion hat er eine wichtige Rolle gespielt. Hier ist er einer von vielen Exilanten. Er spricht von »sensationslüsternem Interesse der westlichen Menschen am Autor«. Er sagt: »Hier gibt es einen Terror anderer Art. Wenn ich nämlich sage, was hier keiner hören will, dann bin ich tot.«

Die Freiheit, die ihre zwei Seiten hat. »Ich hab' das akzeptiert«, sagt er und formuliert seine Schwierigkeit mit dieser Freiheit: »In der Sowjetunion habe ich den Kreis meiner Leser gekannt. Aber für wen schreibe ich hier?« Sein zweiter Band der »Denkwürdigen Abenteuer des Soldaten Iwan Tschonkin« ist jetzt in den USA erschienen, in deutscher Sprache noch nicht. Am dritten, abschließenden Band sitzt er noch. Doch immer wieder springt er heraus aus seiner Trilogie. Er hat damit begonnen, einen Roman über Moskau in 50 Jahren zu schreiben. Den Kommunismus gibt es dann dort noch immer, aber in einer verwandelten Form. Mehr will Woinowitsch über sein neues Projekt nicht sagen.

Weil er den Kopf voller Ideen habe, weil er soviel schreibe, sei er noch immer nicht dazu gekommen, Deutsch zu lernen, sagt er und fügt gleich an: »Ist das nicht eine gute Ausrede?« Er bringt seine siebenjährige Tochter jeden Tag zur Schule und holt sie jeden Tag wieder ab: »Olga muß auf dem Weg zum Unterricht eine stark befahrene Straße überqueren. Es könnte ein Unfall passieren.« Aber der Unfall, den er wirklich meint, heißt Entführung. Der KGB ist in seiner Gedankenwelt eine Institution geblieben, die ihn und seine Familie noch immer verfolgt.

Inzwischen haben die Woinowitschs Fremdenpässe. In Zirndorf beim Bundesamt für die Anerkennung ausländischer Flüchtlinge hatten der Dichter und seine Frau ihre erste unangenehme Erfahrung mit der deutschen Bürokratie. Langes Warten und ein rüder Ton. Wladimir Woinowitsch erinnert sich:
Der Beamte: »Warum haben Sie einen sowjetischen Paß?«
Woinowitsch: »Ich bin offiziell ausgereist.«
Der Beamte: »Aber Sie sind doch Dissident.«
Woinowitsch: »Ja.«
Der Beamte: »Dann können Sie keinen Paß haben. Dissidenten kommen ohne Paß. Ich weiß das besser als Sie.«
Woinowitsch: »Aber ich hab' nun mal den Paß.«
Der Beamte: »Dann können Sie kein Dissident sein. Warum sollten die in Moskau für Sie eine Ausnahme machen. Wer sind Sie schon?«
Woinowitsch: »Ich bin Schriftsteller.«
Woinowitsch erzählt dem Beamten seine Ausbürgerungsgeschichte. Woinowitsch kann gehen. Woinowitsch muß warten. Woinowitsch geht in ein anderes Zimmer. Ein anderer Beamter sagt: »Machen Sie die Tür zu. Set-

Wladimir Woinowitsch 299

Die Woinowitschs Anfang Januar 1981 in ihrer neuen Wohnung in Stockdorf: Ehefrau Irina kramt im Gang in der Fotokiste. – Ehefrau Irina hat einen Schulranzen für die Tochter Olga gekauft, die gerade in die deutsche Schule gekommen ist.

zen Sie sich.« Wieder ähnliche Fragen. Der Dichter gibt sich zu erkennen; er sei Mitglied der Bayerischen Akademie der Schönen Künste, das Dokument über den Entzug seiner Staatsbürgerschaft sei von Leonid Breschnew persönlich unterzeichnet. Woinowitsch zeigt das Dokument.
»Nun wurde der Beamte höflich«, erinnert sich der Schriftsteller. Nein, seine Frau müsse nicht noch extra gefragt werden, sagt der Beamte. Sie könne aus der Schlange heraustreten: »Wir brauchen sie nicht unnötig zu beunruhigen.«
Die Familie Woinowitsch wartet darauf, daß ihr Asyl gewährt wird. Tochter Olga wartet auf Weihnachten. Im Flur hat sie einen Zettel mit ihren Wünschen angebracht: »Schmink- und Frisierkopf, ein Bastelset, einen kleinen Frosch und einen kleinen Ring.« Ihre Mutter wartet darauf, daß sie sich mit dem Tod ihrer Eltern endlich abfinden kann. Alle drei packen Pakete mit Geschenken für die Freunde in Moskau und für Sohn und Tochter des Dichters aus erster Ehe. Olga schreibt wieder einen Brief an ihre einstige Freundin in der alten Heimat, in dem sie berichtet, was sie Neues erfahren hat:
»1. Wenn Du eine Rolltreppe betrittst, fängt sie von selbst an zu rollen.
2. Während des Unterrichts kann man reden und mit den Absätzen klappern.
3. In jedem Geschäft gibt es Kaugummi...« Und so weiter.
Olgas Mutter traut sich endlich deutsch zu sprechen und erzählt, wovon ihr Mann träumt: von einem eigenen Stück Erde, von einem Garten, den er anlegen möchte, und von einem Haus. Olga hört zu und fällt der Mutter ins Wort: »Mama, sag nichts auf deutsch, es ist alles falsch.«

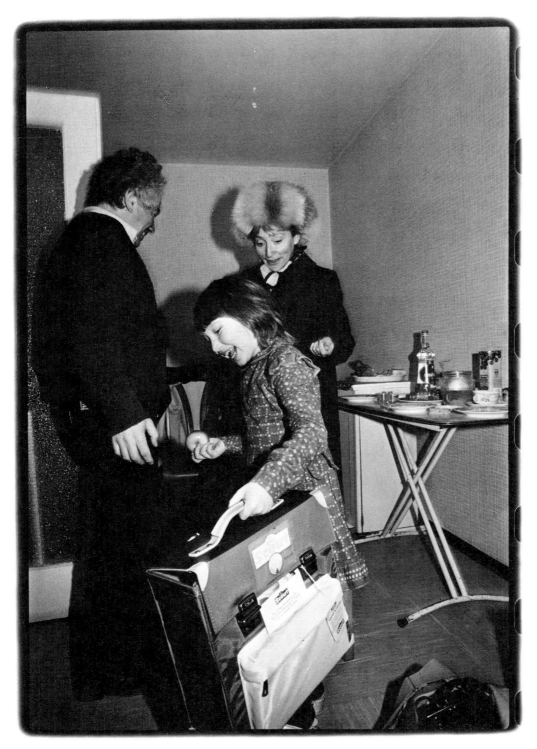

WASSILI AXJONOW: EIN LEBEN »IN BRENNENDER HAUT«

Irgendwie hat man Wassili Axjonow, den russischen Beatnik-Schriftsteller der sechziger Jahre, immer als Sonny Boy betrachtet. Und das, obwohl seine Eltern und er Opfer stalinistischer Verfolgung waren. Er war beliebt, er wurde anerkannt. Als Schriftsteller repräsentierte Axjonow das Lebensgefühl einer neuen Jugend, die den Forderungen des Systems nachkam und zugleich doch nach ihren eigenen Gesetzen lebte. Seine Prosa wurde in der Sowjetunion so populär wie Jewtuschenkos Lyrik. Nur das Beste war das eine nicht und auch nicht das andere. Der Westen sah in dieser Literatur dennoch etwas Neues: den Ausdruck einer universalen Zusammengehörigkeit der Jugend. Axjonow wurde ein privilegierter Autor und blieb es noch dann, als das kommunistische System auch in dieser Literatur Gefahr witterte. Er durfte zwischen Ost und West hin und her reisen.

Seit dem 21. Januar 1981 muß er im Westen bleiben. An jenem Tag entzog ihm die Sowjetunion die Staatsbürgerschaft. Das Regime antwortete damit auf jenen ihm bei Axjonow neu erscheinenden Widerstand gegen jegliche literarische und moralische Konzession. Im italienischen Verlag Mondadori war der Roman »Das Brandmal« erschienen, an dem Axjonow sechs Jahre lang gearbeitet

Wassili Axjonow

hatte und mit dem er nun wirklich das wurde, was zu sein ihm mehr als zwei Jahrzehnte nachgesagt worden war: Seismograph der gesellschaftlichen Krise seines Landes zu sein. Die Zeit des geschickten Taktierens war für Axjonow vorbei. Die Freiheiten, die er dabei gewonnen hatte, war nicht die Freiheit. Doch die hatte er gefunden, als er das »Brandmal« schrieb.

In dem Buch heißt es: »Ach, wie leicht haben sie uns alle auseinandergejagt, miteinander zerstritten, gegeneinander aufgehetzt, aneinander Verrat üben lassen.« Entfremdungsprozesse junger Menschen hatte er bis dahin beschrieben, nun ließ er sich als Autor erstmals aufs Erkennen seiner Identität ein und schilderte die Schuld der Schuldlosen, die sich einerseits in Gleichgültigkeit äußert, andererseits auch in dem für Axjanow elitären Standpunkt der Dissidenz. Axjanow geht aus von der eigenen Jugend am Verbannungsort Magadan, zersplittert seinen jugendlichen »Helden« in fünf Personen und findet im Verfolgen der Zersplitterung den Kern seiner selbst.

Wassili Axjonow spricht von dem »Wissen, daß wir zwischen der Stunde unserer Geburt und unseres Todes verpflichtet sind, bis aufs letzte dafür zu kämpfen, daß die Grenze des Todes, des Irrsinns, die Grenzen unserer Sinninseln hinausgeschoben werden gegen das ganz Unbekannte, Sinnlose, Unmenschliche hin – in einer brüderlichen Art, einer also nicht für andere davoneilenden Wei-

Wassili Axjonow, seit 1980 in den Vereinigten Staaten, einst Autor der jungen sowjetischen Generation, Sohn der von Stalin verfolgten Jewgenia Ginsburg, die achtzehn Jahre ihres Lebens auf dem Archipel Gulag verbringen mußte: Der exilierte Axjonow am Telefon in der ihm zur Verfügung gestellten Wohnung eines »Writer in Residence« an der Universität von Südkalifornien. Er sagt: »Niemand kann wünschen, daß das sowjetische System in einer Katastrophe endet.«

se«. In seinem letzten in der Sowjetunion gedruckten Werk, dem Roman »Der rosa Eisberg«, der den Untertitel »Auf der Suche nach der Gattung« trägt, hatte sich Axjanows Weg zur Klarheit über sich selbst bereits abgezeichnet: »Sinnlos ist der Schlag mit dem Eisen auf den Kopf, doch der zerschlagene Kopf ist voller Sinn. Aberwitzig ist die Wahl des unschuldigen Opfers, doch das unschuldige Opfer selbst ist voller Sinn, Weisheit und Gnade.«

Wassili Axjonow kam im Juli 1980 in die Vereinigten Staaten: Hinausgedrängt aus seinem Heimatland nach vielen Schikanen. Er ahnte, daß geschieht, was anderen seiner Kollegen geschehen ist: die Ausbürgerung. »Es ist merkwürdig«, sagt er. »Man will es dann doch nicht glauben, wenn es passiert ist.« Am Tag der Ausbürgerung befand er sich mit seiner Frau Maja auf dem Wege nach Los Angeles, wo er sich für die nächsten Monate an der University of Southern California als »Writer in Residence« niederlassen wollte.

»Wir waren vor einigen Tagen in Michigan gestartet«, erinnert er sich. »Wir fuhren über den Highway von einer Wüste in die andere. Von der Arizonas in die Kaliforniens. Irgendwo in der Nähe mußte die mexikanische Grenze sein. Irgendwo in der Nähe war auch eine Polizeistreife, und der Streifenbeamte erkannte sofort, daß ich die vorgeschriebene Geschwindigkeit überschritten hatte. Er stoppte unseren Wagen. Ich dachte: Mein Gott, das kann ja kompliziert werden. Ich besaß kein einziges amerikanisches Dokument. Nur meinen sowjetischen Paß und meinen sowjetischen Führerschein. Was wird der Streifenpolizist nur denken? So dicht an der mexikanischen Grenze. Ich stellte mir vor, wie es einem Amerikaner in vergleichbarer Situation in der Sowjetunion ergangen wäre, und kam zu keinen guten Schlüssen.«

»War ich zu schnell«, fragte ich.

Der Polizeibeamte nickte.

»Glauben Sie mir«, sagte Axjonow, »ich halte sonst alle Vorschriften ein. Aber diese Wüste. Man merkt gar nicht, daß man in dieser Endlosigkeit schneller wird.«

»Ja, es ist nicht leicht, die Geschwindigkeit in dieser Gegend einzuhalten«, antwortete der Beamte.

Er ließ sich den russischen Führerschein geben, verzog keine Miene, ließ sich Axjonows Namen buchstabieren. »Ich wollte ihm die Umstände meines Aufenthaltes in den USA erklären«, erinnert sich der Schriftsteller. »Doch er schnitt mir das Wort ab.« »Kennen Sie die Geschwindigkeitsbegrenzung in Amerika?« fragte er.
Axjonow nickte. Dann erzählte er ihm, daß es auf den Highways der Sowjetunion keine Geschwindigkeitsbegrenzungen gibt: »Aber ich verschwieg ihm, daß wir keine Highways haben.«
Der Beamte: »Aber Sie sind hier nicht in Rußland. Ist das klar? Sie sind hier in Amerika. Und hier gibt es eine Geschwindigkeitsbegrenzung, okay?«
Axjonow fühlte sich zurückversetzt in sein Heimatland: »Ich dachte an jenen Polizeibeamten aus Kiew, der mich einmal angehalten und zu mir gesagt hat: ›Sie sind hier nicht in Moskau, verstanden? Dies ist Kiew. Und hier haben Sie Kiewer Anordnungen einzuhalten.‹ – Ich nahm nun an, ich müßte eine Geldstrafe bezahlen.«
»Das Gericht wird entscheiden, ob Sie eine Geldstrafe zahlen müssen«, sagte er, wünschte Axjonow einen guten Tag und fuhr davon. Als Axjonow am Abend in Los Angeles ankam, erwarteten ihn mehrere Reporter mit der Mitteilung: »Mr. Axjonow, Sie sind ausgebürgert worden. Was sagen Sie dazu?«
Was sollte er sagen? Er spürte auf einmal schwere Müdigkeit. Müdigkeit von jenen letzten Kämpfen mit den Moskauer Behörden, die die Macht hatten, ihm ein seiner Mutter vergleichbares Schicksal aufzuerlegen. Das war nun vorbei. »An jenem Abend dachte ich nur an eines«, sagt er, »Ruhe zu finden, einfach Ruhe und Frieden.«

Als wir uns treffen, hat er einen vorläufigen Ruhepunkt gefunden. Eine möblierte Wohnung im südlichen Teil Santa Monicas, 500 Meter vom Meer entfernt. Im Norden Santa Monicas wohnten einst die Exilanten Bertolt Brecht und Heinrich Mann. Das Appartementhaus, in dem Axjonow untergekommen ist, umschließt eine Grünanlage mit Swimmingpool.

Zu Besuch ist gerade die Tochter von Axjonows Frau – mit Ehemann und Kind. Als Angehörige des Ehepaars Axjonow hatten die drei die Sowjetunion verlassen dürfen. Axjonows Sohn aus erster Ehe ist in Moskau geblieben. Mit seiner zweiten Frau Maja hat Axjonow bereits seit vielen Jahren in Moskau zusammengelebt. Geheiratet haben sie erst, als die Sowjetbehörden dem Schriftsteller die Reise in die USA genehmigten. Nur mit dem Trauschein hatte Maja ein Anrecht, den Autor zu begleiten. Nun wird das Wiedersehen gefeiert. Mit Bier und Wodka. Weitere Exilrussen tauchen auf. Alle vereint Bitterkeit über das sowjetische System – und eine geradezu hemmungslose Bewunderung der Vereinigten Staaten.

In dieser Atmosphäre fällt es sogar dem allen schrillen Tönen abholden Autor schwer, sich den anderen zu entziehen. Holzschnittartig fallen nun seine Sätze aus: »Der Marxismus ist eine Katastrophe... Die Revolution ist die Dekadenz... Der Liberalismus ist das Beste.« Doch als wir uns in eine Ecke zurückziehen, formuliert er nachdenklich: »Wenn man mich fragen würde, ob die sowjetische Gesellschaft untergehen soll, würde ich sagen: nein, das möchte ich nicht.« Oder: »Dieses sowjetische System ist uns Russen als Schicksal auferlegt worden.« Oder: »Niemand kann wünschen, daß das sowjetische System in einer Katastrophe endet. Sie könnte nämlich dann auch das Ende der ganzen Welt sein.«

Wassili Axjonow ist der Sohn der 1977 in Moskau gestorbenen Jewgenia Ginsburg, Autorin der Bücher »Marschroute eines Lebens« und »Gratwanderung«. Seine Mutter war zur Zeit seiner Geburt Dozentin am Pädagogischen Institut in Kasan, eine überzeugte Kommunistin, verheiratet mit einem überzeugten kommunistischen Funktionär. Als Vierjähriger verliert Wassili Axjonow seine Mutter für zwölf Jahre aus den Augen. Jewgenia Ginsburg wird 1937 verhaftet und wegen »trotzkistischer Umtriebe« zu zehn Jahren Gefängnis verurteilt mit anschließender ewiger Verbannung. Auch der Vater gerät in das Räderwerk stalinistischer Verfolgung.

Der vierjährige Junge kommt in Kostroma in ein Heim für Häftlingskinder. Aus dem Heim wird er von Verwandten des Vaters herausgeholt,

Die Eltern des Dichters mit Sohn: Wassili Axjonow kam 1937 als Vierjähriger in ein Heim für Häftlingskinder, als Mutter und Vater ins Räderwerk stalinistischer Verfolgung gerieten. Später hat er aus zwei Fotos dieses Familienbild montiert. Nach dem Kriege gelang es der Mutter Jewgenia Ginsburg, ihren Sohn in den äußersten Osten der Sowjetunion nach Magadan zu holen. Das Foto zeigt den 17jährigen Axjonow mit seiner Mutter, dem von ihr adoptierten Mädchen und dem zweiten Mann Anton Walter, einen deutschen Arzt.

wächst bei ihnen in Kasan auf. Im Jahre 1948 gelingt es der damals 42jährigen Jewgenia Ginsburg, ihren Sohn in die Verbannungswelt nach Magadan, die Hauptstadt des Gebiets Kolyma im äußersten Osten der Sowjetunion, nachzuholen. Ihr ältester Sohn ist im Zweiten Weltkrieg während der Belagerung Leningrads durch die Deutschen in der Stadt verhungert. Als der Frau bei der Ankunft des verbliebenen Sohnes die Tränen kommen, flüstert der Sohn ihr ins Ohr: »Weine nicht vor ihnen.« Er meint jene Menschen, die die Begrüßungsszene beobachten und die nicht zu den Verbannten gehören. Jewgenia Ginsburg hat diese Szene später in der »Gratwanderung«, dem zweiten

Buch über ihr Lebensschicksal, beschrieben. Das Erscheinen dieses Buches im Westen hat sie nicht mehr erlebt. Dafür aber das des ersten Bandes. Achtzehn Jahre nach ihrer Verhaftung hatte sie das Inselreich der Lager verlassen dürfen. Und der Sohn erreichte es sogar, daß sie ihn auf einer Reise in den Westen begleiten durfte. Für Heinrich Böll, der sie in Moskau aufsuchte und den sie nun in der Bundesrepublik besuchte, ist diese Frau »ein weiblicher Hiob, ein weiblicher Lazarus, ein weiblicher Odysseus auf Irrfahrten zwischen einigen Höllen und ein paar hingetupften Himmeln«. Ihre »Gratwanderung« nennt Böll »Analyse und Reflexion über diesen Archipel der Absurdität in einem absurden Land, das sich UdSSR nennt«.

Die Bitte des 15jährigen Wassili Axjonow: »Weine nicht vor ihnen.« Ein Satz, der der Mutter gilt und doch zugleich auch ihm. Mit dem sich Axjonow verriegelt. So gut, daß lange Zeit in Vergessenheit gerät, wem er zugehört. Seine Mutter hat es in der 1979 zuerst bei Mondadori erschienenen »Gratwanderung« so formuliert: »Er gehört zu uns, zu unserem unterirdischen Reich.«

Jewgenia Ginsburg schreibt auch: »Ich bekam Herzklopfen vor freudiger Erregung, als er in der ersten Nacht begann, mir auswendig Gedichte vorzutragen, die für mich in all den Jahren Leben, Sterben und wieder Leben bedeutet hatten. Wie für mich war auch für ihn die Poesie Schutz vor den Härten der Realität. Die Poesie war seine Art, Widerstand zu leisten. Bei diesem ersten nächtlichen Gespräch waren Blok, Pasternak, die Achmatowa dabei. Und ich freute mich, daß ich im Überfluß von dem besaß, was er von mir bekommen wollte.«

Wassili Axjonow damals zu seiner Mutter: »Jetzt begreife ich, was das heißt: eine Mutter... Ich begreife es zum erstenmal... Eine Mutter – das ist vor allem Selbstlosigkeit. Und dann... Und dann noch dies: Ihr kannst du deine

Heinrich Böll in Moskau zu Besuch bei Jewgenia Ginsburg, für deren Buch »Gratwanderung« er das Vorwort schrieb. Das Erscheinen ihres zweiten Buches hat Jewgenia Ginsburg nicht mehr erlebt. Sie starb 1977. Das zweite Foto zeigt Heinrich Böll und seine Frau bei einem erneuten Besuch in Moskau unter sowjetischen Künstlern: Böll und Frau in der Mitte, davor der Dichter Jurij Trifonow, rechts von ihm Axjonow, links Axjonows Frau Maja, hinten vorletzte Reihe der inzwischen in der Bundesrepublik lebende ausgebürgerte Lew Kopelew.

Lieblingsgedichte aufsagen, und wenn du steckenbleibst, fährt sie dort fort, wo du aufgehört hast...«
Wassili Axjonow blieb zwei Jahre in Magadan, beendete dort seine Schule und erlebte, bevor er in Kasan Medizin zu studieren begann, wie seine Mutter 1949 in eine zweite stalinistische Verfolgungssituation hineingeriet.
Schützend stellte sich der 17jährige vor seine Mutter, als Beamte der Staatssicherheit ihr einen neuen Haftbefehl präsentierten: »Ich habe schon mit vier Jahren weder Vater noch Mutter mehr gehabt, und jetzt, wo es mir endlich gelungen ist, meine Mutter wiederzufinden, nehmen sie sie mir wieder weg.« Die Mutter mußte mitkommen. Doch der Oberst, dem die Worte des Jungen mitgeteilt wurden, sorgte dafür, daß die Mutter wieder freikam.
»Ja, ein erstaunlicher Junge«, so nennt der Oberst den Sohn Jewgenia Ginsburgs. »Ich hab' auch so einen. Das heißt, einen im gleichen Alter. Doch ob er den Mut hätte, im entscheidenden Augenblick ... für den Vater einzutreten – das weiß ich nicht. Sie sehen, jedes Unglück hat auch eine gute Seite. Jetzt konnten Sie sich davon überzeugen, wie sehr Ihr Sohn Sie liebt.«

Kurz bevor sie Magadan verlassen darf, die Verbannung aufgehoben wird, kommt der Sohn sie erneut besuchen. Die Mutter notiert: »Ich sehe zum erstenmal mit eigenen Augen, was ›moderner Stil‹ ist. Eigentlich hätte ich mich freuen sollen darüber, daß mein Kind in diesen Jahren offenbar die tragische, hoffnungslose Rolle abgestreift hat, Sohn einer strafrechtlich verfolgten Familie zu sein, daß in ihm der Lebeshunger des jungen Menschen erwacht ist, auch wenn er in den papageienbunten Farben eines Jacketts zum Ausdruck kommt. Doch bei mir funktionierten noch immer die in der Kindheit erworbenen bedingten Reflexe der puritanischen Komsomolzin, und ich sagte ärgerlich: ›Geh zum Friseur und laß dir die Haare schneiden. Morgen kaufe ich dir ein normales Jackett. Und aus dem machen wir ein Sommermäntelchen für Tonja.‹« Tonja war ein Mädchen, das Jewgenia Ginsburg im Lager adoptiert hatte.

»Nur über meine Leiche«, reagierte der Sohn. »Das ist gerade die ganz große Mode.« Die Mutter: »Ich verstummte und begriff plötzlich, daß das alles viel ernster war, als es schien, daß in unserem lächerlichen Dialog meine erste Begegnung mit der zweiten Hälfte des Jahrhunderts stattfand, mit der neuen Jugend, die so wütend war auf die Generation ihrer Väter, daß sie ihr in nichts gleichen wollte: nicht in den Gewohnheiten, nicht in den Manieren, nicht einmal im Muster und Schnitt des Jacketts. Und erst recht nicht in den Ansichten.«

Genau das, was seine Mutter als Generationskonflikt beschreibt, wurde das Thema des jungen Wassili Axjonow. Er hat Schwierigkeiten gehabt, als er nach dem Abschluß der Schule Magadan verlassen hatte. Kurz vor dem Tode Stalins im Jahre 1953 wurde er als Sohn von »Volksfeinden« von der Universität in Kasan relegiert, durfte dann aber nach Stalins Tod an der Leningrader Universität weiter studieren. Um diese Zeit schrieb er Gedichte. 1956, als er sein Studium beendete und als Arzt in der Quarantäne-Abteilung des Leningrader Hafens zu arbeiten begann, entstanden seine ersten Prosa-Arbeiten, von denen 1959 zwei in der Literaturzeitschrift »Junost« erschienen.

In der Sowjetunion bekannt wird er ein Jahr später mit dem in Ärztekreisen spielenden Roman »Kollegen«, ebenfalls zuerst gedruckt in »Junost«. Der Roman kam als Buch heraus, wurde zum Theaterstück umgearbeitet und schließlich auch noch verfilmt. Das Thema: Drei Ärzte, so alt wie der Autor, versuchen Menschlichkeit in einem bürokratischen System durchzusetzen. Autobiographische Erfahrungen bilden die Kulisse. Da ist nichts von jener Dramatik zu spüren, die Wassili Axjonow in das Medizinstudium trieb. »Ich richtete mich mit diesem Studium auf das Schicksal ein, das meine Mutter erfahren hatte«, sagt er.

»Der Mann, den meine Mutter im Lager geheiratet hatte, war Häftling und Arzt. Beide überredeten mich: ›Du solltest Arzt werden. Im Lager haben es die Ärzte leichter.‹ Mein Beruf war eine Notlösung, und mein erster Roman war ein Kompromiß zwischen dem, was ich wollte – und ich wollte auf jeden Fall die Veröffentlichung – und dem, was dem System zumutbar war.«

Die Grenzen der Zumutbarkeit hat Wassili Axjonow dann von Buch zu Buch ausgeweitet, aber nie überschritten. Er nutzte die Tauwetterperiode zu einem intensiven Studium westlicher Literatur. Er machte sich mit der Welt des »Nouveau Roman« vertraut, las die Bücher von Nathalie Sarraute und Alain Robbe-Grillet. Er eignete sich Techniken von Kafka, Faulkner und Hemingway an. Er verarbeitete alle seine jungen Leseerfahrungen in dem Romanzyklus »Fahrkarte zu den Sternen« (1961), »Apfelsinen aus Marokko« (1963) und »Es ist Zeit, mein Freund, es ist Zeit« (1964). Er benutzte den Slang der Jugend, ließ seine Figuren gammeln, durch die Weite ziehen, zeigte ihre Vorliebe für westliche Moden.

Er bekam Schwierigkeiten, aber nicht in dem Maße, wie Valentin Katajew sie als Chefredakteur von »Junost« erfuhr, der seines Postens enthoben und nach Nowosibirsk geschickt wurde, um »echtes Sowjetleben« zu studieren. Dem Autor Axjonow wurde »bourgeoise Haltung« vorgeworfen, und er erhielt die Aufforderung, seine Arbeiten nicht einem »entarteten Typus der Jugend« zu widmen. Doch mehr passierte nicht. Axjonow durfte trotz dieser Kritik in den Westen reisen. Und im Westen konnten seine Bücher in Lizenz erscheinen. Im Jahre 1968 erschien von Axjonow noch die Novelle »Defizitposten Faßleergut«, sein erstes literarisch ernstzunehmendes Buch, ehe es dann für mehrere Jahre ruhig wurde um den Autor. In »Defizitposten Faßleergut« erzählt Axjonow von einem Lastwagenfahrer, der fünf leere Fässer in ein Depot bringen soll, und der in den Fässern fünf Personen »schwarz« mitnimmt. Doch die Weisung, die er dann im Depot erhält, führt er nicht aus: er kippt die Fässer nicht vom Lkw auf den Abfallhaufen, sondern er fährt mit ihnen ins Unbekannte. Seine Gäste in den Fässern haben den Chaffeur davon überzeugt, daß die Fässer eine Seele haben und man sie nicht wegwerfen darf. Helen von Ssachno, Expertin für slawische Literatur, urteilte damals in der »Süddeutschen Zeitung« über die Novelle Axjonows: »Er schreibt ein auf den letzten Stand gebrachtes Vulgärrussisch der sozialistischen Neuzeit, das sich in dieser raffinierten intellektuellen Stilisierung als Kunstsprache von hohem Rang erweist und daher schlechthin unübersetzbar ist. Da reihen sich Kettenwörter aneinander, die aus einem Halbdutzend sich gegenseitig aufhebender Begriffe bestehen; Phrasen werden virtuos gedroschen, Klischees verhäkelt, steriles Parteichinesisch mit weihrauchduftendem Kirchenslawisch vermengt; da wird pathetisch gedonnert und sentimental gehaucht, idiotisch salbadert und gestochen formuliert, halluzinatorisch genarrt und gesponnen, daß einem die Sinne vergehen.« Der Romancier Siegfried Lenz entdeckte dagegen Schwächen, die Axjonow erstmals in seinem Roman »Brandmal« überwindet: »Axjonow zieht alle formalen Register. Er türmt derart besessen artistisches Gewicht, bis er sich selbst daran verhebt.«

Wassili Axjonow erinnert sich in Santa Monica an die wütenden Attacken aus ganz anderen Gründen gegen diese Novelle in der »Literaturnaja Gaseta«, auch an den Bericht eines sowjetischen Korrespondenten bei der Okkupation der CSSR: »Was haben wir doch für eine herrliche Jugend, entgegen dem bösartigen Gesudel verschiedener Schreiberlinge mit ihrem ›Defizitposten Faßleergut‹!« Und Axjonow nahm diesen Korrespondentenbericht zum Anlaß, in seinem Roman »Brandwunde« einen sowjetischen Panzer in der CSSR vom Wege abkommen zu lassen: Der Panzer verirrt sich nach Italien und bleibt im Touristenverkehr stecken.

Sichtbar wird Axjonow erst wieder 1976. Da erscheint in »Nowyj Mir« das Ergebnis einer Amerika-Reise: »Vierundzwanzig Stunden Nonstop.« Ende 1977 kommt sein Roman »Der rosa Eisberg« heraus. Die Geschichte eines Magiers, der quer durch die Sowjetunion reist, um sich mit 14 noch verbliebenen Kollegen in einem einsamen Tal des Kaukasus zu einem Fest der Verzauberung zu treffen. Dabei werden die Zauberer von einer Steinlawine erschlagen und überleben dennoch kraft ihres Glaubens an die Phantasie.

In diesem Buch schildert der russische Autor die Begegnung seines »Helden« mit Leonardo da Vincis Mona Lisa: »Er wollte sich gleich auf das Lächeln konzentrieren, um keine Sekunde zu verlieren, doch seine Aufmerksamkeit wurde komischerweise von dem Hintergrund gefesselt, dem Anblick eines seltsamen, wie von einem unbekannten Feuer beschienenen, leblosen Tals. Das Lächeln! Das Lächeln, rief er sich in Gedanken zu und lenkte seinen Blick auf das Gesicht, aber da hob dieses Girl Mona Lisa die Hand und verdeckte mit dem Handrücken ihre Lippen. Die lange, dünne Jungmädchenhand durchschnitt gleichsam das Porträt, die dünne Haut der Oberfläche mit den blauen Äderchen und den Schicksalslinien schien erst gemalt zu sein, sie war unberührt vom Zerfall der Zeit... Schmerz und Bestürzung blieben in ihm während der wenigen Minuten, als er an dem Porträt vorbeischritt. Er begriff – die Handfläche der Gioconda war ein Wunder und Glück, das ihm für sein ganzes Leben reichen würde, obwohl er nicht dazu kam, die Schicksalslinien genauer zu betrachten, wegen der Tausende, die nachdrängten, zum Lächeln strebten.«

Schmerz und Bestürzung: Nach zwanzigjähriger Arbeit als Schriftsteller bekannte Axjonow sich zur Leidenslinie der russischen Literatur, zu Ossip Mandelstam, zu Anna Achmatowa, zu Marina Zwetajewa, zu Isaak Babel. Zu Jossif Brodskij, der bereits im Exil lebte. Zu jenen Schriftstellern, die die Autonomie der Literatur verteidigt hatten. Mit ihren Nachfolgern stellte er unter dem Titel »Metropol« einen Literaturalmanach im Samisdat zusammen und verwies auf die »unterirdische Schicht« sowjetischer Literatur als den bedeutenderen literarischen Strang. Unter denen, deren Werk in »Metropol« gedruckt wurde, war auch Friedrich Gorenstein, der dann in den Westen abgeschoben wurde.

Wassili Axjonow sagt: »Wir

wollten keine Bombe legen. Wir wollten nur demonstrieren, daß unter der gängigen epigonalen sowjetischen Literatur das Originäre zu ersticken droht. Wir wollten Luft machen für jene, die Luft brauchten.« Axjonow und seine Freunde luden die Korrespondenten der »New York Times«, der »Washington Post«, von »Le Monde« und »Literaturnaja Gaseta« zu einer Vernissage ins Café Ritm ein. Das Ergebnis: »Das Café wurde von den Behörden für diesen Tag ›aus sanitären Gründen‹ geschlossen. Was folgte, waren Ladungen vor den Schriftstellerverband. Doch wir hatten uns mit ›Metropol‹ genau an die Gesetze gehalten. Eine gesetzeswidrige Vervielfältigung beginnt erst beim Druck von mehr als zwölf Exemplaren. Und wir hatten genau zwölf gedruckt, unsere erste Auflage. Ein Exemplar hatten wir an das Staatskomitee für Verlagswesen geschickt und die staatliche Herausgabe des Almanachs beantragt. Ein anderes Exemplar war in den Westen gegangen, wo der Almanach nachgedruckt wurde, als in Moskau der Hexentanz begann.«

Die Bedrohungen und Beschimpfungen, die sich Axjonow vor dem Schriftstellerverband anhören mußte, beantwortete er mit dem rechtlich nicht vorgesehenen Schritt, aus dieser Organisation auszutreten. Daraufhin wurde er ausgeschlossen. Der Verband für Filmschaffende griff zur selben Maßnahme gegen den Autor. Axjonow beantragte einen Auslandsreisepaß. Er legte eine Einladung zu den Filmfestspielen in Cannes vor, wo Andrej Tardowskis Film »Stalker« aufgeführt wurde, der auf einer Erzählung Axjonows basiert. Es wurde eine Reise ohne Rückkehr.

Auf dem Moskauer Flughafen Scheremetjewo entdeckten die Zollbeamten bei Axjonow eine Bibel und wollten sie beschlagnahmen. »Die Beamten erklärten uns, es sei nicht gestattet, Bibeln über die Grenze zu nehmen«, erinnert sich der Schriftsteller. »Doch meine Frau konnte sie davon überzeugen, daß dem Sowjetstaat ja keine Gefahr drohe, wenn wir die Bibel mit aus dem Lande nähmen. So ließ man sie uns.«

Die Bibel liegt im Regal des Apartments in Santa Monica. »Ich habe Lust auf ein Wunder«, heißt es in einem seiner letzten Bücher, und ich zitiere den Satz. Wassili Axjonow sagt: »Der religiöse Mensch weiß, daß er glaubt. Der Marxist glaubt, daß er weiß. Das ist das Unglück des Marxisten. Da die Ahnung vom menschlichen Menschen fast nur noch in der Kunst formuliert wird, hält sich dort wahrscheinlich der Marxismus so hartnäckig. Derselbe Marxismus, der in Wirklichkeit so schrecklich diskreditiert ist.« Axjonow läßt keinen Zweifel daran, daß für ihn Marxismus »ein romantisches Element« in der Literatur ist – »und deshalb gefährlich«. Er sagt: »Ich bin nicht gegen Sozialismus, ich bin gegen Marxismus. Marx, Lenin, Stalin – das ist eine natürliche Fortentwicklung.« In seinem jüngsten Roman »Die Insel Krim« grenzt er diese Land-

Wassili Axjonow mit seiner Frau Maja auf dem Weg zum Strand von Santa Monica und in seinem Apartment mit der Tochter Majas aus erster Ehe und deren Familie.

schaft aus dem Besitz der Bolschewiki aus und entwickelt hier russische Geschichte ohne die Zäsur der Oktoberrevolution, zeigt eine Bevölkerung, die alles besitzt und alles verspielt, weil sie auch noch die Ideologie derjenigen besitzen möchte, die das Wort Kommunismus lediglich als Vorwand für Diktatur benutzen. Ideologie als Geburtshelfer des Terrors.

Wassili Axjonows Mutter hat geschrieben: »Ich habe mich bemüht, alles im Gedächtnis zu bewahren, in der Hoffnung, es eines Tages jenen guten Menschen erzählen zu können, jenen echten Kommunisten, die mich irgendwann gewiß, ganz gewiß, anhören werden.« Ihr Sohn spricht in einem seiner Bücher von einem Leben »in brennender Haut«. Und immer noch ist der von Jewgenia Ginsburg überlieferte Satz »Weine nicht vor ihnen« ein Schlüssel zur verschlossenen Tür des Wassili Axjonow.

PAUL GOMA: SCHREIE EINES VERBITTERTEN

Paul Gomas Stimme überschlägt sich. Er schimpft, schreit, beleidigt. Der 46jährige Romancier aus Rumänien, der seit 1977 im französischen Exil lebt, scheint sich alle Mühe zu geben, mich mit verbalen Rundumschlägen aus seiner Wohnung hinauszuprovozieren. Daß der Westen ihm »ein blinder Gigant« ist, weiß ich schon von anderen Exilanten. Auch, daß der Marxismus zwangsläufig im Verbrechen ende. Daß aber Frankreichs Staatspräsident Mitterand »gefährliche Ajatollah-Typen« um sich geschart habe, das habe ich noch nicht gehört. Und auch nicht, daß der SPD-Vorsitzende Willy Brandt, der immerhin auch schon einmal unter Einsatz seines Lebens gegen eine Diktatur gekämpft hat, eine »alte Nutte« sei.

Einen ganzen Nachmittag bin ich der Watschenmann eines Schriftstellers im Exil: offenbar stellvertretend für alle jene im Westen, die einem derart zügellosen Autor schon längst nicht mehr zuhören. Ja, er ist ein Kommunistenfresser. Aber er ist es so ersichtlich verletzt und so aufgeregt, daß sich hinter dieser Haltung etwas völlig anderes verbergen muß. Aber was? Dieser Antwort wegen bleibe ich sitzen, schlucke meine Empörung über Goma-Worte runter, warte ich ab. Ich weiß, daß er heute im Westen nur noch Freunde hat unter den Verbitterten. Ich weiß,

Paul Goma 315

daß er in rumänischen Gefängnissen gelitten hat. Und ich weiß, daß der Sozialismus im sowjetischen Machtbereich eine Geisel im Feindesland ist.

»Sprechen wir von dem Bestreben nach Gerechtigkeit auf Erden«, sagt Paul Goma nach fünfstündigem Fortissimo überraschend leise. »Doch ersparen Sie mir das Wort Sozialismus. Sonst muß ich schreien. Ich kann es nicht mehr hören nach dem, was unter diesem Namen geschehen ist und noch geschieht.«
Also sprechen wir über die Gerechtigkeit auf Erden. Paul Goma ist 1935 in Bessarabien geboren. Seine Eltern sind dort Landschullehrer gewesen. 1940 machte sich die UdSSR den Pakt mit Hitler zunutze und erzwang die Abtretung dieses Gebietes von Rumänien. Die Sowjets deportierten Paul Gomas Vater nach Sibirien. Der Sohn war fünf Jahre alt. Er erlebte seine erste Lektion in Sachen Sozialismus.
Der Vater hatte nichts getan. Er war verdächtig wegen seines Bildungsstandes. Das genügte. Nach dreijährigem Lagerleben und Zwangsarbeit stand Gomas Vater vor der Frage: entweder weiter Gefangenschaft oder die Rote Armee. Er wurde sowjetischer Soldat, aber nur, um zu desertieren.
Die Deutschen, die 1941 die Sowjetunion überfallen hatten, übergaben den Vater den damals noch mit ihnen verbündeten Rumänen. So kehrte er zurück. Doch auch die Sowjets kehrten zurück. Erneut nahmen sie Bessarabien ein und gaben es nicht mehr her. Rumänien kämpfte inzwischen auf seiten der Alliierten gegen Deutschland und wurde nach dem Zweiten Weltkrieg ein Satellit Moskaus. Jene Menschen aus Bessarabien, die im Innern Rumäniens Zuflucht gefunden hatten, wurden von den Sowjets als Bürger der UdSSR reklamiert, mit Gewalt zurückgebracht und dann als »unsichere Elemente« nach Sibirien deportiert.
Nun war Paul Goma zehn und erlebte die Angst vor der Deportation als zweite »Segnung« des Sozialismus: Die Familie saß in Lagern, die Eltern wurden verhört, die Personalien immer wieder aufs neue überprüft. Der Vater hatte sie gefälscht, um bleiben zu können. Die Fälschung blieb unentdeckt. Die Gomas durften in Rumänien bleiben, wo sie waren, doch als gläubige orthodoxe Christen blieben sie suspekt.
Dennoch schaffte es der 19jährige Paul Goma, 1954 als Student am Bukarester Literaturinstitut »Mihail Eminescu«, einer Schriftstellerschule, unterzukommen. Sein dort 1956 verlesener Text »Geburtswehen« über den Ungarnaufstand brachte ihn für zwei Jahre ins Gefängnis und für vier Jahre zur Zwangsarbeit in die Steppe von Baragan. Abstieg ins Inferno des Eingeschlossenseins. Die Wirklichkeit existentieller Unfreiheit in ihrer brutalsten Form. Hier wird der Dichter Paul Goma geboren. Doch hier schreibt er keine Zeile. Es gibt kein Papier für Gefangene. Es gibt die lückenlose Überwachung und den Terror. Aber es gibt das Gedächtnis Gomas, in dem alles bewahrt bleibt.

Paul Goma sieht, was der Sadismus einer geschickten Diktatur aus den Betroffenen macht, wie sich schließlich die Geschundenen aus eigenem Antrieb selber gegenseitig schinden. In seinem Gefängnisroman »Ostinato« (1971) heißt es: »Verstehen wir uns richtig, wir, die Wächter und Bewachten, sind einander ähnlicher als ihr es wahrhaben wollt; es ist fatal, aber wir bewachen einander gegenseitig, wir sind eure Gefangenen, und ihr seid unsere Wärter, also gehört ihr uns, ihr seid so frei wie wir – ich will sagen, daß die Reaktionen unter bestimmten Gegebenheiten einander ähnlich sind.«
Paul Goma hat inzwischen sieben Romane geschrieben. Keiner von ihnen ist in Rumänien erschienen, alle im Westen. Jeder von ihnen ist verknüpft mit der Unterdrückungsgeschichte Rumäniens durch die Stalinisten. Jeder von ihnen geht zugleich weiter als lediglich bis zur historischen Wahrheit, erreicht immer den metaphysischen Aspekt: der Mensch, gebrandmarkt durch Eingeschlossensein. Kommt er jemals aus sich heraus? Was ist seine Freiheit? Wo und wie kann er sie finden?
Die Freiheit im Westen – und was nun? Paul Goma sagt: Die Leute, die aus Ländern kommen wie ich, müssen hier durch ein Fegefeuer. Die Leute sind zuerst schockiert über den materiellen Reichtum, den sie hier erleben. Nach diesem Schock kommt ein zweiter. Sie glauben, daß sie im Westen einen Anspruch

Diesen Mann hält der rumänische Partei- und Staatschef Ceausescu für seinen gefährlichsten Gegner: Paul Goma, seit 1977 im Exil, im Wohnzimmer der 40 Quadratmeter kleinen Wohnung in Paris, in der er mit Frau und Kind lebt. Es ist häufig die erste Schlafstätte für Rumänen, die nach Frankreich ins Exil gehen und bei ihm Rat in ihrer Ratlosigkeit suchen. Goma sagt: »Meine Wohnung ist die wirkliche rumänische Botschaft in Paris.«

auf Wiedergutmachung haben, und stellen fest, daß ihr Anspruch nicht eingelöst wird.«
Einen Anspruch – warum? »Fast alle, die im Osten in der Isolierung, im Lager oder Gefängnis gelitten haben, sind der Meinung, daß die westlichen Alliierten die östlichen Völker 1945 auf der Konferenz in Jalta an die Russen verkauft haben.«
Die Freiheit in Paris. Paul Goma wohnt im 19. Bezirk. In einer 40 Quadratmeter kleinen Dreizimmerwohnung im sechsten Stock eines Mietshauses. Der einzige Komfort: ein Fahrstuhl. Der war nötig, als seine Frau 1977 in Paris nach einer Bleibe suchte. Damals war Goma gesundheitlich fix und fertig, unfähig, Treppen zu steigen. Ein Mann mit schlohweißem Haar und schlohweißem Bart.
Heute wirkt er robuster, als er ist. Er sagt über sein neues Domizil: »Ich habe wieder eine Zelle gefunden.« Sein winziges Arbeitszimmer bleibt dem Besucher verschlossen. »Dort ist keine Bohème«, erklärt er. »Und Armut führt man nicht vor.«
Das Telefon klingelt. Ein Anruf aus Italien. Er wird eingeladen zu einer Tagung. Reise und Logis frei. Paul Goma sagt ab: »Ich muß journalistisch arbeiten, damit ich wieder ein wenig Geld zusammenbekomme. Und außerdem möchte ich meine Frau und meinen Sohn nicht in Paris allein lassen, wo ganz Frankreich auf Ferienreise ist.« Später erfahre ich, daß Frau und Kind den Tag draußen verbracht haben, um uns

Die Eltern Paul Gomas mit dem zweijährigen Sohn 1937 vor dem Wohntrakt der Schule von Mana, wo beide als Lehrer unterrichteten. Hier in Bessarabien wuchs Paul Goma auf. Sein Vater wurde von den Sowjets 1940 nach Sibirien deportiert, kam nach drei Jahren zurück. 1956 – das Foto mit den Eltern und ihm entstand kurz zuvor – wurde Paul Goma in Rumänien verhaftet und verlor für mehrere Jahre die Freiheit. Ab 1965 – hier in Bukarest – durfte Paul Goma wieder studieren.

in der kleinen Wohnung nicht zu stören. Frau Goma ist Dolmetscherin für Rumänisch–Französisch. Sie hat in Frankreich Datenverarbeitung erlernt, findet aber keine Stelle.

Paul Gomas Bücher verkaufen sich schlecht. In der Bundesrepublik hat man es schon längst aufgegeben, ihn zu verlegen. Vom Erlös aus den Büchern kann er nicht einmal seine monatliche Miete zahlen. Journalistische Arbeiten sind notwendig. Doch wer will schon etwas von einem Rumänen über rumänische Probleme? Allenfalls die „Deutsche Welle" in Köln, sagt er. Goma spricht fließend Französisch, aber er schreibt weiter in seiner Heimatsprache, wechselt nicht, wie es der Rumäne Ionesco getan hat.

Eine Professur, wie sie der Russe Sinjawski und der

Tscheche Kundera in Paris haben, bleibt Goma verwehrt. Warum? »Frankreich und Rumänien haben ein bilaterales Abkommen, wonach ein politischer Flüchtling, der als Feind seines Landes angesehen wird, keine staatliche Stellung findet. Das trifft natürlich nur Rumänen im Exil. Es ist ein einzigartiges Abkommen mit einem Ostblockland.« Paul Goma klagt nicht.

Die Versuche des rumänischen Geheimdienstes »Securitate«, mit Morddrohungen per Telefon oder per Brief den Systemkritiker zum Schweigen zu bringen, gehören zum Alltag Gomas. Im Februar 1981 versuchte man es mit einem Sprengstoffpaket. Doch der Dichter schöpfte beim Öffnen Verdacht und rief die Polizei, die das explosive Gemisch entschärfte. Als Goma 1977 seine Heimat verließ, hatte ihn der rumänische Polizeichef General Plesita gewarnt, der „lange Arm der Revolution« könne ihn überall erreichen, wenn er sich nicht ruhig verhalte.

Genau das tut er nicht. »Ja«, bekennt er, »ich habe Angst, die Angst eines freien Gefangenen.« Paul Goma weiß, daß es für ihn keinen wirklichen Schutz gibt. So haben seine Sicherheitsvorkehrungen mehr symbolischen Wert: Einen Spion, ein Spähauge, hat er an der Wohnungstür angebracht, eine Kette hinter der Tür, und geöffnet wird erst, wenn ein Besucher angemeldet ist oder wenn auf die Frage »Wer da?« eine Stimme bekannt klingt. Für Exilanten aus Rumänien, die nach Paris kommen, ist er heute erste Anlaufstelle. Sie kampieren auf dem Fußboden im zweiten Zimmer, im dritten schläft der sechsjährige Sohn.

Paul Goma sagt: »Meine Wohnung ist eigentlich die wirkliche rumänische Botschaft in Paris.« Er sagt es ohne Pathos, mit einem Lächeln und ein wenig Ironie in der Stimme. Wir haben inzwischen eine gemeinsame Sprache gefunden. Spätestens als ich auf seine diffamierenden Worte über Willy Brandt zurückgekommen bin und ihm gesagt habe: »Ich finde es unmöglich, daß Sie mit solchen Worten herumwerfen. Brandt war zur Zeit der Nazis ein Widerstandskämpfer. Brandt hat jene Politik mit dem Osten eingeleitet, die Ihnen wahrscheinlich die Freiheit gebracht hat. Kann man das einfach wegstreichen? Und muß ein Dichter nicht wie Heinrich Böll sein, der

Gefangenschaft als Familienschicksal: Vater Goma, neben einem sitzenden Offizier der Roten Armee, erhielt als Gefangener der Sowjets wenigstens noch ein Häftlingsdokument. Der Sohn Paul (mit Pelzmütze), 1956 von den rumänischen Kommunisten zu Gefängnis verurteilt, bekam nichts Schriftliches. So versuchte sich das System vor Fragen nach den Schuldigen der Justizwillkür zu schützen.

niemandem die Ehre abschneidet, weil er nämlich menschliche Qualität auch jenseits politischer Unterschiede menschliche Qualität nennt?«

Paul Goma nickt und sagt: »Ich gebe zu, das mit Willy Brandt war exzessiv. Ich nehme es zurück.« Und nach einer Pause: »Haben Sie notiert, daß ich mich schuldig fühle?« Und nach einer weiteren Pause nimmt er den Faden hin zu Heinrich Böll auf. »Ja«, sagt er, »Heinrich Böll hat mir geholfen, als ich 1977 in Rumänien ins Gefängnis kam. Er gehörte zu jenen Schriftstellern, die sich für meine Freilassung eingesetzt haben.«

Paul Gomas Leben in Rumänien – das war der fast permanente Versuch eines kommunistischen Systems, Charakter und menschliche Gesinnung zu zerstören. Was muß mit einem Menschen geschehen sein, wenn er in sieben Büchern das Erlebnis der Gefangenschaft, das Grauen des Eingeschlossenseins in immer neuen Facetten, in immer wieder anderer Aufarbeitung historischer Vorgänge darstellt, wenn er freimütig bekennt: »Mein Leben wird nicht ausreichen, um loszukommen von jenen furchtbaren Vorgängen. Ich werde immer nur darüber schreiben, weil ich muß.«

Goma breitet eine verwirrende Fülle von Lebensfakten aus. Ein Mensch, der hin und her geschoben worden ist in Rumänien. »Einst wohnhaft in ...« Es klingt wie eine Litanei: »Gusu, Sibiu, Buia, Mighindoala, Agarbiciu, Fantana, Daisoara, Jibert, Mesendorf, Steindorf, Sercaia, Vad, Venetia de Sus, Palos ...« Nach Gefängnis und Lager schlug er sich als Fabrik-, Land- und Eisenbahnarbeiter durch, als Trompeter und als Wanderfotograf. Ein Ceausescu-Dekret von 1965, das ehemaligen Häftlingen das Studium wieder erlaubte, nutzte er zum Hochschulbesuch. Doch als man ihn als Spitzel anwerben wollte, verließ er die Universität.

Im Jahre 1968 erscheint unter dem Titel »Das Zimmer von nebenan« sein erster Novellenband. Es ist jenes Jahr, in dem Ceausescu der letzte Staatsbesucher in Prag ist, ehe die Sowjets das Land okkupieren. Es ist jenes Jahr, in dem Ceausescu sich in der rumänischen Hauptstadt Bukarest empört über diesen Einmarsch in aller Öffentlichkeit äußert. Es ist jenes Jahr, in dem die rumänische Bevölkerung glaubt, daß sie als nächstes Land von den Sowjets überfallen wird. Waffen werden an alle Parteimitglieder ausgeteilt, damit sie mit der Armee das Land im Falle eines Angriffs verteidigen. Um eine Waffe in die Hand zu bekommen und sein Land mitzuverteidigen, tritt Paul Goma in die kommunistische Partei ein.

1968 erhält er auch eine Stelle als Redakteur der Zeitschrift »Romania Literara«. Doch sein Gefängnis-Roman »Ostinato« darf nicht erscheinen, weil Ceausescu im Innern des Landes eine stalinistische Politik betreibt und eine freiere Kulturentwicklung nicht zuläßt. »Wenn Ceausescu von der Unabhängigkeit Rumäniens spricht,

Der Roman, der in Rumänien nicht erscheinen durfte und zuerst in der Bundesrepublik herauskam. Ein anderer Rumäne hatte ihn in den Westen geschmuggelt und zu Suhrkamp gebracht: Dieter Schlesak.

dann bringt ihm das Bewunderung im Westen ein«, sagt Goma. »Aber er meint nur seine Unabhängigkeit, nicht die des Volkes.«

Goma läßt seinen Roman »Ostinato« 1971 bei Suhrkamp in deutscher Sprache erscheinen. Die Veröffentlichung verursacht auf der Frankfurter Buchmesse einen Eklat: Die rumänischen Staatsverlage ziehen aus. Das Buch macht den Rumänen weltberühmt. Aus dem rumänischen Schriftstellerverband wird er ausgeschlossen. In den Westen eingeladen, darf Goma für ein Jahr ausreisen.

Ein paar Monate später darf seine Frau folgen. Das Regime hofft offenbar, daß die beiden nicht zurückkehren. Doch die Gomas kehren zurück. Er verliert seine Stellung als Redakteur, er wird aus der Partei ausgeschlossen. Er steht unter Polizeiüberwachung. Paul Goma nimmt den Kampf gegen den Stalinismus in seinem Lande auf.

Der Schriftsteller adressiert einen Brief an »Herrn Ceausescu, Königlicher Palast Bukarest«. Darin erinnert er ihn an die einstige Unterstützung Alexander Dubceks und des Prager Frühlings. Er fordert ihn sarkastisch auf, sich für jene in der ČSSR Verfolgten einzusetzen, die in der Bewegung »Charta 77« den Zustand des Prager Frühlings wiederhergestellt wissen wollen. Ceausescu solle wie Goma einen Solidaritätsbrief nach Prag schreiben, da offenbar nur zwei Menschen in Rumänien keine Angst vor der Geheimpolizei hätten: Nicolae Ceausescu und Paul Goma.

Gomas Briefe wurden aus dem Land geschmuggelt, vom Sender »Free Europe« in München veröffentlicht und damit in Rumänien bekannt. Paul Goma formulierte einen dritten Brief an die KSZE-Nachfolgekonferenz in Belgrad und forderte die Teilnehmer auf, sich für die Einhaltung der Menschenrechte in Rumänien zu verwenden. Auch dieser Brief wurde von »Radio Free Europe« gesendet. Mehr als 2000 Rumänen schlossen sich mit ihrer Unterschrift Gomas Appell an. Seither wird in Rumänien von

Paul Goma mit Frau und dem sechsjährigen Sohn Filip im 19. Pariser Bezirk, in dem sie wohnen. Der Dichter bekommt keine Professur, weil ein Abkommen Frankreichs mit Rumänien das verhindert. Rumäniens Geheimdienst »Securitate« schickte dem Autor ein Sprengstoffpaket in die Wohnung. Goma überlebte und bleibt gefährdet.

»Goma-Pässen« gesprochen. Das Regime ließ viele der Unterzeichner ins Ausland ziehen, gab ihnen die Ausreisebewilligung, um wieder Ruhe im eigenen Land herstellen zu können.
Goma wurde im April 1977 verhaftet. Antisemitische Ausfälle erschienen in der Presse gegen Gomas Frau, eine rumänische Jüdin. Sie wurde zusammen mit dem eineinhalbjährigen Sohn aus der Bukarester Wohnung geholt und in eine andere am Rande der Stadt gebracht. Dem inhaftierten Goma wurden »landesverräterische Umtriebe« vorgeworfen. Freiheit versprach man ihm nur dann, wenn er sich sofort ins Flugzeug nach Israel setzen lasse. Goma weigerte sich: »Was soll ich da? Ich bin kein Jude.«

Im Westen löste Gomas Inhaftierung eine Protestlawine aus. Nach dreiwöchiger Haft kam der Schriftsteller als menschliches Wrack aus der Zelle. »Sie haben mich dort mit Drogen und Medikamenten kaputtzumachen versucht.« Noch ein halbes Jahr widerstand Goma allen Versuchen, ihn aus dem Land zu schicken. Doch sein gesundheitlicher Zustand besserte sich nicht. Am 20. November 1977 reiste er nach Frankreich aus. Der französische PEN-Club hatte ihn eingeladen. Rumänien entzog dem Schriftsteller die Staatsbürgerschaft.
»Sie halten mich für einen Rechten«, sagt er zu mir. Ich antworte nicht. Er fügt hinzu: »Die rumänischen Exil-Verlage hier halten mich für einen Linken. Was bin ich nun?« Ein Mann von Charakter und menschlicher Gesinnung in einer Zeit, in der sich der Sozialismus, wie Goma ihn in Rumänien durchlitten hat, als ein Betrug herausgestellt hat. Verteidigung der Menschenwürde – ihretwillen hat er sich nicht gebeugt. Geschlagen ist er mit der Intoleranz desjenigen, der unter Intoleranz gelitten hat. »Das ist das Problem der ehemaligen Opfer«, gesteht er ein. Seine Hoffnung: »Die Bibel, die lebt immer noch.« Ein Bekenntnis am Ende des Gesprächs: »In den zwanziger Jahren wäre ich auch Sozialist gewesen.« Und heute? »Finden Sie ein anderes Wort dafür!«

Paul Goma

DIETER SCHLESAK: BLICK VOM TOSKANISCHEN BERG

Da ist jemand, der verdient ein Minimum. Doch mit dem Minimum wagt er alles. Er richtet sich nicht ein in der Bundesrepublik und läßt sich nicht ausrichten von ihr. Er kennt die groben Zwänge der östlichen Welt, aus der er kommt. Und er spürt die subtilen Zwänge der westlichen Welt, die sich frei nennt. In dieser Freiheit empfindet der Rumäne Dieter Schlesak, 1934 im deutschsprachigen Siebenbürgen geboren, die Bundesrepublik am bedrohlichsten. Er zieht nach Süden – über die Alpen. In der Toskana entdeckt er ein verlassenes Haus. Das Haus wird seine Bleibe. Hier findet er zurück zum dichterischen Wort, das ihm in der Bundesrepublik abhanden gekommen ist. Hier gelingt ihm der Gedichtband »Weiße Gegend«, der einen unverwechselbar neuen Ton in die deutsche Lyrik bringt – in der Pause mit den Vaterländern. Eines dieser Gedichte beschreibt die Exil-Problematik der deutsch-jüdischen Dichterin Else Lasker-Schüler, die zu Zeiten des »Dritten Reiches« Zuflucht in Jerusalem fand und dort 1945 starb: *Von Jerusalem kam sie / zurück / an die Grenze, dachte / an Rückkehr, / sah / lange hinüber – / kein Posten schoß. / Aber alle vertrauten Namen, / die in ihr waren, / schossen / von jenseits der Grenze plötzlich / zurück. / Im Schwindel drehte / sich / die Welt, im*

Wahnsinn, / verbot die Heimkehr. / Die Verbrennungen aber / stärker spürbar und immer stärker zuhaus / im himmlischen Jerusalem / trieben sie / zur Grenze zurück, / wieder / und immer wieder / zurück. Unmittelbar nach seiner Emigration Ende 1969 formulierte Dieter Schlesak erste Eindrücke, Erfahrungen und Meinungen über den Westen in zwei Essay-Bänden. Auf dem Flug zu ihm nach Italien lese ich noch einmal die von mir herausgeschriebenen Sätze:

»Was der reaktionäre Sozialismus nicht schaffen konnte, der Westen hat's geschafft: die totale Vergesellschaftung des Denkens.«

»Superkünstliche Gebrauchswelt bis in die Landschaft. Diktatur der Sachen! Wo bleibt das Individuelle in dieser auf ›persönliche Freiheit‹ bedachten Welt?«

»Im Westen haben sich ganz neue Methoden der Unterdrückung ergeben, die bisher in der Geschichte nicht bekannt waren und die von keinem Diktator verordnet, von keiner Machtelite gesteuert werden, sondern anonym, als System funktionieren und tiefer reichen als totalitäre Despotie: die freiwillig, gar lustvoll angenommene Diktatur der Güter und ›Freiheiten‹.«

»Meine ganze Reise in den Westen war eigentlich nur eine Zerstörung von Illusionen, Mystifikationen. Eine Therapie... die Welt ist für mich nun recht klein geworden, es gibt keinen Ausweg mehr.«

Andere Sätze überfallen mich gleich nach der Ankunft auf dem Flughafen Pisa. Dieter Schlesak steuert sofort auf ein

Dieter Schlesak mit seiner Lebensgefährtin Linde Birk am Hang über Camaiore in der Toskana, wo er ein Haus fand: In Rumänien gehörte Schlesak, 1934 geboren, der deutschen Minderheit an. Als er 1969 von einer Westreise nicht zurückkehrte und in der Bundesrepublik blieb, verlor er als Lyriker die Sprache – und gewann sie wieder in Italien. Er sagt: »In der Bundesrepublik dachte ich, ich verliere meine Sinne. Ich hatte das furchtbare Gefühl, in einer Wüste zu leben. In einem Land totaler Zerstörung.«

bizarres Themengebirge zu. Seine Lebensgefährtin Linde Birk lenkt derweil den Wagen über die Via Aurelia zum 30 Kilometer entfernten Haus am Berghang über Camaoire. Ich sitze neben ihr, schaue bei ihren kühnen Überholkünsten schreckhaft nach vorn – und höre erschrocken nach hinten. Hinten sitzt Dieter Schlesak, neben ihm der Hund Flocki aus einem deutschen Tierheim.

Dieter Schlesak spricht von der Feldionen-Aufnahme eines Wolframmoleküls, das dem Strukturmuster der stalaktitischen Kuppel im Alhambrapalast von Granada gleicht. Ich höre etwas von der Röntgenstrahlenzerlegung des Beryll-Kristalls, den Ähnlichkeiten in den Mustern alttibetanischer Mandalas, von der biologischen Evolution, der Mikrophysik, der Genetik, dem Irresein als fehlgelaufener Erleuchtung, von der Mystik und der Meditation. Der Monolog führt von Einstein zu Heisenberg, von Heisenberg zu Carl Friedrich von Weizsäcker, von Weizsäcker zu Gershom Scholem, von Scholem zu Paul Celan, von Celan zu Dieter Schlesak.

Das alles während einer halben Stunde Fahrt. Das alles, ohne daß ich mitschreiben kann. Mein Notizblock liegt in der Tasche, und die Tasche liegt im Kofferraum. Das ist – wie sich herausstellt – gut so. Denn als wir ankommen im Haus der beiden, beginnt Dieter Schlesak von neuem. Und nun so sinnlich, so verständlich, so faszinierend, daß ich drei Tage lang zuhöre, ohne zu ermüden.

»Wenn die Schärfe nicht mehr verwundet«, heißt es in einem seiner Gedichte. »In die Ferne gerückt / zum ganzen Leben gebracht. / Als ließe sich plötzlich / begreifen: was fehlt.«

Dieter Schlesak, nicht Rumänien zugehörig und nicht der Bundesrepublik, auf der Suche nach einer Geborgenheit, die über Vaterländer und Systeme hinausgeht. Ein Mann mit einem gewaltigen Identifizierungsgestus. Aber sich identifizieren womit? Aufgewachsen in und geprägt von einer Doppelwelt: dem Deutschen und dem Rumänischen, dem Westen und dem Osten, dem Kapitalismus und dem Kommunismus, dem merkantilen Protestantismus und dem sinnlichen orthodoxen Christentum. Ein Mann, ständig in einer Doppelbewegung

Dieter Schlesak 1980 in München mit seinem Sohn Dieter Michael aus der Ehe mit der rumänischen Lyrikerin Magdalena Constantinescu. Ihre rumänischen Gedichte übersetzt inzwischen der Sohn.

des Aufdeckens und Zudeckens von Erfahrungen, des sich Heraustrauens aus der Isolierung und des sich gleich wieder Zurückziehens, des sich Einkapselns und des sich Heraussprengens.

In seinem Arbeitszimmer stehen an die tausend Bücher im Regal. Fast kein belletristisches Werk darunter. Bücher über Physik, Wissenschaftstheorie, Mythologie, Psychologie, westliche und östliche Philosophie, jüdische Mystik, Ökologie, Theosophie, Esoterik, Liebe, Meditation. Wo immer ich ins Regal greife, halte ich Exemplare in der Hand, die Schlesak mit einem Bleistift an den freien Stellen vollgeschrieben hat: Kommentare, Assoziatives. »Partituren« für seinen 1400-Seiten-Roman »Die Kunst des Verschwindens«.

Da versucht einer, unsere unüberschaubar gewordene Welt wieder überschaubar zu machen, die Atomisierung des Wissens aufzuheben, einen neuen Lebenszusammenhang herzustellen und mit diesem Versuch der Literatur wieder den Rang zurückzugewinnen, den sie bis James Joyce und auch noch im Scheitern Robert Musils (»Der Mann ohne Eigenschaften«) gehabt hat: ihrer Zeit voraus zu sein. 6000 Seiten hatte er niedergeschrieben und dann alles beiseite gelegt. Weiter gekommen wäre er allemal. Noch einmal 6000 Seiten. Und dann wieder. Ein Schreiben ohne Ende. Grenzenlos.

Nach siebenjähriger Arbeit am Berg seiner Wörter legte er eine Pause ein. Er schaute aus dem Fenster seines Arbeitszimmers herab auf das tyrrhenische Meer bis hin zum 150 Kilometer entfernten Korsika. Er stieg die Treppe hinab zum Wohnzimmer und hörte nichts anderem zu als dem Pendelschlag der Uhr. Er ging aus dem Haus und durchstreifte seinen Grund. 9500 Quadratmeter. Er schlug im eigenen Wald sein Holz für den Kamin. Er sah, wie er inmitten von Weinreben, Olivenbäumen, Kastanien und Pinien lebte. Zwischen Margeriten, Rosen, Oleander, Zitronen, Orangen, Krokussen, Narzissen, Thymian, Rosmarin, Ginster, Myrten, Orchideen, Veilchen und Magnolien. Er kletterte vorbei an dem alten Genueser Wachturm, den Berg hinauf zum Sattel in 1250 Meter Höhe.

Dem Dieter Schlesak öffnete sich auf einmal eine Welt, die er bisher so hartnäckig und auch gewalttätig über viele tausend Seiten hinweg zu öffnen versucht hatte. Mit dem intuitiven Blick des Lyrikers ließ sich fassen, was bisher unfaßbar erschien. In der kleinen Einheit des Gedichts begannen große Wörter zu leben:

Und von vorn arbeitet Sisyphos
Odyssee, XI
Weiße Gegend
    Für Jürgen M.

1
Ein weißer Marmorblock
wie schweres Papier
klebt hart an meiner Wange.

Ich halte sie hin / mir zu
nur probeweise.
Schlimmer war in Carrara

das weiße Todesgewicht
der Blöcke / – Kunst
die immer schon Sklaven tötete.

Die ersten Intellektuellen
waren dabei. / Entsetzlich hoch
der Gedanke / und schwer

kaum zu erreichen: genau
wie der Herr –
wälzend also täglich

ihm zu den Block voller Zweifel
als wärs die Strafe
für unser Wachsein.

2
Einige Bildhauer kamen
Steinmetzen zum Teil Genies
und übernachteten im Freien

Hoben das Gewicht der Sterne leichter
als den täglich herabfallenden
weißen Gedanken.

Wie ein Regen kam er / von jenseits
der Milchstraße und narrte sie
mit ihren Augen. / Denn immer war schon

alles vorbei und nicht mehr zu halten.
Versuche gab es fest zu halten im Block
dies aber führte meist
zum donnernden Hinab. / Und weiß lag er
darunter / zerquetscht mit Leib und Leben
vom Gedankenblock dem fremden Berg

den er sich angemaßt so
zu versetzen.

3
Von vorn gesehn
was da uns zukommt
in einem fort

das ist die Utopie
die wir doch nie
erreichen können

weil sie zu nah
uns auf den Leib
geschrieben

und mit uns ständig atmet.
Sie nachzuahmen / aussichtslos
ist diese Zwangs- und Sklavenarbeit.

So ackernd jeden Tag
Wortfelder die zu weit verstreut
vom Block zerdrückt
wenn er herabfällt / wir erwachen:

4
Wer weiß / vielleicht ist es
ein Krebs / ein Unfall jetzt
ein Schlangenbiß / wer weiß
was auf uns zukommt / ja vielleicht

auch nur ein Krieg / die Bombe
faßbarer vielleicht: so allgemein
erwartet / daß mancher meint
er könne sie vergessen –
sogar den eignen kleinen Tod / damit beruhigt
weil tausendmal Tod / Geschichte ist.

Der Block hat faßbar hochgerechnet
so etwas wie gezeichnet
ein Gesicht.

Ist dann der Schrecken / schreckloser
wenn er den eignen Abgrund überbrückt
Trost der Statistik / hat schon jede Folge
abgerechnet: / was uns so zustößt
ist erkennbar im Gerät. / Kaum überrollt
    vom alten Schicksal

unfaßbar nur wir selbst –
Und überholt.

Und zwischen den Zeilen
hängengeblieben / etwas wie
Hoffnung.

Dieter Schlesak

Die siebenbürgische Geburtsstadt des Dichters Schlesak: Schäßburg, rumänisch Sighișoara. Das baufällig gewordene Geburtshaus Schlesaks wurde nach dem Kriege abgerissen. Auf dem Foto ist nur noch die an ein anderes Haus angrenzende Wand zu sehen.

Die Gedichte strömten Dieter Schlesak zu und wurden zusammengefaßt zu dem Band »Weiße Gegend – Fühlt die Gewalt in diesem Traum«, der 1981 im Rowohlt-Verlag erschien. Das Thema der Lyrik ist das der Prosa. Schlesak formuliert es so: »Umwelt-Verlust, aber auch Reinigung, auch Heilung von alten seelischen Krücken, beispielsweise vom deutsch-protestantischen Über-Ich, dem schon marxistische Dialektik und östliche Mystik entgegengewirkt hatten, und nun das Romanische in Italien: Aus der Katastrophe, aus dem Schock lernen, das Deutsche, das in mir mehrfach gebrochen ist, auch von außen und aus der Distanz sehen, die verinnerlichten Mauern zerstören und sich darin üben, dahinter einen neuen festen Boden zu erkennen – das ist die historische Landschaft der ›Weißen Gegend‹: Übergang, unbetretener Boden, Hoffnung – aber auch die Möglichkeit ausgelöscht zu werden. In dieser Gegend sind überall Zeichen dafür zu erkennen, daß der Mensch den großen kosmischen Zusammenhang nicht mehr ignorieren darf, soll er nicht in einem geschichtlichen Kollaps enden.«

In seinem Gedichtband erreicht Schlesak scheinbar mühelos jene Formvollendung, um die er zuvor über die vielen tausend Seiten hinweg in der Prosa gerungen hat. Das Gelingen in der Form des Gedichts eröffnet dem Autor schließlich auch Erkenntnis darüber, wie der Roman eingegrenzt werden kann: Die

Dieter Schlesak mit dem von ihm gegründeten und geleiteten Chor aus Dendorf bei einem Wettbewerb 1954 in Kronstadt – sitzend vor dem Ensemble. – Die Eltern Schlesaks, die dem Sohn in den Westen folgten, 1975 im württembergischen Aalen. Der Vater starb 1979.

Hauptfigur Michael T. verschwindet bereits im ersten Satz und hinterläßt 6000 Seiten Beschriebenes. Ein Freund nimmt sich dieses Materials an und stellt es zu einem Buch zusammen. Von seiner Arbeit erhofft er sich auch eine Erklärung dafür zu finden, warum Michael T. alles plötzlich liegengelassen hat und verschwunden ist. Mit Hilfe dieser Konstruktion – ego und alter ego – tritt der Autor Schlesak zur Positionsbestimmung des modernen Menschen an, greift er zurück bis zur Renaissance, holt jene Kulturen wieder hervor, die Opfer der zerstörerischen weißen Zivilisation wurden.

Für den Dichter auf dem toskanischen Berg ist mein Besuch in erster Linie ein Test, welche Wirkung seine Argumentation auf mich hat. Und die Argumentation entspricht genau der, die im Roman geführt wird. Doch das wird mir erst klar, als ich meinen Rückflug antrete. Da wünsche ich mir, daß er es schaffen möge, Kunst und Technik, Ethos und Politik, soziales Engagement und Selbsterfüllung, Intellekt und Leben, Geist und Seele in einen schöpferischen Gleichklang des Rhythmus und der Zahl zu bringen. Aber so weit ist er noch nicht. Noch sucht er nach Verbindungen zwischen den vielen Klarheiten, die er im italienischen Exil gewonnen hat. Und sieht sich bei dieser Suche in neue Verwirrungen verstrickt. In diese Verwirrungen zieht er mich hinein. In sein vibrierendes Nicht-Zurechtkommen mit sich, den anderen, der Zeit und seiner Arbeit.

Utopien haben eine unangenehme Eigenschaft: Sie sind ortlos, wie der Name sagt, und nisten ewig. Insofern ist Dieter Schlesak ein utopischer Mensch seit der Kindheit. Er hat sich nie wohl gefühlt in seinem Geburtsstädtchen Schäßburg, rumänisch Sighișoara. Er gehörte jener Volksgruppe an, die vor Jahrhunderten aus der Rhein-Mosel-Gegend in dieses Grenzland zwischen Okzident und Orient gekommen war, die sich in der Abschirmung gegen alles Fremde Kultur und Sprache erhalten hatte. In Siebenbürgen hatten die Deutschen das Sagen, in Bukarest die Rumänen, zu deren Staat Siebenbürgen gehört.

»Das innere Siebenbürgen hat erschreckende Abgründe«, schreibt Schlesak. »Es ist ein Herz mit Pulverfässern.« Das demokratisch-ständische Gemeinwesen dort, das an das der Eidgenossen erinnert, aber noch älter ist, wurde sogar von Lenin für vorbildlich gehalten. Das im 13. Jahrhundert eingeführte Gesetz zur allgemeinen Schulpflicht war das erste allgemeine Schulgesetz der Welt. Schlesak nennt nicht nur diese positiven Fakten aus der Geschichte. Doch wieviel Positives er auch sagt, es ändert nichts daran, daß ihm die Kargheit dieser Volksgruppe, ihre rigide Arbeitsmoral, diese Philosophie des Abrackerns ein Greuel ist.

Schlesak spricht von dem animistischen Glauben seiner Kindheit, von jener Vorstellung, daß alles beseelt sei, daß man in Beziehung treten kann mit Geistern, Tieren und Pflanzen. Er erinnert sich, wie die Siebenbürger Deutschen diese Vorstellung für nicht existent erklärten, wie sie sie verdrängten. Und er sah, wie die Rumänen sich ganz anders verhielten: in Osmose mit der Natur. Der Schriftsteller: »Die Rumänen waren überall, geräuschlos, fast demütig, sie waren sozusagen das Land selbst, man bemerkte sie kaum; wie ein Wald als Selbstverständlichkeit angenommen wird, so war es auch mit ihrer Existenz.«

Am tiefsten bewegt hat ihn in der Kindheit die rumänische Offenheit dem Tod gegenüber: »Diese Vertrautheit mit allen natürlichen Vorgängen. Der Tote wurde nicht versteckt, er lag offen aufgebahrt im Sarg mit abgeschraubtem Sargdeckel, vor allem auch offen vor den Kindern. Uns wurden diese Dinge delikat verborgen, mit einem sentimentalen Schleier und protestantischen Trostsprüchen verhüllt, gefaßt zwar sich ins Unvermeidliche und Natürliche schickend, doch im Grunde genommen verweigerte man sich der Brutalität des Falles, blieb in der Distanz des Gefühls und sentimentalisierte luxuriös seinen Schmerz. Man ließ den Toten sozusagen allein, verbündete sich mit seiner Abwesenheit.« Der elementare Bereich der Existenz wurde versperrt. Man versuchte mit Tüchtigkeit, mit Ratio und zivilisatorischem Eifer die Geister zu verdrängen, sich »gegen die Auflösung, gegen den Irrsinn, die inneren Gefahren zu wehren, zu bestehen, Besitz anzu-häufen als ›Sicherheit‹, etwas ›Bleibendes‹ zu hinterlassen, sich hinter Mauern und Häuserbesitz, hinter seinem ›Hof‹ und der Gemeinde mit den in Tuchfühlung stehenden Häusern der Nachbarn gegen die Gefahren des Elementaren abzuschirmen.« Schlesak schreibt: »Ethos dieser Gemeinschaft war von Anfang an die Rechts- und Gesetzessicherheit und die Sicherheit durch den ›Grund‹, nicht östliche unio mystica mit dem Organischen und Natürlichen.«

Heimat? Hieß das nicht alles zusammen? Nicht nur die deutsche Insel im Südosten Europas, die umgeben war von Rumänen, Juden, Ungarn, Zigeunern? Warum also diese Abwehr der anderen Gruppierungen? Dieter Schlesak wollte mit den anderen spielen, doch er mußte in der deutschen Bannmeile leben. Er sah die Lebenslust der anderen und mußte sich anhören, das »deutsche Wesen« widerspreche den »liederlichen« Eigenschaften der anderen. Das deutsche Gruppenverhalten ließ sich mit dem Wort »völkisch« umschreiben, längst bevor es Hitler zum geflügelten Wort machte. Seelisch erstarrt in der Abwehr des Fremden, waren die Siebenbürger Deutschen offen für die NS-Ideologie.

Dieter Schlesaks Vater war Kaufmann in Schäßburg, besaß ein Geschäft. Die Mutter war Lehrerin bis zu ihrer Heirat. Zu ihren Jugendfreunden zählte der in der Stadt ansässige Apotheker Capesius, der später Dienst tat im KZ Auschwitz und im Frankfurter Auschwitzprozeß zu einer Freiheitsstrafe verurteilt wurde. Auch in der Verwandtschaft des Dieter Schlesak gehörten zwei als SS-Männer dem KZ-Wachpersonal an, einer davon ebenfalls in Auschwitz. Warum sind so viele Deutsche aus Siebenbürgen ausgerechnet in der SS gewesen? War ein rumänisch-deutsches Abkommen, das den Deutschen in Rumänien ausschließlich den Zugang zur SS ermöglichte, Erklärung genug? Für Dieter Schlesak wurden und blieben dies Fragen, die an Virulenz gewannen.

Es sind Fragen, die sich einkerbten in seine Literatur, die seine Literatur prägten. Bis hin zu dem Roman, an dem er jetzt sitzt. Könnte es nicht sein, daß die deutsche Welt in Siebenbürgen in nuce Deutschland war und daß diese deutsche Welt zugleich den Kapitalismus spiegelte? Siebenbürgen gewissermaßen als Modell einer verhängnisvollen Entwicklung westlicher Zivilisation? Dem zehnjährigen Dieter Schlesak jedenfalls erschien 1944 der Einmarsch der Russen in Siebenbürgen wie eine Befreiung. Er sah, wie die Väterwelt in panischer Angst stand und ihre Autorität sich in nichts auflöste. Wie sich Lebensmöglichkeiten ergaben, die er sich immer gewünscht hatte, um einzutauchen in die bis dahin ausgegrenzte sinnliche rumänische Lebensart.

Doch diese neue Freiheit war nun eine Freiheit der Rumänen. Die Herablassung, mit der die Deutschen in Siebenbürgen die Rumänen so lange behandelt hatten, wurde nun den Deutschen gegenüber praktiziert. Das bürgerliche System in Bukarest, das schnell noch von der deutschen auf die russische Seite gewechselt war, brauchte überdies nun Sündenböcke. Zu Sündenböcken gestempelt wurden die Deutschen in Siebenbürgen, von denen Zehntausende zur Zwangsarbeit ins Donez-Becken deportiert wurden. Erst die Kommunisten, die das bürgerliche System 1948 beseitigten, machten mit den Willkürakten Schluß, gaben den Deutschen wieder sprachliche Autonomie, eigene Zeitungen und eigene Schulen.

Für Dieter Schlesak wurde dieser Kommunismus eine Hoffnung. Er absolvierte eine pädagogische Schule, ging mit 18 Jahren als Lehrer aufs Land, unterrichtete in Dendorf 25 Kinder, baute einen 90köpfigen Chor auf, dirigierte und gewann mit dem Chor alle Wettbewerbe. Er wurde mit der Arbeitsmedaille der Nationalversammlung ausgezeichnet. Er wurde mit einer Studiengenehmigung für die Universität Bukarest belohnt. Dieter Schlesak studierte Germanistik, und er beschäftigte sich intensiv mit dem Marxismus. Er suchte an der Universität die Nähe derjenigen, die einst von der NS-Ideologie verfolgt waren, und wurde abgewiesen.

»Ich war und blieb für sie ein Deutscher«, erinnert er sich. »Doch zu den Siebenbürger Sachsen wollte ich nicht mehr zurück. Was blieb, war der Marxismus. Mit seiner Hilfe konnte ich die Väterwelt, die mir diese Abweisung eingebrockt hatte, noch einmal zusammenbrechen lassen.« Die Zerstörung der Väterwelt war wiederholbar, aber sie war nicht – wie er schnell merkte – beliebig wiederholbar. Das Gefühl historischer Bodenlosigkeit führte in die Depression. Aus der Depression heraus führte ausgerechnet Siebenbürger Kolonisten-Mentalität: Wo die Wirklichkeit sich verweigert, gilt es, sich eine andere Wirklichkeit zu schaffen. Dieter Schlesak begann zu schreiben. Er schuf sich seinen eigenen Boden, und er hielt sich fortan am Boden Sprache fest.

Auf der Grenze gehen ist verdächtig. / Doch lieb ich euren Verdacht, er / bestätigt mir stets / die Nützlichkeit meiner Vergehen. / Wie ist es doch anrüchig, nimmer gesehen zu werden, / wie weckt ein sicheres Versteck / das große Mißtrauen: / wenn man über eure Köpfe hinweg / schweigt. / Und ich weiß: / jede Nacht ist ein Verbrechen, / jedes Herz ist ein Überläufer, / und der Tod ist mein Freund, / vor dem ihr mißmutig zwar, / doch endlich / den Hut zieht!

Dieter Schlesak schloß sein fünfjähriges Studium in Bukarest 1959 mit einer Examensarbeit über Thomas Mann ab. Heute weiß er seine Leseerlebnisse während der Studienzeit zu deuten: »Es war die Suche nach Religion, nach religio, also nach Bindung.« Sein Denken erweist sich im Rückblick als eine Gratwanderung zwischen den Lehrern des dialektischen Materialismus und den wissenschaftlich sich ausweisenden Theologen des Marxismus. Im Mittelpunkt dieses Denkens steht das eschatologische Motiv. Heute weiß er auch, daß die Kommunisten im Ostblock für die religiöse Signatur der Situation total blind waren und noch sind. Damals las Schlesak die Werke Jean-Paul Sartres: »Seine Theorie hat mich angezogen und mich immer wieder enttäuscht. Wir haben in seinem Existentialismus wahrscheinlich mehr gesehen, als zu sehen war. Wir haben ihn metaphysisch aufgefaßt – als Widerstand gegen das Vordergründige der Ideologie.« Irgendwann zu jener Zeit hielt Schlesak die Jugendgedichte des aus Czernowitz stammenden Lyrikers Paul Celan in der Hand, der als Jude die Verfolgung durch die Nazis überlebte und sich 1970 im Pariser Exil das Leben nahm. »Es war eine Lesebegegnung, die mir die Augen öffnete«, sagt der Schriftsteller heute.

In den Jugendgedichten fand er einen »Hauch von konkreter sinnlich faßbarer Transzendenz«. Er spürte »das Geheimnis der Metapher, die mich sinnlich berührte«. Von nun an wußte er, was er wollte: »Selbst dieses Geheimnis herstellen!« Er erkannte in der Dichtung Celans das Zusammentreffen zweier seit der Aufklärung getrennter Kulturen: Geist und Politik, exakt und human, Engagement und Transzendenz. »Diese wesentliche Neuheit in der deutschen Poesie kommt vielleicht nur noch bei Hölderlin in dieser Intensität vor«, schrieb Schlesak später.

Die Abschlußarbeit an der Universität über Thomas Mann schrumpfte zur Marginalie: »Denn bei Thomas Mann ist der Untergang des Bürgertums zwar bis zur Auflösung der Gefühle dargestellt, doch die Konsequenz dieser Gefühlsschwäche, dieses Mangels an Gefühl, wird niederschmetternd erst sichtbar gemacht von Paul Celan. Thomas Mann schließt ab, Paul Celan schließt auf.« Fasziniert steht Dieter Schlesak später vor dem Gedichtband »Niemandsrose« und dem dort zu findenden Satz: »Alle Dichter sind Juden.« Und er liest die Verse: »Groß / geht der Verbannte dort oben, der / Verbrannte: ein Pommer, zu Hause / im Maikäferlied, das mütterlich blieb...«

Was ihm dieses Leseerlebnis bedeutet, beschreibt Schlesak in einem Essay unter dem Titel »Wort als Widerstand« (»Literaturmagazin 10: Vorbilder. Rowohlt): »Auch der Vertriebene aus dem Osten wird mit den Verbrannten, den Toten, den in Rauch und Asche Aufgegangenen in eins gesetzt, nur im Lied noch zu Hause, das über die Grenze zwischen Leben und Tod hinweg kommunizieren kann – jene Denk-Grenze durchstößt, die festgefahren und zur Norm erklärt, wohlbehütet von der Psychiatrie, eine politische Ordnung erst möglich macht: und Herrschaft, die dann diese Opfer fordert. In und nach ›dunklen Zeiten‹ aber verschieben sich die Begriffe – ein Spalt wird sichtbar. Hölderlin ist an solch einem von ihm durchdachten Umbruch zerbrochen. Mit großer Wahrscheinlichkeit auch Paul Celan.«

Dieter Schlesak wird nach Abschluß seines Studiums Redakteur an der in Bukarest deutschsprachig erscheinenden Zeitschrift »Neue Literatur«, die vom Rumänischen Schriftstellerverband herausgegeben wird. Eine Publikation für die fünfte deutschsprachige Literatur – neben der der Bundesrepublik, der DDR, Österreichs und der Schweiz. Hier arbeitete und publizierte der 1930 geborene Romancier Paul Schuster (»Fünf Liter Zuika«), der seit 1972 in Westberlin lebt; hier kamen die frühen Gedichte des 1927 geborenen Lyrikers Oskar Pastior heraus, der 1968 nach Westberlin ging. Rumänien ist das einzige Land im Ostblock, in dem es eine geschlossene deutsche Kultur gibt.

Die stalinistische Phase in Rumänien dauerte bis 1962/1963. Zu jener Zeit begann sich die Ära Ceausescu abzuzeichnen, der im März 1965 im Alter von 47 Jahren als erster Sekretär der Kommunistischen Partei die Nachfolge des verstorbenen Diktators Gheorghiu Dej antrat. Mit der Ära Ceausescu verband sich die im Westen als sensationell empfundene Emanzipation Rumäniens von der sowjetischen Vorherrschaft. In der Umbruchphase geriet der 28jährige Dieter Schlesak erstmals in die Fänge der rumänischen Geheimpolizei. »Ich stellte fest, daß sie alles über mich wußten«, erinnert er sich. »Das war wie ein Schock für mich. Sie fragten nach meinen brieflichen Kontakten mit Kollegen in der Bundesrepublik. Sie fragten nach der Beziehung zu einem inhaftierten Kollegen in Rumänien. Sie fragten, fragten, fragten, und sie wußten im voraus alles. Dieses Gefühl, total überwacht zu sein, ist

Der Lyriker Reiner Kunze 1966 zu Besuch in Bukarest: Auf dem Foto rechts Dieter Schlesak, links der siebenbürgische Lyriker Ingmar Brantsch, der inzwischen in der Bundesrepublik lebt.

nie mehr von mir gewichen. Ich sagte ihnen, daß ich Marxist sei. Und sie lachten mich aus. Das war für sie nicht wichtig. Es bedeutete gar nichts. Wichtig war nur die Einschüchterung durch Macht.«

Die Poesie ist kein Freiraum / für Schwäche / sie / fordert von uns / leicht und spielend / und wir wissen es nicht / daß wir schwimmen / unter Wasser / durch die Kanäle / ohne zu ersticken: über die Grenze / Beweis einer Kraft / die wächst / mit der Gefahr / ins kalte Wasser zu springen / andern ein Beispiel.

Seit 1962 war Dieter Schlesak verheiratet mit der Lyrikerin Magdalena Constantinescu, die als medizinische Assistentin arbeitete. Er hatte die vier Jahre jüngere Rumänin an der Universität kennengelernt. Im Jahre 1966 lernte Schlesak den Lyriker Reiner Kunze aus der DDR kennen, der zu einem Besuch in Bukarest weilte. Im Jahre 1968 gelang es dem inzwischen 34jährigen Schlesak, seinen ersten Gedichtband mit dem Titel »Grenzstreifen« durch die Zensur zu bringen. Das Buch erschien unmittelbar nach der Okkupation der ČSSR durch die Truppen des Warschauer Paktes, nach der Niederschlagung des »Prager Frühlings«, an der sich keine rumänischen Truppen beteiligten. Ceausescu, letzter Staatsgast bei Alexander Dubcek in Prag, wandte sich damals mit scharfen Worten gegen diesen militärischen Gewaltakt.

Dieter Schlesak erinnert sich: »1968 war auch das Jahr der Freiheit in Rumänien. Wie viele Rumänen dachte ich, daß der Freiheitsraum erhalten bleibt. Und wie viele Rumänen empfand ich Stolz darüber, daß es jemand im Ostblock wagte, das Verbrechen der Okkupation auch ein Verbrechen zu nennen. Ich bewarb mich um die Mitgliedschaft in der Kommunistischen Partei Rumäniens. Doch dann kehrte Ceausescu zur alten Innenpolitik der Unterdrückung zurück und verschärfte sie Jahr für Jahr. Damals, 1968, in seinem einzigen in Rumänien erschienenen Gedichtband »Grenzstreifen« war selbst dieses Gedicht von der Zensur unbeanstandet geblieben:

Vorteile mit Handschellen zu leben: / Man muß keinem die Hand reichen. / Man kann nicht in die Tasche greifen. / Man kann keine Selbstbefleckung treiben. / Man kann keine Verse schreiben. / Man muß die Augen nicht bedecken, wenn Unrecht geschieht. / Niemand kann vom Gefangenen eine Missetat verlangen, / denn / die größte wurde schon an ihm begangen. / Man ist zu keinem Widerstand verpflichtet. / Man muß sich nicht selbst ankleiden. Und Uniformen / ziehen einem die anderen an / man kann keine Reden halten. / Man kann kein Gewehr halten. / Man kann nicht grüßen. / Man kann seinen Gefühlen mit den Füßen Luft machen. / Man kann sich die Tränen nicht abtrocknen. / Man muß am Leben bleiben, Selbstmord ist unmöglich.

Im Oktober 1968 durfte Dieter Schlesak seine erste Reise in den Westen antreten. Er flog nach Brüssel und fuhr zu einer Literaturveranstaltung mit Peter Handke und Thomas Bernhard nach Mondorf in Luxemburg, reiste dann nach Paris, setzte sich in den Zug und erlebte die Bundesrepublik, besuchte von der Bundesrepublik aus auch die DDR, war zu Gast in Österreich. Seine ersten Eindrücke mit dem Westen hielt er fest in dem Buch »Visa Ost West Lektionen«, das 1970 bei S. Fischer in Frankfurt erschien. Darin berichtet er auch über seine Rückkehr nach einem halben Jahr und seine zweite Reise im November 1969 in die Bundesrepublik, von der er nach Rumänien nicht mehr zurückkehrte.

Er, der Deutsche aus Siebenbürgen mit der rumänischen Staatsangehörigkeit, schreibt: »Heimat Osteuropa beschert nämlich ein ganz besonderes Reisegepäck: die innere Haltung eines Doppelemigranten. Zu Haus nicht mehr, doch immer zu Haus, im Reiseland noch nicht, doch schon immer im Reise-Land. Und niemand kann den Gedanken an eine endgültige Flucht aus dem ›Ostblock‹ unterdrücken, wenn er gen Westeuropa reist. Doch es ergeben sich unerschwingliche Preise dafür, die dann schließlich zeitweilig die meisten bezahlen. Man nimmt eine Art negativer Liebe auf sich, die keinen Boden unter den Füßen hat, lebt zeitweilig aus politischen Gründen, je länger man im Westen verweilt, nur noch mit den Erinnerungen und mit Ressentiments. Doch ohne reale Bindung, hat man sein wirkliches Leben zum Märchen gemacht.

Zwischen zwei Ländern, zwischen zwei politischen Wirklichkeiten leben, heißt keiner anzugehören und sich zugleich beiden verbunden zu fühlen. Die Rationalisierung der daraus entstehenden Melancholie, sei es nun (in meinem Fall): die levantinische oder die deutsche, ist vielleicht dem Drang, in der Luft gehen zu können, gleichzusetzen. Das ferne Gruselmärchen Rumänien wurde mir hier im Westen so vertraut wie eine Kindheitserinnerung, vertrauter als das Land meiner langjährigen Illusionen: Europa.«

Ein ganzes Jahr lebte Dieter Schlesak mit seinem rumänischen Paß in Frankfurt. In Rumänien kam 1970 sein Sohn zur Welt. Als Schlesak zum zweiten Mal in den Westen kam, hatte er im Reisegepäck Paul Gomas Gefängnis-Roman »Ostinato«. Der Roman hatte in Rumänien nicht erscheinen dürfen. Nun erschien er 1971 bei Suhrkamp in Frankfurt. Auf der Frankfurter Buchmesse verließen deswegen die rumänischen Verlage aus Protest das Ausstellungsgelände.

Schlesak sagte sich: »Ich wollte nicht noch einmal in die Situation kommen, daß der kleine innere Zensor wieder in mein Gehirn einsteigt, wenn der große Zensor zu drohen beginnt.« So blieb er im Westen, wurde er Deutscher mit dem Paß der Bundesrepublik. Im Jahre 1973 erreichte er, daß seine Frau und sein Sohn Rumänien verlassen durften. Zahlreiche Briefe waren in der Zwischenzeit hin- und hergeschickt worden. Darin Gedichte, die das Hin- und Hergerissensein der beiden spiegeln. Die schmerzliche Veränderung der Lebensverhältnisse des einen ohne den anderen. Zwei östliche Leben im Weltwechsel. Bei der Ankunft von Frau und Kind in der Bundesrepublik war die Ehe gescheitert. Magdalena Constantinescu lebt seitdem mit dem Sohn in München, arbeitet als medizinische Assistentin, schreibt weiter rumänische Gedichte, für deren Veröffentlichung sich kein Verleger findet. Ihr Sohn übersetzt inzwischen ihre Gedichte ins Deutsche. Dieter Schlesak ebenfalls.

Im Jahre 1978 erschien in dem Göttinger Mini-Verlag Pawlik & Schlender unter dem Titel »Briefe über die Grenze« ein gemeinsam zusammengestellter Band mit Gedichten von Magdalena Constantinescu und Dieter Schlesak, der das Scheitern der Beziehung nachzeichnet. Ein beeindruckender lyrischer Dialog über Liebe, Trennung und Exil, der von den Medien nicht zur Kenntnis genommen wurde und keine Öffentlichkeit fand.

Dieter Schlesak schreibt vom »Widerspruch am Himmel«:

Genau dies weiß ich nun nach sieben Jahren, | zuhause kann ich sein | nur hier – im Flug, als wär ich damals in | der Luft | und schwebend zwischen meinen Vaterländern | trotz all der Schüsse auf der Grenze stehngeblieben. | Ein Vogel aber bin ich nicht, | der Grüne Wagen blüht mir, doch ich wollt | ein Haus. | Gern wär ich nur ein Bürger, bin sein | Waisenkind. | Ich lieb die Länder, Orte, Frauen nur, | wenn ich die Freiheit auch zum Abschied hab. | Nur in der bittern Flucht und ungeschützt | im Freien kann ich Zeit erfahren. | Die Zeit der Zeit, Vorläufigkeit | setzt mir den kleinsten Floh ins Ohr. | In allen Leuten ist sie heute auf der Flucht: | den Himmeln schrecklich nah | und nicht mehr auf der Erde.

Magdalena Constantinescu antwortet ihrem Mann, indem sie an die österreichische Schriftstellerin »Christine Lavant, die Hinübergegangene« schreibt:

Mein Name | Ist Magdalena Maria | Und ich habe das Beten verlernt | Denn irr ist das Gehen geworden | Wie auf dem Mond, | Wie auf dem Mond. | Da oben gehe ich ein – | Es ist zum Zaumzeug geworden – | Eis fließt in meinem Blut, | Verknüpft mit einem Andern. | Ich tauche tief hinein. – | Lehr mich das A und das O – | Und wie das Amen heut klingt. | Und lehr mich die Stadt, | Wo der Mond wohnt – | Im Kinderlied, sieh | Ich höre: Sternkalt wie Wein. | Leg über mein wildes Abseits | Ein Wort für mich ein.

Dieter Schlesak ist nach seiner Emigration, wie die meisten, die seinen Weg nahmen, viel gereist: nach Amerika, nach Israel, durch die westeuropäischen Länder. Er lernte in der Bundesrepublik die Simenon-Übersetzerin Linde Birk kennen und lieben. Er zog von Frankfurt nach Bensberg bei Köln. Er arbeitete für den Rundfunk. Er schrieb einen zweiten Essay-Band: »Geschäfte mit Odysseus – Zwischen Tourismus und engagiertem Reisen«. Das 1972 erschienene Buch ging ebenfalls unter in der Flut der Neuerscheinungen. Unter den Beiträgen steht die für mich beste Analyse Israels von einem Deutschen meiner Generation.

Dieter Schlesak spürte, daß er in der Emigration seine dichterische Substanz verlor. »Ich war unfähig, Gedichte zu schreiben«, erinnert er sich. »Ich war unfähig, Prosa zu schreiben. So wich ich automatisch in den Bereich des Journalismus aus. Auch aus der Notwendigkeit heraus, Geld verdienen zu müssen. Aber doch eben stärker deshalb, nicht mehr wie früher schreiben zu können. Hätte ich gewußt, was im Westen auf mich zukommt, wäre ich in Rumänien geblieben. Sozialisation kann schmerzlich sein. Aber der Umbau einer Persönlichkeit ist eine Katastrophe. Und nichts anderes findet statt, wenn ein Erwachsener die Welt wechselt.«

Schlesak schreibt: »Ostemigranten wissen meist nicht, wie ihnen geschieht, auch wenn sie risikoreich über die Mauer gesprungen, durch die Donau geschwommen oder mit falschem Paß über Ungarn nach Österreich gereist sind. Sie verlieren zwar den inneren Druck, fühlen sich ein paar Wochen gut, frei und mit der offenen Welt nebenan, doch recht bald haben sie das Gefühl des Absterbens, so, als schrumpften die Sinne, als ob man sich langsam in einen Toten verwandle, ausgeronnen und blutleer; das Ich geht verloren und läßt sich nicht mehr finden. Man wird selbst zum Teil des plastic people, verliert seine sinnlichen Fähigkeiten und stilisiert sich mehr oder weniger zur westeuropäischen Maske.«

Dieter Schlesak sagt: »In der Bundesrepublik dachte ich, ich verliere meine Sinne, meine Wahrnehmung. Ich hatte das furchtbare Gefühl, in einer Wüste zu leben. In einem Land totaler Zerstörung, einer Zerstörung durch Neubau, Bauboom und Spekulation. Der äußeren Zerstörung war die innere in diesem Land gefolgt. Selbst die USA erschienen mir menschlicher als dieser Teil Deutschlands mit seiner schrecklichen Seelenlosigkeit, mit seiner höflichen

Erbarmungslosigkeit. Dies war für mich ein Land hinter Glas. Ich registrierte, aber ich nahm nichts mehr wahr. Ich war auf der Suche nach Rumänien, nach jenem Rumänien jenseits politischer Gängelung. Und ich fand dieses Rumänien in Italien. Seit 1973 lebe ich nun hier mit Linde Birk in Camaoire.«

Dieter Schlesak zog damals in ein Haus am Hang, das seit 1945 nicht mehr bewohnt war. Es gab weder fließend Wasser noch Strom. Das Wasser mußte von einem Brunnen geholt werden. Ein Maultierpfad führte zum Haus hinauf. Heute ahnt der Besucher nichts mehr von dem beschwerlichen Anfang. Das Haus ist nun voll angeschlossen an die Versorgungsnetze des Ortes. Der Maultierpfad ist geteert. Dort oben am Hang unter den italienischen Nachbarn lernte Dieter Schlesak italienisch, und er umkreiste seine neue Heimat.

Der Schriftsteller beschäftigte sich intensiv mit den Ärzten, Pflegern und Patienten der psychiatrischen Heilanstalt Arezzo, wo ein neues Betreuungskonzept entwickelt wurde. Er beschrieb dieses neue Konzept in dem von Agostino Pirella herausgegebenen Buch »Sozialisation der Ausgeschlossenen – Praxis einer neuen Psychiatrie«. Er besuchte auch Heilanstalten in Österreich. Er schrieb Rundfunkfeatures und ein Hörspiel über seine »Reisen zum Wahnsinn«. Er kam in Italien mit östlicher Meditation in Berührung. Und in meditativer Versenkung gelangte er wieder zu sich selbst, schrieb er seine »Weiße Gegend«. Dichtung nach siebenjähriger Sperre.

Heute sagt er: »Die wichtigsten Impulse für meine heutige Literatur habe ich nicht durch Literatur bekommen. Ich bekam sie durch Beschäftigung mit der Religion und der Physik. Schreiben wurde für mich ein Meditationsvorgang.« Dieter Schlesak zitiert den Physiker Carl Friedrich von Weizsäcker, der selbst meditiert: »Ein sehr wichtiger Teil des meditativen Prozesses ist, daß wir uns loslösen von der Nötigung, immer nur das wahrzunehmen, womit wir etwas anfangen wollen. Und es kann sein, daß uns da Strukturen begegnen, die uns sogar in der alltäglichen Erfahrung begegnen würden, wenn man nur imstande wäre, davon abzusehen, wozu wir das nun jeweils gerade brauchen.«

Nur ein nichtzweckgebundenes Denken kann – so Schlesak – »in der Einheit der Natur, der wir ja alle angehören, etwas wahrnehmen, das zu ihrer Unmittelbarkeit gehört«. Meditation zur Wiederherstellung kosmischen Zusammenhangs. Dieter Schlesak schreibt: »Jeder einzelne aber gehört in diesen Zusammenhang, genetische und geistige Information wirkt in ihm. Die Kraft, die diese Information trägt, wird als erweckbar geschildert. Kabbala und Chassidismus nennen sie Schechinah (Mutter und Schwester), ihr Symbol ist Rose und Krone; im Indischen heißt sie Kundalini und Prana. Sie soll angeblich über einen Kanal, der zehn psychische Zentren, die sogenannten ›Sefirots‹ (›Chakras‹ im Yoga) passieren muß, bis zur Schechinah am Scheitelpunkt des Kopfes vordringen: wo sich Sex und Geist, Natur und Geschichte in einem Blitz – im jüdischen ›Ziw‹, im indischen ›Samadhi‹ genannt – vereinigen. Die Tradition kennt diese Einheit auch als Oberes Jerusalem, als das platonische ›Eine‹, wo das Zerstreute gesammelt wird.«

Provokativer gefaßt lauten die Erkenntnisse Schlesaks, die den Kern seines Romans »Die Kunst des Verschwindens« ausmachen, so: »Sozialismus, Kapitalismus, klassische Physik sind alle derselbe Irrtum. Sie basieren auf dem Weltbild von Kausalität, Zeit und Raum. Dieses Weltbild, das Galilei und Newton geschaffen haben, war bereits Anfang dieses Jahrhunderts veraltet und reicht erst recht heute nicht aus, weil es nicht der Realität entspricht.«

In der Einleitung eines Laotse-Buches macht Lin Yutang darauf aufmerksam, daß sich im 19. Jahrhundert, als Marx seine materialistische Forderung, das Kommunistische Manifest, verfaßt hatte, die westlichen Physiker an ein Experiment heranmachten, das schließlich die Substanz, die Materie, vollkommen auflöste. Dabei erfuhren sie, daß die Substanz leer ist und sich zwischen Atomkern und Elektronen ein leerer Raum befindet und daß man die Bewegung der Elektronen im magnetischen Teil mit keiner materiellen Antwort erklären kann. Die moderne Physik verneinte den Materialismus genau zu dem Zeitpunkt, als Marx dessen gesell-

Dieter Schlesak in der Toskana: »Genau dies weiß ich nun nach sieben Jahren: / Zuhause kann ich sein / Nur hier – im Flug. Als wär ich damals in der Luft, / Und schwebend zwischen meinen Vaterländern, / Trotz all der Schüsse auf der Grenze stehngeblieben...«

schaftliche Unbedingtheit verkündete.

Dieter Schlesak läßt keinen Zweifel daran, daß er nach wie vor auf seiten des Sozialismus steht: »Ich stehe – drastisch gesagt – auf seiten Stalins, weil er immerhin noch die verhunzte Alternative einer positiven Sache ist. Hitler dagegen – das war die verhunzte Position einer verhunzten Sache: die Position des Kapitalismus. Und wer meint, die Millionen-Verbrechen der Nazis hätten nichts mit dem Kapitalismus zu tun, der schaue auf die anima rationalis des Abendlandes, in deren Zeichen einst 16 Millionen Menschen in Mexiko und zwei Millionen auf Haiti in einer frühen Form von Endlösung umgebracht wurden.« Hinter diesen Worten steht Schlesaks Meinung, daß die von Westeuropa ausgegangene Zivilisation, die heute die Welt beherrscht, eine katastrophale Fehlentwicklung ist. Die Toskana als Ausgangspunkt der Renaissance – und Amerika dienen dem Schriftsteller in seinem Roman »Die Kunst des Verschwindens« als Rückbesinnung auf den Beginn der Endphase unserer Kultur: der Neuzeit – Beginn von ungeheurer, noch nie dagewesener Hybris, Genozid, Gold, Kolonien, Sternstürmerei, Kommunikation, Leben über alle körperlichen und seelischen Verhältnisse hinaus. »Abschaffung des alles durchdringenden Ganzen zugunsten eines winzigen Teils«, wie es Schlesak formuliert: »Des weißen Denkens und Lebens.

Die Abschaffung jenes enigmatischen, undurchschaubaren Ganzen, das auch Gott genannt wurde und das bisher noch von keiner traditionellen Kultur abgeschafft worden war, im Gegenteil: jede Kultur ging davon aus!«
Für Dieter Schlesak heißt das: »Die Krankheit der Evidenzunfähigkeit in diesem Sinne ist die abendländische Krankheit: die Irreligiosität oder besser: die schamlose Nutzung der brachliegenden religiösen Massenenergien fürs GROSSE KARTELL, hat zu Stalin, Hitler und zum amerikanischen Lebensstil und seiner Raubkultur und zur Selbstzerstörung geführt, auch in den Seelen der vorangegangenen Generationen: die Umpolung des durch Glaubensverlust entstandenen inneren Vakuums, der so freigewordenen Sehnsucht und des Lebenshungers ins Grauen einer vom Universum abgenabelten großen weißen Ego-Kultur, die anscheinend die Aufgabe hat, sich selbst zu zerstören.«
In diesen Zusammenhang stellt Schlesak das Versagen, die Verbrechen des Sozialismus: »Für mich waren die sozialistischen Länder zuerst einmal ein Einbruch in das GROSSE KARTELL. Ihr Sozialismus ist eine gescheiterte große Chance, die historisch notwendig war. Über die Seelen der Revolutionäre hat das GROSSE KARTELL wieder zugeschlagen und aus dem Sozialismus eine Pleite gemacht. Denn die Revolutionäre standen innerhalb der Sozialisation der weißen Welt, in der von ihr ausgebildeten autoritären

**Dieter Schlesak in seinem Arbeitszimmer und beim Essen mit Linde Birk: Als die beiden das Haus am Hang übernahmen, gab es weder fließend Wasser noch Strom. Ein Maultierpfad führte zum Haus hinauf. Inzwischen ist es angeschlossen an das Versorgungsnetz des Ortes.
Mit dem schmalen Band »Visa« stellte sich Dieter Schlesak 1970 in der Bundesrepublik vor: Es blieb ein bedeutsames Dokument über den Ost-West-Konflikt.**

Charakterstruktur. Die Veränderung, die die Kommunisten durchsetzten, war eine Tat wider die gewachsene Psychologie des Menschen. Aber wo ist heute der archimedische Punkt, um das GROSSE KARTELL aus den Angeln zu heben?« Das GROSSE KARTELL auf dem Wege zur Endlösung, für das Auschwitz nur eine Generalprobe war?

Der Psychoanalytiker Erich Fromm kam nach intensiver Verarbeitung von Marxismus und jüdischer Mystik zur östlichen Meditation, zur buddhistischen Weisheit als Gegenstück zur modernen Industriegesellschaft, zum Lob vom Sein statt vom Haben, zum Lob des Lebens statt des Gelebtwerdens, der uhrenhaften Aktivität, die den Menschen zur Maschine, zum Automaten degradiert. Carl Friedrich von Weizsäcker hält die Begegnung des »reflektierenden« Europa mit dem »meditierenden« Asien für ein »weltgeschichtliches Ereignis«, das Europa aus den Traditionen einer aggressiv-analytischen, einer »zerschneidenden Wissenschaftskultur« befreien könnte.

Dieter Schlesak schreibt: »Bewußtseinserweiterung, die mit sich selbst beginnt, nicht mit anderen, kann nämlich kein Kurs für Revolutionsfunktionäre sein, sondern heilt von der Ich- und von der Machtbesessenheit, die im Zusammenspiel mit bestimmten historischen Voraussetzungen und Zwängen immer dazu beigetragen hat, daß große gesellschaftliche Veränderungen in einem neuen Cäsarentum endeten.«

Dieter Schlesak

»Erst Menschen, die nicht mehr bevormundet werden, können Sozialisten sein.«

»Wehe dem Land, das seinen Kritikern einen Maulkorb anlegt!«

»Schönheit: sie ist zu finden in den Gesichtern des Widerstands.«

Peter Weiss, Notizbücher 1971–1980

NACHWORT

Dieses Buch erscheint zu einem Zeitpunkt der Rückbesinnung ganz anderer Art, und doch steht es mit jenem Datum in Zusammenhang: dem 10. Mai 1933, an dem Adolf Hitler eine ganze Generation von Schriftstellern aus dem Bewußtsein des deutschen Volkes strich. Vor 50 Jahren wurden die Bücher fast aller deutschsprachigen Autoren von Rang und Namen den Flammen übergeben. Diese Bücherverbrennung wirkte über den Zusammenbruch des »Dritten Reiches« hinaus. Vor fünf Jahren habe ich mit dem Buch »Die verbrannten Dichter« versucht, meine Entdeckung jener Schriftsteller und ihrer Literatur anderen nahezubringen, einen Beitrag zu leisten gegen das Vergessen.

»Die verbrannten Dichter« – das war vor allem die Geschichte von Schriftstellern, deren Hoffnung der Sozialismus war. »Die verbannten Dichter« – das ist die Enttäuschungsgeschichte mit dem Sozialismus. Und so sind die »Verbannten Dichter« die Brüder der »Verbrannten Dichter«. Wer den Sozialismus ernst nimmt, kommt deshalb nicht um eine Auseinandersetzung mit der Wahrheit der Enttäuschten herum, will er nicht als Heuchler dastehen oder als Zyniker, der die im Namen des Sozialismus begangenen Verbrechen rechtfertigt. Er wird sich in den Gestalten der »Verbannten Dichter« den Zweifeln aussetzen und sich in die Verzweiflung begeben müssen, ehe er wieder wie Peter Weiss als Sozialist auftauchen kann.

Gerade deswegen habe ich meinem Nachwort Reflexionen dieses 1916 in Deutschland geborenen und von den Nazis für Auschwitz bestimmten jüdischen Autors vorangestellt. Eines Mannes, in dessen Person und Werk sich alle sozialistischen Hoffnungen jener Autoren bündeln, deren Werke 1933 von den Nazis auf dem Scheiterhaufen verbrannt wurden. Eines Mannes, der Kommunist geworden und geblieben ist, damit die, die einst gehofft haben, nicht umsonst gestorben sind. Zu der Beerdigung des Peter Weiss, der über 1945 hinaus im schwedischen Exil blieb, fand von den deutschen Schriftstellern im Mai 1982 nur einer den Weg nach Stockholm, und der lebt im Londoner Exil: Uwe Johnson. So symbolisierte seine Anwesenheit die Verlorenheit des deutschen Exilschriftstellers und das wahre Wesen der heimischen Autoren beider deutscher Staaten.

»Auferstanden aus Ruinen« – so beginnt der Text der DDR-Nationalhymne. Er stammt von Johannes R. Becher, dem bayerischen Dichter, der gegen die Nazis kämpfte, 1933 Zuflucht in der Sowjetunion fand und nach dem Kriege Kulturminister im anderen Teile Deutschlands wurde. Die Hymne wird gespielt, aber seit Jahren nicht mehr gesungen, weil darin die Worte vorkommen »Deutschland, einig Vaterland«. Die SED läßt den Text nicht mehr zu – aus Angst.

»Auferstanden aus Ruinen« – so sehen in Deutschland die zwei wesentlichen Denkmodelle aus. Die Rechten klammern sich an die Ruinen eines konservativen Weltbildes, die Linken an die Ruinen eines sozialistischen. In der DDR ist der Sozialismus rechtsgestrickt, in der Bundesrepublik links. Und beide Seiten sind zutiefst unglaubwürdig, weil sie – mit Ausnahmen – eine Gewissensprüfung nicht vornehmen. Nichts fürchten sie so sehr wie den Beifall von der falschen Seite, als ginge es ums Taktieren und nicht um Moral.

Weil die meisten der einst von den Nazis verfolgten deutschen Schriftsteller Sozialismus-Gläubige waren, paßten sie nach 1945 lange Zeit nicht in die Adenauer-Republik – und nur dann in den Ulbricht-Staat, sofern durch sie nicht Moskaus politische Linie in Zweifel gezogen war. Doch die östliche Seite ist heute der Heuchelei genauso nahe wie die westliche. Die östliche Seite zwingt ihre Dissidenten entweder ins Gefängnis oder ins Exil und setzt auf nicht unähnliche Weise das fort, was die Nazis auch gemacht haben. Die westliche Seite versucht, Exilanten aus dem Osten als Propagandamittel zu nutzen.

Daß ein Alexander Solschenizyn sich für die Ziele eines Axel Springer einsetzen läßt, ist schlimm. Aber es ist nicht schlimmer als das Schweigen der Anna Seghers zu den Verbrechen des Kommunismus bis hin zur Verbannung eines Wolf Biermann und anderer. Jener Anna Seghers, die ein Symbol des Widerstands gegen die Nazis war.

Heinrich Böll hat kürzlich auf die Frage, ob denn die westeuropäische Linke bereit und in der Lage wäre, die Erfahrungen der Dissidenten aus dem Osten mit dem real existierenden Sozialismus aufzunehmen und zu verarbeiten, mit einem eindeutigen »Nein« geantwortet. Böll: »Die Linke wollte bis heute – glaube ich – nicht wahrhaben, daß es den Archipel Gulag wirklich gegeben hat, daß entsetzliche Dinge geschehen sind im Namen des Sozialismus.« Ein unverdächtiger Mittler zwischen Ost und West hat damit der Linken bei uns ein schlimmes Armutszeugnis ausgestellt.

Erinnern wir uns an jene Jahre nach 1933, als deutsche Schriftsteller im westlichen Exil vergebens vor den Gefahren der Nazis gewarnt haben. Erinnern wir uns an die Tatsache, daß Stalin und Hitler einen Pakt schlossen und Polen untereinander aufteilten. Erinnern wir uns, in welche Gewissenskrise damals alle jene deutschen Exilanten gestürzt wurden, die an den Sozialismus als Quelle moralischer Erneuerung geglaubt haben. Damals begann sichtbar für viele Exil-Autoren das Enttäuschungserlebnis mit dem Kommunismus, das dann verdeckt wurde durch den Angriff Hitler-Deutschlands auf die Sowjetunion.

Heute, wo viele Enttäuschte aus den Ostblockländern bei uns im Westen leben, werden sie von der Rechten als Beleg gegen den Sozialismus benutzt. Die Linke hält sie in der Regel für Reaktionäre. Und so sind diese Exilanten auch ein Beleg gegen den Sozialismus jener westlichen Sozialisten. Es geht nicht an, gegen die Verbrechen der Amerikaner in Vietnam protestiert und bei den kommunistischen Verbrechen in Kambodscha geschwiegen zu haben. Es geht nicht an, sich über die von den Amerikanern gestützten Diktaturen in El Salvador und in der Türkei zu erregen, über den Neostalinismus in der ČSSR zu schweigen und die Militärjunta in Polen zu rechtfertigen.

Ein Sozialismus ohne Moral ist einen Dreck wert. Er ist auch eine Verhöhnung jener deutschen Exil-Autoren, die einst als Sozialisten gegen Hitler gekämpft haben. Es geht längst nicht mehr um das Votum gegen das eine System zugunsten des anderen. Die Träume sind im Blut versickert. Der Marxismus – einmal ein freies kritisches Denken – ist zu einer Orthodoxie geworden, die Sowjetkommunismus heißt. Und der Sowjetkommunismus hat den Menschen eine neue Entfremdung gebracht. Was die Dynamik des Bösen betrifft, ist das Sowjetsystem ein dynamisches System, sonst nicht. Der Sowjetkommunismus garantiert nur Diktatur. Der Kapitalismus läßt Diktatur zu, aber er schließt Demokratie nicht aus.

»Es geht nicht um die Wahl zwischen einer guten und einer schlechten Welt«, sagt Jossif Brodskij, russischer Lyriker im US-Exil. »Es geht um die Wahl zwischen einer schlechten Welt und einer noch schlechteren. Die noch schlechtere ist die sowjetische.« Das heißt im Hinblick auf die beiden Weltmächte: ihren Imperialismus bekämpfen, ohne dem Totalitarismus Vorschub zu leisten.

Wer die Dichter aus dem Osten, die hier im Exil leben, verstehen will, muß sich vom bequemen Rechts-Links-Denken trennen. Das fällt schwer, ist auch mir schwergefallen. Doch schafft man es, so öffnet sich einem in vielen Fällen ein Denken, das weit hinausgeht über unsere eingeübten Positionen. Das ist die wertvolle Erkenntnis, die ich in diesem Buch zu vermitteln versuche. Wo immer ich hinkam in den Exilorten zwischen Amerika und Westeuropa, war ich für die verbannten Dichter zuerst einmal die Klagemauer.

Ich stellte fest, daß wir im Westen – und besonders wir Deutsche, die wir ja angesichts der Jahre 1935–1945 inzwischen wissen müßten, was Exil bedeutet – gegenüber den Exilschriftstellern aus dem Osten versagt haben. Bei meinen Begegnungen mit ihnen wurde ich kübelweise mit Bitterkeit, mit Wut und auch mit Resignation überschüttet. Und dies als Folge einer unterbliebenen Auseinandersetzung mit ihnen. In fast allen Exilanten sitzt tief das Gefühl, daß wir im Westen unfähig oder unwillig sind, ihnen zuzuhören – geschweige denn bereit, ihre mitgebrachten oder neu entwickelten Ängste aufzulösen.

Manches, was diese Schriftsteller aus dem Osten sagen, klingt wie Geschrei. Aber sie schreien aus Leid, das ihnen in ihren Heimatländern angetan worden ist. Und in dieser Situation sagen sie manches ungerechte Wort. Wer von uns kann das eigentlich nicht verstehen? Aber was haben wir in der Mehrzahl getan? Wir haben auf die ungerechten Worte gehorcht und nicht auf die Ursachen der Ungerechtigkeit. Wir haben uns abgewandt und gemeint: Wenn sie so reden, dann nicht mit uns.

Die Gegner des Sozialismus im Westen sprachen von der »Undankbarkeit« dieser Leute. Die Sozialisten im Westen ärgerten sich darüber, daß ihnen nicht abgenommen wurde, ihr Sozialismus sähe anders aus als der im Ostblock, ließe man sie nur ihn in die Tat umsetzen. Wir waren immer nur dann bereit, Exilanten zu akzeptieren, wo sie uns in unseren festgefügten Ansichten bestätigten. Viele der von uns im Westen übergangenen Exilanten sind durch unser Verhalten in geistige Sackgassen gejagt worden. Und wir haben uns dann hinstellen und sagen können: das haben wir ja gleich gewußt, mit denen kann man ja nicht...

Noch ist es Zeit, wiedergutzumachen, was falsch gemacht worden ist. Besonders für uns Deutsche sollte doch das lange Vergessen und Verdrängen der einst von den Nazis verfolgten Literatur auch diese Konsequenz haben: eine neue Exil-Literatur nicht wieder ein halbes Jahrhundert warten zu lassen. Hier im Westen und jetzt sind wir geistig und moralisch gefordert, uns mit den heutigen Exilschriftstellern auseinanderzusetzen. Auch dies könnte – so wünsche ich es mir – mit diesem Buch erreicht werden. Wie bereits in den »Verbrannten Dichtern« versuche ich zusammen mit dem Fotografen Wilfried Bauer, die Lust zu wecken für Exil-Literatur. Die dem Nachwort folgende Bibliographie ist ausschließlich dafür gedacht, dem Leser dieses Buches die Suche nach im deutschen Buchhandel erhältlichen Büchern der Exilanten zu erleichtern.

Dieses Buch soll einen repräsentativen Überblick über das Exil jener Autoren geben, die aus dem sowjetischen Machtbereich kommen. Es wird nicht verkannt, daß Hitler-Deutschland mit seiner Verfolgung der Literatur nicht gleichzusetzen ist mit dem Ostblock. Wohl aber darf, soll und muß verglichen werden. Ein Vergleich mit Hitler-Deutschland zeigt, daß das NS-Regime Schriftsteller, die es als Feinde ansah, ermordet hat, wo es ihrer habhaft wurde. Das allerdings geschah zu Zeiten Stalins, der in seinem Machtbereich genauso verbrecherisch handelte.

Auch wenn das sowjetische System heute auf die schlimmsten Methoden stalinistischer Verfolgung verzichtet, so läuft die Verfolgung unbequemer Schriftsteller in seinem Machtbereich mit subtileren Methoden immer noch auf deren Zerstörung hinaus.

Der in München lebende Russe Alexander Sinowjew lügt nicht, wenn er feststellt: »Das gesamte sowjetische System basiert auf den Strukturen, die Stalin durchgesetzt hat. Es perpetuiert Unmenschlichkeit – selbst in der erklärten Abwendung von Stalin.«

Denjenigen Lesern, die die Wahrheit, die aus diesem Buch hervorgeht, mit dem Hinweis beiseite schieben, daß auch Lateinamerika eine Exil-Literatur hervorbringt, verursacht durch das kapitalistische System, sei gesagt, daß sie recht haben. Die Geschichte dieses Exils ist zu schreiben, und sie wird geschrieben werden. Es wäre aber verlogen, sich mit dem Hinweis auf Süd- und Mittelamerika um das Thema dieses Buches herumzumogeln.

Es gilt die Forderung Rosa Luxemburgs: »Freiheit nur für Anhänger der Regierung, nur für Mitglieder einer Partei – mögen sie noch so zahlreich sein – ist keine Freiheit. Freiheit ist immer nur Freiheit des anders Denkenden.«

Kein Verbrechen der eigenen Seite ist zu rechtfertigen, nur weil die andere Seite auch Verbrechen begeht.

In meinem Buch »Die verbrannten Dichter« habe ich auch den folgenden Satz von Rosa Luxemburg zitiert: »Geschändet, entehrt, im Blute watend, von Schmutz triefend, so steht die bürgerliche Gesellschaft da, so ist sie.« Die schlimme Wahrheit des Buches »Die verbannten Dichter« lautet: Das sowjetische System hat sich als nicht besser erwiesen als die bürgerliche Gesellschaft.

So sind »Die verbannten Dichter« auch ein Buch meiner Enttäuschung, meiner Bitterkeit und meiner Wut über solchen Sozialismus. Es ist geschrieben mit Zuneigung für die, die sich widersetzt haben, die sich ihre Gesinnung nicht nehmen ließen, die Charakter bewahrten, wo ihn die Machthaber aufgaben. Meine Zuneigung gilt zugleich jenen, die diesen Kampf in ihren Ländern fortsetzen. Sie gilt Männern, wie dem in der ČSSR inhaftierten Dramatiker Václav Havel und dem in der Sowjetunion isolierten Andrej Sacharow. Sie gilt den Internierten des polnischen Militärregimes. Dieses Buch ist mein Ausdruck der Solidarität mit ihnen.

Erst wenn der Verrat am Sozialismus offenbart ist und die Gefährdung, die den Verrat möglich gemacht hat, als dauernde Gefährdung erkannt worden ist und in Rechnung gestellt wird, ist die Wahrheit jener wieder gerettet, die für den Sozialismus gelitten und für ihn gestorben sind.

Dem Leser dieses Buches wird auffallen, daß die Porträts einer Reihe von DDR-Autoren fehlen, die heute in der Bundesrepublik leben. Mit Absicht habe ich auf jene verzichtet, die mit zeitlich verschieden befristeten Ausreisegenehmigungen der DDR bei uns leben, wie zum Beispiel Günter Kunert, Erich Loest, Klaus Schlesinger, Jurek Becker. Erich Loest hat diese Beförderung in den Westen »eine kalte Ausbürgerung« genannt, was den Sachverhalt wohl trifft. Dennoch: Offiziell hat sich die DDR von diesen Autoren bisher nicht getrennt.

Ich hätte gern, was den deutschen Bereich betrifft, zusätzlich Porträts von Sarah Kirsch und Thomas Brasch aufgenommen. Sarah Kirsch, über deren Exil-Probleme ich bereits 1979 geschrieben habe, sagte mir 1982: »Diese Probleme gibt es nicht mehr für mich.« Thomas Brasch wollte sich nicht eingereiht sehen in den, wie er sagte, »Ost-West-Gegensatz« und verglich sich und seine Situation mit der eines James Joyce.

Festzuhalten bleibt: Die 27 Schriftsteller, die seit Wolf Biermanns Ausbürgerung die DDR verlassen haben, leben im Exil und doch in Deutschland, mit Ausnahme von Bernd Jentzsch. Wenigstens ein Vorzug, den die deutsche Teilung mit sich gebracht hat und der verfolgten deutschen Dichtern zugute kommt. Es klingt zynisch, aber es ist wahr: Hitler hat es möglich gemacht. Exil erster Klasse also für Autoren, die von Deutschland nach Deutschland gehen? Ja – und doch nicht.

In dem Buch fehlen auch ungarische Schriftsteller im Exil. Spricht das für Ungarn? Lassen wir die Antwort offen. Im amerikanischen San Diego an der Grenze zu Mexiko traf ich den 80jährigen Romancier Sándor Márai, der 1948 ins Exil ging und seit einem Jahrzehnt am Pazifik wohnt. Márai hätte längst in sein Heimatland zurückkehren können ebenso wie der seit 1956 in Österreich lebende György Sebestyén. Derjenige Ungar, der kommunistische Problematik wie kein anderer Romancier seines Landes dargestellt hat, ist 1979 aus dem Westen nach Ungarn zurückgekehrt: György Konrad, Autor des Romans »Der Komplize«. Konrad schreibt: »In Osteuropa kann derjenige, der sich entschließt, nicht zu lügen, zum moralischen Guerillakämpfer werden. Aber das ist schwer, wir müssen uns selbst bis zu den Wurzeln unseres Seins neu überdenken.«

»Die verbannten Dichter« – das sind Menschen, die sich in ihren Heimatländern entschlossen, nicht zu lügen.

LITERATURVERZEICHNIS

(Aufgenommen wurden 1982 im Buchhandel der Bundesrepublik zugängliche Titel)

Wassili Axjonow
Der rosa Eisberg oder Auf der Suche nach der Gattung: Roman. Deutsch von Rosemarie Tietze. Berlin–Frankfurt–Wien: Ullstein, 1981.

Wolf Biermann
Die Drahtharfe: Balladen, Gedichte, Lieder. Berlin: Wagenbach, 1965.
Mit Marx- und Engelszungen: Gedichte, Balladen, Lieder. Berlin: Wagenbach, 1968.
Der Dra-Dra. Die große Drachentöterschau in acht Akten mit Musik. Berlin: Wagenbach, 1970.
Für meine Genossen: Hetzlieder, Gedichte, Balladen. Berlin: Wagenbach, 1972.
Deutschland. Ein Wintermärchen. Berlin: Wagenbach, 1972.
Nachlaß 1: Noten, Schriften, Beispiele. Ausgabe aller 7 vorangegangenen Buchveröffentlichungen. Berlin: Kiepenheuer & Witsch, 1977.
Preußischer Ikarus: Lieder, Balladen, Gedichte, Prosa. Köln: Kiepenheuer & Witsch, 1978.
Das Märchen von dem Mädchen mit dem Holzbein. Ein Bilderbuch von Natascha Ungeheuer. Köln: Kiepenheuer & Witsch, 1979.
Verdrehte Welt – das seh' ich gerne: Lieder, Balladen, Gedichte, Prosa. Köln: Kiepenheuer & Witsch, 1982.

Arnold, Heinz Ludwig. Herausgeber: *Wolf Biermann.* München: edition text + kritik, 1975.
Rothschild, Thomas. Herausgeber: *Wolf Biermann. Liedermacher und Sozialist.* Reinbek: Rowohlt, 1976.
Roos, Peter. Herausgeber: *Exil.* Die Ausbürgerung Wolf Biermanns aus der DDR. Eine Dokumentation. Köln: Kiepenheuer & Witsch, 1977.
Rothschild, Thomas: Wolf Biermann. In: ders.: *Liedermacher.* Frankfurt: S. Fischer, 1980.
Hage Volker: *Einzelgänger Wolf Biermann und Botho Strauß.* In: ders.: *Die Wiederkehr des Erzählers.* Neue deutsche Literatur der siebziger Jahre. Frankfurt–Berlin–Wien: Ullstein, 1982.

Jossif Brodskij
Einem alten Architekten in Rom: Ausgewählte Gedichte. Deutsch von Karl Dedecius, Rolf Fieguth und Sylvia List. München–Zürich: Piper, 1978.
A part of speech: Poems. New York: Farrar. Straus. Giroux, 1980.
Jalta gewidmet. Deutsch von Jan Masner. In: *Kontinent* 4. Berlin: Ullstein, 1976.
Wiegenlied vom Kabeljau-Kap: Gedicht. Deutsch von Gerhard von Olsowsky. In: *Kontinent* 5. Berlin: Ullstein, 1976.
Man ist nicht man. Leningrader Abweichungen. In: *Transatlantic* 11/1980.

Jürgen Fuchs
Gedächtnisprotokolle. Mit Liedern von Gerulf Pannach und einem Vorwort von Wolf Biermann. Reinbek: Rowohlt, 1977.
Vernehmungsprotokolle. Reinbek: Rowohlt, 1978.
Tagesnotizen: Gedichte. Reinbek: Rowohlt, 1979.
Pappkameraden: Gedichte. Reinbek: Rowohlt 1981.
Es ist schwer, Nein zu sagen. In: Schriftsteller für den Frieden. Herausgegeben von Ingrid Krüger. Darmstadt: Luchterhand, 1982.
Der strenge Tourist aus Hamburg oder Ein Kommunist rettet Polen. In: *Verantwortlich für Polen?* Herausgegeben von Heinrich Böll, Freimut Duve und Klaus Staeck. Reinbek: Rowohlt, 1982.

Paul Goma
Ostinato: Roman. Deutsch von Marie Thérèse Kerschbaumer. Frankfurt: Suhrkamp, 1971.
Die Tür: Roman. Deutsch von Marie Thérèse Kerschbaumer. Frankfurt: Suhrkamp, 1972.
Gherla: Roman. Paris: Gallimard, 1976.
Dans le cercle: Roman. Paris: Gallimard, 1977.
Le tremblement des hommes: Roman. Paris: Seuil, 1979.
Garde inverse: Roman. Paris: Gallimard, 1979.
Les chiens de mort ou La passion selon pitesti: Roman. Paris: Hachette, 1981

Jiří Gruša
Der 16. Fragebogen: Roman. Deutsch von Marianne Pasetti-Swoboda. Hamburg–Luzern: Hoffmann und Campe/Edition Reich.

Bernd Jentzsch
Quartiermachen: Gedichte. München: Hanser 1978.
Berliner Dichtergarten und andere Brutstätten der reinen Vernunft: Erzählungen. Mit Grafiken von Gertrud von Mentlen. Pfaffenweiler: Pfaffenweiler Presse, 1979.
Irrwisch. Ein Gedicht. Originalradierungen von Heinz Treiber. Handsatz, Handdruck, Handeinband. Pfaffenweiler: Pfaffenweiler Presse, 1980.

Prosa. Jungfer im Grünen und Ratsch und ade. Berlin: Ullstein, 1980.

Pavel Kohout
Aus dem Tagebuch eines Konterrevolutionärs. Mit Graphiken von Pravoslav Sovák. Deutsch Gustav Solar und Felix R. Bosonnet. Hamburg–Luzern: Hoffmann und Campe/Edition Reich, 1969.
Weißbuch in Sachen Adam Juráček, Professor für Leibeserziehung und Zeichnen an der Pädagogischen Lehranstalt in K., kontra Isaac Newton, Professor für Physik an der Universität Cambridge. Deutsch von Alexandra und Gerhard Baumrucker. Hamburg–Luzern: Hoffmann und Campe/Edition Reich, 1970.
Die Henkerin: Roman. Deutsch von Alexandra und Gerhard Baumrucker. Hamburg–Luzern: Hoffmann und Campe/Edition Reich, 1978.
Jolona und der Zauberer. Deutsch von Jitka Bodláková. Luzern: Kinderbuchverlag Reich, 1980.
Theaterstücke. So eine Liebe. Reise um die Erde in 80 Tagen. August August, august. Deutsch von Magda Stitná, Felix R. Bosonnet und Alexandra Baumrucker. Hamburg–Luzern: Hoffmann und Campe/Edition Reich, 1980.
Die Einfälle der heiligen Klara: Roman. Deutsch von Alexandra Baumrucker. Hamburg–Luzern: Hoffmann und Campe/ Edition Reich, 1980.
Drei Einakter. Krieg im dritten Stock. Brand im Souterrain. Pech unterm Dach. Deutsch von Gerhard und Alexandra Baumrucker. Hamburg–Luzern: Hoffmann und Campe, 1981.
Die kluge Amsel. Luzern: Kinderbuchverlag Reich, 1981.

Jerzy Kosinski
Der bemalte Vogel: Roman. Deutsch von Herbert Roch. Bern–München: Scherz, 1965. Inzwischen nur noch als Taschenbuch bei S. Fischer, 1968.
Cockpit: Roman. Deutsch von Tommy Jacobsen. Frankfurt: S. Fischer, 1978.
Blind Date: Roman. Deutsch von Tommy Jacobsen. Frankfurt: S. Fischer, 1980.
Willkommen, Mr. Chance: Roman. Deutsch von Kurt Heinrich Hansen. München–Zürich: Droemer Knaur, 1980.
Passion Play: Roman. Deutsch von Manfred Ohl und Hans Sartorius. Frankfurt: S. Fischer, 1982.
Flipper: Roman. Deutsch von Tommy Jacobsen. Hamburg: Albrecht Knaus, 1982

Milan Kundera
Der Scherz: Roman. Deutsch von Erich Bertleff. Wien: Molden, 1968. Inzwischen bei Suhrkamp.
Das Leben ist anderswo: Roman. Deutsch von Franz Peter Künzel. Frankfurt: Suhrkamp, 1974.
Laughable Loves: Introduction by Philip Roth: Erzählungen. New York: Penguin Books, 1975.
Abschiedswalzer: Roman. Deutsch von Franz Peter Künzel. Frankfurt: Suhrkamp, 1977.
Das Buch vom Lachen und vom Vergessen: Roman. Deutsch von Franz Peter Künzel. Frankfurt: Suhrkamp, 1980.

Reiner Kunze
Sensible Wege: Gedichte. Reinbek: Rowohlt, 1969/1977.
Der Löwe Leopold. Fast Märchen, fast Geschichten: Kinderbuch. Frankfurt: S. Fischer, 1970/1974.
Zimmerlautstärke: Gedichte. Frankfurt: S. Fischer, 1972/1977.
Die wunderbaren Jahre: Prosa. Frankfurt: S. Fischer, 1976/1978.
Das Kätzchen. Bilderbuchverse. Illustrationen Horst Sauerbruch. Frankfurt: S. Fischer, 1979.
Der Film Die wunderbaren Jahre: Lesefassung des Drehbuchs. Frankfurt: S. Fischer, 1979.
auf eigene hoffnung: Gedichte. Frankfurt: S. Fischer, 1981.
Eine stadtbekannte Geschichte. Für Kinder, die wissen, was eine Umleitung ist: Kinderbuch. Mit Zeichnungen von Werner Maurer. Olten/Freiburg: Walter-Verlag, 1982.

Rainer Kunze. Materialien und Dokumente. Herausgegeben von Jürgen P. Wallmann. Frankfurt: S. Fischer, 1977.

Arnŏst Lustig
A Prayer for Katerina Horovitzova: Erzählung. New York–London: Harper & Row, 1973.
Night and Hope: Erzählungen. Washington: Inscape, 1976.
Darkness casts no shadow. Washington: Inscape, 1976.
Diamonds of the night: Erzählungen. Washington: Inscape, 1978.
Street of lost brothers. Washington: Inscape, 1976.
Cowards and Heroes. Washington: Inscape, 1977.

Czesław Miłosz
Verführtes Denken. Mit einem Vorwort von Karl Jaspers. Deutsch von Alfred Loepfe. Köln: Kiepenheuer & Witsch, 1953/1980.
Tal der Issa: Roman. Deutsch von Maryla Reifenberg. Köln: Kiepenheuer & Witsch, 1957/1980.
West und Östliches Gelände. Deutsch von Maryla Reifenberg. Köln: Kiepenheuer & Witsch, 1961/1980.
Lied vom Weltende: Gedichte. Deutsch von Karl Dedecius. Köln: Kiepenheuer & Witsch, 1966/1980.
Selected Poems: Introduced by Kenneth Rexroth. New York: Seabury Press, 1973.
Emperor of the Earth. Modes of Eccentric Vision. Berkeley: University of California Press, 1977.
Zeichen im Dunkel. Poesie und Poetik. Herausgegeben und Deutsch von Karl Dedecius. Frankfurt: Suhrkamp, 1979.

Bells in Winter: Poems. New York: The Ecco Press, 1980.
Geschichte der polnischen Literatur. Deutsch von Arthur Mandel. Köln: Verlag Wissenschaft und Politik, 1981.
Das Land Ulro: Deutsch von Jeannine Łuczak-Wild. Köln: Kiepenheuer & Witsch, 1982.
Gedichte 1933–1981. Deutsch von Karl Dedecius und Jeannine Łuczak-Wild. Frankfurt: Suhrkamp, 1982.

Homage to Czesław Miłosz, our 1978 Neustadt Laureate. In: *World Literature Today.* A Literary Quarterly of The University of Oklahoma. Volume 52. Number 3. Summer 1978.
Reklaitis, Povilas: Die Heimat des Nobelpreisträgers für Literatur 1980, Czesław Miłosz. Siegen: J.-G.-Herder-Bibliothek Siegerland, 1980

Slawomir Mrozek
Tango und andere Stücke. Deutsch von Ludwig Zimmerer. München: Piper, 1981.
Die Giraffe und andere Erzählungen. Deutsch von Christa Vogel und Ludwig Zimmerer. München: Piper, 1981.
Amor und andere Stücke. Deutsch von Christa Vogel und Witold Kośny. München: Piper, 1982.
Der Dicke, der lachte, und andere Erzählungen. Deutsch von Witold Kośny, Christa Vogel und Ludwig Zimmerer. München: Piper, 1982.

Viktor Nekrassow
Zu beiden Seiten der Mauer. Erfahrungen und Erlebnisse. Deutsch von Nikolaus Ehlert. Berlin: Ullstein-Kontinent, 1980.
Ansichten und etwas mehr. Deutsch von Bronislawa Orlop. Berlin: Ullstein-Kontinent, 1980.
Kyra Georgijewna: Erzählung. Mit einem Nachwort von Helen von Ssachno. Deutsch von Georg Strauch-Orlop. Berlin: Ullstein, 1981.

Dieter Schlesak
Visa Ost West Lektionen. Frankfurt: S. Fischer, 1970 (vergriffen).
Geschäfte mit Odysseus. Zwischen Tourismus und engagiertem Reisen. Bern–Stuttgart: Hallwag Verlag, 1972 (vergriffen).
Institution und Psychiatrie – die gesellschaftliche Konstruktion des Wahnsinns. In: *Sozialisation der Ausgeschlossenen.* Praxis einer neuen Psychiatrie. Herausgegeben von Agostino Pirella. Reinbek: Rowohlt, 1975.
Briefe über die Grenze: Gedichte. Mit Magdalena Constantinescu. Göttingen: Verlag Pawlik & Schlender, 1978.
Religiöse Gegenkultur. In: Horst von Gizycki und Hubert Habicht (Hrsg.).
Oasen der Freiheit. Von der Schwierigkeit der Selbstbestimmung. Berichte, Erfahrungen, Modelle. Frankfurt: S. Fischer, 1978.
Wort als Widerstand. Paul Celans Herkunft – Schlüssel zu seinem Gedicht. In: *Literaturmagazin 10. Vorbilder.* Reinbek: Rowohlt, 1979.
Weiße Gegend – Fühlt die Gewalt in diesem Traum: Gedichte. Reinbek: Rowohlt, 1981.

Andrej Sinjawski (Abram Terz)
Ljubimow: Roman. Deutsch von Lotte Stuart. Wien: Zsolnay, 1966/1980.
Phantastische Geschichten: Sämtliche Erzählungen. Deutsch von Eduard Suslik und Anna Moravec. Wien: Zsolnay, 1967.
Gedanken hinter Gittern. Deutsch von Henrik Berinson. Wien: Zsolnay, 1968.
Eine Stimme im Chor. Mit einem Vorwort von Igor Golomstock. Deutsch von Swetlana Geier. Berlin: Zsolnay, 1974.
Promenaden mit Puschkin. Deutsch von Swetlana Geier. Berlin: Propyläen, 1977.
Im Schatten Gogols. Deutsch von Swetlana Geier. Berlin: Propyläen, 1979.
André-la-Poisse: Erzählung. Paris: Albin Michel, 1981.

Alexander Sinowjew
Lichte Zukunft. Deutsch von Franziska Funke und Eberhard Storeck. Zürich: Diogenes, 1979.
Ohne Illusionen: Interviews, Vorträge, Aufsätze. Deutsch von Alexander Rothstein. Zürich: Diogenes, 1980.
Der Kommunismus als Realität. Deutsch von Katharina Häußler. Zürich: Diogenes, 1981.
Gähnende Höhen. Deutsch von G. von Halle und Eberhard Storeck. Zürich: Diogenes, 1981.

Josef Škvorecký
Legende Emöke: Erzählung. Deutsch von Vera Cerny. München: Piper, 1966 (vergriffen).
Feiglinge: Roman. Deutsch von Karl-Heinz Jähn. Neuwied–Berlin: Luchterhand, 1969 (vergriffen).
Junge Löwin: Roman. Deutsch von Ludmilla Sass. Neuwied–Berlin: Luchterhand, 1971 (vergriffen).
L'escadron blindé. Chronique de la période des cultes: Roman. Paris: Gallimard, 1969.
Miracle en Bohême: Roman. Vorwort von Milan Kundera. Paris: Gallimard, 1978.
The Bass Saxophone. Toronto: Anson-Cartwright Editions, 1977.
The Engineer of Human Souls: Roman. Toronto: Lester & Orpen Dennys, 1980.

Homage to Josef Škvorecký, our 1980 Neustadt Laureate. In: *World Literature Today.* A Literary Quarterly of The University of Oklahoma. Volume 54. Number 4. August 1980.

Zdena Salivarova
Summer in Prague: Roman. New York–London: Harper & Row, 1973.

Alexander Solschenizyn
Ein Tag im Leben des Iwan Denissowitsch: Erzählung.

Deutsch von Gerda Kurz und
Sieglinde Summerer. München–
Zürich: Droemer Knaur, 1968.
Der erste Kreis der Hölle:
Roman. Deutsch von Elisabeth
Mahler und Nonna Nielsen-
Stockeby. Frankfurt: S. Fischer,
1968.
Krebsstation: Roman in zwei
Bänden. Deutsch von Christia-
ne Auras, Agathe Jais und
Ingrid Tinzmann. Mit einem
Vorwort von Heinrich Böll.
Reinbek: Rowohlt, 1971.
Im Interesse der Sache: Gesam-
melte Erzählungen. Deutsch
von Mary von Holbeck, Leonie
Labas, Elisa Marin, Christo-
pher Meng, Ingrid Tinzmann.
Darmstadt: Luchterhand, 1972.
*Von der Verantwortung des
Schriftstellers.* Zwei Bände.
Zürich: Arche Verlag, 1971.
August Vierzehn. Deutsch von
Swetlana Geier. Neuwied–
Berlin: Luchterhand, 1972.
Matrjonas Hof: Erzählung.
Deutsch von Ingrid Tinzmann.
Frankfurt: Suhrkamp, 1974.
Der Archipel GULAG. Drei
Bände. Deutsch von Anna
Peturnig und Ernst Walter.
Bern–München: Scherz,
1974/1976/1978. Als Taschen-
buch bei Rowohlt.
Lenin in Zürich. Die entschei-
denden Jahre der Oktoberrevo-
lution. Deutsch von L. P.
Welinski. Bern–München:
Scherz, 1977. Als Taschenbuch
bei Rowohlt.
Die Eiche und das Kalb. Skizzen
aus dem literarischen Leben.
Deutsch von Swetlana Geier
und Wolfgang Kasack. Darm-
stadt–Neuwied: Luchterhand
1978. Als Taschenbuch bei
Rowohlt.
Warnung. Die tödliche Gefahr
des Kommunismus. Berlin:
Ullstein, 1980.
Im ersten Kreis. Vollständige
Ausgabe der wiederhergestellten
Urfassung des Romans »Der
erste Kreis der Hölle«. Deutsch
von Swetlana Geier. Frankfurt:
S. Fischer, 1982.

*Alexander Solschenizyn. Eine
Bibliographie seiner Werke.*
Herausgegeben von Werner
Martin. Hildesheim: Olms
Verlag, 1978.

Wladimir Woinowitsch
*Die denkwürdigen Abenteuer des
Soldaten Iwan Tschonkin:*
Roman. Deutsch von Alexander
Kaempfe. Darmstadt: Luchter-
hand, 1975. Inzwischen bei
Diogenes Zürich.
Brieffreundschaften: Erzählung.
Deutsch von Heddy Pross-
Werth. Darmstadt: Luchter-
hand, 1976. Inzwischen bei
Diogenes Zürich.
Iwankiade: Erzählung. Deutsch
von Tatjana Frickhinger-Gara-
ni. Berlin: Ullstein-Kontinent,
1979.

ANTHO-
LOGIEN

Aus der Traum? Fotografien aus
Polen und der Tschechoslowa-
kei von Bern Markowsky und
Ivan Kyncl. Mit Texten von
Jürgen Fuchs, Václav Havel,
Jiří Lederer und Jan Kavan.
Mit Gedichten von Wolf Bier-
mann, Julij Daniel, Gruppe DG
307, Stanisław Barańczak,
Tomasz Jastruń, Jarosław
Markiewicz, Ryszard Krynicki,
Ludvik Kundera, Leszek Sza-
ruga, Rafł Wojaszek und Adam
Zagajewski. Berlin: Galerie 70,
Schillerstraße 70.
*Der Tod ist ein Meister aus
Deutschland. Deportation und
Vernichtung in poetischen Zeug-
nissen. – Ich sah das Dunkel
schon von ferne kommen. Er-
niedrigung und Vertreibung in
poetischen Zeugnissen. – Ich sah
aus Deutschlands Asche keinen
Phoenix steigen. Rückkehr und
Hoffnung in poetischen Zeugnis-
sen.* Alle drei Bände herausge-
geben von Bernd Jentzsch.
München: Kindler, 1979.
Kontinent – Sonderband Prag.
Herausgegeben von Ota Filip
und Pavel Tigrid. Berlin: Ull-
stein, 1976.
*Landkarte schwer gebügelt.
Neue polnische Poesie 1968 bis
heute.* Herausgegeben von Peter
Raina. Nachwort von Witold
Wirpsza. Berlin: Oberbaumver-
lag, 1981.
Panopticum Polonicum. 100
polnische Autoren vom Mittel-
alter bis heute. Ein Brevier von
Karl Dedecius. Frankfurt:
Suhrkamp, 1982.
*Polnische Poesie des 20. Jahr-
hunderts.* Herausgegeben und
übertragen von Karl Dedecius.
München: Hanser, 1964. Nur
noch als Taschenbuch bei
Ullstein.
Polnische Pointen. Satiren und

kleine Prosa des 20. Jahrhunderts. Herausgegeben von Karl Dedecius. München: Hanser, 1962. Nur noch als Taschenbuch bei Ullstein.
Polnische Prosa. Zwei Bände. Herausgegeben von Karl Dedecius. München: Hanser 1966/1967. Nur noch als Taschenbuch bei Ullstein.
Polnisches Lesebuch des Zwanzigsten Jahrhunderts. Herausgeben von Karl Dedecius. München: Hanser, 1978.
Russische Lyrik. Gedichte aus drei Jahrhunderten. Ausgewählt und eingeleitet von Efim Etkind. München: Piper, 1981.
Sprachgekreuzt. Ungarische Lyrik im deutschen Sprachraum. Einführung Hans Bender. Duisburg: Gilles & Franke, 1975.
Stunde namens Hoffnung. Almanach tschechischer Literatur 1968–1978. Mit Collagen von Jiří Kolář. Herausgegeben von Jiří Gruša, Milan Uhde und Ludvík Vaculík. Frankfurt: S. Fischer, 1978.

SEKUNDÄRLITERATUR

Autoren im Exil. Herausgegeben von Karl Corino. Frankfurt: S. Fischer, 1981.
Bender, Peter: *Das Ende des ideologischen Zeitalters.* Die Europäisierung Europas. Berlin: Severin und Siedler, 1981.
Böll, Heinrich; Kopelew, Lew; Vormweg, Heinrich: *Antikommunismus in Ost und West. Zwei Gespräche.* Köln: Bund-Verlag, 1982.
Brousek, Marketa: *Der Poetismus. Die Lehrjahre der tschechischen Avantgarde und ihrer marxistischen Kritiker.* München: Hanser, 1975.
Dawidowicz, Lucy S.: *Der Krieg gegen die Juden* 1933–1945. München: Kindler, 1979.
Dedecius, Karl: *Polnische Profile.* Frankfurt: Suhrkamp, 1975.
Dedecius, Karl: *Überall ist Polen.* Zur polnischen Literatur der Gegenwart. Frankfurt: Suhrkamp, 1974.
Dedecius, Karl: *Zur Literatur und Kultur Polens.* Frankfurt: Suhrkamp, 1981.
Die Sowjetunion, Solschenizyn und die westliche Linke. Herausgegeben von Rudi Dutschke und Manfred Wilke. Reinbek: Rowohlt, 1975.
Emmerich, Wolfgang: *Kleine Literaturgeschichte der DDR.* Darmstadt: Luchterhand, 1981.
Entstalinisierung. Der XX. Parteitag der KPdSU und seine Folgen. Herausgegeben von Reinhard Crusius und Manfred Wilke, Frankfurt: Suhrkamp, 1977.
Etkind, Efim: *Unblutige Hinrichtung. Warum ich die Sowjetunion verlassen mußte.* München: Piper, 1978.
Gerlach, Ingeborg: *Bitterfeld.*

Arbeiterliteratur und Literatur der Arbeitswelt in der DDR. Kronberg: Scriptor, 1974.
Gerlach, Ingeborg: *Der schwierige Fortschritt. Gegenwartsdeutung und Zukunftserwartung im DDR-Roman.* Kronberg: Scriptor, 1979.
Ginsburg, Jewgenia: *Marschroute eines Lebens.* Deutsch von Swetlana Geier. Reinbek: Rowohlt, 1967.
Ginsburg, Jewgenia: *Gratwanderung.* Vorwort von Heinrich Böll. Nachwort von Lew Kopelew und Raisa Orlowa. Deutsch von Nena Schawina. München: Piper, 1979.
Havel, Václav: *Versuch, in der Wahrheit zu leben. Von der Macht der Ohnmächtigen.* Mit einem Vorwort von Hans-Peter Riese. Reinbek: Rowohlt, 1980.
Holthusen, Johannes: *Russische Literatur im 20. Jahrhundert.* München: Francke, 1978.
Jaenecke, Heinrich: *Polen – Träumer Helden Opfer.* Geschichte einer rebellischen Nation. Hamburg: STERN-Buch-Verlag, 1981.
Kanturkova, Eva: *Verbotene Bürger.* Vorwort von Jiří Lederer. München: Langen-Müller, 1982.
Kolman, Arnošt: *Die verirrte Generation. So hätten wir nicht leben sollen.* Frankfurt: S. Fischer, 1982.
Konrád, György; Szelényi, Iván: *Die Intelligenz auf dem Weg zur Klassenmacht.* Frankfurt: Suhrkamp, 1978.
Kunstmann, Heinrich: *Tschechische Erzählkunst im 20. Jahrhundert.* Köln–Wien: Böhlau Verlag, 1974.
Kunstmann, Heinrich: *Moderne polnische Dramatik.* Köln–Graz: Böhlau Verlag, 1965.

Lederer, Jiří: *Mein Polen lebt. Zwei Jahrhunderte Kampf gegen Fremdherrschaft.* Köln: Bund-Verlag, 1981.

Lederer, Jiří: *Tschechische Gespräche. Schriftsteller geben Antwort.* Reinbek: Rowohlt, 1979.

Lendvai, Paul: *Antisemitismus ohne Juden. Entwicklungen und Tendenzen in Osteuropa.* Wien: Europaverlag, 1972.

Liehm, Antonín: *Gespräch an der Moldau. Das Ringen um die Freiheit der Tschechoslowakei.* Wien: Molden, 1968.

Malzew, Jurij: *Freie Russische Literatur 1955–1980.* Berlin: Ullstein-Kontinent, 1981.

Maramsin, Wladimir: *Der Natschalnik.* Berlin: Ullstein-Kontinent, 1982.

Marxismus und Literatur. Eine Dokumentation in drei Bänden. Herausgegeben von Fritz J. Raddatz. Reinbek: Rowohlt, 1969.

Miłosz, Czesław: *Geschichte der Polnischen Literatur.* Köln: Verlag Wissenschaft und Politik, 1981.

Nachrichten aus der ČSSR. Dokumentation der Wochenzeitung »Literární listy« des Tschechoslowakischen Schriftstellerverbandes Prag, Februar–August 1968. Herausgegeben von Josef Škvorecký. Frankfurt: Suhrkamp, 1968.

Rühle, Jürgen: *Literatur und Revolution. Die Schriftsteller und der Kommunismus in der Epoche Lenins und Stalins.* Vorwort Manès Sperber. Neuausgabe des 1957 erstmals erschienenen Buches. Köln: Kiepenheuer & Witsch, 1982.

Schlenker, Wolfram: *Das »Kulturelle Erbe« in der DDR. Gesellschaftliche Entwicklung und Kulturpolitik 1945–1965.* Stuttgart: Metzler, 1977.

Semprun, Jorge: *Was für ein schöner Sonntag.* Frankfurt: Suhrkamp, 1980.

Sowjetliteratur heute. Herausgegeben von Gisela Lindemann. München: C. H. Beck, 1979.

Stender-Petersen, Adolf: *Geschichte der russischen Literatur.* München: C. H. Beck, 1978.

Stankiewicz-Goetz, Marketa: *The Silenced Theatre. Czech playwrights without a stage.* Toronto: University of Toronto Press, 1979.

Vaculik, Ludvik: *Tagträume. Alle Tage eines Jahres.* Hamburg–Luzern: Hoffmann und Campe/Edition Reich, 1981.

Verantwortlich für Polen? Herausgegeben von Heinrich Böll, Freimut Duve und Klaus Staeck. Reinbek: Rowohlt, 1982.

Weizsäcker, Carl Friedrich von: *Der Garten des Menschlichen. Beiträge zur geschichtlichen Anthropologie.* München: Hanser, 1977.

Zagajewski, Adam: *Polen. Staat im Schatten der Sowjetunion.* Reinbek: Rowohlt (Spiegel-Buch), 1981.

Verlag und Autor danken für Unterstützung: dem STERN-magazin Hamburg, Charlotte Beradt, New York, Heinrich Böll, Köln, Helga Dupuis, Paris, Efim Etkind, Paris, Pasquale Farace, Anacapri, Salvatore Federico, Anacapri, Cornelia Gerstenmaier, Bonn, Renata Gorczinski, Berkeley, Christiane Hundt, Hamburg, Antonín Liehm, Philadelphia, Frances Meacham, Clacton-on-Sea, Georges Philippenko, Paris, Doris Schenk, Bonn, Ruth Soika, New York.

BILD-NACHWEIS

Ilse Buhs/Remmler, Berlin: 209
Comet, Zürich: 241 oben
Katja Havemann/stern, Hamburg: 39 unten
Gerd Heidemann/stern, Hamburg: 36, 37
Thomas Hoepker/stern, Hamburg: 34, 35, 39 oben
Bernd Jansen/stern, Hamburg: 41
Heinz Köster, Berlin: 208
Robert Lebeck/stern: 202, 204, 205, 212, 213
Herbert Peterhofen/stern, Hamburg: 240
Sven Simon, Bonn: 241 unten
Tomas Tomaszewski, Warschau: 181 unten, 185 oben

Copyright der Privatfotos liegt bei den Autoren